Les Secrets de l'antigang

Yves Jobic
avec la collaboration de Frédéric Ploquin

Les Secrets de l'antigang

Flics, indics et coups tordus

PLON
www.plon.fr

92, avenue de France
75013 Paris
Tél. : 01 44 16 09 00
Fax : 01 44 16 09 01
www.plon.fr
www.lisez.com

Dépôt légal : octobre 2022
ISBN : 978-2-259-31383-4
Mise en pages : Nord Compo

À tous les policiers
avec lesquels j'ai eu l'honneur de travailler,

Aux retraités et aux actifs, nos successeurs,

À nos sources,
qui ont contribué à protéger la société.

« Vous serez le dernier patron de l'antigang »

> *« C'est l'occasion de vous dire que vous avez été, et êtes toujours pour moi, un maître et que je ne cesserai jamais d'être votre élève reconnaissant », écrivait Albert Camus à monsieur Germain, son ancien instituteur. Des mots que je dédie à celui qui fut l'un de mes mentors, Roger Germain Alpettaz, décédé en mars 2020 dans les Côtes-d'Armor.*

« Vous serez le dernier de la lignée des patrons de l'antigang. Après vous, la BRI fera autre chose… et ce sera nettement moins passionnant ! »

Ces propos sont ceux du plus ancien et du plus expérimenté des quatre chefs de groupe de l'antigang, qui organise en ce jour de juin 2001 son pot de départ à la retraite. « Zizi », de son vrai nom Jack Zirnhelt, doté d'un sens policier exceptionnel, lui qui a tout donné à ce service, a bien compris qu'il enterrait une époque.

Après six années à la tête de cette brigade – un record de longévité ! –, je ne vais pas tarder à céder la barre, poussé dehors pour des raisons très politiques par une gauche aux abois à l'aube du scrutin présidentiel de 2002. Aucun fonctionnaire blessé en exercice malgré l'arrestation d'une centaine de braqueurs en flagrant délit, pas la moindre « bavure », j'ai d'autant plus le sentiment du devoir accompli qu'à l'antigang, une feuille de papier à cigarette sépare le succès d'un dénouement catastrophique, avec un fonctionnaire tué ou des dommages collatéraux. Bonaparte considérait la chance comme la forme la plus élaborée de la compétence ; je dirais plutôt que le hasard, en ce qui me concerne, a bien fait les choses.

Durant cette période, pendant laquelle je n'ai pas eu le temps d'écrire des romans policiers, nous avons porté des coups très durs au grand banditisme, directement ou en transmettant à d'autres services de précieux renseignements. Braqueurs de banques, de dépôts ou de fourgons blindés, « saucissonneurs » de riches particuliers, nous avons neutralisé d'initiative, la marque du service, un sacré nombre de « beaux crânes ». Leurs caractéristiques communes ? Un faible niveau d'instruction et un instinct quasi animal, un courage certain, un vrai sens de l'organisation, d'étonnantes capacités de survie et une cruauté sans faille à l'heure d'éliminer leurs rivaux. Presque tous cocaïnomanes, ils traversent la vie à deux cents à l'heure et leurs sorties de route sont fréquentes, parfois fatales. Une naissance dans un autre milieu social, sous d'autres cieux, aurait certainement permis à certains de devenir d'efficaces chefs d'entreprise…

Je sais que ces « beaux voyous » craignaient et respectaient les policiers de la BRI, les plus affûtés du 36 pour gérer sur le terrain des dispositifs particulièrement complexes. J'écris au passé, car tout a changé. Le banditisme, bien sûr, mais aussi les méthodes de la police.

Ce livre est d'abord le témoignage de l'un des derniers commissaires de la PJPP, la police judiciaire parisienne, à avoir pratiqué le renseignement opérationnel tout au long de sa carrière – un travail « à l'ancienne » impliquant de recourir à des informateurs, comme l'ont fait avant moi Roger Le Taillanter,

Marcel Morin, Serge Devos, alias « le Beau Serge », et Raymond Mertz. Ils étaient alors soutenus et récompensés par une hiérarchie qui attendait des résultats concrets dans la lutte contre le banditisme et ne considérait pas, par principe, le « traitement » d'une source humaine avant tout comme une prise de risque, mais au contraire comme une valeur ajoutée. Cette « prise de risque » consistant à adopter une attitude offensive vis-à-vis du milieu et à côtoyer quelques « beaux voyous » pour obtenir des informations de haut niveau, je l'assume totalement, mais je vois bien que je fais partie des derniers des Mohicans et que la gestion des indics est devenue un exercice très périlleux, et sans filet.

L'investissement que demande le traitement d'une source et les risques judiciaires encourus, avec une direction devenue de plus en plus frileuse, soucieuse de son déroulement de carrière au point de faire savoir qu'elle ne montera pas au créneau en cas de difficulté, n'encouragent pas les vocations. La gestion des indics, dorénavant sujet tabou, est loin d'être de tout repos. Elle suppose une disponibilité de jour comme de nuit, y compris pendant les congés, afin d'être à l'écoute des appels et d'intervenir au besoin. Il est nettement plus prudent d'arriver au bureau à 9 h et d'attendre les instructions de sa hiérarchie et des magistrats. Le traitement perçu à la fin du mois est le même, une montagne de problèmes et de maux de tête en moins.

« Mieux vaut être un ouvrier productif en salopette maculée qu'un escroc improductif en blouse blanche immaculée ! », avait coutume de dire Alain Jacqueré, surnommé « le Vieux », l'un de mes mentors dans le métier, déjà conscient de ces obstacles et des jalousies que peut susciter celui qui réussit de belles affaires grâce à ses indics. C'est pourtant un fait : l'efficacité de la police repose sur sa capacité à connaître et à comprendre le milieu, à savoir ce qui s'y trame grâce à des renseignements humains. Sans indics, la police est aveugle et s'épuise en pure perte, ce qui est très démotivant et coûte cher au contribuable. Le fait d'exiger des policiers qu'ils respectent la morale à la lettre, et s'abstiennent de fréquenter tout individu douteux, est une erreur. Il ne faut certes pas tout pratiquer, tout accepter, mais l'important n'est-il pas que la société s'y retrouve ?

J'ai toujours été convaincu qu'en matière de police judiciaire, pour neutraliser le maximum de malfaiteurs, il est bien plus efficace de partir de tuyaux et d'enchaîner avec des filatures et l'usage des divers moyens techniques disponibles : écoutes, exploitation de la téléphonie, sonorisations, pose de balises, de caméras, expertises de la police technique et scientifique... Ce sont là des leviers indispensables, et complémentaires.

Si, à la tête de la BRI, j'ai choisi de perpétuer les méthodes finement élaborées par mes prédécesseurs, à l'heure de mon départ je constate avec tristesse que la nouvelle direction du 36 a fait le choix de modifier les missions traditionnelles de ce service. Un changement de cap voulu par Patrick Riou, qui sera mis en œuvre par son successeur, Gérard Girel, venu de la direction centrale de la police judiciaire (DCPJ) et qui n'avait pas suivi le cursus des grands directeurs parisiens, Jean Ducret, Michel Guyot, François Le Mouël, Pierre Touraine, Claude Cances ou Olivier Foll. C'est terminé : la BRI ne travaillera plus « d'initiative » sans en référer aux magistrats. Pire, toutes les investigations effectuées en amont des arrestations devront désormais être actées en procédure. Une perte d'autonomie doublée d'une forme d'abdication vis-à-vis des juges, avec à la clé la perte d'influence annoncée du 36, jusqu'alors véritable machine de guerre.

Ce livre n'est pas seulement le constat d'un lent affaiblissement. Il dresse un portrait inédit de ces indics qui ont fait la force de la PJ, ceux que j'ai pratiqués au quotidien durant toutes ces années. Il raconte aussi une tranche de vie du grand banditisme parisien, avec sa prise en main par la « Firme du 93 », mélange de manouches et de Maghrébins, et l'apparition d'une nouvelle génération, en rupture avec la précédente. Les armes de poing et de guerre, de type kalachnikov, circulent maintenant librement, ce qui n'était pas le cas dans les années 1970-1980. Comblant le vide laissé par les arrestations et l'élimination de ceux qui formaient une sorte d'« aristocratie du crime », les jeunes de banlieue sont passés sans transition aux braquages violents. Ils investissent surtout à fond dans un trafic de cannabis qui leur rapporte des sommes considérables, au prix de risques physiques bien moindres que ceux qu'ils auraient encourus en attaquant un fourgon, et de sanctions pénales moins lourdes. Le prétendu « code d'honneur » des voyous est un mythe pour romanciers et cinéastes. Seule une infime minorité respecte les règles élémentaires de loyauté et de mutisme. Les autres n'ont jamais eu de « mentalité » ; avec l'âge, ils préfèrent négocier avec les policiers, quitte à laisser sur le bord du chemin quelques principes et… quelques amis. Mais nous ne sommes pas là pour faire de la morale.

Je n'idéalise pas le métier que j'ai exercé avec passion, mais je l'ai malheureusement vu se bureaucratiser dans une inertie mortifère. Les chefs de service, qui connaissaient parfaitement les arcanes du métier, sont progressivement remplacés par des managers interchangeables.

Celui qui me succède à la tête de la BRI est surnommé « 12 h 30-16 h » en raison de l'amplitude de sa pause déjeuner. Ce collègue n'a pas jugé utile de me contacter pour obtenir des informations sur la brigade, ses personnels et les objectifs du moment. Le nouveau style de la maison, sans doute. Pour ne pas complètement tourner la page, peut-être aussi pour amortir un temps et un investissement considérables, j'ai pour ma part choisi en quittant le service de maintenir le contact avec les meilleures de mes sources. Cela m'a permis, plus tard, d'éclairer certains de mes collègues et de rendre service à ceux qui nous payent : les contribuables.

« Le Bastion », nouveau siège de la PJ parisienne, bâtiment que surplombe l'immeuble du tribunal judiciaire, est à des années-lumière du 36. Aseptisés, les locaux sont froids au sens figuré comme au sens propre. Les policiers que je croise dans des couloirs sans âme, lors d'une visite en décembre 2017, ont leur badge autour du cou et marchent en silence, comme dans une société privée. Plus question d'amener un suspect dans son bureau pour rechercher l'éventuel aveu, des locaux sont dédiés à cela. Mon ami « Jef » Maugard, l'un des inspecteurs les plus performants de la brigade de répression du banditisme (BRB), s'est félicité le jour de son départ à la retraite « de partir au bon moment et d'avoir échappé au déménagement vers ce bâtiment, résultat de l'accouplement entre un hôpital et une prison, à mille lieux des racines et de la culture du Quai des Orfèvres. »

La nomination d'un inconnu à la tête de la direction centrale de la PJ, à la fin de 2018, a parachevé le changement de cycle. Le poste le plus élevé occupé en police judiciaire par Jérôme Bonet, quarante-huit ans, a été celui d'adjoint à la brigade des mineurs de Paris. « C'est incroyable, on n'a jamais vu cela », commente à chaud un pilier de la PJ. « Christophe Castaner[1] met au volant d'une Formule 1 un commissaire qui roulait en voiture électrique. C'est à se demander s'il n'a pas été choisi pour enterrer la DCPJ ! »

« Nous avons du mal à capter le message subliminal caché derrière cette nomination surréaliste », renchérit le chef d'un office central, sur la même ligne. « La PJ que l'on pratique depuis des années ne doit plus être au goût du jour ! »

*

1. Alors ministre de l'Intérieur.

Je ne pouvais cependant écrire ce livre sans revenir sur la tourmente qui m'a valu de me retrouver en prison en 1988, tel un vulgaire voyou, alors que j'exerçais comme commissaire dans la capitale depuis moins de dix ans. Des gendarmes peu au fait du banditisme et un juge emplis de certitudes sur la police judiciaire ont prêté une oreille complaisante à des prostituées et à leurs macs assoiffés de vengeance après les coups que nous leur avions portés. Voici les dessous de l'incroyable engrenage qui m'a conduit dans une cellule de la maison d'arrêt de Bois-d'Arcy, la C 415, un cauchemar dont je suis sorti totalement blanchi.

PREMIÈRE PARTIE

« JE VOUS DEMANDE DE NETTOYER PARIS »

1.

En prison

22 juin 1988. Lorsque je franchis le porche de la maison d'arrêt de Bois-d'Arcy, construite sept ans plus tôt dans les Yvelines, il est 3 h du matin et la nuit est tombée depuis longtemps. J'ignore que je vais y séjourner dix-sept jours durant au milieu de mille cinq cents détenus.

Au greffe, trois surveillants qui se montrent très corrects à mon égard relèvent les empreintes de mes dix doigts et me fouillent, nu comme un ver. Puis me photographient avec un écriteau et confisquent mes effets personnels : deux mille cinq cents francs[2]*, papiers d'identité, montre, carte de commissaire de police et la serviette en cuir contenant le dossier de l'affaire qui me vaut de me retrouver entre ces murs. La boîte dans laquelle sont déposés ces objets porte mon numéro d'écrou : 31 478. Les gardiens me remettent une carte d'identité intérieure*[3]*, des bons de cantine pour améliorer l'ordinaire*

2. L'équivalent de 630 euros. Toutes les conversions ci-après indiquées ont été calculées à l'aide du convertisseur mis à disposition par l'INSEE, qui, en plus du passage des francs aux euros en 2002 (1 euro = 6,55957 francs), prend en compte l'inflation (en ligne : https://www.insee.fr/fr/information/2417794).

3. Cette carte, que tout détenu doit avoir sur lui lorsqu'il quitte sa cellule, supporte sa photographie, son identité, le motif de son incarcération, le numéro de sa cellule, son numéro d'écrou, la date et l'heure de son arrivée.

et mon paquetage : deux draps, deux couvertures et un minimum d'objets de toilette.

Cinq minutes plus tard, après une marche sous escorte dans des bâtiments silencieux et une grille imposante, j'accède au couloir du quartier d'isolement (QI), au quatrième et dernier étage. Parmi les occupants de la vingtaine de cellules, des individus fichés au grand banditisme en attente d'un interrogatoire ou suspectés de vouloir s'évader, des terroristes, des « pointeurs », ces agresseurs sexuels particulièrement menacés en milieu carcéral, et des détenus dont on craint qu'ils ne communiquent avec l'extérieur. J'en fais partie.

Mes accompagnateurs m'invitent à intégrer mon nouveau « domicile », la cellule C 415, sur la droite du couloir, et me quittent avec urbanité : « Bonne nuit, monsieur le commissaire ! » Un bol d'air pur. Je ne suis pas considéré par le personnel comme un pestiféré... La population n'aura pas les mêmes égards, je vais vite m'en rendre compte.

Boum *: la porte se referme.* Clac *: la culasse du lourd verrou est tirée.* Cloc-cloc *: la serrure claque à l'unisson des pas des matons s'éloignant dans le couloir.*

Je vis mes premières secondes de détenu, à la fois anesthésié et extralucide. Le silence éthéré et irréel est soudain interrompu par un hurlement qui me prend aux tripes. Ce n'est pas moi, Yves Jobic, commissaire de police métamorphosé en gibier de potence par la baguette magique d'un juge d'instruction, qui en suis l'auteur. Il provient d'une autre cellule. À cause de sa puissance, comme sorti du tableau de Munch, je ne l'oublierai jamais.

La peine capitale a été abolie en 1981, mais pas la mort sociale. Ma réputation vient de tomber dans le panier à sciure. Surtout, rester impassible. Je vais sortir de ce mauvais rêve.

Dans notre pays, les innocents ne croupissent pas en prison. Ma faute, ma très grande faute, est d'avoir fait mon métier de policier, peut-être d'avoir procédé à l'interpellation de trop. J'aurais mieux fait de rester dans mon bureau. Manque de chance, l'éducation stricte reçue de mes parents et l'amour du travail bien fait, comme le disait Charles Péguy, m'ont inculqué le vice de l'honnêteté.

Neuf mètres carrés au confort très spartiate, voici l'univers qui m'est dévolu pour une durée indéfinie. Sur la gauche, dans l'angle, une cuvette de WC dépourvue de lunette ; de fortes odeurs remontent des canalisations, pas terrible comme entrée en matière. Fixé au mur gauche, un lavabo rudimentaire muni d'un bouton pressoir, eau froide uniquement, et un lit métallique, simple et étroit ; pas de réchaud, ni de douche. Sur la droite, un petit placard, une chaise et une modeste table qui sert de bureau et de table à manger. Un téléviseur est installé sur un socle, en hauteur. Fixée au plafond et protégée, une lampe éclaire la cellule d'une lumière froide et blafarde, de faible intensité.

Face à la porte d'entrée, spécificité propre à Bois-d'Arcy, une fenêtre ovale. À la place du barreaudage classique, l'architecte a imaginé cinq lames d'acier verticales de cinq centimètres de large, croisées de petites lames horizontales. Au milieu, une fenêtre rectangulaire d'un mètre sur soixante centimètres, qui peut être entrouverte pour laisser passer l'air ou... jeter des détritus à l'extérieur, ce que font tous les jours 90 % des détenus, encore plus en délicatesse avec l'écologie qu'avec la loi.

Le sol, de type Gerflex, est de couleur verte et les murs sont recouverts d'une peinture sinistre et indéfinissable, « décorés » d'une vingtaine d'inscriptions, cris de haine, d'amour ou de désespoir. L'une d'elles me fait sourire : Mieux vaut mitard que jamais !

Voilà l'espace dans lequel je vais être confiné nuit et jour. Je n'ai guère le temps, ni l'envie, de dormir. Boxeur sur un ring à qui on aurait attaché les mains dans le dos, je préfère me concentrer sur la façon dont je vais sortir au plus tôt de cet enfer. Au lieu de m'abattre, l'injustice me galvanise. La prochaine étape décisive sera la confrontation générale avec mes contempteurs, dont j'ai dénoncé le principe douze heures plus tôt. Je m'attends à devoir subir une nouvelle salve d'accusations, mais ajouter des zéros à d'autres zéros ne donnera jamais que des zéros.

Peu avant 6 h 30, après m'être un peu assoupi, je suis réveillé par des hurlements incompréhensibles semblables aux cris des animaux du zoo de Vincennes, mélange de joie et de rage. Je distingue bientôt plus nettement des slogans provenant de plusieurs cellules des étages inférieurs. C'est de moi qu'il s'agit. « Jobic enculé, fils de pute, pédé de flic ! » « Bravo Hayat, envoie tous les flics au trou ! » Le vacarme durera toute la journée, avant que ses auteurs, enfin aphones, ne se lassent.

Mon incarcération fait des heureux au sein de la population carcérale. Pour la racaille qui gueule aux fenêtres, un rêve inimaginable vient de se réaliser !

À 6 h 45, heure officielle du réveil, un surveillant débloque le verrouillage à double tour et vérifie que je suis bien présent et vivant. La routine. Un quart d'heure plus tard, la porte s'ouvre à nouveau et laisse apparaître un chariot poussé par l'« auxi », détenu affecté aux menues corvées. Tatoué, les cheveux blonds et longs, il me salue en inclinant la tête et me propose du café et du pain sec : le petit déjeuner.

À 9 h 30, un gradé et deux agents me récupèrent pour effectuer le circuit réglementaire réservé aux « entrants » : visite médicale et rencontre avec la psychologue. En chemin, je découvre le « noyau » de la prison : une immense cage verticale en métal bleu, surnommée « Beaubourg » pour ses similitudes avec le musée parisien. De ce poste, les agents déclenchent les ouvertures et fermetures des grilles et coursives de tous les bâtiments. Ils sont les yeux de la prison, un univers rythmé par les bruits de clés, dans lequel les détenus s'interpellent bruyamment et où règne l'odeur de graillon d'une mauvaise cuisine collective.

Je suis passé de l'autre côté du miroir.

Questionnaire de santé, prise de sang, analyse d'urine, auscultation et tensiomètre. Le médecin, délicat, évite de me demander si je suis toxicomane. Puis je suis conduit devant la psychologue, flanquée d'une jeune femme sage qui se présente : elle est magistrate stagiaire. Une de plus : j'y ai déjà eu droit lors de la perquisition à mon domicile et dans le bureau du juge. Elle me dévisage, la peur dans les yeux comme si elle se trouvait face à un deus ex machina *mâtiné de Machiavel et d'Hannibal Lecter, avant de se concentrer sur son cahier, sans préciser l'usage qui sera fait des notes qu'elle prend. Un mystère de plus !*

Ai-je besoin de médicaments, de calmants ou de somnifères ? Inutile, dis-je à la psychologue, car je n'ai pas l'intention de m'éterniser dans les lieux. Pas davantage dans cette pièce, où je reste moins de cinq minutes.

L'après-midi, je reçois une visite de courtoisie, celle du directeur de la prison, un homme charmant. Son initiative est surtout destinée à évaluer mon moral et à détecter d'éventuelles intentions suicidaires. Je l'en remercie et le rassure. Il en profite pour m'expliquer les règles de ma vie à l'isolement : pas de sport, pas d'office religieux, interdiction absolue de communiquer, deux promenades par jour, deux douches par semaine et des parloirs avocat et famille. Le déjeuner est servi à midi et le dîner à 18 h.

Je fais connaissance avec ma cour de promenade, l'une des quatre du QI, située face à ma cellule, de l'autre côté du couloir, derrière un mur aveugle. On m'y fait pénétrer par une étroite porte métallique qui se referme aussitôt. Entourée de murs de quatre mètres de haut d'un béton brut et lisse, comme le sol, elle mesure six mètres sur cinq. Le ciel se découpe en petits carrés, à travers un grillage métallique qui interdit toute tentative d'hélitreuillage.

Gymnastique, pompes et petites foulées, je profite de mes deux heures de promenade pour réfléchir et entretenir ma condition physique. Au deuxième jour, le détenu présent dans la cour mitoyenne me lance : « Jobic, je n'aime pas du tout la police, mais tu as affaire à une sacrée bande d'ordures qui t'ont fait un beau chantier ! » Renseignement pris auprès des surveillants, j'apprendrai qu'il s'agit d'un malfaiteur lyonnais fiché au grand banditisme. Avis d'expert.

De retour dans la C 415, j'ai une vue imprenable sur la grande cour de promenade ; près de deux cents détenus circulent et jouent sur ce terrain de cinquante mètres sur quarante, clos par un mur d'enceinte de quatre mètres, lui-même surmonté d'un grillage et d'un rouleau de concertina[4]*, sans oublier les quatre miradors. Vers 19 h, des nuées de corbeaux au gabarit impressionnant quittent les barbelés qui leur servent de branches, survolent les bâtiments en croassant, se posent dans la cour et fouillent les détritus. Parfaitement organisés, ces « vidangeurs » sont certainement plus intelligents que la racaille qui braille derrière les barreaux.*

*

Tout s'est noué la veille de mon incarcération.

Ce 21 juin 1988, le juge Jean-Michel Hayat m'a convoqué à 16 h pour une confrontation générale. Il a prévu de me

4. Type de fil de fer barbelé.

jeter tout vif dans la fosse aux lions, ou plutôt aux hyènes. Les mois précédents, j'ai déjà subi quarante-huit heures de garde à vue et quatre auditions et confrontations, dix-neuf heures au total. Chaque fois, j'ai méthodiquement réfuté les témoignages délirants censés m'accabler. Je sais par ailleurs que l'un des voyous sollicités pour témoigner à charge contre moi, Bourid, ne « craque » pas, refusant de mentir pour complaire au magistrat. Il s'est même fendu d'une lettre au procureur : « Je mérite de rester en prison, vous savez pourquoi ? Parce que je ne me montre pas complaisant avec le juge. Si je dois témoigner faux contre un commissaire et mettre son honneur en jeu pour obtenir une éventuelle libération, je préfère rester en prison ! »

De quoi entretenir l'esprit combatif qui est le mien depuis le début de l'affaire, même si je sais parfaitement ce qui m'attend : l'un de mes défenseurs, maître Jehanne Collard, m'a annoncé une semaine plus tôt que j'allais être placé sous mandat de dépôt à l'issue de cette confrontation. La veille, plusieurs journalistes m'ont appelé pour me confirmer l'information. La décision est programmée, j'ai d'ailleurs tenu à le mentionner par écrit dans un courrier à mes avocats.

La présence des médias devant le tribunal de Nanterre confirme ce que nous savons. Le juge a déjà mis en alerte le dépôt du tribunal et la maison d'arrêt de Bois-d'Arcy. En accord avec maître Jehanne Collard et Nathalie Carrère, rejointes pour ma défense par maître Salah Seddik, du barreau d'Alger, je prends la décision de refuser de participer à cette parodie de justice. Je réclame des confrontations séparées, plus équitables ; demande aussitôt balayée par le juge.

Mon interrogatoire débute à 18 h. Je dénonce les mensonges, contradictions flagrantes et autres invraisemblances qui discréditent totalement mes accusatrices. Le juge reste de marbre face à mes nombreuses demandes de vérifications et refuse d'entendre mes collègues. Il nous expose les arguments qui motivent, à ses yeux, mon placement en détention provisoire : j'aurais exercé des pressions sur les témoins, les charges contre moi se sont « considérablement aggravées » et je viens de mettre en échec sa confrontation générale. Prenant le contre-pied, le procureur adjoint de Nanterre fait aussitôt savoir que, pour le parquet, le mandat de dépôt n'est pas justifié.

S'il n'avait des conséquences désastreuses, le premier argument relèverait du comique. Le juge soutient que quatre personnes auraient manœuvré pour que mes accusatrices reviennent sur leurs dires : Bernard Le Mouton, « parrain » de la rue de Budapest, dans le 9e arrondissement, haut lieu de la prostitution dans la capitale et théâtre de l'affaire, un individu surnommé « l'Indien », un restaurateur algérien et moi-même, soupçonné d'avoir convoqué à mon bureau « la Grosse Fifi », une prostituée, afin de la convaincre d'écrire au juge.

Je ne connais pas Le Mouton. Ce voyou de quarante-sept ans, au physique proche de celui de l'acteur Marcel Bozzufi, ami de Michel Ardouin, dit « Porte-Avions », et de Jacques Mesrine, compte dix-neuf ans de prison au compteur. Interrogé à mon sujet, ce propriétaire de plusieurs studios au 3 bis, rue de Budapest, arrêté un an et demi plus tôt avec sa femme pour proxénétisme immobilier, a d'ailleurs modéré les ardeurs du juge : « Je sais de quoi je vous parle quand je vous dis que la rue de Budapest n'est composée que de voyous et de menteurs. Je ne connais le commissaire Jobic que de réputation. Il est très craint par le milieu arabe, qui a mis plusieurs fois des contrats sur sa tête. C'est justement parce qu'il faisait trop bien son travail qu'il a eu des problèmes avec le milieu maghrébin de cette rue ».

Je n'ai jamais entendu parler de l'Indien. À mille lieues d'avoir exercé la moindre pression, le restaurateur algérien reconnaît juste des manœuvres pour assouvir son « envie de sauter » une des filles. Quant à la lettre improbable que j'aurais dictée à la Grosse Fifi, c'est simple : j'étais à ce moment-là en réunion au siège de la 1re DPJ (division de police judiciaire), distant de quatre kilomètres, ce dont de nombreux policiers auraient pu attester[5].

Le deuxième argument n'est guère plus valable : loin de s'aggraver, les charges se sont effilochées et le dossier prend l'eau de toutes parts. De nombreuses personnes ont contredit les accusations portées contre moi. Et le juge a entre ses mains, depuis sa perquisition dans mon bureau, quatre dossiers qui fragilisent la crédibilité de plusieurs de mes accusatrices : Lahouaria Nacel témoigne sous la fausse identité de Samira Kheiri et Térésa, une voleuse internationale, dénonce, elle aussi sous une fausse identité, des vols imaginaires effectués par mon service dans sa chambre d'hôtel. Il faut que le juge ne les ait pas lus pour ne pas en tenir compte.

Le dernier argument ne tient pas davantage : il n'y a eu aucune obstruction de ma part, j'ai seulement exigé de pouvoir bénéficier du droit de me défendre, via *des confrontations individuelles. Une demande d'autant plus justifiée que lors de la confrontation précédente, le 18 décembre 1987, trois prostituées, Zouzou, Lahouaria et Bany, n'avaient cessé de communiquer en arabe entre elles, hors la présence de tout interprète.*

Pour mes avocats, mes chefs, mes collaborateurs et Daniel Dugléry, secrétaire général du Syndicat des commissaires, présents au tribunal, mon incarcération est un point de non-retour. Le juge cherche à détruire ma réputation : un policier en prison, c'est rarissime ; si cela se produit, c'est que les preuves sont très solides. Il veut me couper des soutiens sans faille dont je bénéficie au sein de l'institution policière, depuis

5. En 1990, le juge Bruno Laroche, saisi par la chambre criminelle de la Cour de cassation pour enquêter sur ces éventuelles pressions, constatera que le dossier était vide.

la base jusqu'au ministre de l'Intérieur, le socialiste Pierre Joxe. Il mise sur la prison pour me briser et me faire « craquer ».

Au lendemain de ces huit heures d'interrogatoire, grâce à l'argent déposé au greffe, je peux suivre à la télévision, depuis ma cellule, les nombreux reportages sur « mon » affaire. Elle fait la une. Daniel Dugléry dénonce « une décision qui consacre la victoire du milieu », et il n'est pas le seul : tous les syndicats de police se disent « sous le choc ».

Durant ma « vraie » première nuit, un surveillant allume à quatre reprises la lumière de la cellule et jette un œil à l'intérieur à travers l'œilleton. Je vais vite m'habituer à ces rondes.

Au réveil, grâce à mes bons de cantine, je reçois des fruits, des yaourts et du Coca-Cola propres à améliorer le piètre ordinaire, mais aussi du matériel de toilette, les journaux du jour et une résistance électrique qui permet d'obtenir de l'eau chaude, bien utile pour ma toilette.

« Renseigner pour protéger »

« Renseigner pour protéger », telle était la devise de la Sécurité militaire, le service de renseignement de l'armée dans lequel j'ai débarqué huit ans plus tôt, en août 1980, pour effectuer mon service sous les drapeaux, concours de commissaire en poche. L'insigne de la SM, dont j'ai intégré l'antenne de Bordeaux grâce à la recommandation d'un parent, le commissaire François Le Mouël, alors patron de la lutte contre le trafic de stupéfiants : un lion écrasant un serpent. Tout un symbole. Les « inspecteurs » dont dispose le colonel ont la trentaine et du mal à passer pour des étudiants, aussi m'envoie-t-il espionner les réunions antimilitaristes organisées sur les campus par l'extrême gauche. Me voilà pour un an en civil. Dans le bain du renseignement.

Dans la foulée, j'intègre en septembre 1981 l'École nationale supérieure de la police, dans une banlieue chic de Lyon. Un an de théorie plus tard, je passe six mois dans les rangs de la Sûreté urbaine de Bordeaux, qui « traite » la moyenne délinquance, avant de rejoindre pour deux mois la police judiciaire, chargée des affaires de banditisme plus complexes. Le temps de confirmer que cette PJ est bien la filière de mon cœur, mais il s'en faut de peu pour que ma carrière ne s'interrompe prématurément. Avec Jean-Marie, un enquêteur du SRPJ, nous revenons de Charente, où nous avons interrogé deux témoins dans le cadre de l'enquête ouverte en juin 1980 après l'enlèvement de Michel Maury-Laribière, le vice-président du CNPF (devenu le MEDEF). Une « queue de CR », comme on dit pour désigner les derniers actes d'une commission rogatoire. Vers 23 h, alors que nous traversons à très vive allure la petite commune de Ruelle, un chien traverse la chaussée. Jean-Marie donne un coup de volant et notre Peugeot 505 STI effectue deux tête-à-queue, percute plusieurs maisons et sectionne net un poteau électrique en métal. Le réservoir prend feu. Les chocs ont déformé et bloqué ma portière, mais je parviens à m'extraire du côté du chauffeur, juste avant que le véhicule ne s'embrase sous les regards effarés des riverains. Rapatriés à Bordeaux, nous avons droit à l'accueil triomphal des collègues, qui nous attribuent deux surnoms : « les Cascadeurs » et « les Bonzes ». Nous en sommes quittes pour offrir une tournée générale. Les radios de ma colonne vertébrale ne mettent heureusement pas en péril ma titularisation.

La suite me conduit aux Renseignements généraux, où je sympathise avec Daniel Cazes, bombardé peu après l'élection de François Mitterrand, en mai 1981, à la tête de la direction régionale Aquitaine. Très cultivé, proche des socialistes et à l'aise dans tous les milieux, il m'invite à l'accompagner auprès des élus, des syndicalistes et parfois, ce qui est plus original, dans des bars à hôtesses du centre-ville ou des quais. Il s'y rend l'après-midi à la demande d'exploitants désireux de lui confier des informations verbales, voire des photos de clients qui pourraient intéresser son service. Une démarche jamais désintéressée : en cas de souci, le directeur des RG peut constituer un paratonnerre, peut-être même un bon avocat.

Ayant perçu mon goût pour le renseignement et l'action, Daniel Cazes me propose une immersion au sein de la section de recherches de son service. Installée dans un immeuble anonyme, cette unité d'une vingtaine de policiers traque les indépendantistes basques de l'ETA dans le Sud-Ouest. Vaste programme en cette période où les attentats et les assassinats sont fréquents, mais la section dispose d'un budget conséquent et de tous les équipements de surveillance nécessaires. Son chef, le commissaire Christian Balle-Andui, brillant et très agréable, est l'un des meilleurs connaisseurs de l'organisation terroriste et de ses activités criminelles. Pendant des semaines, les planques en sous-marin succèdent aux surveillances « en piéton » et à l'exploitation, en direct, d'images de caméras. J'apprends aussi beaucoup en observant Christian dicter à sa secrétaire, sans la moindre note, ses comptes rendus dans lesquels les noms propres basques sont imprononçables pour un non-initié.

Les points engrangés me permettent de sortir major de ma promotion, ce dont je suis particulièrement ravi pour mes parents, qui m'ont toujours encouragé dans cette voie. Sachant que ce classement va me permettre d'intégrer la très prisée PJ parisienne, Cazes m'aiguille vers l'un de ses vieux amis, le commissaire divisionnaire Robert Magne. « Cet Auvergnat est à la tête du plus gros commissariat de PJ de Paris, celui du 17ᵉ », me dit-il. « Il connaît le métier sur le bout des doigts et sera pour vous un excellent guide ».

Il me tarde d'entrer dans le vif du sujet et d'intégrer cette mythique PJPP dont le directeur, Pierre Touraine, fils d'un conducteur d'autobus, peut se targuer d'un parcours sans faute. Ce Charentais a débuté comme commissaire adjoint dans la capitale avant de rejoindre la brigade des agressions et violences, un service de trois cents policiers constitué pour lutter contre les terroristes algériens du FLN, puis de diriger la 3e brigade territoriale (BT). Après une escale de dix ans dans la « maison d'en face » (la direction centrale de la PJ), il vient de prendre la tête de cette armada de plus de 3 000 policiers : 151 commissaires, 2 159 inspecteurs et 817 enquêteurs qui traitent le tiers de la criminalité du pays et suscitent bien des jalousies. Et la conjoncture n'est pas bonne : la délinquance a augmenté de 27 % en 1982 dans la capitale et les trois départements de la petite couronne, son périmètre. Un record. Quasiment toutes les infractions, du trafic de stupéfiants aux vols à main armée, sont dans le rouge. Un peu comme si le zouave du pont de l'Alma avait de l'eau jusqu'à hauteur d'épaule[6].

Pierre Touraine, qui ne rend compte qu'au préfet de police de Paris, a un plan : fusionner les six BT parisiennes, créées en 1949 pour faire face, déjà, à une recrudescence de la criminalité, avec les commissariats de quartier, et donner ainsi naissance à six divisions de police judiciaire (DPJ), chapeautées par un chef unique. Dans le même temps, chacun des trois départements de la petite couronne serait doté d'un service départemental de police judiciaire (SDPJ) dont le chef serait l'interlocuteur du préfet et du procureur. Le commissaire Olivier Foll est chargé de plancher sur cette réorganisation visant à s'adapter au nouveau paysage criminel, tout en ancrant au sein de la PJ les commissariats de quartier convoités par la police en tenue. À l'appui, de nouveaux effectifs et une nouveauté : la création d'une permanence de nuit, jusque-là assurée par un commissaire installé dans le petit bureau 222, au 36, équipé de cinq téléphones et chargé de dire

6. Rencontre de l'auteur avec Pierre Touraine en 2016.

qui des interpellés devrait ou non être remis en liberté, avant de dépêcher une des deux équipes d'inspecteurs qui sillonnaient la capitale pour notifier les gardes à vue – un système contesté par de nombreux avocats.

Jean Périer, le préfet de police, transmet ces propositions à Gaston Deferre. Le ministre de l'Intérieur les adopte immédiatement, trop heureux de présenter à la presse une réforme à même de faire oublier les turbulences. Pile au moment où je rejoins la grande famille de la PJ parisienne, accueilli au début d'août 1983 dans ses locaux de la rue Truffaut, dans le 17e arrondissement, par le commissaire divisionnaire Robert Magne[7]. La tradition veut que tous les inspecteurs et commissaires sortis d'école débutent leur carrière dans un commissariat de la capitale, je n'y déroge pas. Réputé pour sa finesse et sa rigueur, le patron se montre d'autant plus chaleureux que je suis recommandé par Daniel Cazes ; dans un coin du bureau, allongée sur une couverture, Bellone, une très belle petite bleue de Gascogne, me lance un regard plus circonspect.

« La population du 17e arrondissement est supérieure à celle de la ville de Grenoble », commence le commissaire, pédagogue. « Le territoire est divisé en quatre secteurs : les Ternes et Monceau, très fortunés ; les Batignolles, où se concentrent les classes moyennes ; et les Épinettes, plus populaire. Les commissariats de quartier sont les cellules de base de la structure pyramidale de la PJ parisienne. Les policiers sont parfaitement intégrés et connaissent par cœur leur secteur et leurs habitués. »

L'abonné au *Canard enchaîné*, humaniste à la fibre sociale marquée, aborde un volet de l'activité qui lui tient à cœur : les saisies. Un commissaire assiste l'huissier chargé d'effectuer

7. La PJPP compte dans Paris 51 commissariats de quartier et 3 centres de police judiciaire et administrative (les CPJA, installés dans les 5e, 13e et 17e arrondissements).

l'inventaire des biens à saisir, pour permettre notamment au serrurier de forcer la porte en cas d'absence de la personne visée. « Tu n'accepteras jamais d'accompagner un huissier pour une tournée en dehors de notre arrondissement », insiste Magne, avant d'embrayer avec les expulsions pour loyers impayés : « Quand tu iras chez ces gens pour ton enquête, veille bien à faire le distinguo entre ceux qui rencontrent des difficultés passagères, que nous devons aider en leur obtenant des délais de paiement, et ceux qui sont de mauvaise foi. » Pour être sûr de s'être bien fait entendre, il enfonce le clou : « Yves, le policier doit être l'avocat des pauvres. »

Pour me permettre d'assimiler ces bonnes pratiques, Robert me propose de venir à son bureau tous les matins à 8 h, pendant un mois, histoire de voir comment il analyse et attribue les affaires de la nuit. Ses « cours particuliers », ponctués des aboiements de Bellone, sont très précieux. Je passe le plus clair de mon temps derrière la « bécane », une machine à écrire Olympia – le luxe consistant à récupérer des machines électriques auprès de sociétés privées, qui nous les offrent quand elles renouvellent leur parc. J'acquiers des automatismes, tape sur les touches de plus en plus vite, introduis les yeux fermés mes liasses de papier, « deux durs, trois mous » séparés par des carbones[8], et change régulièrement le ruban de ma « batteuse ».

Je fais mon apprentissage dans toutes les variétés d'enquêtes. Tous les midis, je déjeune avec des inspecteurs dans un restaurant du quartier. Nous y sommes toujours bien accueillis et échangeons librement avec la clientèle, qui nous fait partager ses craintes et ses difficultés. L'occasion de relever la température et d'apprendre qu'un trafic s'est enraciné à tel ou tel endroit – et de pratiquer une véritable police de proximité, basée sur les rapports humains.

---

8. Deux feuillets durs, pour l'original de la procédure et sa copie certifiée conforme, et trois « pelures » destinées à l'avocat, aux archives du service et à celles de la PJPP.

Entre deux dossiers, j'échange avec José Ruiz, l'autre adjoint de Robert. Ancien parachutiste, fin et bon vivant, cet amoureux de la France passe une partie de ses congés sur les lieux de bataille de la Grande Guerre : dans des conditions rocambolesques, il met à jour des vestiges propres à compléter sa collection personnelle. En fin de journée, souvent tard, je rejoins le studio obtenu grâce à mon ami Henri Cuq, chef de cabinet de Jacques Chirac à la Mairie de Paris, rue Quincampoix, à deux pas du centre Beaubourg. Cet ancien commissaire des RG se fait un devoir de faire loger correctement les jeunes commissaires provinciaux nommés dans la capitale. Une société d'économie mixte de la Ville a acquis à cet effet plusieurs anciens hôtels de passe de « la Quincampe », ex-artère chaude. Tous les soirs, deux prostituées d'une soixantaine d'années attendent le client à l'angle de la rue ; elles me saluent poliment sans se douter du métier que j'exerce.

Quelques semaines après mon arrivée, je suis appelé sur les lieux d'un suicide dans le quartier des Épinettes. Un désespéré s'est jeté dans le vide depuis son appartement du dixième étage. Entouré d'un équipage de Police secours et d'un inspecteur, j'effectue les constatations sur le corps désarticulé du malheureux. Le métier rentre. Je commence à me blinder face à la mort, le lot quotidien des policiers.

Un autre jour, j'assiste un huissier pour procéder à l'expulsion locative d'une dame de cinquante ans qui partage son appartement avec une vingtaine de chats, au rez-de-chaussée d'un bel immeuble du boulevard Gouvion-Saint-Cyr, à proximité de la porte Maillot. En pénétrant dans le magnifique hall, une insupportable odeur d'urine me prend à la gorge… Le propriétaire du logement, qui n'est plus payé depuis deux ans, n'en peut plus ; la concierge non plus.

« Prends avec toi la brigade canine », m'avait conseillé Robert. « Équipés pour neutraliser des chiens méchants, ils sauront se saisir d'une vingtaine de chats sauvages ! »

L'opération se déroule non sans mal, les greffiers faisant leur possible pour échapper aux lassos des policiers revêtus de combinaisons rembourrées. Au bout de deux heures de ce Far-West miniature, le compte y est et le fourgon de la Canine prend la direction de la SPA ; la concierge et plusieurs voisins se pressent, prêts à sauter au cou de leur sauveur...

Une fois par trimestre, j'assiste aux réunions d'information organisées par la direction dans la grande salle Bertillon, à côté de la cour du 36. Une grand-messe à l'occasion de laquelle je rencontre mes collègues des commissariats, des sièges des DPJ, des SDPJ et ceux des célèbres brigades centrales, auréolés d'un prestige qui nous fait tous rêver. Avec le temps, je prends conscience de la solidité de cette maison aux mécanismes parfaitement huilés où règne l'ordre, même si la hiérarchie y est moins marquée que dans la police en tenue.

« Je vous demande de nettoyer Paris »

Pierre Touraine n'en a pas terminé avec la transformation de la PJ parisienne : en septembre 1984, il installe des unités de recherches, les UR, au sein de chaque DPJ. Leur vocation : être sur le terrain jour et nuit pour lutter contre une délinquance de voie publique qui continue de flamber. Leur cible : les délinquants, pour la plupart des toxicomanes accros à l'héroïne qui cambriolent à tout-va, pillent ou volent des véhicules, agressent femmes seules et personnes âgées, ou dépouillent les passagers du métro dans le but de se payer leur dose quotidienne. Pour diriger ces unités fortes de cent cinquante policiers, six jeunes commissaires sont désignés. Je suis nommé à la tête des UR de la 1re DPJ, tandis que mon ami de promotion Frédéric Péchenard prend la tête de celles de la 2e. Pour bien souligner l'enjeu, le nouveau préfet de police, Guy Fougier, nous réunit dans son bureau en présence de Jean-Pierre Sanguy, sous-directeur des services territoriaux du 36. Le ton est direct : « J'attends que vous nettoyiez Paris de ses cambrioleurs, agresseurs, receleurs, voleurs à la tire, proxénètes et dealers ! », s'exclame-t-il.

Au cas où l'un de nous n'aurait pas bien compris le message, le sous-directeur en remet une couche dans la foulée, dans son bureau : « Les UR ont été créées pour rétablir la présence de la PJ sur la voie publique. Vous devez réaliser, d'initiative, le maximum d'arrestations de délinquants. J'ai demandé à vos chefs de vous laisser "carte blanche". En contrepartie, nous voulons des arrestations. Vous devrez montrer l'exemple en étant en permanence dans la rue avec vos inspecteurs. » Jean-Pierre Sanguy, policier lucide qui dirigeait quelques mois plus tôt le SRPJ de Marseille, ajoute : « Peu m'importe que vous travailliez "au flan" ou sur la base de renseignements ; ce qui importe, ce sont les résultats. Il en sera tenu compte pour la suite de votre carrière. »

Pour moi qui adore le terrain, le « saute-dessus » et le renseignement opérationnel, ce « cahier des charges » est une aubaine. Adieu costards-cravates ! Bonjour blousons, jeans et baskets, mon nouvel uniforme de caméléon. Avec sous mes ordres trente-six inspecteurs, douze pour chacun des trois arrondissements, les 8e, 16e et 17e, je m'installe rue Truffaut sur le conseil du chef de la 1re DPJ, le commissaire divisionnaire Jean Dufour ; je grimpe d'un étage, douze marches qui me font changer de monde. La trentaine en moyenne, mes collaborateurs ne demandent qu'à en découdre et à faire le maximum de « crânes », sous les ordres de trois adjoints en or : Albert Brouder, breton et célibataire endurci, une âme de pasteur anglican, préoccupé en permanence de la façon dont il va coincer ses futurs clients, supervise le 8e arrondissement ; Alain Caugant, le calme des vieilles troupes et un look de cadre du privé, tient le secteur du 16e ; en charge du 17e, Michel Creissac, dit « Mickey », trente-huit ans, costaud natif d'un village de l'Hérault, entré dans la police après des études littéraires, toujours le sourire, m'accueille d'autant plus aimablement qu'il sait que je « mets la main à la pâte ». Formé à la procédure par Marcel Morin et Marcel Leclerc, deux anciens patrons de feu la 1re BT, il me fait accomplir d'énormes progrès dans l'art de monter un dossier. Nos bureaux étant mitoyens, nous devenons vite complices, mais ce n'est pas le seul de ceux que je considère aujourd'hui comme mes véritables « parrains » : au sein de l'unité de recherche du 17e, je fais la connaissance d'Alain Jacqueré. Ce Toulousain, treize ans de métier, affiche un faux air de Franck Zappa. Entré à la 1re BT en 1972, il a appris auprès de ceux qui avaient pour maîtres mots *efficacité* et *débrouillardise*, ayant connu la guerre et, souvent, la Résistance. Ses résultats sont connus de tout le 36. Passé par le groupe « julots » de la BSP, la brigade des stupéfiants et du proxénétisme, son look un peu voyou lui a permis de neutraliser de nombreux dealers, avant d'enchaîner les « crânes » de julots, receleurs ou braqueurs. L'un de ses faits d'armes : avoir ramené au commissariat un braqueur qui s'était évadé très acrobatiquement de la 6e BT à la faveur d'une soirée un peu arrosée de ses gardes. Après un saut de douze mètres, le voyou avait escaladé une grille avant de se hisser sur un balcon, sauf que les écoutes tournaient, et qu'il n'était pas allé bien loin. Son profil « cubiste » à son arrivée devant le magistrat avait entraîné une plainte de son avocat. Parmi les premiers policiers de PJ inculpés pour violences volontaires au début de l'ère Mitterrand, mon premier mentor avait bénéficié d'un non-lieu.

Sans doute l'un des plus jeunes inspecteurs divisionnaires de la police nationale, lui qui n'a que trente-quatre ans, Alain est surnommé « le Vieux ». « Un policier avec qui je faisais équipe a commencé à m'appeler "le Vieux" car j'avais pris la malencontreuse habitude de m'adresser aux voyous avec cette apostrophe », me raconte-t-il. « La mayonnaise a pris, et ce surnom me colle aux basques ! »

Le Vieux connaît bien Frédéric Péchenard. Il l'a accueilli comme stagiaire à la 1re BT en novembre 1982, dans son groupe de « voie publique ». Du passage de celui qui deviendra patron de la brigade criminelle, puis directeur général de la police, il conserve une image saisissante : celle de huit Blacks arrêtés pour une affaire d'héroïne dans un squat menaçant ruine de l'avenue de Clichy, qu'ils avaient ramenés à pied au service, menottés les uns aux autres. Le Vieux ouvrait la voie, une queue de castor[9] à la main ; Péchenard fermait la marche avec une matraque dissuasive. « Sur le trajet, personne n'a moufté, ni les dealers, ni les toxicos, ni les gens dans la rue ! », se souvient le Vieux, qui embraye avec une autre anecdote : un dimanche de mai 1983, une belle femme d'une quarantaine d'années, très fortunée, est venue déposer plainte. Tombée sous le charme d'un prétendu colonel de l'armée américaine, un certain John Francesci, elle l'avait laissé s'installer chez elle, sauf qu'il la frappait, la menaçait avec une arme de poing, et qu'il fallait maintenant lui offrir une deuxième Porsche, la première ayant été « volée ». À son domicile, le Vieux et Péchenard tombent sur un individu qui les prend de haut, clame qu'il va téléphoner au préfet pour se plaindre. Le gigolo, en réalité maghrébin, est aussitôt menotté dans le dos. Libéré de prison au bout d'un mois, le « colonel » guettait la dame près de chez elle, dissimulé derrière une voiture – « sauf qu'elle nous a appelés et qu'il a eu droit à une interpellation particulièrement virile ». Affaire réglée sur place, comme on dit.

Le Vieux me dévoile les ficelles du métier et les dessous du milieu parisien. Il me narre les guerres entre équipes rivales et attire mon attention sur les risques de manipulation par des

9. Matraque plombée et gainée de cuir.

voyous, tout en me présentant plusieurs de ses sources, et m'expose les avantages d'une procédure bien bordée : « Un bon papier rassure les magistrats. Au *jeu de loi*, il rapproche le malfaiteur de la case prison. » Ses « rapports de renseignement », destinés à affranchir les magistrats sur la genèse d'un dossier, sont des modèles du genre, rédigés de façon romanesque avec du rythme, de la couleur et de la précision.

Le Vieux pratique la boxe et la course. Associé à un courage peu banal, ce cocktail de puissance physique et intellectuelle est redoutable. Les voyous le craignent, n'hésitant pas, dès qu'ils le peuvent, à faire circuler sur son compte de méchantes rumeurs (j'y aurai bientôt droit). Certains proxos, une engeance qu'il ne ménage pas, lui font porter des « chapeaux », des « badas », des « sombreros » laissant entendre qu'il « touche » et qu'il est lui-même proxénète... L'un d'eux a même essayé d'attenter à sa vie. Ayant appris que le Vieux avait commandé une Yamaha 1100 dans un garage de Levallois où lui-même louait Ferrari et Maserati, « Guy la Rolls », un proxénète de l'avenue Foch particulièrement vicieux, avait fait saboter la moto grâce à une complicité interne. Après un tour du périphérique à 160 km/h pour tester sa bécane, le Vieux avait senti un léger serrage au niveau de la roue arrière. Le lendemain, elle s'était bloquée d'un seul coup en plein Paris, alors qu'il roulait, heureusement, à faible allure. Quelques recoupements, un bon mécano et un peu de vantardise de sa part avaient permis de démasquer l'auteur de cette tentative d'assassinat : le cardan avait été vidé de son huile. Le Vieux, rancunier, lui avait envoyé dans les pattes une femme intelligente, gonflée et très jolie, qui avait réussi à glaner des informations sur l'exécution d'un concurrent commanditée par ses soins trois ans auparavant : le proxénète, qui faisait état d'une solide formation de coiffeur, avait eu tout le loisir d'aller couper en prison les cheveux de ses codétenus... et de mériter son nouveau surnom : « Guy le Merlan ».

À la faveur de nos dîners entre célibataires à Pigalle, Belleville ou la Contrescarpe, dans des lieux où le blanc de la morale se mélange au noir le plus sombre pour former un dégradé de gris, nous commentons les affaires réussies, celles en préparation, évaluons nos sources, et Alain me conte des anecdotes vécues proprement romanesques, comme ce jour de 1982 où il avait été contacté par Hyacinthe Calodat, dit « Ralph », un Antillais membre de l'équipe du parrain marseillais Tany Zampa et officiellement gérant d'un night-club à Aix-en-Provence, le *Krypton*. Grand, beau gosse et inscrit au fichier du grand banditisme depuis sa participation au célèbre casse de la Société générale à Nice, en 1976, Calodat avait une fille qui se défendait avenue Foch et deux maîtresses danseuses au *Crazy Horse*. Dans l'arrière-salle d'un restaurant du quartier de la Bourse, il avait expliqué au Vieux que l'équipe Zampa voulait descendre « Jacky le Mat », de son vrai nom Jacques Imbert, truand marseillais réputé. Il leur manquait un élément : son adresse en région parisienne, tuyau qu'ils étaient prêts à rémunérer cinq cent mille francs[10]. Une fois la proposition poliment déclinée, l'occasion était trop belle, pour le meilleur flic de PJ que j'aie jamais rencontré, de soutirer à Calodat, en le flattant, de précieux renseignements sur l'équipe Zampa, lesquelles finirent entre les mains du patron du 36, qui révéla ce projet criminel à la PJ de Marseille.

*

Il y a enfin l'ex-inspecteur divisionnaire Roger Germain Alpettaz, une légende du 36 vers lequel m'aiguille mon nouveau patron, Philippe Vénère. Âgé de soixante ans, il a pris sa retraite et rejoint, à la demande insistante de son PDG, la société de transports Calberson, pour y appliquer les méthodes de la PJ – sous-marin, planques et filatures – afin de freiner les vols dans

10. L'équivalent de 171 000 euros.

les camions et les entrepôts. Épaulé par quatre ex-inspecteurs et trois anciens gendarmes, il accomplit des miracles, et c'est dans la perspective de boucler une équipe d'employés indélicats que je le rencontre pour la première fois. Le gros du travail a été fait, ne reste qu'à coincer les aigrefins en flagrant délit.

La suite se présente sous forme de tuyaux réguliers sur des employés et d'autres objectifs. Visiblement, Roger m'apprécie et, malgré les trente-trois années qui nous séparent, il devient mon ami et mon second mentor. Philippe Vénère m'avait raconté comment ce policier avait monté dans la capitale l'un des réseaux d'informateurs les plus performants, avec des résultats exceptionnels – et souvent les honneurs de la presse. Roger me dévoile le reste, non sans conserver son jardin secret. L'histoire commence par la voiture, une Delahaye, qu'il vole à un Allemand, patron du bureau de poste de la gare Montparnasse. Nous sommes en 1943 et Roger, dix-huit ans, a fait sien le virus de la résistance innoculé par ses parents, qui cachent dans leur hôtel parisien des prisonniers évadés des camps de Drancy et Compiègne. Il entre dans la police en 1951 après deux ans aux Arts et Métiers, rejoignant nombre de collègues forgés au combat contre l'occupant, dont certains ont frôlé le peloton d'exécution. Des hommes qui ne s'en laisseront pas conter à l'heure de lutter contre les voyous.

En 1958, après son apprentissage dans un commissariat de quartier, Roger intègre la brigade mondaine. Il quitte le service en 1964 pour atterrir à l'antenne de la 7e BT, dans un secteur giboyeux du 13e arrondissement. « Le pénal dans la joie », telle est la devise de celui qui prend la tête du groupe de voie publique de la 5e BT. Adoré de ses inspecteurs, il les invite aux plus belles tables, comme chez *Maxim's*, où il est reçu avec tapis rouge pour services rendus. Il lui arrive de venir au bureau avec son perroquet, Rufus. L'animal imite à la perfection le bruit du bouchon d'une bouteille de champagne, puis celui du liquide qui coule. Le volatile dit aussi quelques phrases apprises de son maître :

« Il est pas con Rufus, hein ? », ou encore : « Qu'est-ce que tu bois, Bill ? »

Bel homme, joueur de violon et de banjo, imbattable aux échecs et toujours élégant, Roger est à tu et à toi avec le Tout-Paris. Parmi ses amis, Eddy Barclay, Françoise Sagan, Johnny Halliday, André Pousse, les frères Minski, propriétaires du *King Club*, des ministres et le colonel Marcel Leroy-Finville, dit « Donald », du SDECE[11]. Connu comme le loup blanc de Saint-Germain-des-Prés à Montparnasse, il a ses habitudes au *Cercle républicain*, avenue de l'Opéra, et dans d'autres clubs plus discrets. Appartenant au cénacle restreint des policiers les mieux renseignés, il connaît personnellement la plupart des malfaiteurs qui tiennent le haut du pavé, ainsi que les propriétaires de bars de nuit et les tenanciers de boîtes en tous genres, un milieu dans lequel il nage avec aisance, où chacun se méfie de l'autre, où l'on parade, et accessoirement où l'on balance. Pour lui, les belles affaires se font à minuit, pas à midi.

Deux membres du gang de la Banlieue sud renseignent Roger en permanence, ce qui lui a permis d'établir le premier organigramme de l'équipe. Il a vu grandir ces garçons originaires d'Ivry, de Vitry ou de Villejuif, qui aimaient se retrouver dans le 13e arrondissement, loin du regard de leurs « darons ». Il les a vus passer du vol de voiture au casse, puis au braquage. Et lorsque Guy Neumeyer, le fondateur de cette bande, dit « le Foldingue », un furieux de la gâchette, tire en 1973 sur les policiers à la sortie du *Whisky à gogo*, rue de Seine, avant de s'enfuir à bord d'un taxi, c'est lui qui « redresse » sa planque deux jours plus tard, à Athis-Mons, où le voyou tente de s'emparer d'un pistolet-mitrailleur lors de son « serrage ».

« Le malfrat est l'ennemi héréditaire de la police judiciaire », me glisse un jour ce policier de la vieille école, funambule hors

11. Le Service de documentation extérieure et de contre-espionnage, remplacé par la Direction générale de la sécurité extérieure (la DGSE) en 1982.

pair convoqué à plusieurs reprises par l'IGS et quelques juges d'instruction. « Pour le traquer, le combattre et le vaincre, il faut avoir une parfaite connaissance des différents milieux : leurs modes de vie, leurs forces, et surtout leurs faiblesses. Il faut aussi savoir séduire, donner confiance, mettre les mains dans l'eau trouble. Obtenir des informations sans être englué, c'est tout un art ! »

Son intelligence, sa culture et sa ruse, mais aussi sa gentillesse ont permis à Roger de retourner bien des malfaiteurs, pour le plus grand bien de la société et du 36, régulièrement alimenté en bons tuyaux. Ses conseils sur la gestion des sources viennent enrichir ceux du Vieux, tandis que ses contacts enrichissent mon carnet d'adresses. « Les malfrats se donnent toujours en spectacle », dit-il encore. « Leur vie, c'est le drame et la comédie. Ils font du théâtre, même en mangeant des cacahuètes ! »

C'est avec ces policiers exceptionnels que nous avons commencé à « nettoyer » Paris, conformément à la consigne du préfet de police. Alors que les portes de la prison se sont refermées sur moi, je sais que je peux compter sur eux. Et eux sur moi.

2.

L'engrenage

Cellule C 415

La rue de Budapest, « Buda » pour les initiés, est une artère étroite et pentue de cent trente mètres de long. À la frontière entre les 8e et 9e arrondissements parisiens, elle relie la rue d'Amsterdam à la rue Saint-Lazare. Sur ce territoire à la lisière du secteur qui m'est dévolu a germé le dossier qui me coûte ces jours et ces nuits de prison.

Après la fermeture des maisons closes imposée par la loi Marthe Richard en 1946, « Buda » a vu ses hôtels pour voyageurs transformés en une dizaine d'hôtels de passe bas de gamme. Entre 1975 et 1979, après la suppression des établissements d'abattage du quartier de la Goutte-d'Or, la rue a vu débarquer les laissées pour compte, ces « filles » qui n'avaient pu migrer vers la rue Saint-Denis. La brigade des stupéfiants et du proxénétisme (BSP) a progressivement fermé ces hôtels de passe, qui se sont à leur tour transformés en squats sauvages dans les années 1980, grâce à quelques coups de masse sur les murs en parpaings barrant l'entrée de locaux laborieusement placés sous scellés. Dans ces immeubles turbinent près de quatre cents filles, se relayant par équipes vingt-quatre heures sur vingt-quatre comme au temps de la « Charbonne[12] ».

Le bas de la rue de Budapest est occupé par les Françaises et les Maghrébines, le haut par des Africaines se disant Ghanéennes. La plupart sont analphabètes et sous la coupe de souteneurs. Au-dessus trônent les tenanciers de studios, propriétaires de droit, mais surtout de fait de ces ex-chambres d'hôtel devenues immondes. Ils gagnent des fortunes.

C'est le 3 bis qui, sur six étages, accueille le plus grand nombre de prostituées. Welcome in the jungle! *Pas d'électricité, sauf par miracle au deuxième étage. Les bougies fleurissent quand la nuit tombe. Murs lépreux, odeur d'urine, escalier périlleux, rampe branlante quand elle n'est pas remplacée par un fil de fer approximatif... Ni eau courante, ni bidet, ni lavabo, encore moins de salle de bains dans les « studios », à côté ma cellule paraîtrait presque confortable. Seuls accessoires : des bouteilles d'eau, des seaux remplis d'urine, de feuilles de Sopalin, de Tampax ou de préservatifs usagés. Les rapports, dix minutes maximum, ont lieu dans ces « chambres d'amour » sales et puantes, sur des lits ou des matelas posés à même le sol où une toile cirée fait office de drap.*

Comme le dit crûment un de mes inspecteurs : « L'amateur de sexe qui vient dans ce cloaque purulent pour se vidanger doit avoir très faim ou des fantasmes à la Dali ! » La clientèle, essentiellement composée de voyageurs transitant par la gare Saint-Lazare et de travailleurs immigrés, ne craint ni les virus, ni les maladies vénériennes, pourtant monnaie courante dans ce bouillon de culture.

« Buda » attire toute une faune de voyous, voleurs, toxicomanes, dealers, receleurs, racketteurs, sans oublier les souteneurs

12. La rue de la Charbonnière, dans le quartier de la Goutte-d'Or, était truffée d'hôtels de passe.

qui font un saut si nécessaire. Ils se retrouvent à L'Ambiance *ou au* Fox. *Les filles préfèrent le premier, situé en face du 3 bis et exploité par « Rachid Méditerranée », un Kabyle dont nous avons arrêté le frère, « Carlos », pour proxénétisme. Elles s'y posent plusieurs fois par jour pour boire un coup, avaler un sandwich, téléphoner, dire du mal de la police et des juges, « tous des enculés », des ex-copines, forcément « salopes » ou « balances », s'en faire de nouvelles et échanger les derniers potins. Autant de raisons pour justifier l'intérêt que nous accordons à cet « îlot Chalon*[13] *» de la prostitution.*

Dans cette cour des miracles ont fleuri les accusations délirantes portées à mon encontre, avant d'être prises pour argent comptant par le juge et les gendarmes chargés des investigations. Point de départ : l'arrestation d'un cambrioleur, un certain Yahia, par les policiers de Courbevoie, le 8 décembre 1986. Confié aux soins du groupe « stupéfiants » de la police judiciaire des Hauts-de-Seine après la découverte d'une vingtaine de doses d'héroïne dans sa poche, le casseur-dealer décide de balancer, espérant amortir le glaive. Il propose aux inspecteurs d'appeler son fournisseur, Aziz, afin de le piéger. Marché conclu : Yahia l'appelle pour lui commander cent cinquante grammes et le piège se referme. De son vrai nom Jean-Claude Moustafa, vingt-six ans, Aziz n'a sur lui qu'une trentaine de grammes de haschisch et onze mille francs[14]*, pliés « façon dealer » : on est loin des cent cinquante grammes d'héroïne promis par l'éphémère collaborateur. La perquisition de son domicile, qu'il partage avec sa mère, n'est guère plus fructueuse. Dans un coffre du Crédit Lyonnais, les stups mettent la main sur un lot de bijoux et une somme de soixante mille francs*[15]*, mais ils déchantent*

13. Quartier situé près de la Gare de Lyon, connu dans les années 1980 pour être un haut lieu du trafic et de la consommation de drogues.

14. L'équivalent de 3 000 euros.

15. L'équivalent de 16 000 euros.

à nouveau : Aziz présente les factures des bijoux et l'argent provient de la vente d'un café huit mois plus tôt.

Avisé de l'arrestation de son aîné et soucieux de lui venir en aide, Jean Moustafa, dit « Bourid », m'en fait part. Tous deux sont d'excellents « correspondants » de mon service. J'alerte aussitôt mon chef, le commissaire Philippe Vénère, qui s'en ouvre à notre collègue Marc Monera, chef de la PJ dans le 92. Le maximum sera fait pour que le parquet de Nanterre prenne en compte cette situation, promet Monera, qui campe le contexte : l'arrestation de Jean-Claude Moustafa intervient dans le cadre d'une enquête sur les trafics de drogue à la Cité du Port d'Aubervilliers, dont plusieurs acteurs ont déjà été incarcérés, une instruction confiée à un juge jusqu'ici inconnu de notre service : Jean-Michel Hayat. Pragmatique, Monera conseille à mon chef de m'envoyer rencontrer le substitut de permanence au parquet de Nanterre pour évoquer le profil d'Aziz. Ce que je fais au plus vite, accompagné de Mickey, mon inséparable adjoint. Le parquetier prend bonne note de notre intervention visant à « décrocher » Aziz, mais n'en tient pas compte : notre « contact » est écroué.

La ligne de conduite de la PJ parisienne est à l'époque très claire : intervenir systématiquement en faveur d'une source quand les faits reprochés ne paraissent pas graves, ce qui est le cas. Un mois plus tard, c'est donc très naturellement que Philippe Vénère demande au juge Hayat de me recevoir au tribunal de Nanterre. Manifestement indisposé par la démarche, le juge consent malgré tout à nous ouvrir sa porte. Avec Mickey, nous nous efforçons de lui exposer la plus-value que représente Jean-Claude Moustafa pour notre service, non sans lui remettre à titre confidentiel une liste d'affaires réussies grâce à son concours et à celui de sa famille. Le juge accepte, sans enthousiasme, de nous délivrer un permis de visite pour le rencontrer à Bois-d'Arcy. Il s'agit pour nous de prouver à notre source que nous ne l'avons pas abandonnée, sans pour autant nous mêler en quoi que ce soit de l'enquête en cours. Une règle du jeu que le magistrat n'a pas l'air de priser, mais comme le dit Mickey dans la voiture qui nous ramène rue Truffaut : « Au moins, nous pourrons nous regarder dans la glace en nous rasant ! »

Le 14 janvier 1987, nous exerçons notre droit de visite.

Six mois plus tard, nous sommes convaincus qu'Aziz pourrait nous aider à localiser l'auteur d'un vol à main armée dont nous avons déjà interpellé les deux complices. Saisi du dossier et persuadé du bien-fondé de notre démarche, le juge parisien René Humetz, ancien officier de gendarmerie, demande à son collègue de Nanterre d'autoriser son extraction, par nos soins, pour une journée. L'opération a lieu le 11 mai 1987, sans incident – le lecteur comprendra que je ne livre pas ici le détail de nos entretiens, par souci du respect de la parole donnée.

Comme Mickey, je suis à mille lieues d'imaginer que cette banale extraction, ainsi que nos précédentes démarches, ont mis en marche un engrenage infernal. Son combustible : la mise en doute de notre intégrité.

La culture de l'indic

Lorsque je rejoins les rangs de la police judiciaire parisienne, la « culture » des informateurs est très prégnante. Les préfets de police comme la direction du 36, fidèles à Eugène-François Vidocq, considèrent le renseignement comme consubstantiel à l'efficacité. Il est incontournable pour savoir ce qui se trame dans le milieu, « sortir » certaines affaires criminelles et arrêter les malfaiteurs. Il permet de gagner en temps et en précision, limite les « errements de l'enquête judiciaire », selon les termes mêmes des magistrats, et évite des surveillances souvent fastidieuses et parfois inutiles.

Dans tous les services de voie publique, les policiers sont à l'époque encouragés à aller au contact pour être « rencardés ». En cas de difficulté, ils sont soutenus par une hiérarchie qui considère que l'on peut se salir les mains sans perdre son âme. À condition bien sûr de ne pas basculer de l'autre côté, ce qui est rare, vite détecté et tout aussi rapidement sanctionné. Les parquetiers et les juges d'instruction parisiens, dans leur très grande majorité, jouent un jeu qui en vaut la chandelle, convaincus qu'il y va de l'intérêt de la société.

Les chefs de service, avec l'accord tacite de la direction, interviennent lorsque c'est nécessaire auprès de leurs collègues et des magistrats pour « décrocher » des indics. Le système fonctionne avec beaucoup de souplesse et de réactivité. Le fait que les informateurs n'aient pas d'existence légale n'est pas un frein. Ce peut même être un avantage… surtout pour eux, qui redoutent les indiscrétions.

Au sein de la PJ, on rencontre trois types de policiers : ceux qui sont doués pour le renseignement, ceux qui excellent sur le terrain et ceux qui préfèrent la procédure. Tout le monde trouve chaussure à son pied. Certains, comme le Vieux, sont capables d'enfiler des bottes pour se rendre dans les égouts, des baskets pour aller sur le bitume ou des mocassins pour auditionner victimes et suspects. Les adeptes du renseignement forment une minorité. Il faut aimer ça, être très disponible, curieux des situations et des gens, avoir le sens du contact et une dose de courage, parce que le risque est patent. Je me coule dans ce moule, tout en restant lucide.

À l'inverse des habitudes d'autres unités de recherches, qui privilégient le travail « au flanc » sur la voie publique, consistant à « lever » des malfaiteurs à partir d'un comportement suspect, les miennes préfèrent démarrer leurs planques et filatures à partir de tuyaux. Le Vieux nous a apporté sa panoplie conséquente de

« tontons ». Je développe moi-même un réseau étoffé de correspondants, non sans questionner sans relâche Alain, qui ne se fait pas prier pour me livrer ses recommandations. Pour lui, tout est affaire de psychologie, de « pif », comme il dit, ce qui ne l'a pas empêché au fil des années de formuler un corpus de règles auquel il se tient.

Règle n° 1 : toujours informer sa hiérarchie de l'identité de ses contacts.

Règle n° 2 : à la question de savoir qui manipule qui, la réponse est simple : le flic manipule son indic et non l'inverse, et au début, pendant la période de « dressage », avec des rênes très courtes.

Il peut arriver que le policier éprouve de la sympathie pour le voyou, comme dans *Le Doulos*, film de Jean-Pierre Melville. Le voyou, lui, essaie toujours, par principe, de se faire des « amis » dans la police, démarche rarement désintéressée… et très suspecte.

Règle n° 3 : l'indic doit toujours rapporter davantage que ce qu'il prétend faire.

Règle n° 4 : ne jamais traiter avec un indic qui a fait des coups tordus à d'autres policiers et/ou qui a été mis à la porte par un service. Une planche pourrie reste une planche pourrie.

Règle n° 5 : ne jamais prendre d'argent ni sauter une pute, sous peine de devenir le loufiat du voyou.

Règle n° 6 : éviter qu'un indic soit traité en même temps par deux services. Le cas échéant, le mettre immédiatement tricard.

Règle n° 7 : accepter d'être dérangé de jour comme de nuit, week-end et vacances comprises, puisque le tonton ne carillonne pas seulement pendant les heures de bureau, pour appeler au secours ou livrer une affaire brûlante.

Règle n° 8 : être capable d'assumer le revers de la médaille et l'ingratitude de la patrie.

« Travailler avec des indics est un véritable sacerdoce », résume le Vieux, « d'autant que certains collègues, heureusement minoritaires, jaloux des succès de ceux qui rapportent des tuyaux, ce qu'ils sont incapables de faire, les critiquent en se pinçant le nez. Pour ces aigris, discuter avec des repris de justice est forcément suspect ! Ils ont raté leur vocation de bedeau. »

Nous parvenons à constituer l'un des meilleurs réseaux d'informateurs de la capitale, en quantité mais surtout en qualité, ce qui nous permet d'être redoutablement efficaces. La palette est vaste. Le voyou qui donne une affaire pendant sa garde à vue n'en donne généralement qu'une seule : celle qui lui permet de se décrocher en urgence. Le dealer balance son grossiste, le casseur son « fourgue », davantage pour éviter la « ratière » que pour devenir un « auxiliaire » de police. La subtilité est minime, mais permet de se donner bonne conscience. Puis il y a celui avec lequel le courant est bien passé. Le policier a su trouver les mots justes, accorder une faveur, respecter celui qui est de l'autre côté de la barrière et ne pas l'« assassiner » en procédure. À sa sortie de prison, il peut devenir une source, pourquoi pas pour longtemps. Il renseigne son « traitant » sur ses concurrents, ceux qui lui font des misères. Et cela peut représenter beaucoup de monde… En revanche, il ne balancera jamais son cercle d'amis le plus proche. À moins d'une « enculerie », bien sûr.

Nous obtenons nos meilleurs renseignements auprès des filles, qu'elles appartiennent au milieu ou qu'elles le fréquentent pour l'excitation. Elles peuvent être très bien informées, pas seulement parce qu'elles sont souvent plus observatrices et plus curieuses : les voyous ne peuvent s'empêcher de frimer devant elles en leur contant leurs « exploits ». Ce qui devait rester secret entre associés jusqu'à la mort, « promis, juré ! », est raconté par le menu à la compagne ou à la maîtresse ; c'est oublier que le meilleur ami du secret est le silence et que les trahisons amoureuses se payent *cash*... Nous ne comptons plus le nombre de « beaux mecs » arrêtés à cause de ces vantardises.

Les toxicomanes constituent également un bataillon d'indics en renouvellement constant. C'est sans difficulté que les accros à l'héroïne arrêtés sur des lieux de transaction nous livrent sur un plateau leurs dealers et leurs receleurs. Plusieurs deviennent des sources régulières, sollicitées pour jouer l'acheteur ou découvrir de nouveaux lieux de deal à dégringoler. Pendus par leur toxicomanie, il n'est pas rare qu'ils se piquent devant nous, dans leur chambre d'hôtel, un couloir ou une arrière-cour d'immeuble. Le spectacle glauque de ces malheureux garçons et filles se posant eux-mêmes leur garrot avant de se fixer avec une seringue fait partie de notre quotidien. Blindés, nous supportons ces scènes avec un seul objectif : identifier, arrêter et faire condamner le plus sévèrement possible ceux qui contraignent ces jeunes, transformés en morts-vivants, en épaves, en esclaves, à commettre tous les jours des infractions pour se procurer leur dose de poudre blanche, avec la mort pour horizon à plus ou moins brève échéance.

Nous investissons aussi dans le petit monde des chauffeurs de taxi. Plusieurs nous renseignent en échange d'interventions auprès de nos collègues de la sécurité publique ou du tribunal de police pour faire sauter leurs « prunes ». Ils nous communiquent l'adresse de prostituées ou de clients ayant une « belle gueule », cueillis à la sortie de boîtes ou de bars de voyous. En 1977, la Mondaine avait fait du direct. Après avoir fait tomber un chauffeur de taxi qui julotait deux filles, les inspecteurs de la brigade avaient utilisé son véhicule Mercedes bleu, saisi en procédure : pendant plusieurs mois, à tour de rôle, ils s'étaient rendus toutes les nuits vers 1 h du matin dans le quartier de la rue Saint-Denis pour y prendre en clientes, afin de les loger, des péripatéticiennes du secteur. Une belle moisson avant d'être obligés, clôture de l'enquête oblige, d'expédier le regretté taxi à la fourrière.

Faisant feu de tout bois, nous « tamponnons » également une agence immobilière un peu trop particulière du secteur de l'Étoile. Nous avions remarqué que plusieurs beaux voyous maghrébins, que nous avions arrêtés, avaient fait appel à ses services pour dénicher un logement, chose malaisée lorsqu'on est en situation irrégulière ou tout juste libéré de prison. Les dirigeants de l'agence à qui nous expliquons, avec un gentil tirage d'oreille, qu'ils ont tout intérêt à collaborer, comprennent au quart de tour et nous donnent un accès permanent à leur fichier : une mine d'or !

Notre quotidien de chasseurs

L'excellent état d'esprit de ses enquêteurs fait la force de la police judiciaire dans la capitale. Ils sont fiers et joyeux d'aller au bureau le matin, convaincus d'être utiles à la société. Leur spécialité, filière d'excellence, est reconnue et appréciée des préfets de police, des magistrats, de la presse et de l'opinion. Les dépressifs sont très rares dans les rangs, les jalousies proscrites au profit de l'amitié et de la solidarité. Quel que soit le grade, la passion est là. Celui qui ne rentre pas dans le moule est vite marginalisé, puis incité à partir. Comme chez les voyous, on se donne des surnoms. « Le Grand Claude », « le Gros Marcel », « le Légionnaire », « Sœur Sourire », « Speedy », « Satanas », « la Panique », « le Proc »… chacun y a droit. Les services sont des ruches bruyantes et débordantes de vie. Le policier a cette rare possibilité de pouvoir pénétrer, à travers ses enquêtes, au cœur de tous les univers, y compris les plus fermés. Chaque semaine amène son lot de « tranches de vie » inédites.

L'organisation du travail repose sur la confiance et une large autonomie. L'unité de base est le groupe, avec ses « locomotives ». J'accorde une très grande souplesse à mes collaborateurs dans la gestion de leurs horaires, puisque les résultats, toujours le fruit d'un travail d'équipe, sont au rendez-vous. Ils arrivent à l'heure qu'ils souhaitent et quittent le service quand ils estiment avoir fait le job.

Sur le plan des moyens, Pierre Touraine et Olivier Foll ont veillé à ce que les nouvelles DPJ soient dotés de voitures, de sous-marins, de radios et de motos. Notre activité quotidienne bouscule parfois les habitudes des collègues de la sécurité publique, qui n'ont pas toujours été informés des méthodes innovantes, ni des équipements de la PJ. Une nuit de 1985, Christian Massard, l'un des meilleurs limiers de l'UR 8, remonte ainsi la rue de Rivoli au guidon de la moto du groupe. Il est en filature derrière des trafiquants de drogue peu respectueux du Code de la route, puisque leur Mercedes brûle tous les feux de la place de la Concorde, en direction des Champs-Élysées. Pour ne pas être repéré, ni perdre sa filoche, Christian circule tous feux éteints hors du champ de vision du rétroviseur de la Mercedes et doit lui aussi passer au rouge. Arrivé à la hauteur de la place de l'Étoile, sa moto, signalée sur les ondes radio, est bloquée par un important dispositif de policiers en tenue, dont l'un brandit un pistolet mitrailleur. Christian lève la visière de son casque et s'apprête à mettre la main dans son blouson pour prendre sa carte de policier. « Bouge pas ! », lance le gardien au PM. « Je suis collègue », répond l'inspecteur[16]. Les gardiens tombent des nues.

Côté radio, des postes Storno de couleur noire ont remplacé les Motorola gris anthracite dont les BT avaient été dotées en 1978, après l'enlèvement du baron Empain. Ils sont plus petits et plus

16. Christian Massard deviendra plus tard responsable de la sécurité du ministre de l'Intérieur Daniel Vaillant.

performants, sauf dans le métro, handicap qui nous oblige à improviser à la sortie de la rame : sauter dans un taxi ou stopper au vol une voiture pour assurer la suite de la filature... Lors de nos surveillances, nous travaillons sur les « petites » ondes ; seuls les policiers se trouvant dans un rayon de cinq cents mètres entendent nos discussions. Quand nous « trafiquons » en clair[17] sur les « grandes » ondes, pour cause d'éloignement, tous les utilisateurs du canal Z 2, réservé à la PJ, captent nos échanges. Gare au collègue qui coince malencontreusement dans son véhicule le bouton de la radio en mode « porteuse » et tient des propos qu'il croit confidentiels !

En matière d'armement, le régime est souple. En plus de leur arme administrative, les policiers du 36 ont le droit d'utiliser une arme personnelle de leur choix[18]. L'un des enquêteurs de l'UR 8 fait à cet égard preuve d'originalité. Mesurant un mètre soixante pour cinquante-cinq kilos, Michel a acheté un revolver Smith & Wesson calibre 44 Magnum 6 pouces. Le même que celui de Clint Eastwood dans *L'Inspecteur Harry*. Effet garanti quand il porte l'arme à la ceinture sous son blouson avec le canon qui dépasse... Je lui conseille gentiment d'opter pour un modèle plus court, plus discret et moins dangereux.

Une nuit, Albert, chef de l'UR 8, me téléphone – il est 2 h : « Patron, vous pouvez venir ? C'est urgent, j'ai un gros problème ! » Le temps d'enfiler des vêtements, je fonce au siège de la division. Albert est encore plus blanc qu'à son d'habitude, et Pierre, sa « flèche », est tout aussi livide. Ils ont contrôlé les deux occupants d'un véhicule, lui côté chauffeur, son arme à la main droite, Pierre positionné côté passager, arme en main également. Il poursuit : « J'ai demandé au conducteur, qui avait baissé sa vitre, de me présenter ses papiers. Puis j'ai involontairement

17. Seules les brigades centrales disposent de postes radio à fréquences cryptées.
18. L'arrivée du revolver Manurhin Special Police F1/X1 marquera la fin des armes personnelles en service.

appuyé sur la détente et le coup est parti ! La balle est passée à un centimètre du visage des deux occupants, a explosé la vitre côté passager et percuté l'extrémité du canon du revolver Manuhrin 38 Special de Pierre, ce qui l'a déviée. Pierre a été blessé superficiellement par des éclats de verre. » Je le rassure. Le plus important n'est-il pas que la balle ait miraculeusement épargné trois personnes ? « N'en parlons plus, mon cher Albert ! »

Je réveille mon patron, Philippe Vénère, lui propose de dédommager l'automobiliste et d'envoyer Albert et Pierre se coucher. La solution lui convient. Albert nous sera reconnaissant de ne pas avoir ébruité l'incident et de l'avoir géré sans faire de vagues. À l'époque, la plupart des chefs de service « couvrent » leurs collaborateurs en difficulté dans le cadre du service. Les incidents se règlent à l'amiable, sans remonter jusqu'à la direction. Une règle tacite fondée sur le soutien accordé à ceux qui « vont au charbon », tant que les faits ne sont pas contraires à l'honneur.

Planques, filatures, arrestations, rédaction de procédures, contacts avec les tontons s'enchaînent, entrecoupés d'un repas souvent avalé sur le pouce dans un sous-marin, une planque ou un restaurant oriental, très loin des trente-cinq heures hebdomadaires ! Malgré ce rythme, il y a toujours davantage de volontaires qu'il n'en faut pour « taper » des perquisitions à 6 h du matin, et quand un collègue n'est pas rappelé pendant ses congés pour participer aux serrages dans une belle affaire, il proteste haut et fort.

Les réunions chez mon patron sont réduites au strict minimum, en moyenne une fois par mois, la PJ n'ayant pas la culture de la réunionnite aiguë, mais l'information opérationnelle remonte en permanence et en temps réel. Tous les jours, je lui rends compte de l'activité, parfois par téléphone, le plus souvent dans son bureau, idéalement situé 51, rue de Courcelles, à proximité du parc Monceau et à cinq cents mètres à peine des Champs-Élysées ; sur un terrain de plus d'un hectare, l'ancien hôpital Beaujon, reconverti successivement en école pour les commissaires parisiens, puis en école d'inspecteurs dans les années 1970, a accueilli le siège de la 1re BT, devenue 1re DPJ. Le site abrite aussi une église désaffectée, l'ancien terrain de sport des élèves inspecteurs, une station-service et trois Algécos où sont logés à titre provisoire mes inspecteurs de l'UR 8, dont l'enquêteur Michel Alexandre a dépeint le quotidien, fait de rires et de peines, dans le film de Bertrand Tavernier *L.627*. Dès l'apparition des beaux jours, place aux parties de pétanque et aux grillades et méchouis. Le temps du bonheur[19]...

L'époque autorise l'humour, la liberté et l'originalité. Sur la porte de son bureau, Jean-Louis Guérin, surnommé « Mémé » ou « Bud Spencer » en raison de sa ressemblance avec l'acteur, a apposé une plaque professionnelle d'obstétricien-gynécologue, pour signifier que la vérité est parfois longue à faire naître. Un jour, la victime d'un cambriolage, une dame bon chic bon genre sagement assise sur une banquette, voit Mémé sortir précipitamment de son bureau les mains en sang, tout en lui disant très sérieusement : « Je suis à vous dans une minute ! » En fait d'accouchement, un casseur venait de se fracasser un cendrier en verre sur le crâne pour tenter d'échapper à la case justice...

La fin d'après-midi marque le clap de fin, la suite se passe au bar. Chaque service possède son lieu de convivialité. À l'UR 17, Bud Spencer officie dans une pièce spécialement aménagée. Vers 19 h, il prend place derrière le comptoir et sert à boire aux collègues et à quelques habitués. Le docteur Randrian en fait partie. D'origine malgache, c'est lui qui examine les personnes placées en garde à vue. Voisin, il apprécie entre deux visites de retrouver ceux qu'il appelle affectueusement « les éboueurs du

19. Ce terrain aurait été parfait pour accueillir les nouveaux locaux du 36. Malheureusement vendu par l'administration, il est aujourd'hui occupé par un hôtel de luxe.

17e arrondissement ». Amoureux de la France, grand amateur de littérature et doté d'une mémoire encyclopédique, il attendrit son public de « durs » en récitant d'une voix douce des vers de nos grands poètes, élevant l'esprit de ceux qui ont passé leur journée à patauger dans la boue de la société et à échanger avec des délinquants au vocabulaire le plus souvent rudimentaire.

Ces moments de détente sont essentiels. On discute en toute transparence des dossiers, on fête une affaire, un anniversaire ou une arrestation périlleuse, on peut aussi crever un abcès ou décompresser après une scène criminelle difficile, à l'instar de ces carabins qui évacuent une trop grande pression grâce à quelques pitreries. L'« apéritif » est aussi le moment où certains tontons, qui se lèvent tard, appellent pour donner leurs tuyaux.

Le barman ferme son « établissement » après le départ du dernier client. Le cas échéant, la soirée se poursuit dans l'une de nos « cantines ».

Les contrôles de bars de voyous

Adeptes d'une police offensive, nous sommes tout le temps dehors et « sautons » sur tout ce qui bouge en quadrillant méthodiquement le terrain. Appliquant à la lettre notre stratégie, consistant à aller chercher les voyous là où ils se trouvent, nous mettons en place une politique de contrôles réguliers des bars mal famés, en particulier dans le 17e arrondissement, fort de plus de huit cents « licences IV » et particulièrement giboyeux. Une « chasse » dont nous aurons longtemps l'exclusivité.

Dans ces lieux tenus en majorité par des Maghrébins, les délinquants discutent affaires, écoulent de la marchandise volée, échafaudent des plans plus ou moins foireux, flambent, parlent du pays, draguent, refont le monde, picolent, fument un joint.

Certains patrons se servent aussi de l'endroit comme bureau et y reçoivent associés et contacts. Parfois leurs clients s'étripent sur place ou sur le trottoir, pour des motifs plus ou moins sérieux, vengeance, rivalité amoureuse ou insulte proférée en public du genre : *Nikoumouk !*, « Va niquer ta mère ! », la pire qui soit pour un Arabe. L'absence de caméras de vidéo-surveillance encourage ceux qui veulent utiliser arme de poing ou couteau, convaincus de leur impunité.

Très nombreux aux Batignolles et plus encore aux Épinettes, ces établissements bénéficiaient jusqu'en 1984 d'une relative tranquillité. La sécurité publique, par des passages routiniers, contrôlait le bon respect du Code des débits de boissons, vérifiant qu'ils ne restaient pas ouverts au-delà de l'heure autorisée et que le gérant de fait était bien le titulaire de la licence. Elle intervenait en cas d'incident grave, mais ne contrôlait jamais la clientèle. Du temps des BT, la PJ pratiquait de son côté des « rondes battues » : deux fois par an, les effectifs, chef en tête, contrôlaient les bars et les boîtes du territoire. La création des DPJ et des UR nous donne l'opportunité d'industrialiser ces contrôles, d'une redoutable efficacité. Le plus important est de déstabiliser la faune qui s'y agglutine, une bonne moitié de pickpockets, des trafiquants de drogue, des spécialistes du vol de mallettes dans les aéroports ou les halls d'hôtel et des cambrioleurs. Un tireur vole en moyenne un à deux portefeuilles par jour, sept jours sur sept, soit de trente à soixante dans le mois. Le fait de l'arrêter et de l'éliminer durablement, par une incarcération ou une expulsion immédiate, permet de faire chuter la température de la délinquance et, mécaniquement, les statistiques.

Une ou deux fois par mois, nous intervenons au moment où les bars sont pleins. Le rituel est toujours le même. Vers 21 h, nous dînons à une dizaine dans un restaurant de la rue de Bruxelles, à côté de la place Blanche, dont le patron sicilien est devenu un ami de la police. À partir de 23 h, l'un d'entre nous prospecte pour détecter les endroits où sont concentrés le maximum de consommateurs, puis nos trois voitures banalisées s'élancent en direction de l'estaminet le plus giboyeux. La colonne s'arrête pile devant les portes et le bar est investi *manu militari*, sans commentaires. Nous sommes connus et acceptés comme une calamité incontournable. Les rares qui n'auraient pas compris sont simultanément mis au parfum, en arabe, par leurs copains déjà éduqués.

Mémé, colosse d'un mètre quatre-vingt-cinq et cent kilos, entre en actionnant la culasse du fusil à pompe qu'il manie en virtuose. Même dans les bouges les plus mal famés, la déferlante de policiers en civil, la carrure du sosie de Bud Spencer, son fusil et le claquement de la culasse impressionnent les voyous les plus retors. L'effet psychologique est dissuasif et la rapidité de l'intervention ne permet pas à ceux qui l'auraient souhaité de se débarrasser d'objets compromettants.

Certains consommateurs sourient alors que d'autres, visiblement contrariés, montrent qu'ils ont quelque chose à se reprocher. Une fouille rapide permet de mettre la main sur de faux papiers, de la drogue, parfois une arme. Nous tombons fréquemment sur des malfaiteurs que nous avons déjà arrêtés ou que nous recherchions. La pêche se poursuit une bonne partie de la nuit. Nous passons au tamis la clientèle de plusieurs bars, *Chez Tonio*, *Chez Boxeur*, le *Jacky Bar*, le *Va-et-Vient*, *Le Charme Slave*, qui n'a de charmant que son enseigne, *Le Fer à Cheval*, *Chez Miloud*, le *Blow Up*, *L'Univers*, *La Rotonde*, *OK Corral* et consorts. La plupart sont ouverts sur la rue et facilement accessibles. D'autres, plus intimistes, comme le *Boxing Night*, rue Guy Moquet, ont voulu copier les bars corses de Pigalle. Il faut montrer patte blanche pour pénétrer dans ce lieu feutré exploité par Bob, un ancien julot tiré à quatre épingles. La porte vitrée composée de carreaux colorés opaques interdit de voir l'intérieur. Dans une ambiance tamisée, des membres de l'aristocratie du milieu algérien y consomment en échangeant à voix basse, des chansons d'Aznavour, de Nougaro ou de Léo Ferré en fond musical.

Lorsque le chalut est insuffisamment rempli, nous effectuons un détour dans des bars sordides du quartier mitoyen des Grandes-Carrières, dans le 18e, certains de trouver le complément. Une fois ramenés dans nos filets, les cinq à dix « heureux gagnants » sont placés en garde à vue et interrogés sur l'identité qu'ils veulent bien déclarer. Nous décrochons aux alentours de 3 h du matin. Après une brève nuit de quatre ou cinq heures, de retour au bureau, nous les expédions à l'identité judiciaire (IJ), au 36, où un rapide relevé de leurs empreintes nous renseigne sur leur palmarès et les différentes identités sous lesquelles ils ont déjà été arrêtés et condamnés. À l'issue de leur garde à vue, les sans-papiers sont renvoyés dans leur pays d'origine, tandis que les détenteurs de faux papiers ou ceux qui font l'objet d'une interdiction du territoire partent en prison entre six mois et un an, avant d'être expulsés.

Notre stratégie permet d'éviter des centaines de vols de portefeuilles, de vols avec violences et de cambriolages. Cerise sur le gâteau, lorsque le patron du bar est réfractaire à nos discrètes sollicitations de coopération et à l'adoption de relations bien comprises avec notre service, nous utilisons l'« arme nucléaire » : en cas de bagarre ou de règlement de compte dans son établissement, nous proposons au préfet de police une fermeture de trois à six mois, requête toujours suivie d'effet. Outre le fait que la peur change de camp, cela permet aux voisins de respirer, oblige les clients à changer de crémerie et... le patron à réviser en profondeur sa conception des relations cafetier-police.

Les contrôles d'hôtels

Michel Poniatowski, ministre de l'Intérieur, avait décidé en 1974 de supprimer les fiches d'hôtels obligatoires, au nom du respect de la vie privée. Jusqu'alors, les clients devaient produire une pièce d'identité et remplir une fiche cartonnée. L'hôtelier avait de son côté l'obligation de tenir un registre, ce qu'il faisait généralement avec soin, sous peine de sanctions financières. Une fois par semaine, les inspecteurs du service des garnis, rattaché aux archives du 36, effectuaient la collecte. Ce système parfaitement huilé permettait à tous les services de PJ et… de renseignement, de « redresser » des clients, d'avancer dans les enquêtes et de contrôler efficacement une population flottante et marginale.

Mal vécue dans les rangs de la police, la suppression des fiches a offert aux voyous un bol d'air immérité, une douce quiétude à laquelle nous allons mettre un terme, dix ans plus tard, en ciblant les hôtels borgnes où ils logent – un levier efficace pour « nettoyer » notre territoire. Finis les délices de Capoue !

L'idée m'est venue d'un souvenir d'enfance, plus précisément de mes colonies de vacances dans les Pyrénées, à l'âge de onze ans. Un moniteur originaire du pays m'avait initié, avec deux copains de dortoir, à la pêche à la main dans les ruisseaux et autres gaves. La truite vit sous les rochers, en eau vive, nous avait-il expliqué. Elle se cache au repos dans des trous, en prenant soin d'organiser une sortie secondaire. La capture était sportive et le résultat pas toujours au rendez-vous, mais en remontant un petit cours d'eau, j'avais repéré des tuyaux de poêle à l'abandon près d'une décharge, que nous avions immergés et calés entre les rochers. Au bout d'une semaine, nous avions « récolté » une dizaine de poissons sauvages mouchetés de points rouges, des

« farios », la reine des truites, qui s'étaient abrités dans ces havres de paix. Restait à appliquer aux voyous une variante de cette pêche miraculeuse.

Nous identifions une bonne vingtaine de ces « casernes à voyous », la plupart implantées autour de la place de Clichy, le long de l'avenue du même nom et dans le quartier des Épinettes. Hormis de rares provinciaux « montés » à Paris pour un salon, quelques couples illégitimes et une poignée de clients atypiques, comme ces dentistes syriens ambulants qui « opèrent » les immigrés dans des foyers ou des bars, leurs « outils de travail » stockés sans souci d'hygiène dans une caisse en bois rudimentaire, la majorité de la clientèle est déjà passée par la case prison. Ils logent dans ces hôtels faute de justificatifs « en bon uniforme », comme ils disent, leur permettant de louer un appartement. Nous observons aussi que la plupart de ces hôteliers reçoivent l'après-midi des jeunes femmes, généralement toxicomanes, accompagnées d'hommes plutôt mûrs. Le couple utilise la chambre dédiée au « passage » pour une demi-heure, un peu plus si le client est long à la détente. Ce phénomène de proxénétisme hôtelier, bien qu'en déclin, perdure depuis des lustres. Il est entré dans les mœurs du quartier. Dix à quinze passes par jour laissent au tenancier un « gras » de mille cinq cents à deux mille cinq cents francs[20] en liquide. Multipliée par trente jours ouvrables, la somme atteint plus de soixante mille francs[21] par mois et, comme le disent nos amis des services fiscaux installés dans l'immeuble jouxtant le centre de police du 17e..., un gros manque à gagner pour l'État – et un sacré redressement en cas de caractérisation de l'infraction. En général, quelques photographies de couples éphémères entrant et sortant de l'hôtel, prises au téléobjectif, débloquent l'amnésie congénitale de ces hôteliers âpres au gain.

20. Entre 400 et 700 euros.
21. L'équivalent de 17 000 euros par mois.

Nous mettons sur pied une politique méthodique d'intervention. Lors de nos visites matinales, nous optons pour le cadre juridique le plus adapté : flagrant délit, commission rogatoire d'un juge d'instruction ou enquête préliminaire, ce dernier cas imposant de recueillir l'accord de l'occupant pour pénétrer dans sa chambre, obstacle qui, à cette époque où la police est encore crainte, est généralement surmonté sans trop de difficulté... Le scénario se répète : à partir du signalement d'une personne dont nous avons établi qu'elle loge dans l'hôtel, nous réclamons du gérant ou du veilleur de nuit – qui grimace – le numéro de la chambre ainsi que le passe permettant d'ouvrir la porte et de réveiller « en douceur » son locataire ; outre le malfaiteur lui-même, nous pouvons mettre la main sur ses vrais documents d'identité, qu'il prend soin de ne jamais emporter lorsqu'il sort « travailler », ou sur des objets compromettants : drogue, armes, cartes bleues volées, bijoux volés, dont la provenance relève toujours d'une génération spontanée inexplicable, sans doute un oubli d'un précédent locataire...

La « franche » coopération des exploitants marrons connaît parfois des couacs. En 1985, nous apprenons ainsi que deux braqueurs en cavale sont dissimulés à l'hôtel *ABC*, au 4, rue Abel-Truchet, minuscule artère donnant sur le boulevard des Batignolles. L'hôtel est la propriété d'un couple de Thénardiers qui héberge sciemment, dans une quarantaine de chambres au confort plus que spartiate, des prostituées, des travestis et des voleurs, pratique qui leur a permis d'amasser une véritable fortune. Surpris de notre visite, le couple se montre récalcitrant, refusant de nous indiquer la chambre « gagnante » et de nous donner le passe. Cette erreur fatale nous oblige à forcer la quasi-totalité des portes avant de découvrir la bonne. Les propriétaires en sont pour leurs frais, avec une vingtaine de serrures et d'encadrements en bois à changer, sans compter la collaboration des services fiscaux appelés à la rescousse, qui démontrent leur redoutable efficacité.

Nous pratiquons la « jachère », prenant soin de laisser nos « pièges » reposer un certain temps entre deux prises. Pour ne pas les faire fuir, les hôteliers se gardent bien de prévenir les nouveaux clients de nos éventuels contrôles. L'un d'eux, au demeurant chauffeur de taxi la nuit, comprend vite l'intérêt d'une coopération : nous n'intervenons chez lui que de façon chirurgicale. En contrepartie, il nous fournit ce dont nous avons besoin, y compris les adresses de voyous ou de prostituées déposés chez eux à 3 h du matin.

Au bout de quatre années de cette politique unique au sein de la PJPP, de nombreux voyous ont déserté ces hôtels pour la case prison, d'autres sont partis chercher des cieux plus cléments et surtout plus sûrs[22]. Pour nous remercier d'avoir fait chuter de plus de 35 % la délinquance dans le 17e arrondissement, son maire, Pierre Rémond, nous invite à plusieurs reprises au restaurant. L'établissement, qui fait face à la mairie, s'appelle... *La Truite Vagabonde*. Rituellement, je commande une fario.

Max et la dernière convocation

Jusqu'à la fin des années 1980, la PJ parisienne aura recours à la pratique officieuse des « convocations », remises par les policiers aux informateurs performants. Sur ce sauf-conduit figurent les coordonnées du service de police et la formule magique : *En cas d'interpellation de monsieur X, prière de prévenir le commissaire Y ou l'inspecteur Z au n° suivant...* De quoi « décrocher » le correspondant, ou au moins « amortir le choc » en cas de contrôle ennuyeux ou d'arrestation en flagrant délit.

---

22. Mon inculpation et mon incarcération sonneront le glas de cette stratégie. Un de ces hôteliers n'hésitera pas lors de « mon » affaire à se plaindre de nos contrôles auprès des gendarmes de Versailles, trouvant chez eux une oreille très attentive.

Le procédé, d'une grande souplesse et d'une redoutable efficacité, permet au policier de « tenir » son indic en lui renouvelant régulièrement ce précieux sésame, ce qui l'oblige à donner de nouveaux tuyaux s'il veut garder son *joker*. Du donnant-donnant, et du gagnant-gagnant.

En règle générale, les policiers jouent le jeu. Lorsqu'ils interpellent un de ces heureux possesseurs, ils contactent le collègue dont le nom apparaît. Celui-ci confirme s'il est souhaitable de décrocher son tonton ou *a contrario*, si celui-ci fait le mort depuis trop longtemps, donne son feu vert pour le faire plonger et détruire le document. Les renvois d'ascenseur sont la règle. Le contraire signifierait la fin d'un système cautionné par la direction du 36, qui se satisfait du grand nombre d'affaires réussies grâce à ces sources.

Le parquet n'est pas dans la boucle, mais cette pratique n'est pas en contradiction avec la manière de penser de nombreux magistrats, qui préfèrent voir les policiers « laver leur linge sale entre eux » avant qu'un dossier ne les oblige à se mouiller eux-mêmes. Ils savent qu'une fois la justice saisie, les interventions peuvent s'avérer périlleuses et risquées pour le bon déroulement de leur carrière ; la perpétuelle histoire du glaive et de la balance, si j'ose dire.

La rareté du procédé fait sa valeur et nous n'en abusons pas : les trente-six policiers des trois UR totalisent moins d'une dizaine de convocations, validées par mes soins et par le chef de la DPJ. Et les résultats sont contrôlés, jusqu'à ce qu'un tonton ait la malheureuse idée de se faire assassiner, en 1989, alors que l'inspecteur divisionnaire Yves Beauvois venait de lui remettre une convocation…

Au cours d'une discussion orageuse au sous-sol d'un bar de la rue Vercingétorix, dans le 14e arrondissement, ses compatriotes émettent de sérieux doutes sur la « mentalité » d'Ours Bagnoli, un souteneur corse. En clair, ils l'accusent d'être une balance, et il se fait tirer comme un lapin à 2 h du matin. Les Corses enroulent le corps encore chaud dans un matelas, embarquent le tout dans le coffre d'une Mercedes et prennent la direction de la forêt de Meudon pour brûler l'ensemble et effacer les traces de leur forfait.

Le lendemain matin, le commissaire Patrick Hefner, de la brigade criminelle, arrive avec son groupe sur les lieux de la découverte des restes du corps[23], flanqué de l'IJ. Les policiers notent que la victime et ses vêtements ne sont qu'au trois quarts calcinés et certains détails les font sourire : les auteurs, agissant de nuit, n'ont pas remarqué un grand panneau accroché sur un grillage voisin de la scène macabre, *BARBECUES – GAZ ET TOUS FEUX INTERDITS SOUS PEINE D'AMENDE*, ni que l'endroit se trouvait à l'embranchement de la « route de la Justice » et de la « route du Carré aux Pièges ». De bien mauvais présages pour ces amateurs de barbecue nocturne…

Les limiers de la Crim trouvent dans une poche du blouson de la victime une pièce d'identité à son nom et les restes d'une convocation d'un service de police, l'essentiel de ce document étant parti en fumée. Le cachet « 1re Division de police judiciaire » se devine, mais sans certitude. Les policiers de la Crim grattent donc de ce côté-là. Ils apprennent que Bagnoli était en étroite relation avec Yves Beauvois, surnommé « Max », responsable d'un groupe d'enquête à la 1re DPJ. Convoqué au 36, on lui demande s'il a bien délivré une convocation au défunt, et pour quelles raisons. Au lieu de demander à voir ce qui restait du document, ce qui lui aurait permis de constater que son nom avait été brûlé par les flammes, et donc de « chiquer », Max s'allonge maladroitement, faisant fi du fameux adage des vieux routiers de la PJ : « Pas pris en flag, tu chiques ! Pris en flag, tu

23. Entretien avec Patrick Hefner en septembre 2015.

ergotes ! » Il reconnaît qu'il avait remis une convocation à cet informateur, un tricard condamné pour proxénétisme.

Patrick Hefner se rend chez le juge d'instruction de Nanterre saisi du dossier. « Encore la 1re DPJ ! », s'exclame le magistrat, proche du Syndicat de la magistrature.

Max est expédié quelques jours plus tard au service des archives du 36, autant dire au bagne, sur instruction du directeur, Jean-Pierre Sanguy. Victime de sa franchise et de sa naïveté, il aura du mal à se remettre en selle, cramé, lui aussi. L'affaire scellera le sort des convocations.

3.

Mes terrains de chasse

Cellule C 415

Après l'extraction d'Aziz, notre « correspondant », le 11 mai 1987, tout s'emballe dans le cerveau du juge Jean-Michel Hayat : nos rapports avec la famille Moustafa sont forcément viciés. Dès le mois de juillet, il confie aux gendarmes de la SR de Versailles, dirigée par le commandant Morel, le soin de placer sous surveillance vidéo La Palmeraie, *un cabaret de la rue du Vieux-Colombier, près de Saint-Germain-des-Prés, exploité par Jean Moustafa, dit « Bourid », le jeune frère d'Aziz.*

L'opération s'avérant infructueuse, le juge fait mettre le cabaret sur écoute. Objectif : voir si Jean et son associé, Rachid Mecheri, un Kabyle rencontré lors d'une partie de poker, ne seraient pas mêlés au trafic de drogue auquel se livrait Aziz jusqu'à son incarcération. Le tout après avoir mis délibérément sur la touche la PJ des Hauts-de-Seine, pourtant à l'origine de l'enquête…

À défaut de révélations sur la drogue, les « grandes oreilles » des gendarmes leur apprennent que les deux associés ont des relations suivies avec des prostituées. Rachid Mecheri, outre une liaison avec la danseuse-chanteuse du cabaret, a pour maîtresse une Marocaine exerçant au 3 bis, rue de Budapest, une certaine Nadjia Khabir, vingt-cinq ans, grande et corpulente – du « bas de gamme », elle enchaîne une vingtaine de passes par jour dans un studio minable et s'adonne, en plus, à des vols à l'entôlage[24] *sur ses clients trop naïfs. De son côté, Bourid est l'amant d'une* escort girl *française de trente-cinq ans prénommée Danielle, belle femme, grande, blonde et distinguée, sponsorisée par une clientèle de riches hommes d'affaires étrangers.*

Les écoutes mettent en lumière la situation financière désastreuse de La Palmeraie. *La riche clientèle libanaise et saoudienne des débuts, drainée par Bourid, a laissé place à une clientèle douteuse. De surcroît, les voisins ne cessent de se plaindre de nuisances sonores. La bonne entente entre les deux gérants s'est progressivement transformée en discorde, au point qu'ils décident, au début de septembre 1987, de fermer l'établissement.*

C'est dans ce contexte que les gendarmes jettent leurs filets. Bourid est arrêté le 26 octobre 1987, Rachid le lendemain. La perquisition chez le premier ne donne rien, alors qu'un pistolet automatique 9 mm est découvert chez le Kabyle. Lors de son audition, Bourid conteste vivre du produit de la prostitution de sa maîtresse et fait spontanément état de ses relations suivies avec Philippe Vénère et moi-même. De son côté, Rachid ne dit pas grand-chose pendant ses cinq premières auditions. Il ne « charge » pas Bourid, reconnaît que l'arme lui appartient et que Nadjia est bien sa maîtresse, laquelle s'avère bien plus prolixe. Extraite le 29 octobre de Fleury-Mérogis, où elle « réside » depuis une condamnation pour vol à l'entôlage, cette demi-clocharde en situation irrégulière, qui racole en jogging et reçoit sans préservatif, a quelques raisons d'être en colère : elle perd par touffes entières ce qu'elle avait de plus beau, ses cheveux. Elle sait par ailleurs qu'une expulsion l'attend au terme

24. Vol d'un client par une prostituée.

de sa peine, la faute à cette PJ parisienne dont l'opportunité lui est offerte de dire tout le bien qu'elle pense.

Dans l'ambiance conviviale de la SR de Versailles, Nadjia se venge de ceux qui les ont fait tomber, elle et ses cheveux. Son premier Scud est pour Bourid : par le truchement de sa maîtresse, Halima l'Oranaise, il fait travailler une dizaine de filles dans un studio du 3 bis. Souteneur également d'une Française prénommée Danielle, il est « protégé ». La suite de sa « mitraille » m'est destinée : j'aurais « arraché » Bourid de garde à vue un ou deux mois plus tôt dans une affaire de cocaïne ou d'héroïne. Je serais surtout moi aussi proxénète, faisant « travailler » une Algérienne sans papier surnommée « Zouzou ». Signalement : trente ans, un mètre soixante, cheveux longs avec des mèches blondes, teint blanc et nez crochu. Un look de sorcière. Petit bémol glissé aux gendarmes par cette femme que je n'ai jamais rencontrée : il s'agit de rumeurs, elle n'a rien vu de ses propres yeux…

Lui-même en garde-à-vue cet après-midi-là, Bourid a la surprise de voir Nadjia en grande conversation avec Rachid dans une pièce mise à disposition par les gendarmes. À 21 h, la jeune femme est reconduite dans sa cellule, tandis que Rachid est repris en main pour une nouvelle audition. Ayant accordé ses violons avec sa protégée, il conforte point par point ses accusations contre Bourid et moi. Petite gâterie : Bourid lui aurait demandé dix mille francs pour inviter des amis policiers, dont moi, afin de faciliter la bonne marche du cabaret tout juste ouvert.

À la fin de leur garde à vue, Bourid et Rachid sont inculpés et incarcérés, mais le juge et les gendarmes sont persuadés que Nadjia ne leur a pas tout dit. Lors d'une nouvelle audition, le 6 novembre, elle revient sur Zouzou et fournit une liste de voyous susceptibles de faire des révélations à mon sujet : Térésa, une voleuse internationale qui purge une peine de trente mois dans la même maison d'arrêt qu'elle, Mabrouka Lazar, dite « Bany », prostituée, et son concubin Kamel Bentifour, un cambrioleur lui aussi détenu.

Extraite de Fleury, Térésa, qui prétend s'appeler Fodeya Ben Bachir et certifie sans rire être de nationalité française, m'accable de plusieurs crimes, et pas seulement de « protéger » un proxénète, l'éternel Bourid. Le jour où nous l'avons arrêtée avec son compagnon dans leur chambre d'hôtel du boulevard Magenta, en 1986, nous lui avons volé des bijoux et des vêtements. Et puis je « couvre » deux bars du 17e arrondissement connus pour accueillir des délinquants, moyennant finance, évidemment : La Crêperie Bretonne, *tenue par Leïla « Canard », et* Au bon accueil, *exploité par Malika.*

Si les super gendarmes avaient pris la peine de vérifier l'identité et les antécédents de ce nouveau témoin à charge, ils n'auraient pas manqué de découvrir le vrai nom de « Térésa » : Khouda Kerraz, au demeurant multirécidiviste et connue sous quatre fausses identités, elle qui après des débuts dans la prostitution à Alger, alors qu'elle était encore mineure, s'était spécialisée dans les vols dans les grands hôtels, les aéroports et les magasins de luxe, épaulée par son compagnon ! S'ils s'étaient donné la peine de consulter le double de notre procédure aux archives du 36, ils auraient constaté que tous les vêtements et bijoux « volés » avaient été saisis et placés sous scellés au greffe du tribunal, au même titre que les faux papiers français utilisés par le couple et un lot de traveller's cheques *volés.*

Mais pourquoi prendre le risque d'enrayer une aussi belle dynamique ! La martingale pour les gendarmes, mais aussi pour Térésa, sous le coup d'une menace d'expulsion vers Alger à sa sortie de prison.

En attendant Zouzou, les limiers abordent pleins d'espoir le chapitre suivant : Bany, une Algérienne un peu forte, peau mate, trente-cinq ans, qui a commencé elle aussi à se prostituer à dix-huit ans dans des cabarets d'Alger, et son compagnon Kamel Bentifour, surnommé dans le milieu « Mireille Mathieu » en raison de son homosexualité – son frère Minouche exerce comme travesti à Pigalle. Leur pedigree, que négligent encore les gendarmes, est solide. Après plusieurs séjours en prison, Bany, devenue tricarde dans son pays, a débarqué à Paris en 1977 avec de faux papiers. Analphabète, elle a « travaillé » gare de l'Est, puis à la Goutte-d'Or pour le compte de plusieurs souteneurs, avant de descendre un an plus tard humer l'air des rues chaudes de Marseille. Où cette « bonne gagneuse » a fait la connaissance de Kamel, redoutable cambrioleur algérois spécialisé dans les vols par escalade et connu de plusieurs polices européennes sous six identités différentes.

Le couple se met en ménage dans la capitale. En 1985, Kamel « tombe », contraignant Bany à retourner « aux asperges », cette fois rue de Budapest. Un secteur où cette grande gueule monte en grade, devenant tenancière de studios. Dans les bars, elle ne boit que du whisky de marque J&B et joue les Al Capone. Sa dernière conquête : « Fouzia Travelo », une prostituée de la rue Saint-Denis à la carrure imposante.

Le 9 juillet 1986, sur la foi d'un tuyau, mes inspecteurs passent les pinces au duo, interpellé dans un luxueux appartement de cent vingt mètres carrés, dans le 15e *arrondissement. Bonne pêche : outre des faux papiers, un important lot de bijoux, d'une valeur de trois cent mille francs*[25]*. Les montres, bagues, bracelets et colliers proviennent de trois cambriolages perpétrés à Paris, Saint-Tropez et Munich. Retenu ailleurs, je n'assiste pas à la perquisition, mais accueille le couple au service. Bany, que j'ai eu l'occasion de croiser à plusieurs reprises à* La Crêperie Bretonne, *est folle de rage, tout comme « Mireille Mathieu ». Elle ne*

25. L'équivalent de 80 000 euros.

se fait évidemment pas prier pour confirmer que je « protège » Bourid. Pour faire bonne mesure, elle ajoute que mes inspecteurs et moi lui avons dérobé des bijoux lors de son arrestation, convaincue que ces accusations lui serviront de viatique. Extrait à son tour, Kamel contredit cependant sa compagne : des bijoux ont bien disparu, mais je n'étais pas sur les lieux. Soupçonnant cependant Leïla Braka et Malika d'être à l'origine de son arrestation, il répète que je « couvre » leurs bars, et pas gratuitement. Et d'asséner, ayant beaucoup regardé la télévision à la Santé : « Le commissaire Jobic est plus voyou qu'un voyou. Une fois, alors qu'il était seul, il a pénétré dans le bar de Malika, Au bon accueil, *armé d'un fusil à pompe. Il a braqué toutes les personnes qui se trouvaient dans ce bar, uniquement pour faire peur et il est reparti sans rien dire. »*

Un policier censé « protéger » un bar qui braque sa clientèle pour la dégoûter d'y venir ? Trop compliqué pour un esprit policier, mais le gendarme Belcor adhère à la logique du malfrat.

*

Ainsi outillés, les militaires s'attaquent à Zouzou, la prostituée au look de sorcière qui, selon Nadjia, « travaille » pour moi. Ils l'arrêtent dans la soirée du 16 novembre à la sortie de L'Ambiance, *où elle buvait un verre entre deux clients. Vu l'importance de l'objectif, le commandant Morel dirige personnellement l'opération et la conduit aussitôt au siège de la SR.*

De son vrai nom Zoulikha Zenati, trente-quatre ans, « Zouzou » a laissé en Algérie ses cinq enfants à la garde de son ex-mari et tapine rue de Budapest depuis quatre ans. De très larges décolletés plongeants, un maquillage outrancier et des talons aiguilles compensent ce physique peu engageant qui lui fait préférer la nuit. Elle aussi connaît bien la 1re DPJ : le 2 décembre 1986, après un mois de surveillances, le Vieux et moi l'avions interpellée avec son souteneur algérien, Abderrahmane Merabet, surnommé « Dash ». L'arrestation du proxénète, peu avant 2 h du matin, avait été sportive : dans les locaux pleins à craquer de L'Ambiance, *Dash avait vivement résisté, assisté par plusieurs consommateurs avides de faire échouer notre opération. Zouzou avait profité du tumulte pour fuir, avant d'être repêchée quelques heures plus tard dans sa chambre d'hôtel, avec pour seul document d'identité une déclaration de perte de son passeport algérien. À la vue de son « mari », plutôt « cabossé », elle s'était fendue d'une flopée d'insultes à laquelle, habitués, nous n'avions guère prêté attention. L'affaire en était restée là et Dash avait écopé de trois ans de prison.*

Devant les gendarmes, telle une magicienne, Zouzou exhibe le passeport algérien qu'elle avait prétendu volé en 1986 ; son visa expire deux mois plus tard. Après trois auditions où les gendarmes restent sur leur faim, le 17 novembre 1987 elle retrouve miraculeusement la mémoire : oui, bien sûr, elle m'a remis six mille francs[26] *après son arrestation, à mon bureau, en trois versements, dont une fois en présence d'une autre prostituée, Lahouaria Nacel, détenue à Fleury-Mérogis pour vol. D'ailleurs, deux autres filles « travaillent » pour moi : « la Puce », une Française, et « Amel », une Algérienne. Parole d'évangile !*

Conduite devant le juge, mon accusatrice n'en démord pas, même si elle se contredit sur les dates des supposées remises d'argent. La prétendue témoin, Lahouaria, est extraite de Fleury-Mérogis. Pas davantage curieux de ses antécédents, les gendarmes s'affranchissent des règles enseignées dans les écoles de police, et probablement de gendarmerie. Au diable les vérifications, l'essentiel est de compléter mon costume de julot. Et de ce côté-là, les voilà servis : la jeune femme de vingt-quatre ans, qui prétend s'appeler Samira Kheiri et se dit de nationalité

26. L'équivalent de 1 600 euros.

marocaine, ayant elle aussi perdu son passeport, prostituée rue de Budapest, certifie avoir vu Zouzou me remettre des billets.

Pudeur de gazelle, elle s'est abstenue de raconter qu'elle avait commencé à se prostituer à vingt-et-un ans dans des foyers pour travailleurs immigrés de Metz, au rythme de quarante passes par jour, avant d'exercer à Buda et d'être arrêtée par mon service – menu détail ! – le 25 juin 1986, en même temps que son proxénète, Mohamed Smaini, dit « Momo », ancien patron de bar. Son passeport algérien orné de grossiers faux tampons administratifs français l'avait conduite directement à la Santé. De quoi expliquer son ressentiment ? Les gendarmes s'accrochent à leur théorie, que vient cependant ébranler le lendemain la déposition de la Puce. Cette Française de trente-huit ans et un mètre cinquante-cinq, exerçant rue de Budapest depuis dix ans, s'inscrit en faux contre les accusations de Zouzou : « Ce commissaire Jobic m'est inconnu physiquement ; il a la réputation de faire beaucoup d'affaires rue de Budapest et de faire tomber beaucoup de julots. Je n'ai jamais entendu dire que des filles donnaient de l'argent à des policiers pour être protégées ».

Amel, retrouvée un an plus tard, anéantira de la même façon les élucubrations de Zouzou, mais le chœur des vierges a parlé et la religion du juge est faite : lui et les gendarmes ont débusqué un ripou de première catégorie... grâce à des délinquants multirécidivistes en situation irrégulière et sous le coup d'un arrêté d'expulsion vers Alger ou d'une interdiction du territoire, dont deux ont témoigné sous serment... sous une fausse identité. Leur point commun : ils me détestent depuis qu'ils ont été arrêtés par mon service.

Sur le fondement de cette construction intellectuelle étayée par des « planches pourries », le juge n'en saisit pas moins le parquet de Nanterre le 18 novembre 1987 : pour lui, il est urgent de procéder à mon arrestation, et même à mon incarcération, car je risque de faire disparaître des preuves, voire de prendre la fuite !

La Crêperie Bretonne

Les prostituées de la rue de Budapest ont cité devant les gendarmes et le juge un prénom, celui de Leïla, dont l'établissement, *La Crêperie Bretonne*, est un de nos terrains de chasse. Et même un cas d'école en matière d'entrisme policier.

Connue sous le nom de scène *Leïla Samir*, cette ex-danseuse orientale s'est d'abord produite dans les cabarets d'Alger, au célèbre *Shéhérazade*, à Marseille, ou en Suisse. En 1978, à trente-quatre ans, elle s'est reconvertie dans la limonade. Après avoir exploité un premier bar à Montparnasse, puis un second dans le 11e, Leïla a bifurqué en 1982 vers la paisible rue Lantiez, dans le quartier des Épinettes. Le spacieux bar-restaurant, dont l'intérieur est volontairement dissimulé de la rue par une épaisse tenture foncée, est une ancienne crêperie bretonne dont elle a gardé les décorations murales. Au bar comme en salle, le service est souvent assuré par des travestis qui complètent le revenu glané au bois de Boulogne ou sur les boulevards des Maréchaux, tout proches. La clientèle est exclusivement composée de voyous. « Chez moi, le sarrasin n'est pas dans la crêpe, il est au comptoir ! », lance volontiers Leïla en riant.

Sa crinière blonde coiffée à la lionne, la patronne a perdu son poids d'artiste et arbore désormais des formes plantureuses. En raison de sa démarche, on la surnomme avec un sourire *Leïla Braka*, Leïla « Canard » en arabe. Tous les soirs, après avoir quitté son bel appartement du 18e au volant de sa grosse Mercedes noire, la ponctuelle patronne ouvre sa « crêperie » à 20 h 30. Les premiers clients arrivent une demi-heure plus tard. Braka a rapidement donné à son établissement un bon rythme de croisière, mais deux ans plus tard, c'est une autre histoire : *La Crêperie Bretonne* est devenue une des affaires maghrébines les plus rentables de Paris. Elle est la seule autorisée à rester ouverte toute la nuit, au-delà du butoir fatidique de 2 h du matin, car Leïla est « couverte » par nos soins. Notre précieux sésame lui vaut de gagner des millions. Un *jackpot*. Plus besoin pour elle de se fourvoyer dans des coups foireux, hormis bien sûr les traditionnels petits achats « en affaire » de vêtements, parfums ou bijoux dont sont coutumiers la plupart des patrons de débits de boissons habitués à cette clientèle particulière[27].

Ce « miracle » économique doit beaucoup au scénario que nous avons concocté. L'acte I se déroule au début de 1984, lorsque Malika, une prostituée algérienne de la rue de Budapest, se fait défigurer dans la Crêperie par un compatriote pickpocket. Ce garçon « courageux » balafre la joue gauche de cette jolie fille avec un cutter à découper la moquette[28], de l'extrémité de l'œil jusqu'au bas du menton, un sérieux handicap pour racoler la clientèle. Après la pose d'une vingtaine de points de suture aux urgences de l'hôpital Bichat, la victime se présente au commissariat du 17e pour y déposer plainte. Elle m'explique que son tort a été de refuser au bar les avances d'un jeune voleur et qu'après l'agression, Leïla, la patronne, a mis tout le monde à la porte, clients, auteur et victime, pour éviter tout problème avec la police.

Choqué par ce visage mutilé et l'absence de civisme de la propriétaire, je m'efforce de recueillir une plainte détaillée. Je promets à la victime que nous allons tout faire pour retrouver celui dont elle ne connaît que le prénom : Kamel. Elle ne paraît pas convaincue, doutant que la police s'intéresse au cas d'une prostituée défigurée par un voyou dans un débit de boissons mal famé, d'autant qu'un destin cruel semble s'acharner sur elle :

27. « Acheter en affaire » signifie acheter des produits volés.

28. Dans les années 1980, pour des prétextes futiles – regard de travers, sourire mal interprété… –, les « tireurs » ont le couteau facile, et nombre d'entre eux arborent une cicatrice sur le visage.

trois ans plus tôt son mari, Lahcene, un « beau voyou », a été assassiné dans son bar de la rue Fromentin, à Pigalle.

Le soir même, accompagné de deux inspecteurs, nous allons arrêter l'ex-danseuse orientale dans son bouge. Feignant la surprise, elle jure ses grands dieux qu'elle ne comprend pas, évoque une méprise, pour finalement mettre un bémol quand nous découvrons la présence de traces de sang au pied du bar. Le ménage a été vite fait, mais mal. Les clients présents lors de notre intervention ont tous des têtes de repris de justice, ce qui renforce notre volonté de « sortir » l'affaire.

Au commissariat, Leïla admet la bagarre mais affirme qu'elle ne peut rien nous dire sur l'auteur, un client « récent ». Tout ce qu'elle sait, c'est que Kamel loge à l'hôtel. Je suggère au juge Gilles Boulouque, qui a hérité de l'enquête, de prononcer une mesure de fermeture judiciaire de trois mois à l'encontre de la *Crêperie Bretonne*, afin d'inciter sa propriétaire à coopérer. Le jour de la notification de cette sanction, Leïla réalise dans mon bureau que cette décision va la mettre au chômage et faire migrer sa clientèle vers des cieux plus cléments.

Moins d'une semaine plus tard, coup de téléphone au commissariat. Braka m'invite à déjeuner en tête-à-tête dans un bon restaurant du 17e pour « discuter de l'affaire ». Pensant récupérer l'adresse du balafreur, j'accepte. Leïla n'est pas venue seule. Elle est accompagnée de Djamila, une femme au charme tapageur dont il ne faut pas être grand clerc pour comprendre qu'elle ne travaille pas dans l'administration. Souriante et détendue, l'accompagnatrice en mini-jupe et au décolleté plongeant affiche des mensurations parfaites comme autant d'arguments sérieux, mais pas ceux que j'attendais. J'explique gentiment à Leïla et à son amie[29] qu'il y a maldonne et que le seul moyen de raccourcir la

29. Ancienne championne d'athlétisme en Algérie, Djamila est mariée à un chauffeur de taxi français et se « défend » rue Jean-Baptiste Pigalle (dans le 9e arrondissement).

durée de la fermeture n'est pas de me permettre de faire plus ample connaissance avec Djamila mais de fournir l'adresse de Kamel.

Quelques jours plus tard, le nom de l'hôtel sort, tel le lapin du chapeau du magicien. Kamel se terre au cœur de Pigalle, au *Surcouf*, rue Houdon, dans une chambre du deuxième étage, au fond du couloir à droite. Seul manque le numéro de la porte. Dès le lendemain, sur place à 6 h du matin, la sacro-sainte heure du laitier et des policiers, nous constatons que toutes les portes du couloir, hormis celle supposée du fugitif, portent des numéros. Nous pénétrons dans la chambre à l'aide du passe réquisitionné à la réception. À l'intérieur flotte une odeur âcre, mélange de haschich refroidi et de chaussettes pas très nettes. Lové dans les bras de Morphée, Kamel semble dormir du sommeil du juste ; nous le réveillons avec délicatesse en appuyant doucement l'orifice du canon d'un revolver calibre 38 Special sur son globe oculaire gauche. Les menottes s'abattent autour de ses poignets et le cutter, autre vedette de l'affaire Malika, est découvert ouvert, au cas où, sous la taie douteuse de son oreiller. La condamnation pénale est sévère, avec expulsion vers l'Algérie à l'issue de la peine.

Respectant mes engagements, j'obtiens du juge d'instruction qu'il mette un terme à la mesure de fermeture. Quelques mois plus tard, en septembre 1984, désormais à la tête des unités de recherches de la 1re DPJ, je passe à la vitesse supérieure. J'explique à Leïla que son bar-restaurant accueille une clientèle qui est exactement celle qui nous intéresse et qu'avec l'accord de ma hiérarchie je lui offre l'« autorisation d'ouverture de nuit », délivrée au compte-gouttes par la préfecture de police : en contrepartie de renseignements sûrs et réguliers, elle ne sera ni contrôlée, ni verbalisée par la police en tenue. Message reçu cinq sur cinq. Du gagnant-gagnant.

Avec le Vieux, Mickey et quelques autres collègues, nous lui rendons visite en moyenne une fois par semaine, après minuit, pour dîner. Leïla nous mijote d'excellents renseignements agrémentés de non moins excellents plats assaisonnés : chorba, bricks, tchoutchouka... Nous bénéficions d'une « table réservée » avec champ de vision panoramique. Chaque nuit, *La Crêperie Bretonne* accueille en moyenne une cinquantaine de clients totalisant pas loin de deux cents ans de prison. Voyous recherchés, maquereaux accompagnés de leur « morue », rats d'hôtel, trafiquants de drogue, cambrioleurs, voleurs à la tire... Presque tous ont déjà été incarcérés en France, en Algérie ou dans d'autres pays européens.

Notre cohabitation avec cette faune, au beau milieu d'un brouhaha permanent et d'un brouillard de fumée de cigarettes, est surréaliste, mais se passe plutôt bien. Loin de nous l'idée d'arrêter quiconque dans ces lieux. Rapidement habitués à notre présence, les voyous ne se méfient même plus de nous... Ils ont tort. Nos voisins de table nous gratifient cependant du doux surnom de *Hnouchas*, qu'ils donnent à tous les policiers[30], et d'un second qui nous est réservé : *Dhibe*, qui signifie « les Loups ».

Après 2 h du matin, les clients affluent en taxi d'autres bars parisiens qui ont baissé leur rideau, frappés par l'heure légale. Nous avons le loisir d'identifier nos futurs clients, qui discutent avec leurs proches et associés sur fond de chansons orientales, mélangées à celles de Charles Aznavour ou de Jacques Brel, dont ils sont fans. Nous découvrons qui « marche » avec qui et « logeons » facilement nos objectifs : il suffit d'attendre qu'ils commandent un taxi et de les suivre discrètement ; lorsque nous en arrêtons un, l'origine de la découverte de son domicile n'apparaît jamais en procédure.

Grâce à la couverture officielle accordée à Braka, nous avons créé une « réserve » de voyous, une « mine d'or » qui nous

30. « Serpents », en arabe.

permet de faire facilement de très nombreux « crânes ». Un soir de 1986, Leïla nous prévient qu'une fille de la rue Saint-Denis va fêter son anniversaire avec ses amies et qu'elle a prévu une animation. Un musicien installe un synthétiseur, rejoint par un jeune chanteur souriant et moustachu. La fête démarre, la température grimpe et la puissante sono fait vibrer la clientèle ainsi que... les murs de l'immeuble.

Alerté par des voisins, un équipage de Police secours se présente en moins de temps qu'il ne faut pour le dire, avec la ferme intention d'interrompre le chanteur de raï et les pas de danse des consommateurs. Le Vieux et moi intervenons diplomatiquement auprès des policiers, qui nous connaissent, pour leur expliquer que la patronne va faire baisser le volume. L'affaire en reste là et la soirée redémarre.

À la faveur d'une pause, le chanteur, doté d'une voix exceptionnelle, rejoint notre table pour nous remercier d'avoir sauvé son spectacle. Très sympathique, il se présente : « Je m'appelle Khaled. Je suis arrivé d'Oran en janvier dernier. Je chante au cabaret *El Khaïma*, ou comme aujourd'hui lors de fêtes privées, accompagné au synthé par mon ami Kada. Avant de venir à Paris, je me produisais dans un cabaret oriental à Marseille, *Les Mille et Une Nuits*, tenu par des gitans bagdadis. Je déduis de votre intervention que vous êtes policiers, j'ai beaucoup de respect pour la police, étant moi-même fils d'un gardien de la paix algérien[31]. »

Quelques mois plus tard, Jean-Pierre Sanguy, notre sous-directeur, qui chapeaute les DPJ et les SDPJ, me convoque au Quai des Orfèvres. Sans ambages, il me confie une mission inhabituelle : « Pierre Mutz, le nouveau chef de cabinet du préfet de police, souhaite visiter *Paris by night* et ses quartiers chauds.

31. « Cheb » Khaled deviendra la plus grande vedette internationale du raï, courant musical né dans la région d'Oran. Reconnaissant, il nous invitera à plusieurs reprises, des années plus tard, à assister à ses concerts depuis les coulisses.

J'ai pensé à vous qui connaissez bien ces endroits pour lui servir de guide et lui offrir un tour complet du bois de Boulogne, de Pigalle, de la rue Saint-Denis et de tout le reste… »

Rendez-vous est pris avec ce haut fonctionnaire très chaleureux, ancien saint-cyrien, pilote d'hélicoptère passé par la base navale d'Aspretto, rattachée au service Action du Service de documentation extérieure et de contre-espionnage (SDECE), en Corse. La visite guidée commence vers 22 h 30 à bord d'une voiture banalisée, puis je lui propose vers 1 h du matin un souper chez Leïla. Nullement impressionné devant la mine patibulaire de la clientèle, l'ancien patron des nageurs de combat est comme un poisson dans l'eau. Il s'adapte vite, observe… et paraît apprécier la chorba.

Curieux, Pierre Mutz me demande entre deux cuillerées si la danseuse orientale dont la photo trône derrière le comptoir est bien celle de la patronne. Effectivement, il s'agit de la pulpeuse « Leïla Samir », vingt ans plus jeune, vêtue d'un soutien-gorge à paillettes vertes et d'une ample jupe fendue très haut sur la hanche, le sourire coquin. Que nous possédions une clé d'accès à cette cour des miracles ne semble pas déplaire à celui qui deviendra directeur général de la gendarmerie en 2002, préfet de police en 2004, puis préfet de la région Île-de-France en 2007. Lorsque j'évoque les très bons résultats de notre stratégie de quadrillage du terrain et cette police judiciaire proactive, faite de pénétration du milieu, de manipulations et de retournements, il me rappelle que le capitaine Paul-Alain Léger[32] avait déjà mis au point des techniques de guerre psychologique très élaborées durant la guerre d'Algérie, notamment la fameuse « bleuite », consistant à infiltrer et à intoxiquer le FLN.

Nos relations avec Braka sont on ne peut plus limpides : un minimum d'investissement pour un maximum d'efficacité.

32. Officier parachutiste, ancien du SAS (Special Air Service) et du SDECE.

Nous réalisons au bas mot une centaine d'arrestations à partir de *La Crêperie Bretonne*, l'un des éléments clés de notre dispositif d'entrisme au sein du milieu algérien. De quoi faire le bonheur de la direction du 36, satisfaite de ces coupes claires. La subtilité de cette relation échappera en revanche totalement aux gendarmes manichéens de la SR de Versailles, outrés que des policiers fréquentent un établissement aussi mal famé. Leïla, quant à elle, s'est retirée depuis dans le Sud de l'Espagne pour y vivre une retraite tranquille.

Le Lit Breton

En août 1983, peu après mon arrivée dans la capitale, suivant cette fois les conseils de Daniel Cazes, l'homme qui m'avait accueilli aux RG, je débarque dans un autre établissement susceptible de m'apporter de bons tuyaux : *Le Lit Breton*. Un physique d'acteur, des airs de *gentleman*, le patron travaille son style. Cheveux blancs impeccablement coupés, chemise et pantalon blancs, blazer bleu marine brodé sur le revers d'un coq gaulois bleu-blanc-rouge, cravate retenue par une chaîne en or, Pierre Sorlut me reçoit avec gentillesse et me prend vite en amitié.

J'ignore encore que cet homme de cinquante-cinq ans, issu d'une famille fortunée et éduqué chez les jésuites, a été l'un des principaux acteurs de l'affaire des « ballets roses », qui défraya la chronique en 1959 et entraîna la chute d'André Le Troquer, avocat socialiste et dernier président de l'Assemblée nationale de la IVe République. À l'époque policier et chauffeur du patron de la DST, Roger Wybot, il a été reconnu coupable d'avoir recruté des mineures pour participer à des ballets licencieux, dont certains étaient organisés dans le pavillon de chasse du Butard, l'une des résidences officielles du président de l'Assemblée nationale. Refusant lors de l'enquête comme à l'heure du procès d'impliquer André Le Troquer, Pierre a assumé seul et écopé en 1960 de cinq ans de prison. Suzanne, une Bretonne qui allait devenir son épouse, lui a souvent rendu visite, avant d'ouvrir *Le Lit Breton* en attendant sa libération[33].

Au bas de la butte Montmartre, l'établissement est un curieux mélange de bar à voyous haut de gamme façon *Bob le Flambeur*, le film de Jean-Pierre Melville, et de Quai d'Orsay miniature où affluent les personnalités. Au mur, une affiche électorale de François Mitterrand trône à proximité de photos d'André Le Troquer, d'Alain Juppé, de Jacques Chirac et... d'images de charme. Derrière le bar, une façade de lit clos breton. Dans la partie restaurant, Georges, un ancien légionnaire hongrois très digne, assure le service d'une trentaine de couverts. Pierre fait lui-même ses achats à Rungis deux fois par semaine, à 2 h du matin, au volant d'une Peugeot 504 qu'il a eu la « précaution » d'équiper d'un gyrophare et d'une cocarde tricolore, pour faciliter circulation et stationnement.

À midi, dans une ambiance de club privé, les habitués qui ont le goût du jeu se retrouvent pour une partie de yams au comptoir, avant le déjeuner. Aux politiques, comme Roger Bambuck, ami du patron, se mêlent responsables de sociétés, hauts fonctionnaires et artistes, dont Michou, qui habite et travaille à deux pas, sans oublier les « frères », comme Pierre, membre de l'Association nationale des collaborateurs de ministres et de parlementaires. Je prends l'habitude d'y déjeuner avec Antoine Gridel, homme exquis, directeur de Nina Ricci et président du Comité Montaigne.

Le soir, une clientèle libertine s'y presse. Point de ralliement des échangistes, *Le Lit Breton* figure dans les guides du Paris « coquin ». La serveuse prépare les boissons fesses nues, son

33. À en croire Pierre, c'est grâce à son silence qu'il a pu faire l'acquisition du restaurant.

intimité protégée par un simple tablier blanc brodé. Deux musiciens accompagnent la soirée et les clients dansent entre les tables avant de se livrer à leurs jeux favoris, sur place ou à l'extérieur plus tard dans la nuit. Pierre est depuis longtemps un spécialiste de la partouze. Il en connaît tous les codes et n'ignore rien des établissements qui la pratiquent. Jouissant d'une aura certaine dans ce milieu, il est souvent sollicité pour donner ses conseils.

Outre ces soirées légères, Pierre organise deux fois par mois dans son appartement de la rue des Récollets, à côté de la gare du Nord, au dernier étage d'une résidence de grand standing avec vue sur tout Paris, un déjeuner réunissant une vingtaine de convives triés sur le volet. Les filles invitées se déshabillent à mesure des plats qu'elles apportent et une partie fine prolonge le repas, immortalisée par les photographies prises et conservées avec soin par le maître de maison. Un de mes collègues, commissaire aux Renseignements généraux de la préfecture de police, est un abonné, mais Pierre, subtil, connaît les règles du jeu et ne m'y a jamais invité. Je ne vais chez lui que pour échanger à l'abri des regards et des oreilles indiscrètes : si sa morale est plus qu'élastique en matière de mœurs, cet homme d'ordre a horreur des voyous, en particulier des vendeurs de drogue et des agresseurs. Il me fournit régulièrement d'excellents tuyaux.

En plus de ses activités commerciales, Pierre Sorlut voyage au Vietnam, en Corée du Nord, à Cuba… et pas seulement pour y faire du tourisme. Son sens du contact, son côté « *Frenchie* » et sa fausse naïveté y font merveille pour le bien de la France. En 1995, il sera l'invité de Charles Pasqua pour la cérémonie célébrant dans la cour de l'hôtel de Beauvau le cinquantième anniversaire de la création de la DST. C'est lui qui déposera une gerbe au pied de la stèle mentionnant les noms des agents morts en service.

Pierre, que je fréquenterai régulièrement jusqu'à la vente de son affaire, en 2005, et même au-delà, allie l'entregent à un énorme culot. Parti en week-end au pied levé à Djerba avec une amie et un autre couple sans avoir eu le temps de réserver, ils descendent dans le palace le plus réputé. À la réception, il se fait passer pour un chargé de mission à l'Élysée et prétend avoir réservé la « suite présidentielle ». Le réceptionniste, déstabilisé, commence à transpirer et lui répond qu'il ne peut la donner car elle a été réservée par un ministre français en vue, qui vient avec son amie, avocate réputée originaire de La Goulette. Sans se démonter, Pierre tranche avec autorité : « Eh bien, ce n'est qu'un ministre, moi je suis auprès du président Mitterrand, donc vous les déplacez dans une suite classique ». Il a obtenu gain de cause.

Chez Félix

Toujours à la pointe, le Vieux m'introduit auprès d'un autre de ses amis : Félix de Bujadoux, authentique aristocrate originaire de la Creuse. Cet ancien trompettiste reconverti dans le monde de la nuit tient un cabaret-boîte de nuit rue Mouffetard, dans le quartier de la Contrescarpe : *Chez Félix*. Nous nous y rendons souvent en fin de semaine après un couscous ou un complet-thon avalé dans le 17e ou *Chez Gérard*, à Belleville. Félix possède les codes de son milieu d'origine et reçoit sa clientèle avec tact, élégance et courtoisie. Nerveux, il fume trois paquets de Marlboro par nuit dans l'atmosphère déjà très enfumée de sa boîte. Ses deux frères l'assistent : à la porte, Jean-Claude, grand, costaud, sympathique, filtre la clientèle ; sur la scène du rez-de-chaussée, où se produisent chansonniers et humoristes, Yvon, le cadet, joue de la batterie. Au sous-sol, une boîte de nuit brésilienne avec orchestre : une petite piste de danse et une succession de grottes éclairées par de grosses chandelles rouges posées sur des tables basses. Le bar est tenu par Alain, un Antillais qui prépare une délicieuse et traîtresse batida ; fou de football, il reçoit les joueurs brésiliens du PSG, en l'honneur desquels la célèbre chanteuse Nazaré Pereira entame un bœuf aux couleurs du pays. Un petit morceau de Brésil où s'affichent de superbes et authentiques créatures… et une clientèle masculine rêvant de prendre avec elles des cours particuliers de portugais.

Pas sectaire, Félix reçoit aussi des amis de droite, plutôt extrémistes, un péché mignon qu'il s'accorde. Sous son toit se croisent mercenaires partis se battre aux quatre coins du globe, le plus souvent contre des régimes marxistes, aventuriers et soldats perdus de la République parfois récupérés par la DGSE pour les intérêts de cette même République. L'affaire tourne bien et attire les vautours. Un soir de septembre 1984, alors que nous dégustons une batida au sous-sol, Félix demande à nous parler confidentiellement dans son minuscule bureau. Il va droit au but : « Monsieur le commissaire, j'ai été victime il y a plus d'un an d'une tentative de racket de la part de deux malfaiteurs connus de vos services. J'ai réussi à m'en sortir, mais j'aimerais qu'avec Alain, vous m'aidiez à leur rendre la monnaie de leur pièce. »

Leurs noms : Jean Breuil, surnommé « le comte d'Abzac », parrain de la Côte basque, et Bernard Trentin, son bras droit. Leur technique : faire le forcing pour placer leurs boissons dans des boîtes de nuit et restaurants à des prix très supérieurs à ceux du marché. « Une assurance contre l'incendie », disent-ils. Classique. Loin de céder, Félix a mobilisé son ami Jacques Lafaille, dit « Carcasse » ou « Carcassonne », un colosse blond aux yeux bleus d'un mètre quatre-vingt-cinq, connu pour avoir boxé dans le film *Borsalino* face à un brun interprété par Dominique Erulin, le frère du militaire Philippe Erulin, ancien patron du 2e REP à Calvi.

« Légionnaire, puis mercenaire au Katanga, au Bénin, au Biafra et au Yémen, avec Bob Denard ou pour les "services", vous devez savoir que Carcasse connaît bien le milieu nantais[34] », poursuit Félix. « La petite mission que je lui ai donnée l'a plutôt amusé. Il a filé rancard à Breuil et Trentin en leur disant : "On va aller au bois de Boulogne et on va régler ça à coups de calibres en jouant au coucou." Il leur a expliqué la règle : "On est chacun derrière un arbre avec un calibre, on fait : *coucou !* et le premier qui a tué l'autre a gagné !" »

Renseignés sur le personnage, les deux racketteurs ont laissé tomber, persuadés à juste titre que Carcasse était capable de les flinguer, mais Félix n'a pas l'intention d'en rester là. « Trentin est propriétaire en sous-main d'un bar à bouchonneuses dans votre secteur, le *Blue Night*. Il est tous les jours en infraction puisqu'il reste ouvert après 2 h du matin alors qu'il n'a aucune autorisation. J'aimerais bien que vous fassiez transpirer son gérant. »

Nous ne voyons que de l'intérêt à nous occuper du bar de nuit d'un beau voyou. Le *Blue Night* se trouve rue Darcet, une petite rue qui donne sur le boulevard des Batignolles, dans une zone truffée de bars à hôtesses prisés par les voyous et les amateurs pour leur classe et leur discrétion, rien à voir avec Pigalle. Nous y débarquons le 5 octobre 1984 à 3 h du matin, accueillis par une ancienne prostituée qui fait office de gérante. Derrière le comptoir, la serveuse – non déclarée – est elle aussi une ancienne professionnelle. Plusieurs hôtesses sont affairées avec des clients sur les banquettes et les fauteuils en velours rouge des alcôves, face à un seau à champagne posé sur une table basse. L'infraction est caractérisée. Nous convoquons tout ce beau monde dans le cadre d'une procédure d'infraction à la réglementation sur les

34. Arrêté en avril 1990, il sera jugé en juin 1994 devant les assises de Loire-Atlantique pour l'attaque de deux fourgons blindés commise à Nantes en 1979, et le braquage de la société Rolex à Genève, en 1980, durant lequel 95 kg d'or et un sac de rubis ont été dérobés (valeur estimée : environ 5,5 millions d'euros). Alain Delon viendra témoigner en faveur du « virtuose à la kalachnikov ».

débits de boissons. À la clé, un mois de fermeture… si le préfet est de bonne humeur.

Six heures plus tard, mon téléphone sonne au bureau. Mon interlocuteur se présente : Bernard Trentin, propriétaire du *Blue Night*. Le poisson a mordu. Je lui donne rendez-vous pour le surlendemain. Une petite journée pour le laisser mariner ! À l'heure dite, avec le Vieux, nous voyons arriver un cadre d'une quarantaine d'années au gabarit impressionnant. Mis au pied du mur, il s'engage à veiller à une meilleure tenue de son bar. Nous l'amenons sur Jean Breuil, notre réelle cible. Au lieu de se cabrer, Trentin parle spontanément pendant plus d'une heure de celui qui est inscrit au fichier du grand banditisme et que nous prenions pour son associé. Il est même difficile de l'interrompre. Ses informations se révéleront prémonitoires : Breuil, qui fait partie du gotha du banditisme, se livre au proxénétisme, au trafic de stupéfiants, de fausse monnaie, de faux papiers et au racket sur le territoire national et à l'étranger, en particulier en Espagne et en Andorre. En 1970, il a été arrêté sur l'autoroute Marseille-Paris avec 50 kg d'héroïne dans sa voiture et n'a écopé que de trois ans de prison, ce qui permet à notre interlocuteur de penser qu'il a balancé.

« Je sais aussi qu'il a brûlé vivante une prostituée récalcitrante », ajoute Trentin. « C'est un remarquable joueur d'échecs et un monstre d'égoïsme. Il calcule tout. Les autres ne sont que des moyens. Je suis devenu son bras droit et son confident, au point qu'il est le parrain de l'un de mes enfants. Mais nous nous sommes brouillés et j'ai pris mes distances. Je connais la plupart des membres de son équipe. Ils me dégoûtent. Breuil a perçu mon départ comme une trahison et comme un risque pour ses activités. Naïf, j'ai mis du temps à m'en rendre compte, car il s'est bien gardé de laisser transparaître ses sentiments. Quand on se rencontrait, on s'embrassait comme des amis, mais il y a un an, j'ai échappé de justesse à une bombe placée sous ma voiture à son instigation. » Et notre visiteur de conclure : « S'il m'arrive quelque chose, cela ne pourra venir que de Breuil ! »

Avant son départ, nous lui communiquons nos coordonnées téléphoniques. Il sait ce qu'il lui reste à faire. Comme on dit dans son univers : « Entre enculés, y a pas de doublure ! »

Deux mois plus tard, le 5 décembre 1984, un commissaire de la brigade criminelle m'appelle pour m'annoncer qu'un individu identifié comme Bernard Trentin vient d'être assassiné. Cela s'est produit peu avant 3 h du matin devant son domicile parisien du 20e arrondissement, alors qu'il déplaçait une poubelle positionnée devant l'entrée de son parking souterrain, qui empêchait sa Mercedes d'accéder au sous-sol. Un papier supportant mon numéro de téléphone et celui du Vieux a été découvert sur son cadavre, soigneusement plié dans son portefeuille.

Une heure plus tard, je suis avec Alain au 36, devant le chef de la Crim, Marcel Morin[35]. Nous lui remettons un rapport circonstancié de notre entretien avec le défunt. Ce très grand flic, vieux routier de la voie publique, nous félicite pour notre tuyau, d'autant qu'il connaît bien Breuil, sur lequel il a travaillé alors qu'il était à la tête de la BSP. Une écoute téléphonique lyonnaise confirmera notre renseignement : Breuil était bien le commanditaire, mais pas le « doigt », celui qui exécute le contrat et presse la détente. Faute de preuves plus concrètes, il passera au travers des gouttes…

35. Marcel Morin a été le chef de la 1re BT, de la BSP, de la brigade criminelle. Il a été nommé en 1971 à la tête de la brigade des stupéfiants de Marseille, avec notamment pour mission de stopper la French Connection (il contribuera largement à la démanteler).

Les cabarets orientaux et le photographe égyptien

Shéhérazade, reine des nuits orientales de la capitale, a cessé d'électriser l'atmosphère enfumée du cabaret *El Djazaïr*, rue de la Huchette. D'autres adresses historiques du quartier Saint-Michel ont fermé leur porte, comme le *Bagdad*, rue Saint-André des Arts, le *Koutoubia*, rue des Écoles, ou *La Casbah*, rue de la Harpe. Avec les années 1980, ces lieux de plaisir ont été supplantés par de nouveaux établissements branchés qui accaparent une clientèle en quête de frime et de jolies filles. Les plus cotés sont sur notre secteur, aux abords des Champs-Élysées comme *Al Mawal*, l'*Idizlar* ou *Al Bacha*, ou près de la Madeleine, avec *El Khaïma*. Le plus vaste et le plus chic de sa catégorie, l'*Abou Daoud*, est installé sur une péniche amarrée en contrebas de l'avenue de New York, juste en face du *Mariachi*, rive gauche. Une clientèle cosmopolite se presse dans ces lieux entre 22 h et 5 h du matin. Elle est composée de richissimes Saoudiens et autres ressortissants du Golfe amateurs de plaisirs interdits et friands de spectacles prohibés dans leurs royaumes. On y trouve aussi quelques hommes d'affaires venus fêter la signature de juteux contrats et… de beaux voyous.

Au son des violons, accordéons, darboukas, ouds et autres bendirs, des chanteurs enchaînent les classiques des répertoires libanais, égyptien et syrien. Régulièrement, des clients sollicitent une chanson en l'honneur d'un proche ou d'une personnalité et le pourboire offert pour cette dédicace est obligatoirement généreux. Entre deux mélopées, une danseuse vêtue d'un soutien-gorge brodé de pierres et de paillettes dorées ou argentées et d'une culotte assortie à peine dissimulée par un voile diaphane déroule son numéro sur la piste, puis s'attarde en chaloupant entre les tables, attendant qu'on glisse des billets sous sa ceinture ou dans son soutien-gorge. Comme aux enchères, la valeur des billets grimpe… et c'est à celui qui donnera le plus gros pourboire, écrasant de sa superbe les précédents donateurs.

L'alcool coule à flot, la bouteille de Johnnie Walker Black Label est facturée mille cinq cents francs, celle de Chivas trois mille francs[36] et les heureux propriétaires roulent sur l'or. Un fort troupeau de michetonneuses s'agglutine au bar, aux tables et sur la piste. Dans leur périscope, les clients au bras desquels elles escomptent quitter les lieux vers 2 ou 3 h du matin. La plupart sont de jeunes Marocaines, les championnes du monde de la spécialité, selon les amateurs.

Attirés comme les lucioles, des photographes, la plupart égyptiens, font la tournée de ces lieux armés de leur appareil Polaroid et offrent d'immortaliser les convives d'une table ou un client accompagné du chanteur ou de la danseuse. Chaque cliché est vendu cinquante francs[37] en espèces, ce qui dégage de très bons salaires au noir.

Moins prestigieux, d'autres établissements attirent une clientèle plus ordinaire, comme le *Salambo*, à Beaugrenelle, le *Monseigneur* et *Omar Khayam* dans le 9ᵉ, *La Menara* à la Madeleine, le *Dar el Salam*, rue Cardinet, *La Nouvelle Étoile* à Montparnasse ou *La Palmeraie*, dans le 6ᵉ. On y écoute plus du raï que le répertoire d'Oum Kalthoum. En queue de peloton, *L'Oasis*, rue de la Fontaine-au-Roi (11ᵉ), accueille exclusivement des délinquants nord-africains. Paradoxalement c'est le seul où les musiciens sont déclarés… peut-être parce que les descentes de police n'y sont pas rares.

Tous ces cabarets nous intéressent. Ils constituent des carrefours, des vitrines où les voyous viennent flamber, draguer, et parfois se flinguer entre eux[38]. Ayant appris que l'un des

36. L'équivalent respectivement de 400 et 800 euros.
37. L'équivalent de 15 euros.
38. Le propriétaire de l'*Abou Daoud* sera assassiné au début des années 1990, puis son cabaret sera fermé pour proxénétisme, en même temps que le *Mariachi* et *Al Mawal*.

photographes égyptiens avait des soucis avec son titre de séjour, nous le « tamponnons » et lui proposons d'intervenir auprès de la préfecture de police pour l'aider à régulariser sa délicate situation administrative en échange de photos de certains clients. L'homme accepte de nous approvisionner discrètement en clichés de malfaiteurs venus en famille ou avec des associés. Ces précieuses photos nous permettent de constituer les organigrammes de plusieurs équipes, de savoir qui fréquente qui. Un travail qui se révèle rapidement payant : en 1987, le photographe nous remet un cliché pris à l'*Al Mawal* sur lequel trône un individu entouré de deux michetonneuses et trois gardes du corps, attablés devant un seau à champagne bien garni, deux bouteilles de Chivas en complément. L'une de nos meilleures sources identifie sans hésitation cet inconnu au sourire éclatant, une énorme chaîne en or autour du cou : « Ali le Cougini », énorme grossiste en héroïne évadé de la prison de Lyon. « Avant de venir en France, il faisait du trafic d'or en Tunisie, ce qui lui a valu de gros problèmes avec la justice de son pays », précise la source. « Il claque entre quatre et cinq bâtons par soirée et ne se déplace qu'avec ses gardes du corps, dans deux grosses berlines BMW de couleur sombre. » Un très beau « crâne » en perspective !

De rapides vérifications confirment qu'il est bien recherché à Lyon par le juge Georges Fenech. Crâne rasé et moustache, il a modifié sa physionomie par rapport à sa photo anthropométrique et à la « Photomaton » prise au greffe de la prison Saint-Paul, ce qui est bien naturel pour un baron de la drogue en cavale. Nous sommes donc les seuls à connaître son visage. Moins d'une semaine plus tard, il est braqué, serré et pincé par nos soins à une table d'*Al Bacha*. Il n'avait aucune chance : nous avions été prévenus simultanément par une danseuse et un musicien du cabaret…

La quasi-totalité de ces commerces ont aujourd'hui disparu, victimes de fermetures administratives ou judiciaires. Et la clientèle moyen-orientale a délaissé Paris pour Londres, capitale plus accueillante par sa langue, sa sécurité et son anonymat.

« Bibis » et sa partie de carte couverte par les RGPP

Ouvert tous les jours sauf le dimanche, de 11 h à 2 h du matin, le bar-restaurant de « Bibis », au 20, rue Leibniz, dans le 18e, accueille une clientèle de voyous et de joueurs interdits dans les casinos et les cercles. De son vivant, Jacques Mesrine, gros flambeur, venait en habitué et en voisin : une de ses planques était située juste à côté du bar, au 12, passage Charles-Albert. Bibis, qui le reconnaissait à sa corpulence et à sa voix, malgré son grimage, lui faisait servir sa boisson préférée : un lait grenadine.

Natif de Basse-Terre, soixante-cinq ans environ, petit et sec, Bibis est arrivé à Paris entre les deux guerres pour faire ses études, sauf qu'il est tombé dans la « flambe » et s'y est noyé, avant d'apprendre à nager. Très intelligent, il a ouvert son affaire en 1974 et s'est rapidement rapproché des RG. De son vrai nom Rameaux Bistoquet, il est couvert par la 7e section des courses et jeux des RG parisiens, plus précisément par le commissaire Jean-Luc Fleuriet, numéro deux de ce service. Il tient l'une des six parties de cartes clandestines de la capitale.

Le Vieux m'introduit auprès de Bibis en 1985, fort de son amitié avec Georges Donatien, neveu et bras droit du maître des lieux. Nous y débarquons entre deux filatures ou à l'issue d'une journée de travail bien remplie pour manger quelques accras, boudins antillais et autres matoutous concoctés par Josette, la compagne de Georges, originaire comme Bibis de la Guadeloupe. C'est surtout avec Georges que nous bavardons. Le neveu de Bibis a fait autrefois le julot avec son frère Gino ; à la fin des années 1970, ils chaperonnaient une vingtaine d'Antillaises placées dans des Éros Center en Allemagne. Toutes les semaines, ils allaient récupérer la comptée, en moyenne la bagatelle de quarante « plaques »[39]. Georges nous raconte en riant qu'une fois, ils s'étaient fait arrêter au retour par des douaniers allemands, qui avaient découvert la mallette dans le coffre de leur voiture. Réalisant l'imminence de la saisie, Georges leur avait proposé à tout hasard de partager et… c'est ce qui s'était produit. De quoi égratigner la légendaire rigueur germanique.

Après l'Allemagne, Georges s'était reconverti avec ses associés aux Pays-Bas, où ils avaient acheté un bar à hôtesses exclusivement réservé à leur cheptel. L'affaire était florissante, mais au bout d'un an le procureur de la Reine, qui n'avait pas apprécié quelques mitraillages avec les proxénètes bataves, l'avait fermement prié de regagner définitivement la République française… Au vert chez Bibis, il est pour nous une mine d'or.

Parmi les nombreux voyous qui fréquentent l'établissement, Paul Grizivats, dit « Paul des Cheminées », le plus gros receleur de cheminées volées, dont le commerce est à quelques mètres de chez Bibis. Tous les mois, des semi-remorques partent de son magasin vers la Belgique, l'Allemagne et les Pays-Bas, remplis jusqu'au plafond de pièces rares du patrimoine français dérobées dans des appartements haussmanniens et des châteaux. Côté artistes, Gainsbourg est un bon client, ainsi que plusieurs acteurs de cinéma de renom.

Bibis, qui consomme beaucoup de « punch titi » sans jamais être rond, dirige lui-même les parties organisées dans l'arrière-salle autour d'une grande table ronde. On joue au poker et au rami. On pratique aussi la « Marseillaise », une sorte de craps : à tour de rôle, Bibis et un client jettent les dés et les joueurs parient. À leur arrivée, pour éviter les conséquences d'une descente imprévue de la police, les joueurs confient à Josette une partie

39. L'équivalent de 219 000 euros.

de leur argent et leurs armes, pour ceux qui en portent. Certains soirs, il y a derrière le comptoir plus de cinq cent mille francs[40] en espèces et plusieurs armes de poing.

Ce n'est que trente-cinq ans plus tard que ma route croisera celle du commissaire divisionnaire Jean-Luc Fleuriet, numéro deux de la section « courses et jeux » de 1982 à 1985. Alors que j'effectue avec lui plusieurs missions[41] pour le compte de l'IGPN, mon collègue, toujours élégant avec sa belle chevelure blanche ondulée, humaniste et cultivé, me révèle le dessous des jeux (et des cartes) dans la capitale. Les trente policiers de la section avaient le monopole du contrôle des quinze cercles officiels de Paris, véritables mines d'or, parmi lesquels l'*Aviation Club de France*, le *Cercle Haussmann*, le *CIC*, le *Cercle républicain*, le *Club anglais* ou le *Grand Cercle*, rue de Presbourg, considéré comme le plus prestigieux. Le *Grand Cercle* dont les douanes et les RG ciblèrent en 1982 le patron, Jean-Baptiste Andréani, Corse, comme la plupart des dirigeants de cercles. Ils trouvèrent chez lui une tonne d'or et dix millions de nouveaux francs[42], sans oublier plusieurs centaines de kilos d'or saisies chez son fils. Les enquêteurs ayant la preuve que le cercle fonctionnait illégalement, comme un casino, il avait été fermé et n'avait jamais été autorisé à rouvrir, pour une raison que me révèle mon collègue Jean-Luc : « En 1959, un joueur avait eu un incident sérieux avec la direction. Il avait mandaté un avocat, lequel s'était fait expulser *manu militari* du cercle par les Corses. L'avocat en question n'était autre que François Mitterrand… et il avait la rancune tenace ! »

Les RG surveillent également les cercles de jeux de commerce, où l'on joue au bridge et au rami, et les cercles multicolores,

40. L'équivalent de 137 000 euros.

41. Jean-Luc et moi réalisons, en 2015, l'étude demandée par le ministre Bernard Cazeneuve sur la formation dans la police nationale. Elle débouchera, en 2016, sur la création de la Direction centrale du recrutement et de la formation de la police nationale (DCRFPN).

42. L'équivalent de 3 420 000 euros.

où l'on joue à une sorte de roulette. En 1983, le couperet est tombé sur le *Billard Club des Halles*, boulevard de Sébastopol : ses patrons se prenaient eux aussi pour des casinotiers. L'établissement a rouvert plus tard, repris par des Corses qui ont eu l'habileté de faire entrer au conseil d'administration un personnage au profil irréprochable : leur compatriote Maurice Paoli, ex-directeur des RG parisiens.

La 7e section contrôle enfin les parties clandestines, un univers beaucoup plus souterrain. Si elles sont officiellement interdites, certaines sont « couvertes », comme celle de Bibis, celle du *Point du Jour*, boulevard de la Villette, tenue par « Mignon », un Kabyle, celle de « Ben Bella », boulevard Victor-Hugo à Clichy, ou celle d'Amar Chitane, quai de la Loire, fréquentée par les chauffeurs de taxi. Pour mettre en œuvre une protection, le chef de la section soumet un rapport au directeur des RG. Le « condé » est donné verbalement au patron du café, qui peut organiser la partie chez lui ou dans un autre établissement. Ni la police judiciaire, ni la sécurité publique ne sont dans la boucle. Ces parties se tiennent principalement dans des bars de Barbès et de Belleville, tous aux mains de gérants arabes, ou dans de grandes caves aménagées pouvant accueillir de cinquante à soixante joueurs, en majorité nord-africains et noirs. Son service couvrait ces parties pendant une durée minimale de trois semaines, me raconte Jean-Luc : « La première semaine, les joueurs sont méfiants. La deuxième semaine, la partie est lancée et la troisième, elle roule du feu de Dieu. En plus de l'argent gagné au jeu, toutes les heures, le cafetier prend sa dîme, le “baratteau”, et les consommations se payent beaucoup plus cher qu'en temps normal. »

La 7e section fait tout pour que la couverture dont bénéficient ces exploitants soit « en béton », aussi bien vis-à-vis des policiers, qu'il s'agit de contrer en cas de descente inopinée, que de potentiels braqueurs, qu'il convient de dissuader. Une nuit de 1982, vers 3 h du matin, le commissaire de permanence à la sécurité publique intervient ainsi dans un bar du 20e arrondissement. Une partie couverte y tourne à plein régime, avec quarante millions de francs[43] sur la table, somme aussitôt appréhendée. Le taulier ne perd cependant pas son sang-froid : il décroche le téléphone posé sur le comptoir, appelle Jean-Luc à son domicile, le réveille et lui explique la situation. Jean-Luc, issu de la même promotion que son collègue, met vite les choses au clair : « Jean-Pierre, la partie dans laquelle tu viens d'intervenir est "condée", il faut que tu rendes l'argent ! » Le commissaire de nuit accepte. En contre-partie de cette solide protection, les bénéficiaires dénoncent des parties clandestines concurrentes. Autres temps, autres mœurs…

Personnage courtisé, Jean-Luc déjeune régulièrement avec Bibis, qui le gratifie du surnom « Monsieur 410 », du numéro de l'article du Code pénal qui réprime les jeux de hasard. Au cours de l'un de ces déjeuners, en 1983, Monsieur 410 reçoit un message sur son Alphapage ; il doit rappeler son service en urgence. Son correspondant l'invite à téléphoner au plus vite à Christian Prouteau, le gendarme responsable de la fameuse « cellule élyséenne », lequel lui indique que son unité s'intéresse à un habitué des cercles de jeux susceptible d'aider financièrement l'essayiste Jean-Edern Hallier pour la publication d'un livre au vitriol contre le président de la République. Prouteau lui demande le maximum de renseignements sur ce joueur, avant de conclure : « Rappelez-moi directement. »

À l'époque, la 7e section dispose d'une énorme documentation dans laquelle tous les joueurs des cercles officiels sont fichés. Jean-Luc identifie l'intéressé, qui fréquente un cercle de commerce. Mais au lieu de rappeler directement le gendarme, il rend compte à son directeur, Michel Lacarrière, qui se fait une joie de faire remonter les informations vers l'Élysée, où elles trouvent un très bon accueil. C'est de bonne guerre.

43. L'équivalent de 137 000 euros.

Qu'est-ce qui justifiait le système des parties couvertes ? À part balancer des tripots concurrents, les exploitants ne donnaient pas aux RG d'informations sur le banditisme, domaine dont ils n'étaient d'ailleurs pas chargés. D'où ces rumeurs insistantes sur les « enveloppes » que touchaient les enquêteurs des RG en échange de leur protection. Une autre section des RGPP, la 3e, n'avait-elle pas réalisé en 1973 une enquête sur les établissements de prostitution « tolérés » dans la capitale par la PJ, la DST et le SDECE, pointant du doigt les compromissions que cela pouvait entraîner ? À l'époque, sélectif, le directeur des RGPP s'était bien gardé d'élargir l'enquête aux parties de cartes couvertes... À l'évocation de ce souvenir, Jean-Luc sourit. Le dispositif des parties protégées était « original », admet-il. La formule est jolie et le mystère restera entier, puisque Jean-Luc a emporté ses secrets dans la tombe.

La Madeleine, ses dames et ses cadavres

Le Vieux, qui totalise trente-trois julots au compteur dans ce secteur très chic, sur les six cent cinquante arrêtés au cours de sa carrière, est le mieux placé pour me présenter cette véritable institution : les « filles de la Madeleine », qui travaillent à l'ombre d'une des églises les plus connues de Paris sous la protection d'une sainte patronne qui fut elle-même une pécheresse. Le dessus du panier en matière de prostitution. La pointe du diamant.

Dès les années 1930, « Bettina de la Madeleine » y travaillait pour l'un des cadors du milieu français et comptait parmi ses clients assidus le prince d'Orléans. Dans les années 1950, deux sœurs montées de Toulouse, où elles étaient coiffeuses, y firent une station de quelques années, le temps de « mettre à plat[44] »

44. Mettre de l'argent de côté.

la somme qui devait leur permettre d'acquérir, rue Saint-Honoré, un grand salon de coiffure ; les premières clientes furent leurs copines, très fières de l'ascension sociale des deux frangines, puis vinrent les bourgeoises et une notoriété presque mondiale. Entre soixante et quatre-vingts élégantes y exercent désormais. « Galantes », elles déambulent l'après-midi sur les trottoirs ; « amazones » la nuit venue, elles circulent en voiture à la vitesse de l'escargot entre les enseignes de luxe, Petrossian, Maison du caviar, Fauchon et autres Coco Chanel. Porsche, Lamborghini ou R5 Turbo 2, c'est à celle qui aura la plus belle. Fauchés, s'abstenir : la passe est à trois cents francs. Acteurs, hommes politiques, industriels et avocats se pressent, certains n'hésitant pas à s'afficher avec une fille chez *Decout*, rue de Sèze, une coupette de champagne sur la table.

« Nana Mouskouri », « Michèle Morgan », « Marie Laforêt », « Petula Clark »... se contentent d'une à deux passes par jour. Ce « bricolage » suffit à assurer leur ordinaire et à faire le plein d'essence, mais si leur « mec » est arrêté, il faut aller au charbon pour assurer sa subsistance et payer l'avocat. Leurs proxénètes n'ont en effet pas le profil de julots casse-croûte : fichés au grand banditisme pour la plupart, ils font dans le trafic de drogue, les braquages, le racket ou les gros casses, avec de gros revenus.

Soucieux de transmettre son savoir-faire, le Vieux me présente Wanda, une fille discrète et efficace dont le parcours résume à lui seul l'histoire du quartier. Belle brune au physique d'actrice italienne, elle a connu en Algérie, son pays, un officier para qui l'a ramenée en métropole pour l'épouser. Trop différents, le couple se sépare rapidement. Pendant quelques mois, la jeune femme fréquente un chasseur de Pigalle. Elle a vingt ans lorsqu'elle s'installe à la Madeleine. Elle y fait la connaissance de l'inspecteur Jean Dumes, du groupe des julots à la Mondaine, qui la conseille et transforme sa vie, lui qui a ses entrées chez les voyous : le hasard a voulu que ce pur Parigot fréquente dans sa jeunesse la même école du 5e arrondissement, rue Censier Daubenton, que trois futures pointures du milieu parisien, Jean-Claude Vella, dit « Petites Pattes », son associé Marcel Gauthier et André Gau, dit « Dédé Gode[45] ». Des amis d'enfance, ceux avec lesquels les liens sont souvent les plus solides.

Dans les années 1970, alors que la guerre fait rage entre ces trois figures du gang des « Siciliens » et les frères Zemour, Wanda devient une « cible », sa proximité avec un policier de la Mondaine, lui-même proche des « Siciliens », étant un secret de polichinelle dans le mitan. En 1974, les Zemour lui envoient en « client » un de leurs porte-flingues, Jean-Claude Attali, dit « la Puce ». Au lieu de se déshabiller, il lui assène un coup de tête et lui casse une dent. Un avertissement ! La réponse ne se fait pas attendre. Fou de rage, l'inspecteur Dumes donne rendez-vous à la Puce au *Pub Saint-Germain* et s'y rend avec deux 11,43. L'agresseur n'a pas d'autre choix que de payer une nouvelle dent et de présenter ses excuses. Dent pour dent !

Mais l'histoire « transpire » et celui qui était très, trop proche de Wanda est évacué par ses supérieurs vers la BRB, où il connaît de nouveaux ennuis. Il se serait fait tirer dessus par des roulottiers, une nuit, derrière l'église Notre-Dame de Lorette. C'est sa version. En fait, les Zemour le soupçonnaient, à tort, d'être « monté » avec les « Siciliens » sur des règlements de compte dont leur équipe avait été victime. Bien que légèrement blessé par balle, ses « exploits » font désordre, au point qu'en 1978 la police finit par lui indiquer la porte de sortie.

L'ex-policier se recycle en prenant la direction d'un cabaret avec des filles, le *Black Jack*, rue Vavin, dans le 6e arrondissement. Une expérience de courte durée : au bout de trois mois, l'établissement est plastiqué et, en 1980, comble du malheur,

45. Surnom attribué par Jacques Imbert, dit « Jacky le Mat », qui se vantait d'avoir introduit une bouteille de Perrier dans son anatomie.

c'est lui qui explose en plaçant une bombe devant une boîte de nuit, dans le Midi. Une descente aux enfers, mais les conseils donnés à Wanda pour parfaire son niveau scolaire, payer ses impôts et investir dans la pierre lui ont permis de devenir une bourgeoise respectable, propriétaire de plusieurs appartements dans les beaux quartiers parisiens. Un bon parti pour qui saurait cueillir cette fleur des pavés, tandis que la plupart de ses collègues avaient été rattrapées par la manche grâce à la célérité d'un inspecteur du fisc détaché à la Mondaine, qui calculait les redressements en fonction du nombre de passes mensuelles et annuelles évalué par les enquêteurs… L'addition était toujours très lourde.

Le Vieux avait vingt-sept ans, en 1975, lorsque l'inspecteur Dumes lui avait présenté quatre « vieilles » de soixante ans et plus, parfaitement au fait du fonctionnement du quartier, où toute nouvelle qui souhaite s'implanter doit être présentée par un nom ronflant du milieu avant d'obtenir le feu vert : Simone, Geneviève, qui travaille pour Simonpieri, un ancien pilier de la French Connection, Paulette, qui « se fait » l'oncle d'un célèbre navigateur breton, et « la Vieille Carole », perpétuelle Jean Harlow, qui tapinera jusqu'à quatre-vingt-cinq ans au volant d'une voiture américaine des années 1960. Mémoire vivante de la Madeleine, ces héritières de « Bettina » entretiennent une clientèle d'habitués avec qui elles sont en route vers les noces d'argent, peut-être même d'or ! Au début, elles se contentent de donner au Vieux la température, puis, la confiance venant, elles n'ont aucun scrupule à balancer les trouble-fête… la jalousie, sans doute.

Grâce à elles et à quelques autres, le Vieux accroche quelques « beaux mecs », à commencer par Rémy Arfouilloux[46], le julot

46. Mentor de Stéphane Ley qui fit partie, dans les années 1980, d'une redoutable équipe aux côtés de Bruno Celini, Michel Crutel et Michel Xanthéas.

de Martine, dite « Marie Laforêt » ; fils d'une concierge de la rue Pigalle, cet ancien perceur de coffres sera exécuté à Paris à sa sortie de prison, en 1985, rejoignant au paradis des voyous son frère Joël, supprimé dans le cadre de la guerre entre les « Siciliens » et les Zemour.

Également épinglé, René, dit « Paupières de Velours », plonge pour sa part deux fois, et ce malgré son extrême prudence : il quitte rarement la petite ville où il possède un superbe restaurant-boîte de nuit aménagé dans un ancien monastère, à une centaine de kilomètres de Paris. Précautionneux, l'homme a acheté son cercueil, qui trône dans son salon, recouvert d'un manteau de fourrure en astrakan ; Nathalie, sa protégée, vient passer ses week-ends dans sa chaumière, où elle joue à la fermière, appréciant de traire à la main les deux vaches qu'il lui a offertes, histoire de garder la forme. Autre vedette du secteur, un certain Thierry Marte, dit « le Garagiste », julot d'une autre Martine et spécialiste de l'« évaporation » de cars sagement stationnés dans les lieux touristiques de Paris, surtout Pigalle, son « triangle des Bermudes » ; une fois volés, il les fait conduire jusqu'à Amsterdam ou Rotterdam, d'où ils partent par bateau vers un pays du Golfe ou du Moyen-Orient, chaque véhicule volé lui rapportant cinq mille dollars. Gérard, lui, passe entre les gouttes ; disposant d'un cheptel d'une douzaine de filles, quatre en Allemagne, trois à Londres, trois en Belgique et deux à la Madeleine, il part tous les mois en vacances en amoureux avec l'une d'elles, qui ignore bien entendu l'existence de ses onze « petites sœurs ».

*

Le Vieux me présente une autre « reine » du secteur : Anastasie Rubin, cinquante-trois ans, dite « Nicole » ou « Nicole la Folle ». Très belle, avec ses faux airs de Mélina Mercouri, cette tête brûlée et excellente gagneuse a commencé à tapiner dans les années 1960. Indic de la première heure, elle renseignait déjà la Mondaine, y prenant même un réel plaisir ; une vraie mine d'or, à condition de la contrôler intelligemment.

« Nicole gagne des montagnes de pognon, mais n'a pas beaucoup de tête », m'explique le Vieux. « Elle dépense tout en sorties et avec les hommes. Elle jette son dévolu sur un type qui lui plaît, lui file son fric, jusqu'au jour où elle s'en lasse et me klaxonne pour le faire tomber. À quarante-neuf ans, elle a mis le grappin sur un serrurier venu la dépanner. Le jour où elle l'a épousé, à la Madeleine, elle portait une robe blanche constellée de fleurs d'orangers, ses consœurs accompagnant l'hyménée en chantant des cantiques religieux. La scène n'aurait pas déplu à Jean-Pierre Mocky ! Six mois plus tard, lassée, elle m'appelle : "Alain, vire-moi ce con !" »

Deux mois qu'Alain me l'a présentée et voilà qu'elle nous balance un couple de receleurs yougoslaves qui rachètent des lots d'or et de bijoux auprès des filles. Pour les coincer sur un beau flag, nous avons besoin de marchandise, ce dont se charge Nicole, et d'une policière qui jouera le rôle d'une prostituée. Une gardienne de la paix du 17e arrondissement accepte volontiers de nous servir d'appât et de déclencher notre intervention par radio.

« Tu seras Simone, ma collègue », lui dit Nicole avec son habituel enthousiasme.

Nous sautons les receleurs et, dans leur immense appartement richement meublé, mettons la main sur une énorme quantité d'or, avec le matériel pour le fondre. Affaire bouclée en moins de vingt-quatre heures, avec les félicitations du préfet de police, succès que « la Folle » nous invite à fêter dans un restaurant huppé de la rue Vignon. L'occasion pour Alain de lui suggérer de me raconter comment elle faisait la « chèvre », déjà, pour la Mondaine.

« Les boîtes à partouze étaient officiellement interdites avant 1981 et l'élection de François Mitterrand », commence-t-elle avec le ton distingué d'une femme du monde. « Mais il y avait parfois des tolérances. Vous avez sans doute entendu parler de *L'Auberge du Roi René*[47], à Ville-d'Avray (dans les Hauts-de-Seine), du *Pub Grill*, à Vincennes, ou de *La Piscine*, à Fontenay-sous-Bois. Il y avait aussi Dimitri Petropoulos, un Grec surnommé "Taki", "le Roi du vice" ou "l'Espion". Ce con organisait des parties fines avec la protection des RG, mais le vent politique a tourné au milieu des années 1970 et j'ai donné un coup de main au groupe des outrages aux bonnes mœurs pour le faire plonger, dans tous les sens du terme puisqu'il organisait ses partouzes à bord du *Lazzy Dolphin*, une péniche amarrée sur la Seine, près du Pont-Neuf.

— Raconte à Yves comment un collègue de la Mondaine a failli garder des séquelles ! », relance le Vieux.

Nicole pose délicatement ses couverts, un tantinet rêveuse, et se lance en souriant : « Plus jeune, j'étais assez espiègle, mais je vous rassure, je me suis beaucoup calmée. Pour faire tomber une boîte à partouze, il fallait que les couples soient en action au moment où la police intervenait. La Mondaine envoyait donc un couple en précurseur, et comme il n'y avait pas encore de femme policière pour jouer l'épouse, ils me réquisitionnaient. J'accompagne ce jour-là un inspecteur divisionnaire de plus de quarante ans, bien sapé. Les couples prennent un verre, s'observent, et comme souvent ça traîne en longueur. N'ayant pas de temps à perdre, je lance les hostilités. La partouze bien partie, je désigne l'inspecteur en lançant à la cantonade : "Lui, c'est mon mari, vous pouvez l'enculer, il adore ça !" Le pauvre a juste le temps de serrer les fesses et de biper ses collègues, qui investissent les lieux et réussissent le flagrant délit. Inutile de vous

47. En 1985, Olivier Foll, patron de la BSP, fait tomber le « Roi René ».

dire qu'il n'a pas trop apprécié, mais le patron de la Mondaine était enchanté. »

Au moment de régler l'addition, Nicole ouvre son sac et s'esclaffe : « Merde, j'ai pas de sous. Ne vous inquiétez pas, je vais appeler à la maison, la cavalerie arrive ! »

Au bout de quelques minutes, elle fait signe de ne pas bouger à un grand maigre qui attend sagement près de la porte d'entrée. Elle le fait poireauter au moins quinze minutes, puis l'apostrophe d'un tonitruant : « Approche, enculé ! » Le type s'avance, courbé, tend l'argent, elle aboie de nouveau : « Maintenant, casse-toi ! — Oui, maîtresse. » Puis, se tournant vers nous : « C'est un maso ! Il est ingénieur. Il dort dans ma cuisine depuis un mois sur un sac en toile de jute des PTT. Il me sert d'homme à tout faire et il me paye, alors je lui fais plaisir… »

Régulièrement, avec le Vieux, nous buvons un verre avec Nicole pour recueillir de nouveaux « tubards ». C'est toujours une sacrée rigolade et une belle moisson. Nicole ne suce pas que des glaçons mais tient le choc, sauf une nuit où, au volant de la voiture qui devait la ramener rue Vignon, ayant surestimé sa capacité de résistance, elle termine sa course encastrée en bas des marches d'accès à une station de métro de l'avenue du Maine – la RATP a classé les photos au rayon « insolite ». Quelques années plus tard, elle jettera son dévolu sur un riche retraité versaillais et terminera bourgeoisement son parcours à ses côtés.

*

Alain m'introduit enfin auprès de Virginie, un vrai « Prix de Diane », superbe blonde de trente-cinq ans qui en paraît dix de moins. Son studio se trouve au dernier étage d'un immeuble cossu de la rue Boissy-d'Anglas, à proximité du magasin Hermès. Fille d'un voyou néerlandais, elle s'était « défendue » pendant des années pour le compte de « René le Marseillais », jusqu'au jour où le Vieux avait expédié ce mauvais fer derrière les barreaux. Virginie travaille dorénavant à son propre compte au volant d'une Porsche blanche immaculée. Toutefois, agressée à deux reprises par des « clients » envoyés possiblement par son ex-proxénète, qui ont tenté, sans y parvenir, de la défigurer, elle a fait l'acquisition d'un berger allemand et paye un garde du corps, un certain Mickaël, trente ans, caché dans la cuisine et prêt à intervenir à la moindre alerte. Avant d'exercer cette activité peu risquée, ce fils d'un Algérien et d'une Arménienne propriétaires d'une agence de voyage dans le quartier Barbès a eu plusieurs vies. Il a fait fortune en devenant, entre 1975 et 1983, l'un des trois meilleurs cambrioleurs de la capitale, un as du « parapluie ». Agissant toujours seul, il était capable d'ouvrir n'importe quelle porte blindée avec ces outils utilisés par les serruriers. Une fois dans l'appartement, il fouillait méthodiquement les lieux, ne s'emparant que des bijoux, puis, sans rien déranger, prenait soin de refermer correctement derrière lui. Le plus souvent, ses victimes ne s'apercevaient du vol que plusieurs jours plus tard[48].

Mickaël se rend régulièrement à Alger, où son oncle est colonel à la Sécurité militaire, en Suisse et au Luxembourg, où il a placé dans des banques peu curieuses les deux tiers d'un patrimoine estimé à quatre millions d'euros, au Maroc aussi, où il a acheté une belle propriété – à Agadir –, et roule avec le dernier 4×4 Mercedes. Il a également investi dans l'hôtellerie au Brésil, mais cette existence parfaitement organisée, prélude à une paisible retraite, va connaître une fin dramatique : le 22 juin 2011, à l'issue d'une violente dispute, Leïla, trente ans, son associée

48. En 1990, Mickaël me sert de « conseiller technique » pour une étude détaillée que m'a demandée Jean-Pierre Sanguy, le patron du 36, sur le phénomène des cambriolages dans la capitale. Transmise au préfet de police, elle me vaut des félicitations pour sa dimension très concrète…

dans l'exploitation d'un salon de massages érotiques proche de la place Blanche, le frappera avec un chandelier, puis l'étranglera avec un câble d'imprimante. Il a alors cinquante-cinq ans. Grâce à deux années d'un remarquable travail de fourmi, les gendarmes parviendront à identifier le corps retrouvé dans une valise immergée dans la rade de Lorient et Leïla sera condamné à douze ans de prison.

La Madeleine traîne cependant à l'époque son lot d'affaires non élucidées, comme l'assassinat de Yasmina, dite « Mina », une fausse blonde d'origine kabyle, frappée à coups de stylet dans son studio de la rue Pasquier, en 1989. L'auteur, qui avant de partir a pris soin de l'achever en lui fracassant la tête contre le lavabo, a dérobé son « véhicule de fonction », une grosse BMW qui ne sera jamais retrouvée. Un travail de professionnel au sujet duquel deux versions s'affrontent dans le milieu. La première veut qu'« elle ne pouvait pas fermer sa gueule ! », lui attribuant la paternité de plusieurs belles arrestations, dont celle du receleur Maurice Joffo ; la seconde rappelle que, peu avant son assassinat, Mina avait été arrêtée par les douanes après avoir retiré à la poste de la Madeleine un colis contenant cent grammes d'héroïne pure. Elle avait vainement tenté de plaider un coup monté, mais c'est à une intervention du 36 qu'elle avait dû son salut. Un *cold case* en attente chez nos collègues de la Criminelle…

Les travestis du bois de Boulogne

Avec les années 1980, le travesti originaire de Clermont-Ferrand se fait rare à Paris, prise d'assaut par une vague venue d'Amérique du Sud, du Maghreb ou d'Asie, qui se concentre sur notre secteur géographique. Le bois de Boulogne crève le plafond des statistiques et la renommée de ce lieu de débauche fait le tour du monde, relayée par les chaînes de télévision étrangères venues filmer cette petite armée qui s'active sept jours sur sept, en string miniature et poitrine siliconée protubérante. L'un de nos territoires de chasse privilégié.

Les « Latinos » ont pris possession de la totalité des allées et des sous-bois en écrasant du haut de leur mètre quatre-vingts… sans les talons aiguille, la frêle troupe des prostituées traditionnelles qui y exerçaient depuis des lustres, en après-midi ou la nuit. « Tricards », autrement dit interdits de séjour, et repoussés à coups de couteau et de tuyau de plomb, les Maghrébins se sont prudemment repliés sur les boulevards des Maréchaux, entre 17e et 18e arrondissements, où stationnent dès la nuit de longues files de poids-lourds, surtout étrangers, dont les chauffeurs viennent chercher un moment de détente tarifé : cinquante francs la pipe et cent francs « l'amour »[49].

En 1985, avec le concours d'effectifs en uniforme, nous recensons au bois de Boulogne trois cent cinq Brésiliens, trente Argentins et dix-neuf Colombiens. Une vingtaine de « beaux » travestis et transsexuels trustent le podium. Disposant de studios, ils ont un train de vie élevé, voyagent, fréquentent les boîtes de nuit et les restaurants à la mode où il leur arrive de croiser la route de voyous français, même s'il est encore mal vu dans le milieu de s'afficher au bras d'un travesti. Les autres, l'écrasante majorité forme le « lumpenprolétariat » du sexe. Venus dans la capitale pour se prostituer et envoyer l'argent au pays, ils vivent entassés dans des chambres d'hôtels ou dans des appartements insalubres. La plupart se retrouvent en situation irrégulière à l'expiration d'un visa touristique officiellement accordé pour découvrir la tour Eiffel, Versailles et le mont Saint-Michel. Pour éviter l'expulsion, les Brésiliens, de loin les plus nombreux, tentent rituellement de se procurer de faux papiers portugais auprès de faussaires de cette nationalité.

49. L'équivalent respectivement de 15 et 30 euros.

Au bois de Boulogne, le racolage et les ébats qui s'ensuivent ne vont pas sans créer de nombreux problèmes : blocages de la circulation, outrages publics à la pudeur, bagarres pour des emplacements, vols de clients, racket... sujets traités par une police en tenue débordée par la quantité et la diversité des délits. De nombreux articles se font l'écho de cette « invasion » et relaient la colère des riverains excédés, au point que le sujet devient prioritaire pour le préfet de police, qui signe en août 1985 un arrêté pris conjointement avec le maire de Paris interdisant d'*entrer de quelque façon que ce soit dans les sous-bois du bois de Boulogne de 22 heures à 5 heures, du dernier dimanche de mars au dernier samedi de septembre.*

Mes trois UR se concentrent sur le proxénétisme et les trafics de stupéfiants et de faux papiers, dans lesquels sont régulièrement impliqués ces singuliers « touristes ». Nous évitons d'opérer nos arrestations dans le Bois pour éviter des « courettes » périlleuses dans l'obscurité, d'autant que les travestis tendent des cordes entre les arbres, à vingt centimètres du sol. Nous privilégions les interventions matinales à domicile et le spectacle donné par les travestis, réveillés en sursaut après deux ou trois heures de sommeil, non démaquillés, la barbe naissante et sans perruque, est toujours un choc esthétique autant qu'olfactif. La voix grave des intéressés, dont certains ont une carrure de rugbyman, ne fait qu'accentuer le caractère tragi-comique de la situation.

Lors d'une perquisition chez un Brésilien dans une affaire d'héroïne, j'avise sur une cheminée un vase chinois recouvert d'un couvercle. Je plonge un doigt dans la poudre brunâtre et le porte à la bouche pour vérifier s'il s'agit de *brown sugar*, de l'héroïne brune. À cet instant, le travesti en peignoir panthère pousse un hurlement : « Arrêtez, c'est mon mari ! » Le vase était une urne funéraire contenant les cendres de son ex. Le soir même, au bar de l'UR 17, la scène est mimée et commentée sous les rires. Une autre fois, pris à la gorge par une odeur pestilentielle en entrant dans une chambre d'hôtel lugubre, nous découvrons sous le lit deux boîtes à chaussures remplies… d'excréments. Les deux locataires, fainéants et défoncés, voulaient sans doute éviter les allers-retours vers les toilettes de l'hôtel.

Placés en cellules avec les hommes, rares sont ceux qui ne balancent pas leurs consœurs pour tenter de s'en sortir. Il nous suffit de tirer sur la pelote pour enchaîner les arrestations de Roberta, Claudia, Tania, Sabrina, Bainina, Erika, Rebecca et autres Cathy. Quelques-uns sont expédiés vers la prison de la Santé, les autres finissent devant le service des étrangers des Renseignements généraux, antichambre de l'expulsion, une machine qui fonctionne à plein régime à la grande satisfaction du préfet de police, soulagé de voir le bois de Boulogne s'éclaircir. Les plus virulents sont mis dans l'avion en « tenue de travail », franc succès garanti à leur arrivée dans leur pays d'origine – à l'époque, le Contrôleur général des lieux privatifs de liberté n'existe pas ! Des années plus tard, lors d'un déplacement professionnel à Alger, des responsables de la police de l'aéroport Boumédiène me raconteront, mi-hilares, mi-confus, le retour de travestis que nous avions renvoyés en jupe, bas résille et talons aiguille, déguisement ne faisant guère honneur à leur pays.

Nos précieux informateurs nous permettent de mettre hors-jeu des dizaines de dealers et de proxénètes, un concours qui n'est pas sans risque pour eux, la preuve par « Alexandra », magnifique sosie de Marilyn Monroe qui débarque un jour au service avec un bonnet sur la tête. Elle travaille boulevard des Batignolles et, hasard ou choix délibéré, loge… rue des Dames, dans un grand studio aménagé gracieusement et avec goût par l'un de ses clients, décorateur parisien réputé. Elle retire son couvre-chef, laissant apparaître un crâne lisse, et s'effondre, balbutiant entre deux sanglots : « Régardé cé qu'ils m'ont fé ! » La soupçonnant d'être une balance, ses congénères lui avaient tondu les cheveux, sort réservé aux « collaboratrices ». Pour lui manifester notre soutien, nous nous cotisons pour lui acheter une perruque. Quelques semaines plus tard, les soupçons de collusion avec la police s'étant envolés, Alexandra franchit la porte du quatrième étage de la rue Truffaut avec une caisse de six bouteilles de champagne Cristal Roederer, sa façon de remercier notre humanité.

Galop d'essai de l'affaire qui couve du côté de la rue de Budapest : en 1986, deux Brésiliens arrêtés au Bois en possession de faux passeports portugais confient à une juge d'instruction réputée pour son « amour immodéré » envers la police que je leur aurais personnellement suggéré de se procurer ces documents pour remonter jusqu'au faussaire. Originaire de l'île de Beauté – un paradoxe, quand on la voit – la magistrate prend cette fable très au sérieux et saisit l'IGS. Les vérifications des « bœufs-carottes » démontrent vite la vacuité de l'accusation. Au passage, le choc est brutal pour nous : la parole de deux travestis analphabètes issus des bidonvilles de Rio vaut davantage aux yeux d'une juge que celle d'un commissaire. Il est vrai que nous étions à l'origine de l'arrestation et de l'expulsion de plus d'une centaine de travestis et que sur « Radio bois de Boulogne », plusieurs noms, dont le mien, tournaient en boucle depuis un moment.

DEUXIÈME PARTIE

VRAIS TUYAUX
ET FAUSSES PÉPITES

4.

Les ripoux et les hommes intègres

Cellule C 415

Depuis le 18 novembre 1987, le juge Jean-Michel Hayat piaffe d'impatience dans sa tour de Nanterre : pour fondre sur moi, il doit attendre le feu vert de la chambre criminelle de la Cour de cassation, saisie en raison de ma qualité d'officier de police judiciaire.

L'avis de tempête se précise avec **un** *appel de Mickaël, qui travaille comme videur à la Madeleine. Nous sommes le 22 novembre 1987 et il veut me voir au plus vite, avec le Vieux. L'ancien cambrioleur de haut vol, qui connaît remarquablement le Paris nocturne, me met en garde : « Yves, fais très attention. Un officier de gendarmerie de Versailles, qui fréquente un bar à hôtesses, s'est récemment vanté que son service allait prochainement arrêter un commissaire parisien. D'après les détails qu'il a donnés, il peut s'agir de toi ! »*

La surprise passée, le Vieux et moi penchons pour une erreur : après moult coupettes de champagne, ce gendarme a certainement voulu impressionner les hôtesses. J'alerte cependant Philippe Vénère.

Le lendemain, un autre de nos contacts, un receleur algérien fréquentant la rue de Budapest, me téléphone et demande, lui aussi, à me voir dès que possible. Ce qu'il me raconte me laisse sans voix : « Monsieur le commissaire, une cabale est montée contre vous par des gendarmes de Versailles. Ils ont arrêté plusieurs filles de Buda pour les interroger sur Bourid et leur demander si elles vous donnaient de l'argent. On leur a conseillé de vous charger si elles voulaient éviter d'être expulsées, parce qu'elles ne sont pas en règle. Elles ne se sont pas fait prier, trop contentes de tenir leur vengeance. Hier soir, j'étais au Bon Accueil, *le bar de Malika. Zouzou, dont vous avez arrêté le julot, a laissé entendre qu'elle avait menti aux gendarmes pour rester libre. Elle a dit devant les clients qu'elle préférait voir pleurer la mère d'un commissaire plutôt que la sienne ! »*

Je lui demande s'il a les noms des filles. La réponse fuse : Térésa, Zouzou, Lahouaria, Bany, et aussi son mari Kamel. Comme la veille, j'appelle mon patron et nous nous retrouvons chez lui. La stupeur passée, Philippe Vénère me donne pour instruction de rédiger un rapport détaillé qu'il fera remonter aussitôt à la direction. Dès le lendemain matin, 23 novembre, mon rapport est remis au directeur du 36. Il fait l'effet d'une bombe. Pierre Touraine demande à Olivier Foll, le patron des DPJ et SDPJ, d'en faire porter immédiatement une copie au procureur de la République de Nanterre.

Le 26 novembre, le procureur, qui a reçu entre-temps la réponse de la Cour de cassation désignant le tribunal de Nanterre pour instruire sur des faits susceptibles d'entraîner mon inculpation pour corruption, proxénétisme, vols et recels, saisit le président du tribunal de Nanterre afin qu'il désigne le juge d'instruction : ce sera le juge Jean-Michel Hayat.

La voie est libre pour le D-Day : mon arrestation.

Le 28 novembre, après une journée de travail bien remplie, je quitte le restaurant de la rue Marbeuf, dans le 8e arrondissement, où j'ai dîné avec un ami. Au volant de la Renault 9 de service, je regagne mon domicile de la rue Charlemagne, dans le Marais, à quelques mètres des vestiges de l'enceinte qui ceinturait Paris au Moyen Âge. Il est minuit et quart quand je coupe le moteur.

À peine sorti du véhicule, une quinzaine d'individus en civil, sortis de l'obscurité, se ruent sur moi. Se présentant comme des gendarmes de la section de recherches (SR) de Versailles, ils m'informent que je suis arrêté et placé en garde à vue dans le cadre d'une information judiciaire du juge Hayat.

Le coup est rude. Nous n'imaginions pas un seul instant que le juge appuierait sur le bouton nucléaire sur la base des seules déclarations de malfaiteurs arrêtés par notre service. Au pire, je m'attendais à être convoqué et interrogé par le juge ou l'IGS.

Un cortège de voitures et de motos m'accompagne jusqu'au siège de la SR de Paris, un austère bâtiment de la rue de Béarn, à cinquante mètres de la place des Vosges, où l'on m'installe dans un bureau défraîchi et sans âme sous la garde de trois gendarmes. À intervalles réguliers, d'autres militaires viennent voir à quoi ressemble leur « trophée ».

Le temps suspend son vol jusqu'à 2 h du matin et l'arrivée du juge Hayat, escorté de sa greffière et d'un auditeur de justice stagiaire. Le magistrat, de petite taille, corpulent, barbe soignée et épaisses lunettes, ne dissimule pas sa satisfaction. Il m'interroge sur mon identité, conformément à la règle. Je lui demande d'informer sans tarder mon sous-directeur, Olivier Foll, et mon patron, Philippe Vénère. Ce ne sera pas fait !

« Monsieur le commissaire, vous faites un métier difficile, mais quand un informateur tombe, il faut le jeter comme

un Kleenex usagé, le contraire est une erreur ! », attaque le magistrat.

Je lui réponds que nous n'avons pas la même conception, ni de l'honneur, ni de la lutte contre la délinquance, ayant parfaitement compris que notre intervention en faveur d'Aziz était à l'origine de mes ennuis.

Le commandant Morel ne tarde pas à débarquer. La petite quarantaine, il arbore un large sourire. Jeans, baskets, blouson, chemise ouverte laissant apparaître une chaîne en or, son look est improbable pour un militaire. À ses côtés, le lieutenant-colonel Recordon, chef de la SR de Paris, blouson d'aviateur bleu marine, reste froid comme un glaçon.

À 6 h 15, un convoi de plusieurs véhicules banalisés ou sérigraphiés « Gendarmerie » me ramène à mon domicile, à deux pas. À bord, le juge, sa greffière, dont je viens d'apprendre qu'elle est mariée à un gendarme, onze gendarmes, dont Morel, et moi-même. La perquisition de mon cinquante mètres carrés se déroule de 6 h 30 à 9 h. Tout est passé au peigne fin, y compris les combles et les parties communes. Sans le moindre résultat.

Le juge, ne voulant pas repartir les mains vides, saisit dans ma bibliothèque, parmi une trentaine d'ouvrages de la collection « Que sais-je ? », celui intitulé Prostitution et proxénétisme, *dont certains passages sont soulignés. L'ouvrage devient sur le champ le scellé numéro 6 ! Devant mon étonnement, il explique avec conviction que ce livre est « révélateur de ma mentalité de proxénète » ! Il moissonne également une facture de la maison Roche Bobois relative à l'achat d'un canapé et d'un fauteuil. Le montant, trente-huit mille francs*[50]*, lui redonne espoir, et moi de justifier ce seul achat notable effectué pour me meubler…*

---

50. L'équivalent de 9 800 euros.

Au moment de quitter l'immeuble, le juge ne dissimule pas sa déception : « Monsieur Jobic, vous êtes très intelligent, vous avez fait le ménage ! »

Je viens de mettre le pied dans l'univers de Kafka.

De retour à la SR, je surprends la conversation d'un gendarme dans le couloir. Il explique à son épouse qu'il ne rentrera pas déjeuner car il part en hélicoptère à Saint-Brieuc, chez ma mère. Abasourdi, je me lève et le questionne. Très gêné, il assure que j'ai mal compris. Je sollicite sa parole de militaire... qu'il me donne. Guère convaincu, je demande à voir le juge, qui me confirme, sans la moindre émotion, qu'une perquisition est programmée chez ma mère et que les gendarmes vont bien s'y rendre en hélicoptère, avant de conclure : « C'est moi qui décide, et j'ai une conception offensive de mon métier ! »

En milieu d'après-midi, je suis conduit à mon bureau de la rue Truffaut, dans le 17e arrondissement, au cœur d'un convoi qui sillonne Paris toutes sirènes hurlantes. Les enquêteurs prennent un malin plaisir à passer par Barbès et Pigalle, où la circulation bouchonne les samedis après-midi, espérant sans doute qu'un délinquant m'aperçoive, serré entre deux gendarmes sur la banquette arrière.

Je suis réceptionné par le commissaire principal Marcel Lecompte, de l'IGS, un policier à la fois intransigeant et très humain, chargé d'assister le juge lors de cette perquisition. Le juge saisit un répertoire téléphonique et un agenda. Il s'empare d'un dossier bien en évidence sur mon bureau : les rapports administratifs rédigés par Philippe Vénère et moi-même ces derniers mois, dont celui adressé le 23 novembre à notre hiérarchie ainsi qu'à Daniel Dugléry, le secrétaire général du puissant Syndicat des commissaires, qui regroupe la quasi-totalité des deux mille quatre cents membres du corps. Où sont largement évoquées les difficultés rencontrées avec ce magistrat de Nanterre, ainsi que les informations obtenues au sujet de ma mise en cause par des malfaiteurs arrêtés par notre service. Le juge met aussi la main sur deux petits morceaux de shit et quelques doses de poudre, échantillons de différents types de drogues utilisés pour la formation des stagiaires. Sous l'œil du commissaire de l'IGS, je propose d'alourdir les scellés de quatre dossiers. Ils contiennent les procédures traitées par notre service, courant 1986, à l'encontre des délinquants qui témoignent contre moi : Lahouaria et son souteneur, Zouzou et Dash – son mac –, Kamel, le cambrioleur escaladeur, et Bany, la « mère maquerelle » de Buda, qui sera arrêtée quelques jours plus tard par le groupe « studios » de la brigade des stupéfiants et du proxénétisme, et enfin Téresa, la voleuse internationale. J'imagine bien naïvement que ces pièces conforteront mes dires. Après un moment d'hésitation, le juge se résout à les saisir.

À 23 h, me voilà transféré à la gendarmerie de Nanterre, où un capitaine m'explique fort poliment que je vais dormir sur la banquette en béton d'une cellule de garde à vue. Il a la délicatesse de demander que la porte reste ouverte.

*

Au réveil, des gendarmes me proposent de me laver superficiellement, puis m'offrent un verre, l'occasion pour l'un des gradés de se confier : « Nous sommes désolés de cette guerre des polices qui ne profite qu'aux voyous. Nous ne sommes pas tous des cow-boys comme nos collègues de Versailles. »

J'ai droit à la visite d'Olivier Foll. Avisé de mon arrestation par le préfet de police, lui-même informé par l'IGS, mon sous-directeur me réconforte et me fait part de la stupéfaction dans les rangs. Prévenu par Daniel Dugléry, Maître Jean-Marc Varaut, avocat du Syndicat des commissaires, est en route pour le tribunal ; il va m'assister lors de ma comparution devant le juge.

En milieu d'après-midi, trois gendarmes versaillais refont leur apparition. Ils veulent relever mes empreintes et prendre ma photo anthropométrique. Je refuse tout net. Dépités, ils me conduisent, sous la pluie, vers le tribunal de Nanterre, un immense vaisseau froid et désert en ce dernier dimanche de novembre. Au troisième étage, dans la galerie d'instruction, je fais la connaissance de Maître Varaut, soigneusement briefé par Daniel Dugléry et Olivier Foll. Le contact passe très bien.

Assis un peu en retrait dans le bureau du juge, un épais dossier sur ses genoux, Daniel Renaut, procureur adjoint de Nanterre, fait connaître sa position : « Requiert qu'il plaise à monsieur le juge d'instruction de continuer à informer, les présomptions existant à l'encontre d'Yves Jobic de s'être rendu coupable de proxénétisme aggravé étant, en l'état, insuffisantes pour justifier son inculpation. »

En dépit de cette opposition sans ambiguïté du parquet, le juge m'inculpe de proxénétisme aggravé et me place sous contrôle judiciaire, avec interdiction de me rendre rue de Budapest et de rencontrer seize personnes, dont les membres du clan Moustafa.

L'interrogatoire de première comparution démarre mal : en les dictant à sa greffière, le juge reformule les propos que je tiens. Ce procédé porte atteinte à ma défense. J'exige de pouvoir dicter moi-même mes déclarations. Le procureur adjoint me donne raison.

Nouvelle escarmouche lorsque je m'insurge contre les accusations provenant de délinquants arrêtés par mon service et tous condamnés à de lourdes peines. Il s'agit d'une manœuvre d'intimidation et de déstabilisation visant à paralyser l'action de la police judiciaire et je suis étonné que des serviteurs de l'État aient pu participer à une telle machination. Je demande à être confronté à ces malfaiteurs et dépose plainte contre eux.

La nuit est tombée depuis longtemps lorsque je sors du tribunal entouré de mon avocat, de Daniel Dugléry, de mon chef et de plusieurs de mes inspecteurs, qui ont tenu à faire le déplacement. Je n'ai quasiment pas dormi depuis quarante-huit heures, ni mangé correctement, ni pu me raser, mais je tiens le choc, bien décidé à rendre coup pour coup.

Avant le fracas de la tempête médiatique, j'appelle ma mère pour la rassurer. Cette sainte femme, qui m'a inculqué le sens de l'honnêteté, de la rigueur et de l'honneur, me confirme avoir reçu la visite de gendarmes versaillais : ils ont fouillé entièrement sa maison et questionné ses voisins, leur demandant notamment s'ils ne l'avaient pas vue faire des allers-retours avec une valise ! Ma mère est très choquée par la grande désinvolture avec laquelle l'un d'eux a manipulé les décorations militaires et civiles de mon père décédé. La description qu'elle m'en fait correspond au gendarme « sans parole ». Le seul qui s'est montré correct a été celui de Saint-Brieuc.

Je fais face à deux fronts : d'un côté des malfaiteurs professionnels, de l'autre des « cow-boys » prêts à faire aveuglément confiance à mes accusateurs pour discréditer la PJ parisienne, dont ils rêvent ostensiblement de récupérer des parts de marché.

« Un commissaire ripou interpellé », titre Libération *le lendemain, alors que je suis reçu, avec Philippe Vénère, par Pierre Touraine, en présence d'Olivier Foll. De haute taille, mince, légèrement voûté, la mine sévère, le directeur du 36 est connu pour sa clairvoyance, sa grande fermeté et sa totale détermination à défendre sa « maison » et les collaborateurs qu'il estime dignes de l'être. D'apparence flegmatique, Touraine a*

besoin de mouvement lorsqu'il réfléchit : durant notre entretien, il ne cesse de faire les cent pas dans son bureau.

Connaissant parfaitement nos succès et sachant que nous allons, sur la base de renseignements, « chercher les voyous là où ils se trouvent », y compris et surtout dans les endroits les plus glauques, le directeur est furieux de ne pas avoir été avisé en amont de mon arrestation. Il déplore que l'enquête ait été confiée par le juge à des gendarmes au détriment de l'IGS, les « bœufs-carottes », qui auraient été dans leur rôle et n'ont pas la réputation de faire dans la tendresse.

Pierre Touraine me confirme son soutien. Il nous assure que le préfet de police est dans les mêmes dispositions que lui et qu'il va lui transmettre tous les renseignements, pour la parfaite information du ministre de l'Intérieur. Il charge Olivier Foll d'assurer un lien quotidien avec Philippe Vénère et moi, mais aussi le Syndicat des commissaires et mes avocats.

Dès le mardi, le directeur adresse un courrier très net au procureur de Paris : « Monsieur Jobic, qui dirige les unités de recherches de la 1re DPJ, obtient depuis plusieurs années des résultats remarquables. Je pense qu'il doit conserver la plénitude de son commandement et de sa compétence judiciaire. »

Du côté du syndicat, Daniel Dugléry s'exprime avec force auprès de la presse et clame son indignation face aux méthodes du juge et des gendarmes. Conscient de la gravité de la situation, il convoque dès le 1er décembre un congrès extraordinaire de son organisation. À l'issue des débats, dans une ambiance électrique, il organise le rassemblement, place Beauvau, de plusieurs centaines de commissaires, auxquels se joignent de nombreux inspecteurs.

Charles Pasqua et Robert Pandraud, le ministre de l'Intérieur et son secrétaire d'État, reçoivent une délégation. Leur religion est vite faite. Daniel ne cessera de les tenir informés du dossier. Le même dispositif fonctionnera parfaitement avec Pierre Joxe après le changement de majorité, au printemps 1988.

Quelques jours après mon inculpation, je déjeune avec Marcel Leclerc, le chef de l'IGPN, l'Inspection générale de la police nationale. Ce très grand flic, que je connais bien et estime énormément, me livre sa lecture des faits : « Yves, je ne suis pas très surpris. Les gendarmes ont une totale méconnaissance du milieu parisien, de ses règles, de ses pièges et du travail réalisé par la police judiciaire, qui doit se salir les mains dans le seul but de protéger la société. Ils sont comme des éléphants dans un magasin de porcelaine. Ne vous laissez pas démolir par les journaux, défendez-vous ! »

Une tâche à laquelle je m'attelle sans relâche, épaulé par le conseiller police de Charles Pasqua, le contrôleur général Claude Guérin. Mais le premier désaveu du juge vient de la chambre d'accusation de Versailles : saisie par mes avocats, elle réduit le contrôle judiciaire auquel le juge m'a astreint et me permet de me rendre à nouveau... rue de Budapest.

Deux ripoux de haut vol...

Ripou : le mot fait recette et la presse se repaît de ces rares policiers qui basculent dans l'autre camp. J'en ai croisé quelques-uns, j'aurais peut-être dû les présenter aux gendarmes et à ce juge, afin de parfaire leur culture. Je pense notamment à Alain Hamel, qui dirigeait au début des années 1980 le commissariat Bonne-Nouvelle, dans le 2e arrondissement. Très brillant, cet excellent juriste capable de réciter de mémoire des arrêts entiers du Conseil d'État avait une faille : il aimait l'argent, et consacrait la plus grande partie de son temps à assister des huissiers...

Mobilier de luxe, fauteuils, canapés et tableaux, la décoration de son bureau tranche singulièrement avec les usages, on se croirait chez un notaire. Hamel apprécie la proximité de la rue Saint-Denis, pour laquelle il est compétent, et se lie avec un gros voyou : Claude Genova, dit « le Gros Claude ». Lieutenant de Titi Peltier[51], mentor à cette époque du milieu parisien, son nouvel ami possède plusieurs studios dans cette rue, où travaillent ses « gagneuses ». Le commissaire organise des fêtes dans son riche bureau. Du beau monde s'y presse, des copines libertines, quelques prostituées et même... un substitut du parquet de Paris qui quittera plus tard la justice pour embrasser une autre carrière. Genova, qui a bien capté ses faiblesses, le prend sous sa coupe et le mouille, pour mieux le manipuler.

Prévenue de ces dérapages sur les trottoirs glissants, la direction du 36 l'exfiltre au commissariat Saint-Gervais, loin des rues Blondel et Saint-Denis. Las, Hamel refait parler de lui en 1984, à l'occasion de frasques sexuelles dans son propre bureau. L'IGS découvre qu'il détient des parts dans une société de films pornos. Suspendu, il est finalement muté d'office au SRPJ de Versailles, où le patron, Claude Bardon, l'accueille avec ces mots : « Vous avez un bureau, mais vous ne ferez rien. »

Hamel, qui n'aime pas l'oisiveté, ne l'entend pas de cette oreille. Il met à profit son temps libre pour devenir l'une des chevilles ouvrières d'un vaste trafic de véhicules volés... jusqu'à ce que la BRB le fasse tomber. Hamel est écroué, puis radié des cadres.

*

51. Guy Peltier a régné pendant une quinzaine d'années. Grand racketteur devant l'Éternel, il a réalisé deux coups d'éclat : le casse de la salle des coffres de la Société générale sur l'île Saint-Louis, en août 1976, et le vol d'un camion contenant plus de dix-sept tonnes de pièces de 10 francs, en juillet 1977. Il « disparaîtra » en 1986 : son cadavre ne sera jamais retrouvé.

Un jour du mois de novembre 1988, alors que je suis affecté depuis trois mois aux services généraux du 36, au deuxième étage, celui de la direction, un visiteur pousse la porte de mon bureau sans se faire annoncer. L'homme a de faux airs du commissaire joué par Jacques Fabbri dans le film *Diva*. Bronzé, moustache conquérante, habillé d'un costume et d'une cravate aux couleurs voyantes, il est commissaire divisionnaire au 36. Autant un Marcel Leclerc symbolise la fonction dans toute sa prestance et son intégrité, autant ce collègue est la caricature du ripou de cinéma.

Je sais mon visiteur au mieux avec « Rachid Méditerranée », le propriétaire de *L'Ambiance*, débit de boissons de la rue de Budapest où l'argent coule à flot et… il sait que je sais. Je n'ignore pas non plus qu'il est très lié avec « Gérard le Blond », un proxénète fiché au grand banditisme, trois filles sous sa coupe au bois de Vincennes, qui tient « bureau » à *La Caravelle*, un bar-restaurant fréquenté par de beaux voyous, boulevard Poniatowski, dans le 12e arrondissement.

Sa visite n'est pas désintéressée : il vient prendre la température, voir si je garde le moral à mon nouveau poste, où le directeur m'a nommé provisoirement pour me mettre à l'abri de nouveaux coups tordus. Il veut surtout savoir si « tout va bien » dans mon affaire de Nanterre. D'ordinaire très à l'aise, je le devine inquiet. Est-ce que, sous la pression, je ne vais pas parler de lui au cours de l'une de mes auditions chez le juge ? Et dire, au bout du rouleau : « Vous vous trompez de cible, il y a peut-être un ripou rue de Budapest, mais il y a maldonne, ce n'est pas moi ! » ?

Plutôt que de faire mariner mon collègue, ce qu'il aurait mérité, je le rassure immédiatement : « Ne t'inquiète pas, tout va bien ! »

Très soulagé et le sourire aux lèvres, il quitte mon bureau pour rejoindre le sien, tout à proximité.

Cinq ans plus tard, en février 1994, *Le Canard enchaîné* titrera à son sujet : « Un poulet de haut vol échappe à l'abattoir ». Où le lecteur apprendra qu'« il protégeait les pensionnaires d'un hôtel de passe du Val-de-Marne », en bordure du bois de Vincennes[52], et qu'« il avait ouvert un compte en Suisse au début des années 1980 ».

En 1995, rattrapé par la patrouille alors que son arrestation était programmée, il emportera lui aussi ses nombreux secrets dans sa tombe, au grand soulagement de ses complices, mais… pas son magot.

… et les hommes intègres

Non, la police à laquelle je crois n'est pas celle-là, n'en déplaise au juge de Nanterre. La police judiciaire que je pratique depuis le début de ma carrière n'est pas peuplée de tricheurs et de corrompus, mais de personnages très attachants pour qui les mots *entraide* et *solidarité* ont un sens, des hommes qui ne sortent pas tous du même moule et ont de l'amitié une haute opinion. Et ce n'était qu'un début.

Propulsé chef adjoint de la 6e DPJ, qui couvre le quart sud-ouest de Paris, en septembre 1991, après deux ans de mise au vert, je sympathise ainsi avec Daniel Illemay, un inspecteur humaniste très proche d'Aimé Césaire, figure intellectuelle des Antilles, lui-même écrivain et champion de France et vice-champion du monde de boxe américaine et de full-contact ; son épouse, infirmière, elle aussi antillaise, nous mijote régulièrement de délicieux plats régionaux. Albert Aïnama, métis d'un Antillais et d'une Indienne, devient lui aussi un ami, comme

52. Le propriétaire de cet hôtel-restaurant sera arrêté, peu après la publication de l'article du *Canard enchaîné*, par la BRP, dirigée par Martine Monteil.

Jean-François Maugard, du groupe criminel, ou Dominique Quirin, chef de l'une des UR, l'un des meilleurs connaisseurs du milieu yougoslave. Ancien de l'antigang, ce dernier a participé à la « neutralisation » de Jacques Mesrine le 2 novembre 1979. Ce jour-là, c'est lui qui a ouvert la portière gauche de la BMW marron et aperçu deux grenades, dont les cuillères étaient seulement maintenues par un gros élastique, faire des allers-retours sur le plancher de la voiture entre les pieds de l'ennemi public numéro un, qui tressautait encore...

Nommé en 1994 à la tête de la 3e DPJ, l'un des services phare de la PJ parisienne, avec pour mission d'éradiquer le trafic de crack autour de la place Stalingrad et celui d'héroïne et de cannabis dans plusieurs cités « à problèmes » du 19e arrondissement, j'ai encore l'occasion de vérifier combien je me sens en phase avec ces femmes et ces hommes qui mettent toute leur intelligence au service de la lutte contre les voyous, au nom de la société. Rue Louis-Blanc, dans ce vaste bâtiment qui avait abrité la société des 100 000 Chemises, je retrouve la mentalité des 1re et 6e DPJ, ses équipes soudées et ses fortes personnalités, à l'instar de « Santo », parfois surnommé « Rabbi » en raison de son physique levantin. De son vrai nom Jean-Pierre Santoni, cet inspecteur divisionnaire est un Corse pur jus. Une aura à la hauteur de son talent, un carnet d'indics très bien rempli, des qualités de meneur d'hommes et une autorité morale évidente, il condense à lui seul l'état d'esprit de la « maison », à mille lieues des fantasmes de certains magistrats.

La « 3 » compte également d'énergiques syndicalistes et de fortes têtes, connus et appréciés par la direction pour leur professionnalisme et leur engagement, avec une tendance à se montrer frondeurs et rebelles face à toute autorité qu'ils ne reconnaîtraient pas comme légitime. Les occasions de montrer les dents ne manquent pas, comme en ce mois de juin 1990, où ils déposent symboliquement leurs armes dans le bureau du chef de service pour protester contre la décision jugée « tendancieuse » d'un magistrat au détriment de leur collègue Michel Labreuche, dit « Mimiche ». Le chef des UR des 3e et 4e arrondissements a tiré un coup de feu sur un voleur de fret qui lui fonçait dessus avec son break R 18. Personne n'a été blessé et la légitime défense semblait acquise, mais le jeune juge a demandé à l'IGS de contrôler par éthylomètre le taux d'alcoolémie de Mimiche. Le résultat s'est révélé négatif, mais le substitut, méfiant, a exigé une prise de sang sur le policier qui avait risqué sa vie ; le vase a aussitôt débordé. Vingt-quatre heures après le dépôt des armes, le procureur de la République de Paris a regretté l'excès de zèle de son collaborateur et s'est engagé à ce qu'un tel incident ne se reproduise plus. Les enquêteurs en ont déduit que l'enseignement prodigué aux élèves de l'École nationale de la magistrature devait être quelque peu orienté et… pas forcément en faveur des policiers.

Des années plus tard, un chef de service fera les frais de cet esprit d'équipe. Le même Mimiche, adoré de tous et d'un tempérament entier, venait de mettre fin à ses jours avec un fusil de chasse. Les fonctionnaires du service, estimant que le patron portait une responsabilité personnelle dans ce drame, déposeront leurs armes comme un seul homme en faisant savoir à la direction qu'ils ne reprendraient le travail que sous l'autorité d'un nouveau chef, capable de faire faire passer l'intérêt du service avant toute propension à la « réformite ». Après trois semaines de tergiversations, le bras de fer s'achèvera par une première : la direction n'aura d'autre choix que d'exfiltrer ce commissaire, transféré vers la police en tenue, davantage dans ses cordes…

En dehors de ces fièvres solidaires, la trentaine de policiers des trois groupes de terrain de la « 3 » sont imbattables sur la voie publique, où dès 9 h du matin ils traquent les voleurs de tous poils : casseurs, agresseurs de vieilles dames, roulottiers, voleurs à la fausse qualité, voleurs de colis lors des livraisons dans le quartier du Sentier, fourgues, escrocs, sans compter les dealers. Il est très rare qu'ils rentrent bredouilles en fin d'après-midi. À la même heure, dans tout Paris, plusieurs centaines d'autres policiers en civil des DPJ et des brigades centrales partent à la recherche de « clients » ou assurent la relève de collègues qui ont planqué toute la nuit. La PJ parisienne est une usine qui tourne à plein régime, vingt-quatre heures sur vingt-quatre, pour le grand malheur des voyous, qui ont peu de chance de passer au travers de ce maillage aussi serré qu'efficace. Ses chasseurs sont inventifs et débrouillards, la caractéristique de la plupart des flics de PJ, qui adorent leur métier. Ils sont en permanence à la recherche de meilleurs équipements pour perfectionner leurs surveillances et améliorer leurs filatures.

Un seul exemple : trois ans avant mon arrivée à la « 3 », la direction des services techniques de la PP avait livré deux sous-marins couleur jaune PTT, parfaitement inutilisables pour les planques. « On se fout de nous ! », ont d'abord protesté les utilisateurs, avant d'appliquer la technique de la « lettre volée » d'Edgar A. Poe et d'agrémenter les « soums » d'inscriptions au pochoir : *LA POSTE*. Les mêmes inspecteurs avaient précédemment aménagé des véhicules de chantier en sous-marins, accrochant à l'intérieur, sur une penderie bien évidence, d'inoffensifs bleus de travail. Derrière ces vestes et pantalons, un caméscope commandé à distance enregistrait les moindres faits et gestes dans la zone surveillée. Difficile pour un voyou de « chiquer » l'évidence quand on lui projetait sur un écran TV, pendant sa garde à vue, le film de ses exploits.

Et puis il y a Daniel Carrère, que je retrouve à la « 3 » et que j'avais connu lors d'un mémorable stage de formation des motards, en 1989. Six semaines entre les mains des moniteurs de la prestigieuse compagnie moto de la PP pour apprendre à piloter les deux-roues dans des conditions extrêmes, au cours desquelles, seul commissaire présent, j'avais sympathisé avec ce flic de terrain au gabarit impressionnant, originaire des Pyrénées comme son accent rocailleux l'indiquait. À ses moments perdus, cet enquêteur jouait comme troisième ligne au sein de l'ASPP, le club de rugby de la police nationale, réputé pour sa rugosité ; dans les années 1977-1978, il avait eu comme coéquipier, deuxième ligne, un lieutenant de la CRS 5 de Massy, Patrice Bergougnoux, qui deviendra plus tard directeur de la police nationale. Le cœur sur la main, de l'humour, un courage à toute épreuve, j'avais vite compris que Daniel détestait les voyous.

Tous les matins, sur le chemin du lieu du stage, entre MIN de Rungis et aéroport d'Orly, la barrière des grades s'était vite volatilisée. Notre passion pour la moto avait fait le reste, au cours d'une formation réputée pour son sérieux et ses difficultés, au fil des routes sinueuses et vallonnées de la vallée de Chevreuse : un moniteur ouvrait la route, suivi à moins de trois mètres par son premier élève, le second dans la roue du premier, le tout à plus de cent kilomètres à l'heure. La moindre erreur, surtout l'hiver quand le sol est gras, glissant ou verglacé, vous envoie dans le décor. La suite alternait séquences à deux cents à l'heure sur l'autoroute ou dans Paris à l'heure de pointe, sans oublier la conduite à vive allure sous la pluie sur le boulevard périphérique, moi au guidon, Daniel derrière, zigzaguant entre les files de voitures…

Des années plus tard, lors d'une mission à Saint-Brieuc, le chef de la salle radio du commissariat demande à me parler. À voix basse, il me glisse à l'oreille : « Monsieur le contrôleur général, je travaillais à l'état-major de la direction des services techniques, boulevard de l'Hôpital, lorsque vous avez effectué votre stage moto. Il se disait que vous aviez effectué le tour du site, avec votre collègue, entièrement déshabillés sur une moto ! »

J'ai beau tenter de rectifier le tir, rien n'y a fait : le gradé est persuadé que mes fonctions à l'IGPN m'obligent à réécrire l'histoire… Ce jour-là, celui de la remise du diplôme et du casse-croûte amical, nous avions effectué Daniel et moi, chacun sur une moto, plusieurs tours du garage… torse nu et en slip, par une température proche de zéro. Un collègue nous avait lancé un défi : faire la même chose sur des motos de trial. Pari tenu et gagné. De quoi conforter auprès des moniteurs la réputation de la PJ, où l'on apprécie la liberté et l'originalité…

L'ambiance conviviale de la « 3 » attirait à l'occasion quelques profanes trop heureux d'accéder au saint des saints, ce bar improvisé dans un bureau, au dernier étage, où on lâchait la pression en fin d'après-midi tout en faisant le point sur les affaires en cours ; l'arrivée de collègues féminines avait provoqué l'apparition de sodas et jus de fruits, en plus de l'alcool. Fred Chichin, des Rita Mitsouko, y venait de temps en temps en voisin, appréciant d'échanger librement avec les enquêteurs, sans être forcément toujours d'accord avec eux.

Les fêtes qui ponctuaient les très belles affaires provoquaient parfois les doléances d'un ou deux riverains, qui se plaignaient auprès du maire ou du préfet du brouhaha, de chants et, plus rarement…, de coups de feu. Exceptionnellement, des policiers du commissariat du 10e arrondissement, implanté dans le même bâtiment, prévenaient l'état-major de la Sécurité publique, lequel avisait celui du 36, lequel appelait le chef de service… qui autorisait une ultime salve.

5.

Affaires signalées

Cellule C 415

Au lendemain de mon arrestation, un vent de panique et de paranoïa se met à souffler autour du tribunal de Nanterre. Pour des raisons qui resteront à jamais mystérieuses, le juge demande aux gendarmes de « vérifier si les téléphones de la gendarmerie de Versailles, de celle de Villeneuve-la-Garenne, [sa] ligne au tribunal de Nanterre et [sa] ligne personnelle à [son] domicile sont sur écoutes » téléphoniques.

Le militaire chargé d'exécuter cette commission rogatoire requiert une société privée spécialisée et la direction des télécommunications pour démasquer d'éventuels branchements clandestins. Tant qu'à faire, il leur demande aussi, au détriment de toute légalité, d'effectuer les mêmes vérifications à la gendarmerie de Vélizy, qui ne figure pourtant pas dans la demande du magistrat. Au diable l'avarice...

Les réponses négatives tombent en chœur : rien à signaler. Le gendarme n'est guère convaincu, à lire son rapport : Contrairement à ce qu'affirme la direction des télécommunications, si un branchement clandestin a été mis en place pendant l'enquête, il est certain que des informations ont pu être "piratées" lors des conversations téléphoniques entre les enquêteurs et le magistrat instructeur.

Surprenante mise en doute de la parole du patron d'un organisme officiel, alors que, dans le même temps, toutes les accusations portées à mon encontre par des membres du milieu sont prises au sérieux. Certains prêteraient-ils aux autres leurs propres turpitudes ? Ces actions de barbouzerie attribuées à la police ne sont que pur fantasme.

La panique n'empêche pas les gendarmes versaillais de poursuivre leurs « investigations ». À la recherche de nouvelles « pépites », ils fouillent maladroitement les poubelles des quartiers pourris de la capitale, où leurs enquêtes ne les conduisent que rarement. Dans les jours qui suivent mon arrestation, plusieurs personnages semblent ainsi apporter de l'eau au moulin de l'accusation. Le premier, Victor Bourth, un retraité de soixante-dix sept ans souffrant de surdité, s'est auto-investi d'une noble mission : réinsérer les prostituées. Vaste chantier ! Devant les gendarmes, puis le juge, il relate comment il a recueilli les confidences d'une certaine Claudie, laquelle lui a affirmé trois mois avant mon arrestation que je prenais des enveloppes auprès de prostituées arabes de la rue de Budapest. Selon cette fille, les enveloppes étaient déposées au bar L'Ambiance, *où elles étaient récupérées par une autre prostituée surnommée « Jennifer », qui les laissait à mon attention dans un bar de la rue Lantiez. Une troisième prostituée, Pierrette Hornebeck, pouvait selon lui confirmer les révélations de Claudie. Pour crédibiliser ses dires, il brandit comme une bombe un morceau de papier sur lequel Claudie aurait griffonné ces mots :* JAUBIC 1er et 2e rue des Lantiers [*sic*].

Émanant d'un homme qui n'appartient pas au milieu et fournit une preuve « en béton », ce témoignage ne peut pas mieux tomber pour le juge. L'IGS identifie rapidement les trois filles. Mais leurs auditions réduisent en miettes les « révélations » de celui que Le Nouvel Observateur *a un peu trop rapidement qualifié de « responsable d'un centre de réinsertion au profil beaucoup plus respectable ». Aucune des trois n'a entendu parler de remise d'argent à des policiers. Jennifer ne fréquente plus* L'Ambiance *depuis des années ; Claudie ne me connaît pas et n'a jamais vu le papier qu'elle est censée avoir écrit. Et, lors de la confrontation organisée boulevard du Palais dans les locaux de l'IGS, le rédempteur de la rue de Budapest, qui passe ses journées à tenter de remettre des prostituées sur le droit chemin, que ce soit à la table d'un café ou... dans un studio, admet qu'il a lui-même écrit mon nom et celui de la rue sur un ticket du Crédit agricole sorti de sa poche...*

Un second accusateur de bonne trempe se manifeste : Pierre Villalonga, dit « Pedro ». Ce malfaiteur de quarante-six ans au passé judiciaire des plus chargés a été arrêté dix mois plus tôt par mon unité de recherches du 16e arrondissement : souteneur de cinq femmes, il cohabitait avec elles dans un pavillon de l'Oise défendu par trois énormes bergers allemands. Les protégées de ce colosse d'un mètre quatre-vingt-cinq travaillaient square Tolstoï et boulevard Suchet, à la lisière du bois de Boulogne, non loin de l'ambassade d'URSS, lui rapportant entre quinze et vingt mille francs par jour[53]*. Inculpé de proxénétisme aggravé, faux et usage de faux document administratif et usurpation d'état civil, il a écrit dès son incarcération à son juge d'instruction parisien, à l'IGS et au parquet de Paris, pour tenter de discréditer la 1re DPJ. Ses cibles : le chef du service, Philippe Vénère, et l'inspecteur divisionnaire Alain Caugant, qui avait dirigé l'enquête. Une stratégie habituelle chez lui : à chacune de ses arrestations, il se prétend victime d'un complot ourdi par des « ripoux ».*

53. L'équivalent de 3 800 à 5 000 euros.

Jusque-là, Pedro n'avait pas cité mon nom, qu'il ne connaissait pas. Le diffamateur en série s'est mis en revanche en relation avec le juge de Nanterre et les gendarmes dès mon arrestation. Pendant plus d'un an, il échange avec eux une correspondance extraordinaire, me mettant en cause pêle-mêle avec d'autres policiers, mais aussi des magistrats, des partis politiques, et même Michel Rocard (Premier ministre de 1988 à 1991)... Lui aussi m'accuse de « maquer » plusieurs « filles », de négocier des portions de trottoirs, d'avoir fait attacher à un arbre du bois de Boulogne et sans doute violé l'une de ses protégées et... de revendre de la drogue saisie.

Bref, ma place est en prison et la sienne à l'extérieur de la Santé, où il a été expédié par erreur. Et pour consolider le dossier, il a vivement incité les enquêteurs à entendre sa propre épouse, Nadia, deux de ses ex-prostituées que je suis censé racketter depuis son arrestation, ainsi que Brigitte, la « gouvernante » de son ex-phalanstère. Il est allé jusqu'à prétendre qu'Alain Caugant et moi vivions avec deux autres de ses ex-protégées, Évelyne et Marie-Claire, qui avaient échappé à son emprise et nous versaient de l'argent. Mais son polar ne vaudrait rien sans une dose de politique-fiction : l'argent ainsi récolté sert à financer le RPR, le parti gaulliste, ancêtre de LR.

Avec un tel scénario, Pedro vise le transfert de son dossier au juge de Nanterre, un non-lieu et, pourquoi pas ?... des dommages et intérêts. En attendant, de nouvelles commissions rogatoires sont lancées par le magistrat, qui omet l'essentiel : l'audition de l'inspecteur divisionnaire Alain Caugant, mon adjoint, pourtant présenté comme mon associé dans une entreprise de proxénétisme. Et ce malgré les requêtes de mes avocats.

Dernière « pépite » aux mains de mes pourfendeurs : entendu trois jours après mon inculpation, Rachid Mecheri, l'ex-associé de Bourid, a raconté au juge qu'Aziz avait été extrait de prison par mes soins, en mai 1987, pour passer une journée à son domicile, un service que nous aurions facturé vingt-cinq mille francs[54], *partagés entre Mickey, mon adjoint, et moi. Pour que la comptine soit plus sexy, le souteneur aurait pu ajouter qu'après lui avoir permis de voir femme et enfants, nous l'avions autorisé à voir sa mère et ses associés, avant de le laisser se détendre avec sa maîtresse dans une chambre d'hôtel...*

Cette grotesque chasse au trésor va durer un an et demi ; étrangers aux codes du milieu parisien, les gendarmes ne récolteront que plomb et rumeurs. Je suis cependant bien placé pour savoir que toutes les affaires « signalées » ne reposent pas sur du vent.

L'ex-professeur de grec et la « horde sauvage »

24 juin 1987. Le préfet de police Jean Paolini convoque Pierre Touraine pour attirer son attention sur une affaire « signalée » : la veille, l'épouse de Jean Foyer, député et ancien garde des Sceaux, a été sauvagement attaquée dans le hall de son immeuble du 15e arrondissement. Trois hommes et une femme lui ont dérobé un collier en or et une bague de valeur. L'agression a duré moins de deux minutes et la victime a dû être hospitalisée en raison de graves atteintes à un doigt et à un bras. Le message du préfet au patron du 36 est limpide : il serait souhaitable d'élucider rapidement cette enquête, en clair que les auteurs soient identifiés et arrêtés au plus vite.

Pierre Touraine ne prend pas la peine de demander à son chef d'état-major si cette agression est un cas isolé. Il sait parfaitement que depuis le début de l'année, un groupe de quatre malfaiteurs de couleur se livre, presque quotidiennement, l'après-midi, à des

54. L'équivalent de 6 500 euros.

vols avec violence au préjudice de personnes âgées d'allure aisée. Elles sont attaquées, blessées, gazées, avant d'être dépouillées de leurs bagues, bracelets et colliers de valeur, soit dans un couloir du métro, soit dans une rue déserte, soit au moment où elles pénètrent dans le hall de leur immeuble.

La bande a rôdé son scénario. Une fois repérée la victime, deux d'entre eux la précèdent et le troisième ferme la marche avec la fille. Lorsque les éclaireurs se retournent, c'est le signal : ils passent à l'attaque, aspergent la victime de gaz lacrymogène et s'acharnent sur elle. La malheureuse est jetée à terre puis rouée de coups, une manœuvre imparable vu le rapport de force, quatre malfrats hyperviolents d'un côté, de l'autre une dame âgée prise de terreur. Au besoin, ils cassent un doigt pour arracher un diamant, tordent violemment un poignet pour s'approprier une montre précieuse ou étranglent à moitié la victime pour s'emparer d'une chaîne et de sa médaille.

Le patron du 36, sensibilisé à double titre, hiérarchiquement et humainement, a devant lui la note établie par le « groupe de synthèse criminelle », chargé d'opérer des rapprochements entre des infractions commises par un individu ou une équipe à partir du signalement et du mode opératoire. Selon leur calcul, la bande a frappé cent cinquante fois, ce qui fait d'elle l'une des plus redoutables dans la capitale depuis belle lurette, peut-être même depuis les sinistres « Apaches de Belleville », qui sévissaient au début du XXe siècle. Outre le nombre astronomique des victimes, la crainte de Pierre Touraine est que l'une d'elles ne décède sous la violence des coups. Il ordonne le branle-bas de combat.

La majorité des agressions ayant eu lieu dans les beaux quartiers, sur le territoire de la 1re DPJ, Olivier Foll demande à Philippe Vénère de tout mettre en œuvre pour neutraliser la « horde sauvage » ; mon chef me répercute la commande. Les biscuits sont maigres. Les signalements donnés par les victimes restent vagues : trois hommes grands, jeunes et athlétiques et une femme, tous de peau noire. On sait que l'une des vieilles dames a mordu au sang un doigt du plus grand des auteurs.

Les surveillances de type « gendarmesque », mobilisant plusieurs dizaines d'inspecteurs, ne donnent rien. Le terrain de chasse de la bande est bien trop vaste, autant aller à la guerre avec un filet à papillon. La solution ne peut que tomber du ciel, comme bien souvent, sous la forme d'un renseignement. Certains diraient un coup de chance ; en voici la genèse.

Deux mois plus tôt, nous avions « libéré » Claudia, un transsexuel argentin, de l'emprise excessive de son mac portugais. Sa garde à vue s'était déroulée dans un climat plutôt détendu. Après avoir évoqué le nombre de passes qu'elle effectuait chaque jour au bois de Boulogne et les sommes qu'elle devait remettre à son « protecteur » pour éviter une raclée, celle qui enseignait auparavant le grec et le latin dans un lycée de Buenos Aires avait amené la conversation sur Homère et Thucydide. Scène surréaliste dans un commissariat, l'humaniste lettrée avait déclamé en grec ancien de longs vers de l'*Odyssée* devant un auditoire incrédule et ébahi. Soulagée par la mise hors jeu de son bourreau, plus féru de bandes dessinées que d'ouvrages de Jacqueline de Romilly, Claudia s'était discrètement installée à l'hôtel de Bruxelles, un hôtel borgne à deux pas de la place de Clichy. Nous avions convenu de rester en contact, intéressés par les informations qu'elle pourrait nous donner.

Voilà huit jours que la traque de la bande a été érigée en cause prioritaire, lorsque Claudia me téléphone. Persuadé qu'elle va évoquer des dealers ou une affaire de proxénétisme, je me demande si je ne rêve pas quand elle m'annonce avoir remarqué depuis deux semaines le comportement suspect de quatre occupants de son hôtel : trois hommes jeunes, noirs et athlétiques, et une femme, manifestement accros à l'héroïne, qu'elle voit quitter l'établissement tous les jours en début d'après-midi. Claudia précise avoir surpris dans l'obscurité de la cage d'escalier une discussion animée au cours de laquelle l'un des garçons reprochait à un autre d'avoir « oublié de prendre le collier de perles au cou de la vieille ! » Le doute se dissipe totalement quand la spécialiste des auteurs grecs ajoute que le plus grand des garçons porte un gros pansement à un doigt.

La suite est facile. Dès le lendemain, à 6 h du matin, nous arrêtons dans leurs lits Patrick, Claude, Jean-Claude et France. Originaire de Dakar, le premier est un athlète d'un mètre quatre-vingt-cinq pour quatre-vingts kilos ; il porte un pansement à son index et reconnaît l'intégralité de la série, comme les trois autres, originaires de Guadeloupe et de Martinique. Incapables de donner le nombre exact de leurs « exploits », ils ne se souviennent que des agressions émaillées d'incidents ou de celles pour lesquelles les bijoux étaient exceptionnels. Toxicomanes au dernier degré, il leur faut à chacun de deux mille cinq cents à trois mille francs[55] par jour pour se procurer plusieurs grammes d'héroïne. France se charge de brader le jour même les bijoux arrachés à des receleurs de Barbès ou à des dealers, à un tarif plus que dérisoire.

L'instruction est rondement menée par le juge Jean Zamponi. La divulgation des arrestations par la presse amène vers notre service un nombre considérable de plaignants. Au point que nous sommes obligés d'utiliser pour les « tapissages » la salle Bertillon, habituellement réservée aux grandes réunions du 36. Avec près de deux cents victimes, la salle est comble. Du jamais vu !

Le juge d'instruction estimera le butin moyen de chaque attaque à quarante mille francs[56], le total dépassant dix millions de francs[57]. Devant les assises, l'un des avocats tentera vainement

55. L'équivalent de 380 à 450 euros.
56. 6 000 euros.
57. 1,5 million d'euros.

de me faire reconnaître que le renseignement initial, forcément litigieux, provenait d'un receleur de Barbès « couvert » par notre service et que l'agression de madame Foyer nous avait contraint à mettre un terme à cette « protection » judiciairement illicite. La réalité était bien plus simple, plus morale et plus prosaïque, la guerre de Troie n'a pas eu lieu et les « Apaches » ont été condamnés à des peines exemplaires s'élevant jusqu'à quinze ans de prison. Du temps de Georges Clemenceau, ils auraient embarqué depuis le pénitencier de l'île de Ré sur le *Martinière*, un navire-prison, pour rejoindre le bagne de Cayenne à fond de cale.

Trafiquant d'héroïne et demi-frère du trésorier du PS

« Il faut nettoyer, nettoyer et encore nettoyer. »

Suivant les consignes à la lettre, les UR de la 1re DPJ enchaînent la neutralisation de dealers dans la rue, les bars, les hôtels ou à leur domicile. En ce début d'année 1987, loi des séries, la chance nous sourit avec l'arrestation, le 2 janvier, d'un couple de quadras hollandais en possession d'une quantité d'héroïne colossale pour l'époque : 1,7 kilo de pure en cailloux. Inconnus de la police, ils ramenaient tous les quinze jours d'Amsterdam une drogue qu'ils revendaient à des demi-grossistes à Paris, camouflés en touristes amoureux de la capitale ; ils en sont quittes pour découvrir les charmes de Fleury-Mérogis.

Dans la foulée se profile le jackpot de l'année, une enquête démarrée un mois et demi plus tôt après la saisie de quarante grammes d'héroïne dans la chambre d'hôtel d'un dealer tunisien, à Pigalle. Grâce à ses confidences, juste avant Noël, nous avons passé les menottes à ses fournisseurs : Larbi, Hadi et Farath, trois demi-grossistes également tunisiens, en possession de deux cents grammes d'héroïne en cailloux. Pendant leur garde à vue, nous les persuadons qu'ils ont intérêt à s'épancher s'ils veulent atténuer leur peine. Promesse faite de plaider leur cause auprès du juge d'instruction, ils se mettent à leur tour à table et confirment nos intuitions : le marché de l'héroïne en région parisienne est tenu par des grossistes tunisiens et par deux voyous kabyles, les frères « Djeff » et « Nono », duo mythique s'il en est. Importée des Pays-Bas, la marchandise arrive à Paris avant d'être dispatchée dans tout l'Hexagone. Quant à leurs propres fournisseurs, ce sont deux associés : Jean-Claude Laignel et Mohamed Bahri, dit « Momo ».

La quarantaine bedonnante, moustachu, les cheveux gras, Jean-Claude a une couverture idéale : il est brancardier à l'hôpital Bretonneau, dans le 18e arrondissement. Hyperméfiant, il circule au volant d'une BMW 528 et utilise plusieurs appartements pour cloisonner son trafic et loger la dizaine de membres secondaires de son réseau. Afin de rassurer ses clients et ses collaborateurs, il raconte volontiers qu'il a « le bras long » et que « la police ne pourra rien » contre eux.

Grand, costaud, beau gosse, la trentaine et originaire du Sud de la Tunisie, Momo a la peau très foncée des descendants d'esclaves. À la tête d'une véritable fortune dans son pays, amassée en un temps record grâce au trafic, il aurait notamment investi dans l'achat de deux hôtels et d'un restaurant dans une station balnéaire. Son image de commerçant en import-export qui a brillamment réussi en France lui a permis d'épouser une fille de la bonne bourgeoisie tunisienne. À la noce, où étaient présents nos trois semi-grossistes, près de cinq cents convives ont festoyé durant deux jours. C'est Cathy, sa maîtresse, une ex-pute d'une trentaine d'années, qui va chercher à intervalles réguliers la drogue en Hollande et la ramène à Paris, à raison de plusieurs kilos à chaque voyage.

Ce 11 janvier 1987, nous décidons de planquer jusqu'à ce que l'équipe soit au complet, y compris Cathy, de son vrai nom

Catherine Montloin, qui n'a pas réapparu depuis que nous l'avons filochée jusqu'à la gare du Nord. L'exercice est loin d'être une partie de plaisir. La température est tombée à onze degrés en dessous de zéro et une épaisse couche de neige recouvre trottoirs et chaussées dans la capitale. Malgré plusieurs épaisseurs de vêtements, les inspecteurs en planque dans les sous-marins et les voitures sont frigorifiés. Des rotations régulières sont faites avec ceux qui observent, bien au chaud, depuis des appartements.

Au bout de soixante-douze heures, nous voyons enfin Cathy pénétrer dans son immeuble, un sac besace bleu en bandoulière. Le top départ pour le coup de filet général est donné. Au domicile « officiel » du brancardier, la pêche est frugale : six grammes d'héroïne, une balance de précision et du manicol, médicament qui sert à couper l'héroïne. Dans deux autres logements, dix grammes de cocaïne et du matériel de conditionnement. Pas de quoi se rouler par terre. Reste l'appartement de la rue des Moines, dont Cathy nous ouvre la porte sans difficulté, pensant voir débarquer Jean-Claude. Posé sur une table, le sac contient quatre kilos et demi d'héroïne *brown sugar* en cailloux roses tout juste rapportés des Pays-Bas. Ce sera la plus belle prise de l'année en région parisienne.

Nous filons dans la foulée vers une petite rue du 18e. Momo Bahri y habite avec sa femme au premier étage d'un immeuble ancien. Erik, dit « le Légionnaire » en raison de sa coupe de cheveux, et Stéphane m'accompagnent. Erik ouvre la porte en moins de cinq secondes à l'aide de son pied-de-biche fétiche. Momo percute aussitôt : le facteur aurait sonné, même pour les étrennes. Nu, un pantalon de jogging dans une main et un sac Castorama dans l'autre, il a déjà enjambé le garde-corps de la fenêtre pour sauter dans la cour intérieure. Nous le rattrapons de justesse avant qu'il ne s'enfonce dans le manteau de neige épais de vingt centimètres qui aurait, certes, amorti le choc, mais pas sa chute judiciaire : en position sous la fenêtre,

Stéphane le braque avec son 38 Special. Coincé, le Tunisien tente le tout pour le tout : « Il y a plus de soixante millions dans ce sac, gardez l'argent et ne m'arrêtez pas, cela fera plus de vingt millions pour chacun de vous ! »

Peine perdue, nous ramenons Momo rue Truffaut avec son précieux sac, dont l'inventaire révèle qu'il contient, outre de faux papiers, la somme de six cent soixante-dix mille francs[58].

Le Vieux interroge Cathy. Il la connaît bien pour l'avoir arrêtée quatre ans plus tôt avec son souteneur de l'époque, alors qu'elle tapinait rue de Budapest et avenue de Clichy. Elle ne se fait pas trop prier pour confirmer qu'elle rapporte entre deux et quatre kilos à chaque voyage, que le trafic dure depuis deux ans et que le réseau a écoulé environ cent kilos. Momo, son amant, est bien à la tête du réseau avec Laignel.

Momo, déjà tombé pour trafic de drogue, s'affale à son tour sans difficultés et se montre même grand seigneur, à l'opposé de Laignel qui pleurniche, esquive, ergote, se dit victime d'une erreur policière et affirme n'avoir fait que rendre service à des amis tunisiens pour les aider à se loger. Au moment de quitter le commissariat pour le palais de justice, pile devant la porte de l'ascenseur, le brancardier, qui manipule plus de drogue que de malades, se lâche : « Mon frère est un des responsables du parti socialiste, vous aurez de mes nouvelles ! »

Le Vieux, Mickey et moi prenons à la rigolade les menaces d'un trafiquant d'héroïne paniqué par la condamnation qui l'attend[59]. La suite nous donnera tort… au moins pour ce qui me concerne.

58. L'équivalent de 174 000 euros.

59. Les deux cerveaux écoperont de treize ans de prison, Catherine Montloin de cinq ans.

Sans désemparer, nous collons aux basques de Djeff et Nono, le fameux duo qui occupe la première place sur le podium du trafic de drogue dure à Paris. Une traque stoppée net par mon incarcération, qui plombe mes collaborateurs... pour le plus grand bonheur des deux frères, que je retrouverai plus tard !

La déclaration de patrimoine du Premier ministre a disparu du coffre-fort

Le 27 février 1993, un homme grand et distingué, la mine sévère et contrariée, se présente à l'accueil du centre de police de l'avenue du Maine, siège de la 6e DPJ, dont je suis le chef adjoint. Pierre Hontebeyrie indique être le secrétaire général de l'Assemblée nationale et demande à rencontrer le responsable de la police judiciaire pour un dépôt de plainte.

De permanence ce samedi, je reçois ce haut fonctionnaire chargé d'assister le président en séance et de lui apporter son concours pour tout ce qui relève du fonctionnement institutionnel du Palais-Bourbon. Objet de sa plainte : la disparition d'une boîte d'archives contenant vingt-quatre déclarations de patrimoine de députés devenus ministres en 1988, sous le deuxième gouvernement Rocard, parmi lesquelles celle de Pierre Bérégovoy (PS), ancien ministre de l'Économie et des Finances nommé entre-temps Premier ministre. La boîte se trouvait dans un coffre-fort situé dans le bureau de sa collaboratrice. La combinaison du coffre n'est connue que de trois personnes : lui-même, son assistante et son prédécesseur. À l'examen, il n'a noté aucune trace d'effraction et la serrure fonctionne normalement. Cette disparition au sein de son « sacro-saint » service, dont l'accès est contrôlé en permanence par un huissier, le laisse visiblement perplexe, ce qui se comprend. Dans quel lieu sécurisé se trouvait la clé du coffre ? « Dans un porte-crayons, sur mon bureau », répond le plaignant, un peu gêné.

Conformément à la règle, je propose de l'accompagner sur place avec des collaborateurs de confiance pour démarrer l'enquête dans les plus brefs délais. Sa réaction est inattendue : « Dans l'immédiat, je ne souhaite pas que vous fassiez un transport sur place et procédiez à des constatations. »

Le policier que je suis rend compte de cette plainte très signalée à l'état-major PJ du 36, la « tour de contrôle », qui répercute l'information au directeur, lequel la transmet au préfet de police, qui lui-même la fait remonter au ministre de l'Intérieur.

Le 3 mars, probablement après d'intenses discussions dans les hautes sphères de la présidence de l'Assemblée, Pierre Hontebeyrie me rappelle et m'invite, enfin, à venir procéder aux constatations d'usage, avec un bémol : il ne tient pas à la venue de nos collègues de l'Identité judiciaire. Le mystère s'épaissit !

Aller sur les lieux d'un vol on ne peut plus sensible sans ces spécialistes, dont le travail consiste à relever les empreintes du voleur potentiel, prendre des photos et dresser un plan des lieux, est une faute sacrilège. De là à penser que certaines personnes ne souhaitent pas que l'enquête progresse ou qu'elles pressentent qu'aucune empreinte de personne extérieure au service ne sera relevée sur le coffre, il n'y a qu'un pas… L'état-major du 36, que j'avise, est aussi interloqué que nous.

Inspectrice au sein du groupe des enquêtes générales, Claudine Gosselin m'accompagne ; ex-miss Bretagne, elle possède une excellente éducation et une intelligence largement à la hauteur de son charme. Sur place, le responsable nous désigne une armoire forte encastrée dans un mur bien solide du bureau de sa collaboratrice. Étrangement, il en refuse l'ouverture… Claudine et moi nous regardons, conscients du caractère à peine croyable de la situation.

Nous ne relevons aucune trace d'effraction, ni sur la serrure du coffre, ni sur les portes des bureaux, ni sur les fenêtres, ce qui, en langage policier, signifie que le ou les voleurs connaissaient la combinaison et ont utilisé la clé, conservée sans précaution.

Quelques jours plus tard, une des secrétaires du service, que j'auditionne, se souvient avoir reçu le 10 février un appel téléphonique d'Henri Paillard, reporter au *Figaro* et président de l'Association des journalistes parlementaires, qui souhaitait s'entretenir avec monsieur Hontebeyrie. Il désirait savoir s'il lui était possible de consulter les déclarations de patrimoine des députés. La secrétaire lui avait répondu que ces documents étaient confidentiels et avait fait part de cet appel au secrétaire général dès son retour, le jour même.

Alors que notre enquête fortement bridée piétine lamentablement, *Le Figaro* révèle dès le 9 mars la disparition de ces documents particulièrement sensibles. Les médias, en branle, avancent deux hypothèses. Un : il s'agit d'une curiosité malveillante envers le Premier ministre, après la révélation du prêt d'un million de francs[60], sans intérêts, que l'industriel Roger-Patrice Pelat lui avait consenti six ans plus tôt pour l'achat d'un appartement dans le 16e arrondissement. Deux : l'« opération » visait à faire disparaître un document compromettant pour Pierre Bérégovoy. Par exemple, si ce dernier avait omis de déclarer, en 1988, les meubles, objets d'art et livres anciens qu'il avait assuré avoir donnés un an plus tard à la famille Pelat, en remboursement de la moitié du prêt…

Le Premier ministre, atteint au plus profond de lui-même par le déballage médiatique autour de « l'affaire du million », dénonce

60. 260 000 euros actuels.

une « machination » destinée à le déshonorer. Le président de l'Assemblée nationale, Henri Emmanuelli, évoque un feuilleton « entre Fantomas et Polichinelle ». L'enquête privilégie, elle, la piste de Fantomas.

Moins d'un mois plus tard, Pierre Bérégovoy quitte l'hôtel Matignon, remplacé par Édouard Balladur à la faveur d'une nouvelle cohabitation. Le 1er mai suivant, anéanti, il se donne la mort avec le 357 Magnum de Sylvain Lespat, son fidèle garde du corps du service des voyages officiels (VO). Moins de deux mois se sont écoulés depuis le dépôt de plainte pour le « fric-frac » à l'Assemblée nationale. Notre enquête, qui ne peut que s'achever en « vaines recherches », nous laisse le sentiment que l'on ne souhaitait vraiment pas voir la police identifier le mystérieux passe-muraille…

Sueurs froides sur papier glacé

« Yves, pourriez-vous recevoir un conseiller du Premier ministre ? Il souhaite déposer une plainte au sujet d'une affaire délicate qui implique une vedette de la télévision. Nous apprécierions que cela reste très confidentiel. »

L'appel, en ce mois de mars 1993, émane d'un de mes proches, un élu parisien qui travaille auprès du Premier ministre Édouard Balladur.

J'accepte bien volontiers et reçois ce personnage énigmatique en compagnie du discret et efficace inspecteur divisionnaire René Frantz, l'excellent chef du groupe des enquêtes générales.

Après un long préambule, il explique avoir déposé des négatifs au stand Photo Service du Bon Marché, fin février, et avoir commandé des tirages grand format. Sur les clichés, sa compagne dénudée, laquelle n'est autre qu'une présentatrice du petit écran, l'une des journalistes les plus connues et les mieux payées du PAF, sinon la référence ! Pour des raisons de sécurité, il a confié cette pellicule sous un faux nom, mais les photos sont introuvables depuis plusieurs jours. On lui a juste lâché du bout des lèvres que négatifs et tirages avaient été égarés entre le laboratoire et le stand du grand magasin chic de Sèvres-Babylone. Lui suspecte un détournement frauduleux. Extrêmement inquiet, il craint le pire : « Pour des personnes malveillantes, ces photos peuvent avoir une valeur marchande considérable. »

René et moi tentons de dégager le mince fil d'Ariane conduisant à une solution rapide et positive. Avec diplomatie, nous faisons comprendre tour à tour au directeur général de Photo Service et au responsable du laboratoire que l'enquête est suivie au plus haut niveau et qu'il est impératif de récupérer les documents dans les prochaines heures, au plus tard en fin de journée. Cependant, nous nous gardons bien de préciser le contenu des clichés.

Quelques heures plus tard, la précieuse marchandise nous est remise en main propre par le grand patron de Photo Service. Une simple erreur de classement était à l'origine de l'affolement.

À l'intérieur de la double enveloppe, je découvre avec René ce que le photographe amateur tenait à récupérer à tout prix : une série de photos de la vedette de la télévision, qui pose entièrement nue, allongée langoureusement sur la terrasse ensoleillée d'une magnifique villa en bord de mer. La plastique du sujet serait digne d'illustrer le calendrier Pirelli. Outre ces clichés, une série de photos sur lesquelles le plaignant avait jeté un voile pudique, représentant le couple dans diverses positions intimes… À l'évidence, l'inquiétude du conseiller était justifiée. Il y avait là de la « dynamite », de quoi faire chanter sans difficulté la célèbre journaliste et son partenaire, en tout cas leur occasionner des soucis.

Sans perdre de temps, nous remettons au collaborateur du chef du gouvernement ce qu'il désespérait de récupérer, sans avoir fait, noblesse oblige, la moindre copie de ces originaux ! Très soulagé, il appelle aussitôt sa compagne depuis nos bureaux et la rassure quelques minutes avant un direct à l'antenne.

L'homme au look de capitaine d'industrie ne sait comment nous remercier. Après nous avoir chaleureusement serré la main, il repart dans la nuit avec ses précieuses photographies en direction de l'hôtel Matignon, assis à l'arrière de sa voiture officielle. Cette petite enquête facile, dérisoire diront certains, aura permis de dissiper l'angoisse d'un couple soumis à un stress proche de celui vécu par les clients d'une banque pris en otage. Je n'avais pas besoin de marques de reconnaissance : la gratitude se lisait sur le visage de mon interlocuteur.

Au secours d'un agent de la DGSE

Le 8 avril 1994, le service de sécurité de l'hôtel Sofitel, dans le 15e, appelle la police : un client de l'établissement a surpris un voleur en flagrant délit dans sa chambre. La victime, Léonid Lechtiner, de nationalité russe, directeur d'études chez l'avionneur MIG, est de passage à Paris à l'invitation de Thomson et Matra, fleurons de l'industrie française. Même si rien ne semble avoir disparu, il précise aux policiers qu'il est obligé de déposer plainte pour se conformer aux instructions de son employeur.

Le voleur, qui refuse de donner son identité aux gardiens de la paix, est conduit au siège de la 6e DPJ. Toujours rétif aux questions, il demande néanmoins à s'entretenir avec le chef du service. Prévenu de cette visite, je vois arriver un individu passe-muraille de quarante-cinq ans environ, propre sur lui, pas du tout le profil habituel des « rats d'hôtel ». Livide, il me confie être un agent de la Direction générale de la sécurité extérieure (DGSE) et m'explique qu'il était en mission pour « récupérer » des informations dans la chambre du Russe. Il m'invite à composer un numéro de téléphone boulevard Mortier, siège de son service, et exprime le vœu de ne pas être conduit devant un magistrat à l'issue de sa garde à vue, de crainte d'être incarcéré. Je le rassure et lui garantis que nous allons trouver le moyen de le sortir de cette mauvaise passe, si ce qu'il raconte est exact.

Après m'avoir confirmé qu'il s'agissait bien d'un de leurs agents, mon correspondant me prie aimablement de trouver une solution. J'affranchis en toute transparence le substitut de permanence à la 8e section des flagrants délits, qui valide ma proposition : entendre le « voleur » sous une fausse identité, avec une fausse adresse et une version fantaisiste. Le meilleur moyen d'enterrer le dossier. À cette époque, le sens de l'État est encore la valeur dominante et les services régaliens sont le plus souvent sur la même longueur d'onde...

Le « voleur », lointain héritier du Service 7 du colonel Le Roy-Finville, après m'avoir chaudement remercié, quitte rapidement nos locaux et disparaît dans la nuit. Son dispositif de « protection » n'avait pas vu le Russe revenir à l'hôtel, un risque inhérent à ces « mexicaines », aussi appelées « fontaines », perquisitions sauvages quotidiennement pratiquées par les « services » dans la quasi-totalité des États.

Le 11,43 de Joey Starr

Marie-Blanche Fenwick, richissime héritière du fabricant américain de chariots élévateurs, organise une fête dans le vaste hôtel particulier de sa famille, rue des Archives, dans le Marais. Les voisins, exaspérés, se plaignent depuis un bon moment de ses noubas à répétition. Ce soir-là, le 27 août 1993, une centaine d'invités se bousculent sur fond de musique techno à plein régime. L'alcool coule à flot. L'ambiance devient si torride que la maîtresse des lieux n'hésite pas à descendre un escalier en tenue d'Ève, en brandissant un accessoire sexuel.

Vers 23 h, pour d'obscures raisons, l'un des convives, un certain Philippe Boucher, vingt-cinq ans, dresseur de pitbulls récemment sorti de prison et champion de karaté, s'accroche avec un jeune noir de vingt-trois ans, Thomas Mendy. À l'issue de l'algarade, le dresseur de chiens, venu livrer un stock de champagne d'origine douteuse, lance à l'armoire à glace – un mètre quatre-vingt-quatorze pour quatre-vingt-douze kilos – qui lui fait face : « Attends-moi, je reviens ! »

De retour de sa voiture, il assène un coup de tête à son rival et pose sur sa tempe le canon d'un revolver Smith & Wesson de calibre 357 Magnum. La balle part, tuant le colosse sur le coup. Réalisant les conséquences de son geste et les années de prison qu'il encourt, Boucher se met prudemment en cavale.

Les limiers de la 3e DPJ identifient rapidement le fugitif. Son break 305 est retrouvé abandonné à Francfort. Volonté de brouiller les pistes ? Le service fait placer sous surveillance les personnes susceptibles de lui apporter une aide financière ou logistique, parmi lesquelles Didier Morville, dit « Joey Starr ». Selon un renseignement, Boucher aurait tourné comme figurant dans un clip du chanteur du groupe de rap NTM (pour « Nique ta mère »), lui aussi amateur de pitbulls.

Le 18 octobre 1995, tôt le matin, le groupe chargé de l'enquête intervient dans le pavillon de Joey Starr, à Saint-Ouen. Aucune trace du meurtrier, mais un revolver Smith & Wesson 11,43 trône sur un meuble, juste à côté du lit de celui qui chante : « Police, machine matrice d'écervelés / Mandatés par la justice /

Sur laquelle je pisse »[61]. Direction la rue Louis-Blanc pour interrogatoire, sauf qu'en fin de matinée, son producteur appelle pour signaler que son protégé a un rendez-vous médiatique important l'après-midi même. Il insiste pour qu'il soit rapidement mis fin à sa garde à vue. Les inspecteurs, craignant de « se faire pisser dessus », m'informent de cet appel. Je leur recommande de prendre tout le temps nécessaire à leurs investigations. La garde à vue se prolonge et… le rappeur rate son rendez-vous.

Introuvable, Boucher se fera bêtement interpeller en 2002 par le vigile d'un magasin d'informatique du 12e arrondissement, intrigué par des anomalies sur le document présenté au moment du règlement. La carte d'identité est un faux et la police embarque le client. Identifié sous son vrai nom au commissariat, il reconnaît que la condamnation à trente ans de réclusion, prononcée en son absence en 1997, s'applique bien à lui. Apparemment soulagé, il dévoile les dessous de sa cavale : de Francfort, il a rejoint le Portugal, où il a travaillé un an dans un hôtel, avant de revenir incognito en France muni de faux papiers, d'apprendre le métier de graphiste et de refaire sa vie en prenant soin de couper les ponts avec ses anciennes connaissances du quartier des Abbesses. Neuf ans dans la clandestinité qui débouchent sur une condamnation à huit ans de prison par la cour d'assises de Paris, en 2004.

Le(s) bonjour(s) d'Alfred

Après trois ans de cavale aux Philippines, l'ex-numéro deux d'Elf, sous le coup d'un mandat international, est arrêté le 2 février 2001 à une soixantaine de kilomètres de Manille,

61. Selon *Libération* du 16 novembre 1996, lors du « concert des libertés » du 14 juillet 1995, les deux chanteurs de NTM font un tabac sur scène et chauffent la salle : « Nique ta mère, je nique la police, j'encule et je pisse sur la justice… Où sont ces enculés de bleus et la justice qui nous emmerdent toute l'année ? »

aux Philippines. Le vrai-faux passeport que lui avait apporté, en même temps que des… fromages, mon ami Georges Goubert, ancien pilier de la 6e DPJ désormais à la retraite, n'aura pas été d'une grande utilité : Alfred Sirven a été trahi par son propre chauffeur-garde du corps.

L'homme d'affaires est immédiatement extradé vers la France, *via* l'Allemagne. À Paris, où certains dignitaires sont susceptibles d'être exposés à des révélations compromettantes, des instructions ont été données à Philippe Massoni pour qu'aucun « accident » ne lui arrive sur le sol français. Le préfet de police a confié à la BRI le soin de prendre en charge à son arrivée sur la base aérienne (BA) de Villacoublay celui dont il se murmure qu'il a de quoi faire sauter la République, et de le conduire devant les magistrats du pôle financier.

Avec une vingtaine de mes collaborateurs, nous l'attendons le 6 février sur la piste de l'aérodrome, balayée par un vent glacial. À l'heure prévue, le Falcon se pose et un médecin expert requis par la juge Eva Joly monte à bord pour s'enquérir de la santé du passager. Quelques minutes plus tard, « bon pour la justice », Alfred Sirven descend la passerelle ; bronzé, vêtu de la tenue estivale qu'il portait lors de son arrestation sous les cocotiers, il est frigorifié et cela se voit.

Devant les grilles de l'entrée principale de la base, une nuée de journalistes en quête de *scoop* attend de pied ferme son apparition. À 19 h 30, j'appelle le chef de l'état-major du 36 pour suggérer qu'on l'exfiltre discrètement par un portail situé à l'arrière de la BA 107. Cinq minutes plus tard, la réponse me parvient sans équivoque : « Yves, le préfet de police préfère que tu sortes par la porte principale et que tu attendes 20 h pour que cela passe en direct dans les journaux télé. »

À 20 h pile, nos voitures traversent le barrage de la presse et quittent le site, escortées par seize motards de la PP qui forment une cage autour du convoi. Nous roulons vers le pôle financier à pleine vitesse ; les motards des radios et des télévisions tentent de s'accrocher pour avoir une image du suspect, sans succès.

Il nous faut moins de vingt minutes pour arriver dans les anciens locaux du *Monde*, rue des Italiens, où l'attendent les juges Eva Joly, Laurence Vichnievsky et Renaud Van Ruymbecke. L'acte d'instruction au cours duquel on lui signifie ses mises en examen dure près de cinq heures. Lors d'une interruption, son avocat, Pierre Haïk, que je connais bien, me demande si je peux prêter ma cravate bleue à son client, pour qu'il soit plus présentable lors de l'audition prévue sur le fond, le lendemain. J'accepte volontiers, ayant eu personnellement l'occasion de toucher du doigt ce problème de tenue vestimentaire, qui relève de la dignité humaine, lors de mon transfert vers le tribunal de Nanterre depuis la maison d'arrêt de Bois-d'Arcy.

À 2 h du matin, après notification de son mandat de dépôt, nous conduisons Alfred Sirven à la Santé à bord d'une Renault Évasion. Dans la voiture, il sourit : « Monsieur Jobic, c'est plutôt cocasse, ce modèle de véhicule, pour aller en prison ! »

Pour avoir connu à mon corps défendant ce type de situation, je compatis et sais que l'« atterrissage » est particulièrement dur. Nous l'accompagnons jusqu'au greffe où le personnel de permanence le réceptionne et, ignorant manifestement qui il est, le traite comme un voyou de bas étage. Très solide, l'aventurier, qui, dans sa jeunesse, simple mais courageux soldat engagé en Corée dans le bataillon français en appui aux forces combattantes américaines, s'était autorisé un vol à main armée lors d'une période de « repos » au Japon, le premier du genre, ne laisse transparaître aucune émotion. Ce n'est pas gagné pour les magistrates chargées de l'instruction... mais, quoi qu'il se passe, je suis certain, déjà, qu'elles auront, ma main à couper, un aperçu de la culture du bonhomme et... le bonjour d'Alfred.

Et la misère humaine...

La police judiciaire ne côtoie pas que les *people* : elle fréquente de près la misère anonyme. Loin des médias et des affaires signalées, je me suis à plusieurs reprises retrouvé en présence de parents ou de proches en larmes, dévastés, face à leur fils, leur fille ou leur conjoint qui venait de mettre fin à ses jours. Ces situations sont dramatiques et même si nous sommes « blindés », habitués à la mort et aux cadavres en plus ou moins bon état, les scènes de suicide restent humainement parmi les plus difficiles à supporter.

Il n'est pas toujours aisé pour les premiers intervenants, le plus souvent des policiers en tenue, de savoir si le défunt est décédé d'une mort naturelle, d'un suicide ou a été assassiné, un crime pouvant très bien être maquillé en suicide. À trois reprises, au début des années 1990, nous découvrons cependant non loin du cadavre le livre *Suicide, mode d'emploi*, édité par Alain Moreau. L'ouvrage, paru en 1982, est généralement ouvert au chapitre 10, celui qui fournit des solutions médicamenteuses pour abréger sa vie. Les trois malheureux ont suivi à la lettre l'une des maudites « recettes ».

Dans chacun de ces cas, les proches du jeune défunt nous expliquent qu'il était un peu dépressif, mais pas au point de se suicider. L'ouvrage, ils en sont convaincus, a fait basculer psychologiquement leur parent, et tous en veulent terriblement aux auteurs et à l'éditeur. Nous ne pouvons que les comprendre en silence.

Autre chose que l'on apprend loin du fracas des gens célèbres, il arrive que l'on meure sans un bruit. Je me souviens de ce squelette découvert en décembre 1994 par le nouveau propriétaire d'un appartement de la rue du Faubourg-Saint-Denis, acheté par adjudication. Le notaire chargé de l'inventaire avait omis d'examiner le lit, recouvert d'une couette dissimulant le corps. De même, le commissaire-priseur n'avait pas évoqué ce singulier détail lorsqu'il avait décrit le bien proposé en salle des ventes. Tout porte à croire que le squelette était celui de Simone, la dernière propriétaire, que les voisins avaient perdu de vue depuis 1986.

Chargés de l'enquête par le parquet de Paris, nous apprenons que la défunte hébergeait gracieusement un prénommé Roland, la soixantaine, sans emploi et habitué des séjours en prison. Il aurait quitté les lieux quelques mois avant la vente aux enchères. Assassinat, mort naturelle ou accidentelle, toutes les hypothèses sont possibles, mais le pedigree de Roland ne plaide pas en sa faveur. Nous retrouvons sa trace dans un petit hôtel du passage de l'Industrie, à Paris, et découvrons le pot aux roses. En juillet 1986, revenant d'une promenade, il dit avoir retrouvé le corps sans vie de la bonne âme qui l'hébergeait. Voulant aviser la police de sa macabre découverte, il s'est ravisé, réalisant qu'il n'aurait plus de toit pour l'abriter gratuitement. Il a donc vécu pendant huit ans en compagnie d'un cadavre, qui s'est décomposé jusqu'à devenir squelette. Il s'est fait à cette cohabitation, n'abandonnant discrètement le logement qu'après avoir appris sa mise en vente. L'autopsie ne révélant aucune lésion ou trace de violence, la version de Roland est validée ; l'absence d'*a priori* des enquêteurs n'y a pas été pour rien.

6.

Indics et confidences

Cellule C 415

C'est l'histoire du tuyau crevé du chef de la SR. Le 22 janvier 1988, le commandant Morel adresse au juge un renseignement de la plus haute importance. La scène qu'il relate se passe au bar-restaurant Le Sorlut, *rue des Martyrs (18e).* À l'issue des repas, il est proposé à la clientèle de bénéficier des charmes de jeunes femmes de mœurs légères, *suggère-t-il, avant de planter le clou :* Les jeunes femmes en question seraient mises à disposition de ce bar-restaurant par l'intermédiaire du commissaire Jobic.

En langage clair, cela signifie que je fournirais le propriétaire, Pierre Sorlut, en prostituées pour participer à ses soirées libertines. Un commissaire breton épaulant Le Lit Breton, *le vrai nom de l'établissement, c'est imparable !*

Pour vérifier l'authenticité de ce tuyau venu d'une autre planète, le chef galonné demande au juge de pouvoir « brancher » le restaurant. Ni une ni deux, l'écoute est enclenchée.

*Un mois plus tard, la maréchaussée note qu'*il s'agit de la ligne téléphonique d'un bar-restaurant fréquenté par des couples échangistes *et qu'*il n'est pas impossible que des hôtesses ou des prostituées se mêlent à la clientèle pour satisfaire leur perversion. *Et d'ajouter :* Yves Jobic ne semble pas être en rapport avec l'exploitant.

« Perversion » d'un côté, absence de contact téléphonique entre Sorlut et moi de l'autre, les enquêteurs s'accrochent malgré tout à cette piste qui les fait saliver. Ils branchent le bureau et le domicile de Pierre et les brigades de gendarmerie de Paris-Minimes et de Villeneuve-la-Garenne sont mises à contribution pour assister les Versaillais débordés. Après deux mois de surveillances, la baudruche se dégonfle complètement : aucune prostituée à l'horizon !

Outre le caractère grotesque et insultant du renseignement initial, la particularité de cette séquence est que mes avocats n'obtiendront jamais le contenu des centaines d'heures d'enregistrements. La notoriété de certains clients, les responsabilités politiques de quelques autres ou encore l'aide discrète apportée par Pierre à la DST, où il est « traité » à l'époque par un de mes proches, n'y sont peut-être pas étrangères...

*

Enfin un renfort de poids pour le juge : « Fathi Travelo », aussi surnommée « Fathi la Grande » en raison de son mètre quatre-vingts pour quatre-vingt-cinq kilos, entre en piste à la fin d'avril 1988. De son vrai nom Fatna Kebdani, fausse blonde aux dents abîmées et mère de cinq enfants de quatre pères différents, cette prostituée marocaine de trente-six ans sévit depuis six ans à « Buda ». Elle a été arrêtée un mois auparavant par la BSP, accusée de complicité avec Suzette Dizy, une mère maquerelle antillaise, dans la récolte des loyers de deux studios du 3 bis, rue de Budapest, en même temps que son souteneur algérien, Lyes Bensmila, de douze ans plus jeune qu'elle.

Extraite de Fleury-Mérogis, elle affirme benoîtement devant les gendarmes et le juge m'avoir versé de l'argent depuis l'arrestation par mon service de son précédent souteneur, qu'elle situe en juillet 1985. Et pas qu'un peu : huit mille francs[62] *par semaine pendant deux ans.*

« Trente-deux mille francs pendant vingt-quatre mois, cela représente la somme de sept cent soixante-huit mille francs[63] *? relance le juge.*

— Je suis persuadée que tout l'argent que je lui ai versé a atteint ce montant. »

Hélas pour l'accusation, si mon service a bien arrêté cette prostituée dans un hôtel du 18e arrondissement, c'était en juillet 1986, ce qui contraint à diviser par deux le montant des sommes, différence notable, même pour le portefeuille d'une prostituée. De plus, le jour où elle situe la remise de la première enveloppe, je me trouvais en congés d'été dans le Midi, éléments que l'IGS n'a pas de mal à établir.

Quelques mois plus tard, le juge recueille de la bouche de cette même Fatna une nouvelle confidence ahurissante : « Il a essayé de coucher avec moi, mais je m'y suis toujours opposée. » Devant la crédulité de son auditoire, qui ne connaît rien à la prostitution, sachant qu'il n'y a pas de meilleur moyen pour compromettre un policier que de lui mettre une fille dans les bras, la fausse blonde, des milliers de clients au compteur, embraye avec une autre « révélation » : le chef du groupe des studios de la BSP, qui l'a arrêtée pour sa part en mars 1988, a eu une fille, prénommée Ariane, avec une prostituée de « Buda ». Fermez le ban !

Malgré des recherches très poussées sur ces affirmations surréalistes, les limiers de l'IGS ne trouvent ni fils, ni fille. Comment

62. L'équivalent de 2 200 euros.
63. L'équivalent de 205 000 euros.

justifier que son dernier proxénète, le jeune Lyès, n'ait jamais été interrogé par les gendarmes ? Il aurait pourtant été instructif, soulignent mes avocats, de lui demander pourquoi il avait accepté de partager les revenus de sa « gagneuse » avec un commissaire ripou. Seule la délicate volonté de ne pas traumatiser un jeune détenu en voie de réinsertion pouvait expliquer cette omission.

Fathi Travelo n'en est pas moins autorisée à se constituer partie civile au début de juin 1988, un statut qui pourrait lui permettre de réclamer le remboursement des sommes versées ! De quoi inspirer la fameuse Lahouaria, tout juste libérée, qui vient de voir son amie Zouzou obtenir un titre de séjour grâce... à son statut de partie civile. Pour se donner toutes les chances, celle qui témoigne toujours sous sa fausse identité marocaine a une petite surprise pour le gendarme Belcor : « Lors de mes auditions précédentes, j'ai omis de vous dire que j'avais moi aussi remis de l'argent au commissaire Jobic. »

Montant : neuf mille francs[64]*. Motif : mon prix pour l'aider à remplacer son passeport « égaré ». Crédibilité : nulle, puisque je n'avais pas le pouvoir de récupérer au greffe son passeport, que nous avions saisi, ni d'en fabriquer un nouveau... même dans l'atelier de faussaire implanté dans la cave de mon immeuble ! Succès : total, puisque Lahouaria peut se constituer partie civile. De quoi inspirer Mickey, qui affuble d'un joli surnom commun nos trois contemptrices : « la Triplette de Buda ».*

*

Avec les quelques témoins qui refusent obstinément de me « charger », les gendarmes de la SR misent sur des auditions

64. L'équivalent de 2 400 euros.

marathons. Leïla Braka, « correspondante » de notre service et patronne de La Crêperie Bretonne, *y a droit. Objectif : lui faire avouer que son commerce est « protégé » en contrepartie d'argent et non de bons tuyaux.*

Le 28 novembre 1987, jour de mon arrestation, ils étaient déjà quatre à la cuisiner. Les auditions s'étaient enchaînées de 5 h 30 à 6 h 15, de 11 h à 13 h, de 13 h 30 à 15 h 30, puis de 16 h à 16 h 30. Ses déclarations n'avaient pas varié et ne laissaient planer aucun doute. Extrait : « On me surnomme "la balance". Effectivement, il m'arrive de lui donner des renseignements sur des affaires permettant l'arrestation de malfrats et en contrepartie, mon bar reste ouvert tard dans la nuit, Jobic fermant les yeux à ce sujet. Je ne lui ai jamais donné d'argent. »

Un an plus tard, le 6 novembre 1988, rebelote, au cas où la « mémoire » lui serait revenue. De nouveau arrêtée, Leïla Braka est interrogée cette fois de 1 h 45 à 5 h 15, histoire d'« attendrir la viande », puis de 7 h 15 à 7 h 30, de 15 h à 19 h 30, de 20 h 30 à 22 h 30 et enfin, dernière cartouche, de 23 h 30 à 23 h 55. Rien n'y fait, Leïla a la tête aussi dure que le granit d'Armorique, comme le suggère son enseigne. Digne et courageuse, elle répète les mêmes mots aux gendarmes qui se relaient à son chevet : « Je n'ai jamais remis d'argent ni de cadeau au commissaire Jobic et il ne m'en a jamais demandé. »

Le chef de la SR a cependant une autre corde à son arc : il sait prendre des libertés avec la vérité dans la rédaction des synthèses destinées au juge. « Je vous jure sur la tête de ma fille Jelila que je n'ai jamais versé d'argent à ce policier », martèle ainsi en octobre 1988 Amel, prostituée algérienne désignée par Nadjia et Zouzou comme m'ayant donné, elle aussi, de l'argent. Mise en cause à plusieurs reprises par d'autres prostituées, la surnommée Amel a été interpellée et entendue. Son audition n'apporte aucun élément susceptible de faire évoluer l'enquête, *consigne le commandant, passant sciemment à la trappe un témoignage à décharge.*

Suzette, la proxénète antillaise, a raconté qu'avant de la conduire au commissariat du 14e arrondissement, en 1987, des policiers en civil avaient volé à son domicile de nombreux objets et une importante somme d'argent. Cette déposition fait apparaître une nouvelle fois des divergences sur les objets et l'argent saisis lors d'interventions de la 1re DPJ, *écrit le chef de la SR, détournant contre nous des accusations qui seront taillées en pièces par l'IGS, intervenue cette fois à ma demande, mais les « messieurs Propre » de la gendarmerie n'avaient d'yeux que pour cette maquerelle de cinquante-cinq ans interpellée à deux reprises, courant 1986, pour avoir fait tourner une quarantaine de prostituées dans ses deux studios, d'abord rue Saint-Denis, puis rue de Budapest.*

Ce manque de rigueur professionnelle et de loyauté traduit-il de l'amateurisme, de l'incompétence, un acharnement ou un aveuglement propre à brouiller le sens de la précision ? Avec mes avocats, nous n'aurons jamais la réponse.

*

Quatre mois après mon arrestation, un duo très intéressé rejoint la cohorte des menteurs, faussaires et autres perturbés : Jean-Claude Laignel et sa complice, laissés quelque temps plus tôt à la porte du palais de justice avec des menaces que nous n'avions pas prises au sérieux. Son frère comptant parmi les hauts responsables du parti socialiste, nous aurions un de ces jours de ses nouvelles, Mickey, le Vieux et moi. Elles se présentent sous la forme d'une lettre que le trafiquant de stupéfiants, condamné entre-temps à treize ans de prison, écrit au juge le 5 mars 1988.

*Interrogé le 2 mai suivant à Versailles, Laignel annonce d'emblée qu'il a fait appel de sa condamnation et qu'il va être rejugé un mois plus tard pour son affaire de drogue. Il y a donc urgence à discréditer le chef du service qui l'a interpellé pour se présenter devant la cour d'appel en victime d'une bande de « ripoux ». Le trafiquant admet avoir peu de choses à révéler, mais se souvient d'une conversation en arabe [*sic*] que j'aurais eue devant lui au téléphone avec une prostituée, dans mon bureau. Pour la suite, il aiguille les enquêteurs vers sa complice Catherine Montloin. Extraite de sa cellule de Fleury-Mérogis deux jours plus tard, celle qui a « passé » au moins cent kilos d'héroïne raconte au gendarme Belcor son lien avec la rue de Budapest, et par ricochet avec moi : « Je travaillais au 3 bis, où se concentrent la majorité des prostituées arabes. J'avais donc l'occasion de voir souvent Jobic et il lui arrivait de monter dans les studios avec une fille. »*

En femme du monde, elle a la délicatesse de ne pas préciser si j'y allais pour recueillir des renseignements ou pour des raisons plus personnelles. Pour faire bonne mesure, elle ajoute que mes collaborateurs lui auraient dérobé des objets lors de la perquisition.

Visiblement enchantée de son passage à la SR, Catherine Montloin adresse deux jours plus tard un courrier au gendarme qui l'a reçue : Je voulais vous remercier de votre accueil. Après seize mois, j'ai vraiment apprécié votre hospitalité et votre si bon « café ». Dès mon retour, j'ai pu joindre Florence, je lui ai fait la commission. J'ai discuté avec une fille qui est prête à être entendue par vous… Si vous avez le temps, envoyez-moi un petit mot pour me dire comment tourne l'affaire. En attendant, je vous remercie encore de m'avoir fait goûter à la liberté.

C'est une journée inoubliable qui m'a redonné courage. À un de ces jours !

Un bijou pour Le Canard enchaîné, *pourtant peu suspect de sympathies envers moi et la police : l'hebdomadaire brocarde* les pandores qui enquêtent comme des forcenés et confient à une taularde une mission en prison. *Bon résumé du climat atypique dont jouit à la SR le camp des accusateurs.*

Dans le jargon policier, ce genre de montage a un nom : un « chantier ».

Bourid, Izvir et Djamal « le Magicien »

À la fin de 1983, alors que je donne un coup de main à l'inspecteur de permanence à l'accueil du commissariat, un gitan d'une cinquantaine d'années, se définissant lui-même comme « informateur professionnel », vient nous livrer clé en main les auteurs d'un important vol de vêtements commis deux jours plus tôt dans un magasin chic de la place de la Madeleine : un couple affilié à la famille Moustafa, dont le lecteur a déjà rencontré quelques figures. Il est tellement bien renseigné qu'il connaît jusqu'à l'adresse du lieu où la marchandise est entreposée. Son secret ? Motivé par la jalousie et un désir de vengeance, il est lui-même membre du clan, mais par alliance !

Quelques semaines plus tard, à l'occasion d'un intérim que j'effectue au commissariat Javel-Grenelle, c'est encore un membre de ce clan que nous arrêtons pour le vol par ruse de plusieurs bagues dans une bijouterie. Ces gitans au teint cuivré, cultivant leur propre dialecte, sont originaires d'Irak, comme le suggère leur surnom : « les Bagdadis ». Ils forment une « famille » de plusieurs centaines de membres, surtout installés en région parisienne et à Marseille, où ils possèdent le cabaret oriental *Les Mille et Une Nuits*, avec des ramifications en Italie et à Londres. Leur physique moyen-oriental leur permet de se faire passer pour des clients originaires du golfe Persique à l'heure de piéger des commerçants. Ses têtes d'affiche sont identifiées par Interpol comme spécialistes des vols « à la détourne », « au rendez-moi » et « à l'étalage ». Un an plus tôt, la DCPJ avait d'ailleurs envoyé à l'ombre une partie du clan après avoir découvert dans des coffres bancaires parisiens un lot de bijoux dérobés, pour une valeur de cinq millions de francs[65].

En 1984, peu après mon arrivée à la tête des UR, une enquête sur le vol à la détourne de six manteaux de fourrure nous permet d'arrêter une partie de la famille dans plusieurs appartements du 18e arrondissement. À défaut de retrouver les manteaux dérobés chez un fourreur parisien réputé, nous plaçons en garde à vue Izvir, la cheffe du clan, soixante-deux ans, deux de ses filles et plusieurs nièces et neveux. L'occasion d'approfondir nos connaissances et de mettre la main sur des photos utiles à la constitution d'un organigramme.

Quelques mois plus tard, je rencontre le fameux Jean Moustafa, vingt-quatre ans, l'un des petits-fils préférés d'Izvir. Surnommé « Bourid », il exploite un restaurant de standing, *Le Rochambeau*, juste à côté de la place Saint-Augustin, mais ce n'est pas son métier. Arrêté à Venise en 1981 pour un vol par ruse de bijoux, il a fréquenté l'Alcatraz italien, sur l'île Asinara, au large de la Sardaigne, où sont incarcérés terroristes et mafieux italiens. En 1983, il a été condamné à un an de prison pour proxénétisme à cause de ses liens avec « Halima l'Oranaise », qui se prostituait rue Saint-Denis. À l'occasion d'une affaire de vol et de recel d'or, il vient tout juste de découvrir la prison de Barcelone, où il a vécu un événement rare : l'exécution de l'occupant de la cellule mitoyenne de la sienne, le caïd lyonnais

65. L'équivalent de 1,7 million d'euros.

Raymond Vaccarisi, abattu au fusil à lunette depuis la terrasse d'un immeuble voisin.

Intellectuellement bien armé, Jean parle plusieurs langues et affiche une grande aisance dans tous les milieux. Il joue au poker avec Omar Sharif, discute avec des diplomates du pays de ses ancêtres, également celui de son épouse, danseuse irakienne réputée. Excellent chauffeur, il traite ses « affaires » dans des bars coupe-gorge du Nord de Paris et de la banlieue. Il a juste un souci : son interdiction de séjour dans la région parisienne, conséquence de sa condamnation pour proxénétisme. Ce « caillou » dans sa chaussure risque à tout moment de le renvoyer derrière les barreaux et il compte sur moi pour trouver une solution intelligente. En un mot, il souhaite être « couvert ».

Je profite de l'aubaine pour le « ferrer » grâce à une manipulation apprise auprès d'un inspecteur divisionnaire à Bordeaux. Jean habitant le 18e, je demande à Frédéric Péchenard, qui dirige les UR de la 2e DPJ, de l'interpeller pour sa « trique » en lui faisant clairement entrevoir qu'il va être écroué. J'interviendrai pour le « décrocher » pendant sa garde à vue et le tour sera joué. Frédéric accepte de me rendre ce service, à charge de revanche, et l'opération, peu coûteuse en temps, se déroule comme prévu. Jean, qui se recommande de moi devant les inspecteurs, est libéré sur le champ. Ne se doutant de rien et ayant testé notre crédibilité, il m'en sera toujours reconnaissant, tout comme envers Frédéric.

Jean me présente sa mère Louise, douce et malicieuse, son frère Jean-Claude, surnommé « Aziz », propriétaire de *La Taverne de la Voûte* dans le 12e arrondissement, où se nouera plus tard l'« affaire », ainsi que d'autres parents. Le plus souvent, Mickey et le Vieux m'accompagnent lors d'échanges qui nous permettent d'éclairer les dessous de la voyoucratie parisienne. Les services croisés et les renvois d'ascenseurs s'enchaînent avec une gagnante, la PJ, et des perdants : les voyous.

Au début de 1987, Bourid m'introduit auprès de la « star » de la famille : son oncle Djamal, de son vrai nom Jean Herrina, sorti le matin même d'une prison anglaise. Je les reçois chez moi au moment où la télévision diffuse… *Le Gitan*, un film de José Giovanni. Djamal est un mythe dans le milieu, probablement le plus grand voleur de bijoux du siècle. De taille moyenne, mince, un port princier, le nez aquilin et une fine moustache bien taillée, lui parle six langues ; tranquillisé par le « bon papier » que Bourid lui a fait sur moi, il me raconte sa vie.

Djamal a vu le jour en 1956 sur un terrain vague de la banlieue de Rome, dans un campement de roulottes. Son père a vite délaissé sa mère, Izvir, née à Blida, en Algérie. Elle a élevé seule ses cinq filles et ses trois garçons. La famille rejoint Paris à une date ignorée et s'installe dans le 18e arrondissement. Djamal tourne le dos à l'école à douze ans, préférant suivre un autre type d'enseignement, prodigué directement au domicile : Izvir l'initie aux différentes techniques de vol d'argent, de bijoux et de vêtements, les spécialités familiales. La cheffe de clan dispense des cours théoriques, mais surtout des « cours appliqués » avec force démonstrations et mises en situation, où elle transmet ses tours de main. Le plus simple est le vol « au rendez-moi », où le voleur se fait passer pour un étranger fortuné auprès d'un commerçant ou d'un caissier. Il prétexte avoir besoin de faire de la monnaie sur une forte somme en espèces et « embrouille » tellement le commerçant, par sa gestuelle et sa mauvaise maîtrise apparente du français, qu'il repart avec son propre argent, additionné de celui de sa victime, qui ne s'est aperçue de rien. Le b.a.-ba.

Réalisant que ses mains valent de l'or, c'est vers le vol de bijoux que la gitane oriente le petit prodige. Elle lui enseigne tout ce qu'il doit savoir : la couleur des pierres, leur taille, leur degré de pureté, leur poids en carats, de même que les possibilités de retailler les pièces volées pour mieux les écouler. Elle le forme aussi aux différentes techniques de détourne, pour les subtiliser dans les lieux les plus surveillés, mais aussi à l'art de mettre en confiance le bijoutier, ses employés, puis de choisir l'instant crucial, celui où l'on passe à l'action. Un impératif : pas de violence, pas de contrainte !

Djamal possède un don inné, quasi miraculeux. Il surclasse dès l'âge de dix-sept ans ses frères, sœurs et cousins. L'élève en arrive même à dépasser sa maîtresse, sa maman, qui dirige sa troupe avec une autorité de général et décide de tout : « Toi, tu vas "taper" en Allemagne, toi au Liban, toi en Syrie... » Il épouse une très belle gitane, fréquente les cabarets orientaux, les boîtes de nuit et les plus jolies *call-girls* marocaines. À la fois comédien, magicien, scénariste et metteur en scène, Djamal est un « homme-orchestre » capable de monter ses coups en solo. Un peu gêné, il me confie avoir été faisandé une seule fois : un duo d'escrocs africains l'avait appâté en lui promettant de multiplier ses billets de banque, un vieux truc qui n'était pas dans les cahiers d'Izvir. Lors d'un échange de mallettes sur le port du Havre, les aigrefins, adeptes de la boîte à billets de Victor Lustig, avaient pris la fuite avec son argent. Justice avait été immédiatement faite : retrouvés à Paris, ils avaient été enlevés, séquestrés et soumis à la « question » pendant quarante-huit heures, jusqu'à ce qu'ils rapportent l'argent.

À partir de ses dix-sept ans, Djamal a ciblé les bijouteries les plus prestigieuses du monde entier, plus exactement leurs coffres. Sa technique consiste à se présenter comme un prince, un émir ou un sultan membre de la famille royale saoudienne, accompagné de son épouse ou de sa maîtresse préférée. Il précise à la future victime qu'un chauffeur les attend à l'extérieur au volant d'une limousine. Habillé de costumes coupés sur mesures, taillés dans des tissus hors de prix, il porte des chaussures en lézard ou en crocodile et arbore au poignet une montre de très grande valeur. Sa complice, elle aussi très bien vêtue, exhibe des bagues de grands joailliers et ses ongles sont parfaitement manucurés.

Son élégance, son aplomb et sa parfaite maîtrise de l'arabe et de l'anglais, qu'il alterne volontairement, achèvent d'endormir tout soupçon chez son interlocuteur : il appartient sans aucun doute au premier cercle de la cour du royaume d'Arabie saoudite.

L'étape suivante consiste à se faire présenter plusieurs bagues ou parures complètes. Après un temps de réflexion, il réclame, les yeux pleins d'amour, d'en voir de plus belles pour combler la jeune femme qui l'accompagne. Le bijoutier, rêvant d'une très belle vente, se lève et se dirige immanquablement vers le coffre. Sans rien demander, Djamal lui emboîte le pas, laissant sa complice sagement assise en présence d'un ou deux employés. Une fois le coffre ouvert, le bijoutier ne peut se permettre d'éconduire ou de contrarier ce prince qui souhaite examiner de plus près les pièces les plus rares.

S'il accepte, et c'est presque toujours le cas, il est « cuit » : le renard est dans le poulailler.

Grâce à des gestes parfaitement étudiés et à un débit de parole rapide, Djamal donne le tournis à son interlocuteur, le déstabilise et parvient en une fraction de secondes à subtiliser les plus belles bagues, les plus gros diamants ou les plus belles montres en les aspirant littéralement de ses doigts de prestidigitateur. Peu importe que les pièces soient sur des présentoirs ou enroulées à l'intérieur de « marmottes », qu'il aura pris soin de faire ouvrir : il gagne à tous les coups.

Ensuite, face au joaillier obséquieux, il prétexte avoir besoin d'un court délai de réflexion pour se décider, assurant qu'il reviendra quelques heures plus tard ou le lendemain. Royal, il glisse une magnifique carte de visite, le plus souvent au nom du prince Bin Abdulaziz al Saud.

La réussite du *gentleman* cambrioleur repose avant tout sur sa dextérité, sa parfaite connaissance des usages de la profession et une mise en scène réglée au millimètre qui ne l'empêche pas d'improviser avec brio si les circonstances l'exigent. Perfectionniste, il ne fait « monter » avec lui que des complices en qui il a une confiance absolue : de jolies nièces ou une sœur et un chauffeur prêt à démarrer sur les chapeaux de roues au volant de la limousine de location.

Afin d'éviter que les victimes ne fournissent toujours le même signalement, l'artiste change régulièrement son apparence, troque le costume deux pièces pour une tenue orientale, modifie sa coiffure, rase sa moustache, transforme sa démarche. Entre deux bijouteries, il lui arrive de faire un saut à Anvers, chez des diamantaires juifs. Sa « qualité » de prince saoudien, la beauté et les signes extérieurs de richesse de la jeune femme qui l'accompagne mettent en confiance ces professionnels d'un naturel pourtant méfiant. Lorsqu'ils lui présentent des cailloux de petite taille, il les balaie d'un revers de la main, offensé, et demande à voir les plus gros pour faire ouvrir le coffre. On connaît la suite…

L'Arsène Lupin moyen-oriental se déplace dans le monde entier pour écumer les joailleries haut de gamme : New York, Los Angeles, Hong Kong, Singapour, Tokyo, Le Cap. Il fait un malheur lors les Jeux olympiques de Sydney, qu'il daigne honorer de sa présence. Il descend toujours dans les suites des plus beaux palaces, sous de multiples fausses identités. Une fois qu'elle a « tapé », l'équipe quitte le pays à bord de plusieurs avions vers des destinations différentes, les diamants dissimulés dans un pilon bien au chaud au sein d'une cavité humaine. Les pièces volées sont ensuite écoulées par ses soins chez de discrets receleurs de Londres ou d'Anvers.

En dehors du travail, Djamal est un bon vivant. Il sort avec les plus belles filles, fréquente les meilleures tables et conduit des berlines allemandes haut de gamme. Je lui demande un jour de me narrer une affaire inédite. Enfoncé confortablement dans son fauteuil, Djamal se redresse, appuie ses coudes sur ses genoux, se marre un moment et fait tapis, visiblement joueur, à moins qu'il ne me teste.

« Je vais te raconter un coup que j'ai réussi tout seul, fin 1981, pour lequel il n'y a pas encore prescription ! J'avais loué une Bentley pour faire le tour de la place Vendôme et je m'étais fait passer auprès des cinq joailliers les plus réputés pour le secrétaire d'un prince saoudien. Habillé à l'occidentale, je leur ai expliqué que le prince projetait d'acheter une magnifique parure de diamants pour sa mère, sur le point de décéder. Il s'agissait du dernier cadeau, le plus beau, celui qu'il pouvait encore lui faire. Je les ai convoqués deux jours plus tard dans sa suite à l'hôtel Concorde Lafayette, pour qu'ils rencontrent le prince. J'en attendais trois au maximum, les cinq ont fait le déplacement, tous accompagnés d'un garde. Je les ai reçus en djellaba et keffieh pour les conditionner, leur faire comprendre qu'ils étaient en Arabie saoudite.

J'ai ordonné que la "protection" reste dans le couloir. Les bijoutiers ont hésité puis ont accédé au grand salon. L'affaire se présentait bien ! Ils se sont installés et j'ai passé commande auprès du *room service* : thé et café pour tout le monde, thé et jus d'orange pour le prince. Chacun d'eux avait une mallette reliée à son poignet par une menotte. Trois l'avaient posée à même le sol, à côté de leur fauteuil ; les deux derniers la tenaient sur leurs genoux, les bras croisés dessus.

J'ai tenu à faire le service moi-même et à apporter dans sa chambre les boissons destinées à Son Altesse. À mon retour, les bijoutiers dégustaient sagement leurs consommations. Je les ai informés des conditions : "Son Altesse désire examiner les pièces à son bureau, à tête reposée, hors de toute influence."

J'ai invité le premier bijoutier à me confier sa mallette. Il a hésité quatre ou cinq secondes, un laps de temps trop long. J'étais déjà passé au suivant qui me regardait, incrédule. Le troisième avait déverrouillé la menotte de la poignée de la mallette et me tendait l'objet avec un sourire doucereux… Yves, l'affaire était dans le sac ! J'apercevais du coin de l'œil les numéros un et deux qui avaient finalement obtempéré… mais trop tard. Un manque de réaction qui risquait de leur faire perdre une vente hors norme. Les bijoutiers quatre et cinq se seraient mis au garde-à-vous si je le leur avais demandé. J'ai pris la mallette du numéro trois afin de la montrer au prince. Je suis revenu dix minutes plus tard et j'ai restitué le bien à son propriétaire. Il a vérifié qu'il ne manquait aucun bijou. Ensuite, j'ai présenté une deuxième mallette et suis revenu un quart d'heure après. Ce qui m'intéressait, c'était la mallette d'un des deux bijoutiers qui la conservaient sur leurs genoux. Le numéro quatre, le regard plein de reconnaissance, m'a confié son bien…

Rendu dans la chambre voisine, je me suis débarrassé de mon accoutrement oriental en le jetant sur le lit et j'ai vérifié le contenu de la mallette. Je ne m'étais pas trompé : c'était le plus beau. Je me suis esquivé par la porte de service déguisé en homme d'affaires modèle, costume strict et mallette à la main. Je pense que le bijoutier a dû attendre une bonne demi-heure avant d'oser pénétrer dans les parties privées de la suite.

Ce coup, que j'ai d'ailleurs réitéré plusieurs fois à l'étranger, était basé sur la rivalité, la concurrence qui s'instaure automatiquement entre les bijoutiers. J'ai joué sur le levier de la cupidité et… j'ai gagné. »

Alors que je l'interroge sur les préjudices qu'il occasionne, Djamal ne désarme pas : « J'opère toujours sans violence et les bijoutiers que je soulage sont tous bien assurés. Moi, je travaille sur un fil et sans filet. En plus, il faut que tu saches que les bijoux sont vendus par les bijoutiers avec un coefficient de trois, additionné de plus de 20 % de TVA, et que voler des voleurs est moins grave qu'il n'y paraît.

— Et tu as fourgué à combien le contenu de la mallette ?

— À quinze pour cent de la valeur totale, à Anvers chez des feujs. Cinquante bâtons payés rubis sur l'ongle. »

Nous convenons d'une « coopération » : il me fournira pendant des années des renseignements aussi bien taillés que ses diamants. De mon côté, je m'emploierai dans la mesure du possible à amortir les chocs en cas de chute.

Djamal fera plusieurs sorties de piste, dont les dernières lui seront fatales. Bien que je lui aie recommandé d'éviter d'opérer sur le territoire national, où il avait déjà beaucoup donné, si l'on peut dire, son visage a été enregistré par la caméra d'une bijouterie de Saint-Jean-Cap-Ferrat en août 2002, alors qu'il subtilisait un diamant de dix carats.

Un mois plus tard, en pleine forme, il jette son dévolu sur la joaillerie Van Cleef & Arpels, à Marbella. Accompagné d'une nièce voilée, il se fait passer pour le prince Al-Walid et s'empare du diamant rose unique « Golconde », 22,22 carats, estimé à trois millions d'euros. L'un des plus beaux coups de sa carrière. Il est arrêté une semaine plus tard à Paris, puis condamné en 2003 à sept ans de prison par le tribunal de Nice.

En mars 2006, Djamal est considéré comme un détenu modèle de la maison d'arrêt de Meaux. J'interviens avec succès pour lui obtenir une permission de sortie. Mais à quarante-neuf ans, ne supportant plus la prison, il « oublie » de regagner sa cellule et se met en cavale. Elle dure douze mois, pendant lesquels des bijouteries d'Amsterdam, Baden-Baden, Berlin et Zurich reçoivent sa visite. En 2007, la « brigade des fugitifs » de la DCPJ se lance à ses trousses. Après avoir branché une bonne partie de la famille et obtenu un renseignement mystérieux, elle le retrouve au mois de mars à Paris, où il se cache sous une fausse identité. Retour à la case départ, cette fois la maison d'arrêt de Draguignan, où il est découvert quelques jours plus tard… pendu dans sa cellule. Pour les uns, le suicide ne fait aucun doute. D'autres s'interrogent, comme sa famille et son avocat, maître Thierry Herzog, qui l'avait rencontré quatre jours avant sa mort et ne l'avait pas trouvé déprimé. Pour ma part, je pense qu'il a voulu simuler une tentative de suicide pour se faire hospitaliser et s'évader, renouvelant un ingénieux stratagème qui avait fonctionné à Lille et en Belgique quelques années plus tôt. Activement recherché pour d'autres vols en Espagne, en Suisse, en Allemagne et aux Pays-Bas, il savait qu'une note salée l'attendait, à moins d'une évasion, à condition de bien doser l'étranglement !

Après son autopsie, qui confirme le décès par asphyxie, son corps est ramené à Paris pour obsèques et inhumation. Plus de trois cents Bagdadis venus des quatre coins de l'Europe assistent à la cérémonie. À l'issue des condoléances, dans une mise en scène digne d'un film d'Émir Kusturica, la limousine abritant son cercueil descend au ralenti, puis remonte l'avenue des Champs-Élysées escortée par un cortège d'une centaine de voitures. Le véhicule effectue ensuite un circuit dans le quartier, marquant une halte devant chaque cabaret où Djamal aimait se rendre avec ses amis.

Alain Corneau prévoyait d'adapter à l'écran le parcours de ce magicien, un beau film d'action et d'aventure en perspective. Le cinéaste, tout comme l'objet de son scénario, a quitté les feux de la rampe sur un trop brutal baisser de rideau. Le temps aura manqué à tous les deux.

« Huggy »

Le Vieux connaît « Huggy » depuis onze ans, suffisamment pour plaider que je rencontre en 1992 cette source qui ferait la pluie et le beau temps dans le 15e arrondissement. Une photo anthropométrique que je récupère me laisse entrevoir la « bobine » de l'intéressé. Il porte un tatouage autour du cou, des petits points accompagnés de la consigne suivante : *À découper suivant les pointillés*. Cet optimiste totalise quatorze ans de placard, mais comme Alain me le fait remarquer, son « protégé » n'a pas plongé depuis plus de dix ans. Je ne suis pas étonné, connaissant l'adage de mon ami et mentor : « Une main lave l'autre. » Une conception de la police honnie de certains puristes que nous qualifions d'« escrocs », car ils perçoivent un salaire sans jamais arrêter personne.

À travers des commentaires en forme de bulles, pur travail de bande dessinée, Alain m'aide à déchiffrer les « bouzilles », les tatouages que ce personnage collectionne, autant d'indices sur son parcours, à commencer par cette inscription sur sa poitrine : *Enfant du malheur*. Huggy est né dans le 15e, d'un père ancien militaire de la Coloniale et d'une mère polonaise. Après sa démobilisation, le père se reconvertit en hôtelier, plus exactement en marchand de sommeil. Son établissement est équipé des caves aux combles, en passant par les trois étages, de lits métalliques superposés, type armée, à destination d'une clientèle exclusivement maghrébine. Des lits « picots » ont même été installés dans les couloirs… c'est dire ! Nous sommes en 1958, pendant les « événements » d'Algérie, et un trio de représentants du FLN sollicite énergiquement l'avide propriétaire, le contraignant à verser des sommes substantielles et récurrentes pour financer la cause. De malentendus en malentendus, les tractations se concluent par deux brèves rafales de Mat 49 et la mort du papa, achevé d'une ultime balle dans la tête sous les yeux de Huggy, assis sur les marches du perron de l'hôtel. Pas de Françoise Dolto, mais la reconnaissance de la nation « au vu du passé militaire glorieux de la victime ».

À la base de son pouce droit, Huggy arbore quatre points avec un cinquième au milieu. En langage taulard, cela se traduit par « seul entre quatre murs ». Le jeune pupille de la nation, âgé de dix ans, s'est essayé à quelques « bricoles », vols et petits casses. Pas d'école non plus pour ce jeune malfaisant, mais la découverte des maisons de correction, jusqu'à connaître le quartier J3 de la maison d'arrêt de Fresnes où il a l'honneur, bien que mineur, de porter les fers aux pieds. La République ne plaisantait pas du temps du général de Gaulle !

Sur son pied gauche, ces mots tatoués : *J'en peux plus* ; sur le pied droit, le pendant : *Moi aussi* ! À sa majorité, vingt et un ans, le pupille de la nation est attendu à sa sortie de prison par deux braves gendarmes qui le conduisent devant les autorités militaires afin d'effectuer son service national. Sapé en troufion vite fait, direction le massif du Tibesti au Tchad, dans le désert du Ténéré, à la recherche de Françoise Claustre, enlevée par le rebelle Hissène Habré. Impossible d'échapper à cet enfer, avec des marches à n'en plus finir, d'où les deux inscriptions. À la fin, un éclat de mortier traverse son mollet gauche. Le sang du pupille arrose le sable brûlant en même temps que ses larmes de joie… il s'en faut de peu qu'il ne meure déshydraté. Après ce coup de pouce du destin, direction l'hôpital militaire. Remis sur pied et même décoré, le héros est rendu à la vie civile et… à son 15e arrondissement.

Dernier tatouage sur le bras gauche : le symbole du « Saint », surmonté d'une belle auréole. Un mystère pour Alain. Curieux au demeurant pour un décathlonien du crime qui a touché à toutes les disciplines à deux exceptions près, le trafic de drogue et le proxénétisme. Éliminer les dealers et les julots est même devenu pour lui un devoir de salubrité publique, objectif partagé par Alain, auquel Huggy a proposé une stratégie originale : l'introduire dans le mitan en le faisant passer pour un receleur juif. Achats de fourrures, de produits provenant de vols à main armée, bijoux, tableaux de maître, et même un camion de parfums, le succès est vite au rendez-vous ! Formellement prohibée par les magistrats, cette technique est plus ou moins rentrée dans les mœurs à travers les séries TV américaines sous le nom d'« *undercover* » : agent sous couverture. Une seule différence : devenu « Riton le Juif », le Vieux ne bénéficie d'aucune couverture. Adrénaline garantie.

Lors des interpellations, Alain réussit à s'échapper, tandis que les inspecteurs de son groupe de voie publique procèdent aux interpellations et à la récupération de la marchandise. Lors des compléments d'enquête, les fameuses commissions rogatoires, Alain, redevenu officier de police judiciaire, poursuit les investigations. L'énigmatique Riton passe systématiquement entre les mailles, une ombre dans le monde de la nuit. Une balance ? Peut-être…

Le numéro de duettistes fait florès et soude une solide amitié. Seule réserve : les voyous finissaient par sortir de prison l'esprit chargé de troubles soupçons sur le rôle de Riton. Garant du receleur, Huggy courait un risque : celui de se faire flinguer cinq, dix, vingt ans après. Encore l'adrénaline.

Peu après qu'Alain me l'a présenté, Huggy est arrêté par la BAC de nuit du 15e et mis à disposition de mon service pour conduite en état d'ivresse. Évidemment, il a refusé de se soumettre à l'éthylomètre, le tout agrémenté de propos peu aimables envers les policiers. L'intéressé n'étant pas un alcoolique notoire, j'imagine qu'avec les origines polonaises de sa mère, l'âme slave faisant le reste, notre Huggy s'était offert une nuit à l'image de celle décrite par Joseph Kessel dans une nouvelle, *Stiopa le cosaque*. Le dossier est resté scotché sur mon bureau, non transmis au parquet, l'absence d'accident et de victime facilitant la manœuvre. Huggy m'était désormais redevable…

« Face d'Ange », un sacré paroissien

Gérard Jullien a soixante-trois ans lorsque Roger Le Taillanter, ancien patron de la Mondaine, me le présente. Le visage rond d'un chérubin, les cheveux impeccablement peignés avec une raie de premier communiant sur la gauche et toujours le sourire, on lui donnerait le bon Dieu sans confession, d'où son surnom : « Face d'Ange ». Beau spécimen du milieu parisien des années 1970, il est l'un des derniers survivants d'une espèce disparue : les bordeliers.

Propriétaire d'un hôtel à Cannes, face à la gare, Gérard Jullien monte régulièrement à Paris pour ses rendez-vous d'affaires. À chacune de nos rencontres, ce connaisseur me fait part de ses analyses sur le milieu et déroule le fil d'une vie qui commence à Caux, petit village proche de Béziers, où ses parents exploitent un café-tabac, avant d'acquérir une épicerie en banlieue parisienne, en 1946. Ses études interrompues à quatorze ans, Gérard prête la main et enchaîne divers métiers, employé aux chemins de fer, coursier, commis boucher, apprenti menuisier, ouvrier à la chaîne dans une usine… Un an plus tard, ses parents achètent une épicerie-buvette à Vincennes, puis en 1950 un hôtel à Montparnasse. Chauffeur de poids-lourds, Gérard devient ouvreur dans un cinéma des Champs-Élysées, puis photographe de rue. Comme cette dernière activité est réglementée, il effectue de fréquents passages dans les commissariats, où il croise des prostituées. Il découvre, oh miracle ! qu'elles travaillent dans des hôtels et la conclusion s'impose : en louant plusieurs fois la même chambre dans la journée, l'hôtellerie peut devenir rentable. Il conseille à Léonce, son père, de vendre son établissement trop tranquille pour prendre la gérance d'un petit hôtel de passe. Léonce l'écoute et récupère en 1952 un hôtel rue Pajol, dans le 18e ; quelques filles y travaillent, mais de manière trop épisodique au goût de Gérard, qui recommande à son père de prendre un plus gros établissement à la Goutte-d'Or. Son choix se porte en 1957 sur *Le Grand Comptoir*, 30, boulevard de la Chapelle, doté de trente-deux chambres. Au bout de huit mois, ses parents calent devant cette vie, laissant Gérard seul à la barre. Le bar fonctionne si bien que les clients attendent sur cinq rangs avant de passer commande et les bagarres y sont si nombreuses qu'il n'y a plus ni chaise, ni table. Là où Léonce « bricolait », Gérard industrialise : les filles sont en permanence une trentaine entre le bar, le couloir, la réception et le trottoir. Le succès est tel qu'il fait monter des amis sudistes pour l'épauler.

En 1959, à vingt-neuf ans, Gérard achète un deuxième établissement de quarante-cinq chambres, 98, boulevard de la Chapelle. Afin de limiter les risques, une quinzaine de chambres « seulement » sont dédiées à la prostitution dans chaque hôtel. Les autres sont louées à la semaine ou au mois à des immigrés ou à des gens de passage. Prudence ! Un an plus tard, ses hôtels rapportent au stakhanoviste l'équivalent de quarante mille euros par mois, soit autour de cinq cent mille euros annuels nets d'impôts, le percepteur des contributions directes et indirectes n'étant pas invité au partage. Les années suivantes, il fait l'acquisition d'autres hôtels de passe dans les quartiers « chauds » de la capitale, rue des Martyrs, rue Saint-Denis, rue Blondel et rue de la Roquette, sans négliger les secteurs plus chics comme la rue des Acacias ou la bien nommée rue de la Pompe. L'un de ces établissements, le *Royal Hôtel*, à l'angle du boulevard de la Chapelle et de la rue Fleury, a une particularité : il abrite au rez-de-chaussée une antenne du commissariat du 18e.

Face d'Ange sait s'entourer. Ses deux « hommes de paille », officiellement propriétaires des hôtels, s'appellent Jean Troisi et Jean Lara ; surnommés tous les deux « Jeannot », ils peuvent servir de fusibles. Il y a aussi « Madame Claude », l'épouse d'Élisée Dejean, un cousin de Gérard surnommé « Zézé la Valise » depuis qu'il collecte l'argent et le descend toutes les semaines dans le Midi, soigneusement dissimulé dans des sacoches. Autant Zézé est inoffensif, autant son épouse Claude est une femme de poids et de caractère. Forte de ses cent vingt kilos, elle n'hésite pas à enlever ses fins escarpins, taille 45 fillette, pour frapper ceux qui ont le tort de l'importuner.

Dix-sept ans plus tard, avec neuf hôtels, Gérard engrange entre cinquante et soixante millions de francs par mois[66]. Il habite un appartement de cent quatre-vingts mètres carrés à Saint-Mandé, en bordure du bois de Vincennes. Ses voisins, qui le croient « directeur commercial », sont médecin, avocat, notaire ou commerçant. Il roule en Maserati ou en Mercedes cabriolet 280 SL, dispose d'un avion privé, est propriétaire d'un domaine viticole près de Pézenas, d'une villa au Grau d'Agde et d'une propriété de quarante hectares dans le Gard. Il finance aussi le club de football de Béziers, dont il devient président. Passionné de boxe, il n'hésite pas à traverser l'Atlantique en Concorde pour voir de plus près ses idoles au Madison Square Garden de New York.

Un « âge d'or » qui repose sur la quantité : dans la soixantaine d'hôtels qui tournent entre boulevard de la Chapelle et Goutte-d'Or, les filles font les 3 × 8. Les premières attaquent à 6 h, les suivantes prennent à 12 h et l'équipe de nuit travaille de 20 h à 6 h du matin. Parfois, certaines « doublent » parce qu'elles sont punies ou parce qu'elles sont maquées par un « fou furieux ». Chaque équipe comprend environ huit filles, soit une vingtaine de filles par hôtel, ce qui fait plus de mille putes en activité.

66. L'équivalent de 320 000 à 390 000 euros.

Entre vingt et trente clients sont agglutinés en permanence dans la rue, ouvriers maghrébins pour la plupart, plus quelques antillais et africains, le tout entouré de joueurs de bonneteau. « Ils se poussaient pour essayer de voir les filles à travers un vasistas protégé par un grillage en haut de la porte, une petite fenêtre de vingt centimètres carrés avec un panneau qui coulissait sur une planchette », se souvient Gérard. « C'était avant le regroupement familial et nos hôtels avaient une utilité sociale. »

Les clients entrent par quatre dans le calme. Huit filles se tiennent à la hauteur de la réception, vêtues très légèrement. Les passes durent à peine quelques minutes, sans capote, le Sida n'ayant pas fait son apparition ; les filles les lavent dans un bidet et les essuient avec un genre d'essuie-mains usagé. Le 24 de la rue Charbonnière a la particularité d'abriter une « salle de gynéco » où le toubib passe une fois par semaine pour examiner les prostituées. Les syphilitiques sont impitoyablement bannies.

De vingt et un francs en 1969, le prix de la passe est monté en 1975 à trente francs, seize pour la tôlière et quatorze pour la fille, ou plutôt pour son julot. Elles effectuent en moyenne cinquante passes par jour, certaines gagneuses jusqu'à soixante. Quand la fille a fait dix passes, elle dit : « j'ai fait un paquet ». Le tôlier ou la tôlière compte le nombre de paquets. Le proxénète perçoit en moyenne sept cents francs par jour, soit l'équivalent du tiers du salaire mensuel d'un inspecteur de police, qui est à l'époque de deux mille francs.

« Le jour où les policiers de la Mondaine avaient un tuyau sur un julot dont la fille travaillait en hôtel, comme elle ne prenait pas de PV sur la voie publique et n'était pas répertoriée, ils venaient à deux voir si la fille était là. Ils attendaient devant au milieu des clients et entraient quand leur tour arrivait », raconte encore Gérard. « Il n'y avait jamais d'incident, la police était très respectée. »

Les premiers propriétaires étaient d'honorables commerçants, à l'instar de Face d'Ange et de ses principaux collègues, André Bessière, dit « le Gros Dédé », et Dufrechoux, un Auvergnat. « L'argent fou que nous avons gagné a vite attiré la convoitise de grosses pointures », se souvient mon interlocuteur. Lui-même se croyait protégé et ce n'était pas complètement faux. Côté police, il a été l'un des correspondants attitrés de Roger Le Taillanter, patron de la Mondaine jusqu'en mai 1974. Il était au mieux avec les fonctionnaires du 18e arrondissement. Il a enfin épousé la fille du numéro deux de la DCPJ, Henri Tarniquet, dit « le Mongol » en raison de ses origines indochinoises. Côté voyous, Gérard ne craignait rien, surtout pas le racket auquel étaient soumis la plupart des propriétaires d'hôtels de passe, harcelés par les deux principales équipes aux manettes à Paris, celle des frères Zemour et celle des « Siciliens ». Ses contacts supposés avec la police freinaient les ardeurs. Cerise sur le gâteau, la femme de l'un de ses prête-noms était la belle-sœur d'Henri Ramonet, un voyou qui faisait autorité. Des malfaiteurs n'en ont pas moins commencé à acheter des hôtels en sous-main et au début des années 1970, Gilbert et Edgar Zemour n'ont pas hésité à enlever Dufrechoux. Ils l'ont « travaillé » à la lampe à souder sous les pieds jusqu'à ce qu'il leur signe la « cession » de son hôtel. À peine libéré, il a filé au 36 pour déposer plainte. Edgar a fourni un alibi bidon qui s'est retourné contre lui : il a tenté de faire croire qu'il était en Allemagne au moment des faits, mais la Mondaine a démontré que son nom avait été rajouté après coup sur le livre de police d'un hôtel. Le jour du procès, en 1976, il a fait un gros cinéma en arrivant au tribunal sur une civière, ce qui n'a ni trompé ni amadoué les magistrats.

Gérard ignorait que le pouvoir giscardien, aux commandes depuis 1974, avait décidé de faire la guerre aux « gros bonnets » soupçonnés d'appartenir au SAC et de financer l'UDR, le parti gaulliste, et que le nouveau ministre de l'Intérieur,

Michel Poniatowski, avait donné de très fermes instructions pour les neutraliser. C'est dans ce contexte que la brigade des stupéfiants et du proxénétisme, qui a remplacé la Mondaine en février 1975, l'arrête le 4 avril 1977 et démontre que le milliardaire de quarante-sept ans est le vrai, seul et unique propriétaire de tous les hôtels. Le juge Jean-Louis Bruguière, dont c'est l'une des premières affaires importantes, l'inculpe pour proxénétisme hôtelier et fraude fiscale et le renvoie devant le tribunal après quatorze mois de détention provisoire à Fresnes. Les magistrats lui infligent quatre ans de prison assortis de la saisie de ses hôtels et d'une bonne partie de ses biens. Gérard fait appel et se met au vert en Espagne, ce qui ne l'empêche pas de revenir régulièrement en France avec des faux papiers et un chauffeur : un gardien de la paix à la retraite qui exhibe sa carte de police pour passer la frontière. En appel, grâce au témoignage écrit de Roger Le Taillanter, qui atteste de sa qualité d'indic, sa peine est réduite et il ne reste que huit mois supplémentaires à la Santé.

L'histoire, cependant, se répète : successeur de Le Taillanter, le commissaire André Solères remplit la « feuille de route » de son ministre grâce à deux sources principales, Fernand Bernard, dit « Louis d'Auteuil »[67], l'un des parrains de Paris, recommandé par le commissaire Lucien Aimé-Blanc, policier parmi les mieux renseignés de France, et Fouad Allia, dit « Michel le Libanais ». Tous deux ont des intérêts dans des hôtels de passe du 4e et du 18e et sont « couverts ». À la suite de l'incarcération de Face d'Ange, ils auront même le feu vert de Solères pour exploiter pendant quelques mois deux de ses hôtels, en remerciement de leurs bons et loyaux services…

Après cet « accident industriel », Gérard se replie sur Cannes, où il prend régulièrement son café avec ses amis, pour la plupart

67. En 1974, à la suite du décès de Roger Bacry, qui dirigeait l'équipe des « Siciliens », Fernand Bernard reprend en main cette équipe avec Roger Aubrée.

fichés au grand banditisme, comme Marcel Diavaloni, dit « Marcel le Bègue », et son bras droit Jean-Louis Goiran, qui contrôlent le milieu niçois. Il voit aussi Jean Francisci, le frère de Marcel et Roland, qui sont dans les jeux à Paris, Francis Perez, un spécialiste des machines à sous, ou les frères Antoine et Charly Lemeny, intimes des frères Hornec... Cannes étant un « village », Gérard voit également Louis d'Auteuil s'installer dans une superbe villa du quartier résidentiel La Californie, à proximité de chez lui, au début des années 1980. Habilement reconverti dans les machines à sous, qui lui rapportent une fortune, le parrain parisien, toujours bel homme, glisse à son nouvel ami : « Dommage qu'on ne se soit pas connus avant ton arrestation. Cela ne serait jamais arrivé, compte tenu de mes bonnes relations avec Solères, et surtout avec Lucien Aimé-Blanc... »

Connaissant les liens de Gérard avec l'ancien commissaire devenu auteur à succès, Louis lui demande une faveur inhabituelle : « Le Taillanter envisage de parler de moi dans le livre qu'il prépare sur les Zemour[68] et j'aimerais ne pas apparaître dans ce bouquin. Est-ce que tu peux m'arranger ça ? » Son souhait est exaucé en échange de quelques confidences : Louis d'Auteuil est l'un des rares à être passé à travers la sanglante guerre entre les « Siciliens », dont il était proche, et les Zemour, en raison de sa prudence et de... ses contacts policiers. L'ancien parrain d'origine bretonne s'éteindra discrètement à Mougins en 1993, à l'âge de soixante-treize ans, de sa belle mort et non découpé en morceaux et coulé dans le béton comme le prétend une légende tenace. Gérard avait peu auparavant décliné son ultime proposition : s'associer avec lui dans les machines à sous.

À Paris, sa passion pour la boxe intacte, Gérard fréquente les frères Louis et Michel Acaries, devenus promoteurs de combats. Il est aussi en contact avec Lucien Aimé-Blanc, qu'il a connu

68. Roger Le Taillanter, *Les Derniers Seigneurs de la pègre*, Paris, Julliard, 1985.

après sa sortie de prison ; envoyé en coopération en Centrafrique, « Lulu » l'invitera avec son épouse et offrira même au couple une visite du palais présidentiel. Quant à nous, nous déjeunons en moyenne une fois par mois au *Napoléon Chaix*, dans le 15e, restaurant tenu par mon ami André Pousse, dit « Dédé », ancien champion cycliste connu pour ses rôles de truand au cinéma. Parfois se mêlent à nos repas François Marcantoni, capable entre deux blagues et deux imitations de livrer une information sur une affaire célèbre[69], Alphonse Boudard ou Hubert Bonaldi[70], directeur régional des prisons parisiennes. Des poids lourds du milieu passent régulièrement une tête, comme Vassilias Anastasios, dit « François le Grec », ou les frères Lothoz.

En 2009, à soixante dix-neuf ans, Gérard sera une dernière fois rattrapé par la justice. Régulièrement vu dans son quartier général, le bar des *Négociants*, face à la gare de Cannes, au contact de Michel Soret, pointure du milieu azuréen, il sera arrêté par la PJ de Nice dans le cadre d'une information instruite par un juge de la JIRS de Marseille pour extorsion de fonds et tenue de maison de jeux de hasard en bande organisée. Mis en examen pour association de malfaiteurs malgré des perquisitions infructueuses, Face d'Ange est soupçonné d'être le conseiller occulte de Soret ; il obtiendra un non-lieu, mais l'épisode espace nos rencontres jusqu'à son décès en 2017, à quatre-vingt-six ans.

Balancé par sa communauté

Le « commissaire divisionnaire » affiche une impressionnante série de méfaits dans la capitale. Il ne mise que sur la ruse et la duplicité. Le groupe de synthèse de l'état-major PJ a recensé une

69. L'affaire Ben Barka notamment…
70. Hubert Bonaldi m'aidera à plusieurs reprises à améliorer les conditions de détention de « correspondants ».

cinquantaine de victimes. Le préjudice de ces vols « à la fausse qualité de policier » est considérable, essentiellement des bijoux.

Le scénario du « commissaire » est classique. La cinquantaine, habillé d'un costume foncé à la coupe impeccable, chemise blanche ou bleue, cravate stricte, le nez chaussé de fausses lunettes d'écaille, il sonne chez des personnes âgées, le plus souvent des femmes préalablement repérées et suivies dans la rue alors qu'elles faisaient leurs courses.

Exhibant d'autorité une carte de police barrée d'un bandeau tricolore et supportant sa photographie, l'homme se présente comme commissaire divisionnaire au 36, quai des Orfèvres, chargé d'enquêter sur une série de cambriolages commis dans le quartier par des spécialistes qui viennent d'être arrêtés en possession d'un lot de bijoux. Il explique que cette équipe de malfaisants était capable de pénétrer chez les victimes sans laisser de traces d'effraction. La personne doit donc se résoudre à contrôler si aucun objet de valeur n'a été dérobé.

Mise en confiance et impressionnée par ce visiteur si bien mis et qui a tout du policier, apparence, carte professionnelle et vocabulaire, la victime se dirige directement vers l'endroit où elle dissimule ses bijoux et son argent. Le plus souvent sa chambre. Le faux commissaire l'aide gentiment à vérifier que rien ne manque, prétextant au besoin devoir réaliser un inventaire détaillé, puis profite d'un moment d'inattention pour détourner les plus belles pièces.

Avec les viols et les séances de torture des saucissonneurs, les vols à la fausse qualité m'ont toujours choqué. Les inspecteurs, comme moi, faisons le maximum pour élucider ce type d'affaires qui atteignent profondément les personnes âgées et sont à l'origine de traumatismes et de dépressions débouchant souvent sur leur décès. Les auteurs de ces vols odieux se recrutent parmi deux catégories de malfrats : des gens du voyage, spécialistes dans l'art de se faire passer pour des plombiers, des agents du gaz ou d'EDF, voire des employés de mairie ou des assistantes sociales, et des juifs séfarades, très forts pour se déguiser en policiers, dont ils connaissent le vocabulaire et les techniques, comme la manière d'effectuer un contrôle ou une perquisition.

Une fois qu'elles réalisent avoir été grugées, les victimes déposent plainte. Le spectacle de ces personnes effondrées est saisissant. Dans leur regard et leurs propos, nous percevons un mélange d'incrédulité et de honte d'avoir été bernées et dépouillées, le plus souvent à jamais, d'une partie de leur existence.

Je ne suis visiblement pas le seul à abhorrer ce genre de délinquants, puisqu'une source interne à la communauté juive nous met sur la piste d'un suspect du nom de Bernard Manele. Gros flambeur, il claque la quasi-totalité de ses gains au PMU de la rue des Rosiers, situé presque en face du restaurant de Jo Goldenberg, figure du quartier visé par un attentat palestinien en 1982. Le « commissaire » y est connu comme le loup blanc et s'épanche un peu trop. Habilement asticoté par l'une de mes relations, il mord à l'hameçon…

La perquisition menée dans sa chambre d'hôtel nous permet de mettre la main sur son précieux sésame : la carte de commissaire divisionnaire, plus vraie que nature. Dans la penderie, sa « tenue de travail » : deux costumes foncés, trois chemises, deux cravates, ainsi que ses lunettes d'écaille. Beau joueur, Manele, reconnu lors d'un « tapissage » par plusieurs dizaines de victimes, ne peut que s'allonger. Sachant qu'il va prendre le large pour un bon moment, il demande une faveur : un plat *casher* à la place du sempiternel sandwich des gardés à vue. J'appelle aussitôt Jo Goldenberg, avec lequel je suis ami. Une demi-heure plus tard, son bras droit, Francis, se présente avec un plateau complet et une bouteille de vin *casher*. Tout le monde est satisfait, y compris les nombreuses victimes qui trouvent dans cette arrestation une maigre consolation. C'était en mars 1995, alors que j'étais encore à la tête de la 3e DPJ, à quelques encablures de l'antigang.

« Katia la Rouquine » et les patrons de la Mondaine

« Yves, je t'invite à déjeuner avec Lucienne Goldfarb, dont tu as certainement entendu parler. Je partage avec elle la même passion pour l'Opéra et je pense que la rencontre peut être constructive pour ta culture policière. »

Qui, dans le milieu policier, ne connaît pas la réputation sulfureuse de cette dame alors âgée de soixante-dix ans ? J'accepte, amusé, l'invitation de mon ami Patrick Maugein, polytechnicien de formation et brillant homme d'affaires spécialisé dans le négoce du pétrole et la signature de gros contrats avec les pays arabes et africains, au demeurant intime de Jacques Chirac[71].

Lorsque j'arrive dans le restaurant étoilé de l'hôtel *Georges V*, en ce jour d'avril 1995, « Katia la Rouquine », dite « la Rousse aux yeux verts » ou « Lucienne Tell », est déjà là. Petite, la peau très claire, ses yeux verts dissimulés derrière de grandes lunettes, un maquillage outrancier, elle correspond à la description que l'on m'en a faite, à un détail près : une bague à presque chaque doigt pour un total de carats impressionnant, Katia est un véritable sapin de Noël, une joaillerie ambulante. Elle nous livre volontiers sa version d'une vie exceptionnelle, avec un sourire un peu moqueur et d'une voix de marchande des quatre-saisons qui détonne avec le luxe de sa toilette.

« Monsieur le commissaire, on a raconté tellement de choses sur mon compte… La plupart sont fausses. On a dit que j'ai

71. Le 8 décembre 2006, j'assisterai aux côtés de Roland Dumas à sa messe d'enterrement, célébrée dans l'intimité à la basilique Sainte-Clotilde, dans le 7e arrondissement.

collaboré avec les Allemands pendant l'occupation et dénoncé un groupe de résistants. Si cela était vrai, j'aimerais que l'on m'explique pourquoi mes parents, juifs polonais, et mon frère ont été déportés et pourquoi Roland Dumas a accepté d'être mon avocat, lui dont le père a été fusillé par les nazis parce qu'il était résistant. D'autres ont raconté que j'étais propriétaire d'hôtels de passe à Barbès. Ce ne sont que médisances propagées par des jaloux, des malades, des ordures. Est-ce que je peux remettre les pendules à l'heure ? »

Mon silence approbateur l'incite à dérouler : « J'ai toujours été obsédée par la recherche de l'argent, d'un certain pouvoir et de reconnaissance. J'ai en effet toujours eu peur de la misère, dame que j'ai malheureusement trop fréquentée dans ma jeunesse... Mon vrai nom est Kajla Gitla Goldfarb. Je suis née en 1924 à Radom, en Pologne. Je suis polonaise et j'aime la France au moins autant que Marthe Richard, qui était anglaise ! À dix-huit ans, j'habitais rue des Immeubles-Industriels, dans le 11e arrondissement. Contrairement à ce que j'ai pu lire, je n'ai jamais été la maîtresse de Joseph Joanovici, un renard qui vivait d'affaires louches et qui était un agent de la Gestapo. Après la Libération, encore mineure[72], j'ai survécu du commerce de mes charmes dans les bosquets du bois de Boulogne et autour de la gare Saint-Lazare, où je me rendais à la fois pour michetonner et travailler : j'avais dégoté un petit emploi dans une société d'import-export. C'est dans ce secteur que j'ai fait la connaissance d'un assureur, un micheton bien plus âgé que moi qui m'a couverte pendant des mois de bijoux et de vêtements Chanel. Grâce à ce généreux mécène, j'ai découvert une nouvelle vie, mais les bonnes choses ont une fin et j'ai dû retourner sur le trottoir.

72. La majorité était légalement fixée à vingt et un ans.

Je me suis mise à fréquenter les cafés de la rue de Tilsitt, près de l'Étoile, et ceux des Champs-Élysées, à la recherche de clients plus huppés. La police m'a contrôlée à plusieurs reprises en train de racoler et j'ai été fichée comme prostituée. De fil en aiguille, j'ai noué des contacts avec la Mondaine. Le premier inspecteur que j'ai connu s'appelait Georges Clère, dit "Jojo", du groupe des "cocus". C'était un chic type, très courageux, qui avait pris un coup de couteau dans le ventre par un julot maghrébin, à la Bastille. J'ai ensuite rencontré André Cailloux, le chef du groupe de la galanterie, et Louis Lasne, l'un de ses inspecteurs. C'est grâce à eux que j'ai connu les patrons de cette brigade et que j'ai été "couverte".

En 1954, je me suis mise en ménage avec Paul, un "cave" qui était secrétaire de direction dans un grand garage de Passy. Lui se consacrait aux collections de timbres rares et moi au commerce de mes charmes. Nous vivions dans un appartement à Passy, où la vie s'est écoulée tranquillement et bourgeoisement jusqu'en 1958. Cette année-là, j'ai arrêté le tapin. J'en avais marre. Pour passer au stade supérieur, j'ai acheté un hôtel que je connaissais bien, 5, rue du Débarcadère, dans le 17e, près de la porte Maillot, celui où je montais mes clients.

C'était un hôtel assez vétuste, pour ne pas dire minable, de deux étages et quinze chambres. Je l'ai exploité pendant quatre ans. Pour la bonne marche de mes affaires, je me suis associée avec Germaine Papin, une ancienne prostituée des Champs-Élysées qui me vouait alors une fidèle amitié. Germaine tenait l'hôtel la nuit, je lui avais obtenu un condé de "taulière" auprès de la Mondaine.

En 1962, j'ai revendu mes parts pour acheter l'hôtel d'en face, au 10 bis, un fonds de commerce que j'avais repéré depuis longtemps. J'ai entrepris d'énormes travaux dans cet immeuble de six étages et de trente chambres pour en faire une maison de rendez-vous luxueuse, un paradis pour les clients qui venaient avec une fille ou leur maîtresse. C'était mon "*Negresco*" ! Au rez-de-chaussée, j'ai installé un petit musée consacré à mon idole de toujours, le ténor Mario Del Monaco. J'avais d'ailleurs donné son nom à l'hôtel. Pour la décoration, j'ai opté pour des tentures en velours rouge, dans le pur style rococo, rappelant la douce atmosphère des maisons closes des années 1930. Chaque chambre était équipée d'un grand miroir au plafond et j'avais fait installer des glaces sans tain dans une chambre pour permettre aux "mateurs" de profiter de scènes galantes et parfois scabreuses en toute quiétude… Mon commerce était florissant et je pouvais assister, le plus souvent au premier rang, aux concerts de mes chanteurs et chanteuses favoris dans les opéras du monde entier ! »

La Rouquine cite les noms des patrons de la Mondaine qu'elle a connus, Galy, Fernet, Couvignou, Simbille, Ottavioli et Le Taillanter. Max Fernet, dit « Max le Menteur », qui avait été en poste à l'IGS pendant l'occupation, portait un petit chapeau à ruban et terminera patron du 36. Quant à Couvignou, elle l'appelait « Borniol » à cause de sa tenue stricte et de ce visage « sinistre » qui lui rappelait les employés de la célèbre maison de pompes funèbres parisienne.

« J'allais très régulièrement au 36 pour les renseigner sur certains de mes clients, hommes politiques, industriels ou diplomates », poursuit notre interlocutrice, survivante d'un système aujourd'hui révolu. « Il m'arrivait aussi de leur donner des photos très spéciales prises derrière la glace sans tain. Mes renseignements servaient à rédiger les célèbres "blancs" de la Mondaine, qui racontaient les turpitudes des célébrités. J'aidais aussi la PJ dans d'autres domaines, des affaires de drogue, de vols ou de recels. J'ai souvent joué le rôle d'acheteuse pour des lots de bijoux ou des tableaux volés. Je prenais des risques importants, mais cela m'excitait. »

Après un temps d'arrêt, la Rouquine joue la corde sensible en évoquant mon mentor, l'ancien inspecteur divisionnaire Roger Germain Alpettaz, à ses yeux « l'un des meilleurs policiers de Paris », dont elle se souvient qu'il jouait « divinement » du violon. En 1962, Roger l'avait sollicitée pour l'aider à identifier l'auteur du mitraillage de la façade du bistrot que « Michou » avait acheté à la fin des années 1950, rue des Martyrs, alors fréquenté par des homosexuels et des travestis. Michou, « qui n'avait pas froid aux yeux », avait refusé de céder à une tentative de racket et les voyous avaient mis leurs menaces à exécution, au risque de tuer des clients. La Rouquine avait sollicité « la Veuve Noire », une prostituée toujours vêtue de noir qui travaillait pour le braqueur Antoine Nottini, dit « la Béquille », lui-même ami de François Chiappe, alias « Grosses Lèvres », deux fous furieux eux aussi passés par la Gestapo française. Bonne pioche : l'auteur du mitraillage était un certain Marnette, surnommé « le Dingue », proche des pointures du gang de la Banlieue sud.

« Vous voyez le genre… J'ai transmis le tuyau à monsieur Germain, qui a bouclé l'affaire », conclut la Rouquine avant d'évoquer la partie la moins florissante de sa carrière, une descente aux enfers commencée avec l'affaire Ben Barka, du nom de cet opposant marocain enlevé en plein Paris le 29 octobre 1965 avec la complicité de deux inspecteurs de la Mondaine, dont Louis Souchon, dénoncé par une lettre anonyme adressée à l'IGS comme une relation de la célèbre bordelière. Elle en est quitte pour quelques mois de prison et une perquisition de son hôtel, mais refuse de « raconter des conneries » à celui qu'elle appelle « Vieux Débris », le commissaire Adolphe Debrie, directeur de l'IGS.

La même année, ayant appris que son associée, « cette salope de Germaine Papin », était la maîtresse de Paul, son homme, elle coupe les ponts « sentimentalement » avec lui, ignorant qu'il était dans son dos en contact avec la police des polices. Résultat : une descente de la Mondaine en mars 1974. « Ils étaient très gênés et m'ont dit que le parquet les y avait obligés. »

Plusieurs chambres sont fermées, des scellés dûment placés sur les portes. Un mois plus tard, nouvelle dénonciation anonyme, « certainement l'œuvre de ce con de Paul. » L'IGS constate que les scellés ont été rompus et transférés sur les portes de chambres du dernier étage et… de quelques placards. Le préfet de police fait fermer l'hôtel.

Une autre dénonciation attire l'attention de l'IGS. Il y est question des relations suspectes de la Rouquine avec la police, notamment avec les inspecteurs « Dédé » et « Jojo », de la 5e BT, qui venaient souvent la voir. De quoi donner corps aux convictions du patron de « l'Office des putes », comme elle appelle l'Office central pour la répression de la traite des êtres humains, rattaché à la DCPJ, où certains considèrent que la PJ parisienne « en croque ». Ce mélange explosif provoque un scandale sans précédent dont la Rouquine conserve un souvenir cuisant.

« Je l'avoue, j'ai pété les plombs. Je me suis sentie abandonnée par mes amis de la Mondaine. J'ai balancé des policiers avant de me rétracter chez le juge Pinsseau et de voir le volet corruption finalement se dégonfler. Je regrette amèrement de m'être comportée de cette manière. Le journal *Minute* a révélé au passage que l'un des adjoints du chef de "l'Office des putes" avait des intérêts dans un hôtel de passe parisien tenu par sa famille. Je n'étais pas étrangère à ce *scoop* qui a instantanément calmé des ardeurs du ministre contre le 36 : Michel Poniatowski voulait la peau de la Mondaine, il a dû se contenter de la transformer en brigade des stupéfiants et du proxénétisme. »

La Rouquine est condamnée pour proxénétisme hôtelier en 1976. La fermeture de son hôtel confirmée, elle tente de rebondir à la faveur de l'arrivée des socialistes au pouvoir, en 1981. Devenu ministre des Affaires étrangères, son avocat et ami

Roland Dumas fait en sorte qu'elle puisse rouvrir son établissement, qu'elle finit par transformer en club échangiste pour ne pas retomber.

« Si un jour je peux vous rendre service », termine l'aventurière aux yeux verts, « je le ferai avec plaisir en souvenir de monsieur Roger Germain. »

7.

Libération

Cellule C 415

Les visites de mes avocates rythment mes jours sous les verrous. En l'absence de Jean-Marc Varaut, au repos après une intervention cardiaque, Jehanne Collard et Nathalie Carrère ont fait appel de la décision du juge, qui vient de refuser ma demande de remise en liberté. Nous préparons désormais la confrontation générale du 1er juillet 1988.

Olivier Foll fait aussi le déplacement. Le directeur de la prison a autorisé que nos rencontres aient lieu au parloir « avocat », plus convivial et plus intime que le parloir « famille ». Le soutien sans faille de mon sous-directeur nous a beaucoup rapprochés ; cette nouvelle étape scelle une amitié indéfectible. Mon visiteur m'offre deux beaux livres de la part de Jean-Pierre Sanguy, qui vient de succéder à Pierre Touraine à la tête du 36, accompagnés d'une lettre émouvante. Il m'annonce surtout que le ministre a exclu de prononcer ma suspension administrative, une mesure de clémence exceptionnelle pour un policier détenu.

« Le ministre est parfaitement au courant du dossier et il sait qu'avec les mille trois cents délinquants que vous avez arrêtés en

quatre ans, avec vos collaborateurs, vous vous êtes faits beaucoup d'ennemis dans le milieu », me dit-il.

De retour dans ma cellule, je me fais deux serments.

Le premier est d'être redevable à vie envers mes principaux soutiens et de les suivre au bout du monde. Le second est de ne jamais pardonner à ceux à qui je dois cette « mise à mort » parfaitement théâtralisée, qui touche par ricochet ma mère, mes proches et toute l'institution policière.

Je profite de mes journées pour travailler le dossier, rédiger un journal et répondre au volumineux courrier que je reçois de ma famille, de mes collègues et d'inconnus. Tous me font part de leur indignation et m'encouragent à me battre. Je n'ignore pas que mes lettres passent entre les mains du juge et ne me gêne pas pour dire tout le bien que je pense de ses méthodes. Le reste du temps, je me motive en lisant Les Centurions, *de Jean Larteguy.*

Contrairement à la rigueur du règlement qui n'autorise que deux douches par semaine, on m'en accorde trois ou quatre. De quoi mieux supporter la chaleur écrasante et éliminer le tombereau de boue qui se déverse sur ma personne.

Je refuse les visites au parloir « famille » en raison du côté dégradant de l'exercice, tant pour le visiteur que pour moi. Avant l'entretien, le prisonnier reçoit un coup de tampon sec et invisible sur la main, empreinte qui ne réagit qu'aux ultraviolets ; cela permet de vérifier que celui qui sort du parloir est bien celui qui y a été conduit. À l'issue de l'entretien, qui ne doit pas dépasser quarante-cinq minutes, nouveau contrôle : fouille réglementaire, pantalon et slip baissés, avec le surveillant qui ordonne : « Baissez ! Toussez ! », pour s'assurer que le détenu n'a rien caché sous ses testicules ou dans son fondement. Quant à l'espace lui-même, il s'agit d'une double cage de quatre-vingts centimètres carrés, chacune dotée de son entrée, la communication se faisant à travers une étroite ouverture au milieu d'une vitre.

Je fais cependant deux exceptions, l'une avec Étienne, un ami d'enfance, agrégé de droit, l'autre avec Valérie, une proche. Si après nos rencontres Étienne rejoint les amphithéâtres de la faculté de Montpellier, Valérie, muette comme une tombe, se met en relation avec Olivier Foll ainsi qu'avec mes précieux adjoints, Mickey et le Vieux, visés également par un flot d'accusations mensongères. Issue de la grande bourgeoisie parisienne, ce rôle de « messagère » au service de la vérité la distrait d'un quotidien manquant parfois d'imprévu. Avec aisance et disponibilité, elle devient mon relais auprès de ma mère et de mon réseau d'amis, à commencer par le général Jeannou Lacaze, surnommé « le Sphinx ». Valérie va aussi au contact d'autres personnes dont l'univers et la culture sont à mille lieues des siens, mais sur lesquels je sais pouvoir compter pour étayer ma défense.

Bien qu'à l'isolement, je n'ai pas l'intention de me faire tondre sans réagir !

Le 30 juin 1988, veille de la confrontation générale, la presse m'apprend qu'Aziz a été remis en liberté par la chambre d'accusation. Un nouveau désaveu pour le juge, outre le fait que je suis content pour lui.

Le vendredi 1er juillet, levé à 6 h après une nuit réparatrice, j'arrive à 9 h au tribunal de Nanterre. Une heure plus tard, je suis dans le bureau du juge avec trois de mes avocats. Vêtu d'un blazer bleu marine et d'une chemisette blanche, je me sens bien, en pleine forme physique et morale, ce qui surprend et paraît décevoir le juge, froid et tendu.

Il me notifie les conclusions des experts sur mon patrimoine. Elles démontrent que je ne suis coupable d'aucun enrichissement personnel. Il était plus que temps ! Ayant reçu ce rapport capital le 11 mai, le magistrat aura attendu plus d'un mois et demi pour m'en faire part... pile au moment où je suis incarcéré. Tous les mouvements financiers que j'ai effectués entre le 1er janvier 1985 et le 29 novembre 1987, tous mes chèques ont été passés au crible, avec mission de vérifier s'ils étaient compatibles avec le train de vie d'un fonctionnaire de police. Mon patrimoine a été épluché, avec à la clé un rapport de cinquante-cinq pages certifiant que tout leur paraît limpide et justifié. La piste d'un enrichissement personnel aurait dû passer à la trappe depuis longtemps, du moins dans un système judiciaire qui se respecte. Mais ni mes avocats, ni moi-même n'avions été informés des résultats de cette expertise essentielle à ma défense...

À l'heure de la coupure, j'absorbe un repas frugal avec les policiers qui gardent le dépôt. Ils sont aux petits soins avec moi, révoltés par ce qui m'arrive. Le directeur départemental de la sécurité publique des Hauts-de-Seine, qui vient me saluer, me tient le même discours. Je mesure combien la police est une grande famille dans laquelle la solidarité n'est pas un vain mot.

À 14 h 15, juste avant la confrontation corrida, j'observe dans le couloir le comportement d'une dizaine de gendarmes en civil ou en uniforme. Ils sont à tu et à toi avec les prostituées parties civiles et les témoins. Tout ce beau monde rigole. Je fulmine : pauvre France ! En même temps, je souris en pensant qu'ils ne sont pas près d'obtenir les oreilles et la queue du taureau, parce qu'avant, il faudrait réussir ma mise à mort.

Nous sommes tous entassés dans le bureau. La Triplette de Buda, Zouzou, Lahouaria et Fathi Travelo est au complet, flanquée de trois avocats, à deux mètres de moi. On les dirait sorties des studios de Cinecittà après avoir joué le rôle de prostituées dans un film de Fellini !

Un peu plus loin, sept témoins, dont six prostituées, parmi lesquelles le « cheptel » de Pedro Villalonga. Le procureur adjoint complète le tableau avec une interprète, le juge et sa greffière.

Je martèle une nouvelle fois que les accusations mensongères, évolutives et contradictoires portées contre moi proviennent de prostituées, de proxénètes ou de voleurs que mon service a arrêtés, qu'ils agissent par esprit de vengeance et par intérêt afin d'atténuer les sanctions pénales qu'ils encourent et d'obtenir des titres de séjour. J'ajoute regretter que des agents de l'État se comportent en alliés objectifs du milieu et insiste, encore une fois, pour que les nombreuses vérifications que je réclame depuis des mois soient effectuées.

Mes avocats remettent au juge un télégramme d'Interpol-Alger. Obtenu via *l'ambassade d'Algérie à Paris, il établit que Lahouaria témoigne depuis le début de l'instruction sous la fausse identité marocaine de Samira Kheiri. Ils s'étonnent aussi de la présence dans le dossier d'instruction d'une copie du passeport de Zouzou, avec ses sept faux tampons de la PAF d'Orly, alors qu'elle avait prétendu lorsque nous l'avions arrêtée, en 1986, que ce document lui avait été volé.*

La Triplette de Buda et les protégées de Pedro campent en chœur sur leurs positions. Une voix discordante se fait cependant entendre, celle de Ferdouze, une péripatéticienne qui se demande ce qu'elle fait là. Elle aussi incarcérée, en situation irrégulière et connue sous cinq identités différentes, elle est assise pile en face de moi. Née à Alger, dix-huit ans de trottoir derrière elle, quatre balafres sur le visage, cette grande brune a trente-deux ans mais en paraît dix de plus. Elle me connaît bien puisque nous avons arrêté au début de 1987 son ex-protecteur, Omar, un beau voyou impliqué dans plusieurs tentatives d'homicide volontaire, proche de « Salim le Fou », un des malfaiteurs les plus dangereux de la capitale. Omar, dont le prénom orne l'un de ses avant-bras...

Ferdouze peste tellement d'être là qu'à un moment, n'y tenant plus, elle se lève de sa chaise et invective les autres filles de Buda : « Vos gueules, vous dites n'importe quoi à propos d'argent. Vous, vous avez vos papiers et moi je ne les ai pas ! »

Limpide, non ?

Ferdouze confirme dans la foulée qu'elle ne m'a jamais donné d'argent et que je ne lui en ai jamais demandé. Voyant que je fixe l'un des tatouages qui ornent son bras couvert de cicatrices, elle me chuchote avec une certaine émotion, sans demander l'autorisation à qui que ce soit : « Ouria... c'est le prénom de ma mère. »

Je profite de l'esclandre qui suit pour faire acter officiellement que Ferdouze est bien la seule personne parmi les prostituées présentes à tenir des propos cohérents.

Cette comédie se poursuit pendant plusieurs heures.

À la faveur d'une pause, l'avocat d'une des parties civiles, tout en se frottant sans arrêt le nez, geste qui ne trompe pas, me glisse à l'oreille : « Après vous, on va faire tomber Vénère et remonter jusqu'à Foll ! »

Il enchaîne : « Vous prendrez au moins cinq ans ! »

Je réplique : « Commencez par vous mettre moins de coke dans le nez, nous en reparlerons plus tard ! »

À l'issue de cette confrontation marathon achevée à 2 h 25, la plupart des participants paraissent épuisés, en particulier la greffière qui a tapé le procès-verbal de vingt-huit pages. Ils quittent tous le bureau, à l'exception du juge et moi.

Paradoxalement, malgré quatorze heures trente d'auditions et de confrontations, je reste en pleine forme et l'esprit toujours affûté. Je m'attends à être d'un instant à l'autre récupéré par les policiers du dépôt et reconduit jusqu'à ma cellule. Ce n'est pas le cas, et je commence à trouver ce contretemps étrange.

Craignant peut-être que je sois gagné par la fatigue, le magistrat me propose un sucre. Offre acceptée. Sa proposition suivante est moins conventionnelle. Après s'être s'assis en face de moi, il dévoile le fond de sa pensée : « Monsieur le commissaire, cela fait un an que j'accumule des accusations contre vous. Je suis persuadé que vous avez touché de l'argent, mais je n'en trouve pas la trace. Je n'ai pas découvert d'élément matériel et les experts ont conclu que votre patrimoine est en rapport avec vos revenus, qu'il n'y a rien de suspect dans votre train de vie. J'ai l'intime conviction que vous êtes le maillon d'un important réseau de policiers parisiens qui alimente, avec l'argent de la prostitution et de la drogue, les finances d'un grand parti de l'opposition. Ne payez pas pour des gens qui sont au-dessus de vous. Vous retournez à Bois-d'Arcy, mais je suis prêt à vous remettre rapidement en liberté si vous m'aidez. N'hésitez pas à m'appeler à n'importe quel moment si vous avez quelque chose à m'apprendre. »

L'argumentaire, déroulé sur ton quasi amical, a duré plus de vingt minutes. Je n'en crois pas mes oreilles. En tête à tête dans son bureau, hors de la présence de mes avocats, ce qui est pour le moins inhabituel pour un échange entre un magistrat et son inculpé, le juge vient de me proposer un incroyable « marché » : mouiller un parti politique en échange de ma liberté.

Les propos de Pedro Villalonga me reviennent en mémoire. « La famille Moustafa a versé cinquante plaques à Jobic, c'est-à-dire cinq cent mille francs[73] *actuels, pour faire sortir Jean-Claude Moustafa de prison », a-t-il affirmé quatre mois plus tôt au juge. « Cet argent a deux destinations, l'entretien des chevaux de Philippe Vénère et le financement des campagnes électorales du RPR. » Le proxénète avait multiplié par dix le montant évoqué par Rachid Mécheri devant le juge trois jours après mon inculpation. Folie des grandeurs ou mauvaise écoute de ce qu'une bonne âme lui avait soufflé ?*

Le même Pedro, dans une lettre écrite au magistrat le 27 mars 1988, soit un mois avant l'élection présidentielle, s'était confié en des termes surprenants : Vivement que les élections soient arrivées et que vous soyez épaulé par des gens compréhensifs à vos idées, à nos idées !

En regardant le juge, qui paraît sincère, je comprends mieux cette nouvelle hypothèse, tout aussi farfelue que celle de l'enrichissement personnel, et ne peux m'empêcher de sourire en secouant la tête. Je lui réponds qu'il fait totalement fausse route et qu'il est hors de question que j'invente un scénario à dormir debout en échange de ma liberté.

Au même moment, à douze kilomètres de là, dans Paris qui dort, l'inspecteur divisionnaire Sanchez, chef du groupe de permanence de l'état-major du 36, quai des Orfèvres, rédige une main courante à l'attention de la direction. À 2 h 25, il note : La DDPU 92 fait connaître que les auditions effectuées par M. Hayat, dans le cadre de l'affaire du commissaire Jobic, viennent de se terminer.

Puis, à 2 h 45 : Sur appel, la DDPU indique que M. Jobic regagnerait la prison.

---

73. L'équivalent de 130 000 euros.

Des doutes subsistant sur ma position exacte, ce n'est qu'à 3 h 20 qu'il se remet à sa « bécane » et écrit : La DDPU confirme que l'instruction s'est terminée à 2 h 22 et, que selon le commissaire de la DDSP 92, qui se trouvait sur place, M. Jobic est toujours actuellement dans les locaux du TGI, où il s'entretient encore avec M. Hayat, apparemment hors procédure.

À 8 h, la main courante sera sur le bureau du directeur, avant transmission au préfet de police.

Dans le véhicule qui me ramène à mon cachot, je fais le bilan de la journée.

Une fois de plus, j'ai vu des représentantes de ce qui se fait de pire dans le milieu traitées comme des princesses, j'ai desserré l'étau de l'accusation, réclamé des vérifications et auditions et pour terminer, le juge m'a fait une proposition surréaliste. Quand je franchis les portes de la prison qui sommeille encore, le jour se lève à peine et je suis bien décidé à me battre pour obtenir ma liberté auprès de la chambre d'accusation de Versailles.

Dans la journée, je fais connaître à Olivier Foll et à mes avocats la « proposition » du juge. Abasourdis, ils me conseillent de la garder secrète jusqu'au procès, s'il a lieu.

Face à un dossier qui prend l'eau de toutes parts, maître Jehanne Collard me suggère par ailleurs de compléter ma défense avec son frère Gilbert. Je l'accepte et ne le regretterai pas.

*

Le 7 juillet 1988, les trois magistrats de la chambre d'accusation de Versailles suivent mes avocats : ils ordonnent au directeur de la prison de me remettre immédiatement en liberté. Les accusations portées à l'encontre de Jobic, qui sont parfois contradictoires, ne sont corroborées par aucun indice matériel et sont par ailleurs contredites par d'autres dépositions, *écrivent-ils.*

Je demande aux gardiens de donner toutes les affaires personnelles que je n'emporte pas à Dominique Loiseau[74]*, un policier incarcéré au QI. La suite du processus est si rapide que le greffe en oublie de me demander de restituer ma carte d'identité de détenu. Un souvenir unique et inoubliable !*

Le soir, avec Olivier Foll, Daniel Dugléry, mes avocats, mes collaborateurs et des proches, nous fêtons ma libération dans l'immense appartement de maître Olivier Metzner, un ami de Gilbert Collard. Considéré comme l'un des meilleurs pénalistes, l'hôte des lieux partage son analyse avec le Vieux : « Il est impossible que le juge ne se soit pas rapidement rendu compte de l'invraisemblance des accusations. À mon avis, il ne veut pas faire marche arrière pour ne pas se ridiculiser et éviter d'anéantir sa carrière. »

De la dynamite pour un pilier du gang de la Banlieue sud

Si je suis sorti de prison par la grande porte, un certain nombre de mes « clients » ont tenté de lui faire faux bond par des moyens nettement moins conventionnels… En ce mois d'avril 1985, un vendredi gris et froid, à l'heure de l'apéritif et de la décompression, une sonnerie de téléphone s'éternise dans le bureau du Vieux, qui finit par décrocher.

« Yves, Sophie veut nous voir ! Vu son état d'excitation, ça doit être du lourd !

---

74. Dominique Loiseau, accusé en 1986 de faire partie du gang des « ripoux du 36 », a toujours clamé son innocence. Il sera gracié par François Mitterrand en 1993.

— Dites-lui qu'on la retrouve dans une demi-heure au bar de l'hôtel *Nikko* ! »

Le temps de descendre au sous-sol récupérer un véhicule et de traverser Paris, nous voilà devant l'établissement, dont j'ai connu le directeur après la neutralisation de rats d'hôtel qui avaient pillé plusieurs de ses chambres ; depuis, je suis aimablement reçu dans ses deux restaurants, au cœur de ce quartier sorti de terre dans les années 1970.

Nous sommes les premiers au bar, qui présente le gros avantage d'être rarement fréquenté par des voyous. Une grande blonde aux yeux bleus, la petite quarantaine, traverse le hall avec assurance, perchée sur des talons de douze centimètres. Alain m'a présenté six mois plus tôt cette amazone[75] exerçant son activité galante avenue Foch au volant d'un coupé Mercedes blanc rutilant ; ses tuyaux sur des affaires de drogue ou de bijoux dérobés, que des toxicomanes proposent régulièrement aux filles, sont toujours carrés. Elle fréquente l'un des lieutenants de Claude Genova, le patron du milieu parisien, ce qui lui vaut de participer à des sorties nocturnes hautes en couleurs dont elle nous livre certains détails fort utiles…

Sa plastique parfaite en partie dissimulée sous un manteau de fourrure entrouvert ne laisse pas indifférents les clients japonais. Elle nous fait un signe discret et nous quittons l'hôtel pour rejoindre la luxueuse Tour de Seine, un gratte-ciel de trente et un étages planté derrière le *Nikko*. Sophie est surprise de me voir sortir de mon blouson la carte d'accès à la Tour, ouvrir une porte blindée et la recevoir dans un duplex de trois cents mètres carrés avec vue plongeante sur les ponts de la Ville lumière. Elle lance en riant : « Je ne savais pas que tu étais bourré à craquer, tu commences à m'intéresser ! »

75. Prostituée racolant les clients au volant d'un véhicule.

Elle ignore que je dispose de cet appartement depuis que j'ai sympathisé avec Ali, responsable de la sécurité d'une résidence hôtelière voisine et inconditionnel de la PJ et de la DST, très intéressée par certains clients étrangers ; l'appartement appartient à un richissime parlementaire et homme d'affaires koweïtien, qui après m'avoir jaugé et invité dans les Émirats m'a proposé de l'utiliser pour mes besoins professionnels lorsqu'il était absent.

Sans préliminaires, Sophie entre dans le vif du sujet : « Je voulais vous voir rapidement, car j'ai de la dynamite chez moi ! »

Avec le Vieux, nous croyons comprendre qu'elle a récupéré un lot de bijoux volés de grande valeur ou une arme utilisée lors d'un règlement de compte. « Vous n'y êtes pas du tout », embraye-t-elle, « j'ai chez moi de quoi faire sauter toute la prison de la Santé ! Anita, une vieille copine, m'a apporté cet après-midi soixante bâtons de dynamite destinés à faire évader son homme, Émile Dieudonné. »

Émile, dit « Milo », trente-deux ans, n'est autre que l'une des têtes d'affiche de la puissante équipe de la Banlieue sud, fondée par Guy Neumeyer. Forte d'une cinquantaine d'individus, parmi lesquels Bruno et Marius Bergamelli, Daniel Cheval, Michel et Claude Lepage, Daniel et Francis Chemith, Joseph Horne, Henri Makaroff, Michel Segovia ou Daniel Harroy, elle tient le haut du pavé en région parisienne depuis les années 1970 en braquant des banques, des bureaux de poste ou la paie des ouvriers dans les usines. Pour la plupart d'origine italienne ou manouche et installés dans les communes populaires d'Ivry, Vitry, Villejuif et du Kremlin-Bicêtre, ses membres donnent en permanence du fil à retordre au 36, quand ils ne « tapent » pas en province.

Pierre Dieudonné, d'un an plus jeune que son frère Émile, a fait parler de lui en 1977 après son arrestation fortuite dans un restaurant de l'Essonne, porteur d'un revolver 38 Special dont l'expertise balistique a démontré qu'il avait été utilisé quelques jours plus tôt pour tirer sur la Mercedes 450 SL de Claude François : sept impacts avaient été relevés sur le véhicule, pris en chasse pendant une vingtaine de kilomètres sur l'autoroute du Sud, une scène au cours de laquelle « Cloclo » avait fait preuve d'un sang-froid extraordinaire.

En 1982, « Milo » a eu les honneurs de la presse en s'évadant du fourgon cellulaire qui le transportait de sa prison de Meaux au palais de justice, de quoi lui donner l'envie de récidiver dans un contexte que nous précise Sophie : « Émile a pris quinze ans pour avoir tiré sur un client de la boîte de nuit *Pont d'Orly*, qui avait eu le tort d'inviter Anita à danser. Pierre dirige ce projet depuis Fleury-Mérogis. L'idée consiste à attaquer la Santé à l'explosif en deux endroits différents. L'opération doit avoir lieu un week-end ou un jour férié du mois de mai, misant sur le fait qu'il y aura moins de surveillants. Une fois les murs dynamités, Émile doit sortir du côté des "petits quartiers". D'après Anita, les bâtons de dynamite ont été fournis par "Riton", un pilier du gang, qui doit participer à l'attaque. »

Ce tuyau en or livré sur un plateau, nous suggérons à Sophie de nous amener le sac au bureau, ce qui permettra de l'entreposer en sécurité et de prévenir la direction. Ce qu'elle fait dès le lendemain, avec une nouvelle surprise : le nom de famille de « Riton » est inscrit au feutre sur le tissu kaki du sac.

Dès le lundi, le Vieux et moi gravissons les marches du 36. Dans l'antichambre desservant les bureaux du directeur et de ses deux adjoints, au deuxième étage, nous saluons malicieusement la majestueuse statue d'un Africain enturbanné, avant d'être reçus par Jean-Pierre Sanguy. J'extrais aussitôt de ma serviette notre rapport de renseignement et un bâton de dynamite, preuve de la solidité du tuyau. Effet garanti : le sous-directeur éteint immédiatement sa pipe. Dans la soirée, Jean Dufour, chef de la 1re DPJ, m'apprend qu'à l'issue d'une réunion au sommet Pierre Touraine, Jean-Pierre Sanguy et Robert Mésini, qui chapeaute les brigades centrales, ont décidé de saisir la BRB, à charge pour nous de remettre le sac de dynamite à Sophie pour qu'elle le rende à Anita. Le plus tôt sera le mieux.

Le 3 mai 1985, nous adressons un nouveau rapport au directeur, l'avisant que « le sac se trouve dorénavant à Villejuif, 11, rue Rameau, dans un petit pavillon avec une grille verte, au domicile de Laure Dieudonné, la mère d'Émile ». Difficile d'être plus précis… Dans la foulée, la BRB sonorise le parloir de Milo à la Santé et enregistre ses conversations avec sa maîtresse. Aucun doute n'est permis. Assez logiquement, et pour éviter une éventuelle fusillade, le parquet et l'administration pénitentiaire, informés de l'imminence de l'évasion, transfèrent le détenu en urgence à la centrale de Clairvaux.

Pour Émile, c'est reculer pour mieux sauter. Cinq ans plus tard, le dimanche 18 février 1990, à 13 h 50, un hélicoptère Alouette II survole à basse altitude l'hôpital des prisons de Fresnes et se stabilise au-dessus d'une cour de promenade dans laquelle se trouvent vingt-quatre détenus. Deux d'entre eux réussissent à se hisser sur le toit du bloc opératoire et se saisissent d'une corde d'alpiniste lancée depuis l'hélicoptère, au bout de laquelle a été fixé un triangle en métal. L'appareil prend de la hauteur en entraînant les deux hommes agrippés, mais sous un effet de balancier, la corde heurte à plusieurs reprises le filin d'acier anti-hélicoptère tendu au-dessus des toits, avant de casser net. Les deux détenus sont violemment projetés contre le mur du troisième étage du bâtiment de chirurgie et chutent d'une hauteur de vingt mètres. Émile, dont l'élargissement était prévu en 2004, décède sur place ; en prévision de cette opération, il s'était fait admettre dans le service de chirurgie viscérale de Fresnes pour traiter des hémorroïdes.

Le destin a davantage souri à Sophie. En 1988, elle a rencontré un client anglais, lord de son état, riche homme d'affaires et grand propriétaire terrien, qu'elle a suivi à Londres et épousé, par amour, selon ses dires.

Fin de cavale pour « JR », le dealer grossiste

Mai 1993. Un plan de came tournerait à plein régime dans une résidence bourgeoise du Village suisse, au cœur du 7e arrondissement : le tuyau vient du chef de l'UR 15, Christian Bonnet, et de sa « flèche » Raymond Contournet, dit « le Chinois », grands collectionneurs de tontons. Nos premières observations laissent entrevoir que des dizaines d'accros à l'héroïne défilent tous les jours pour acheter leur dose auprès de Lotfi, un Tunisien.

Plusieurs toxicos arrêtés au sortir de l'immeuble confirment la localisation du lieu de deal, ainsi que les mots codés qu'il faut prononcer pour se voir ouvrir la porte blindée du studio. Lotfi, psychologue de son état, ne résiste pas longtemps à nos questions : il balance sur le champ son fournisseur, un certain Philippe, fils de bonne famille vivant de ses rentes, par ailleurs propriétaire de plusieurs appartements à Paris et malgré tout accro jusqu'aux yeux. Arrêté, Philippe dénonce à son tour son dealer, prénommé Éric, à qui il prête un logement en échange de tarifs *discount* sur les produits et qui aurait « oublié » de réintégrer le pénitencier de Saint-Martin de Ré, où il était détenu pour trafic de drogue, à la suite d'une permission de sortie.

Interpellé dans sa planque avec deux cents grammes d'héroïne, Éric, « pendu », se voit lui aussi proposer à la faveur de ses trois jours de garde à vue d'échapper à la foudre en donnant le nom de son propre grossiste. Après mûre réflexion, il explique qu'il se mettrait en danger compte tenu de la personnalité de ce dernier, un certain Jean-Raymond, dit « JR », la trentaine, membre du milieu juif. Implanté sur le marché de l'héroïne, de la cocaïne et du cannabis à l'échelle de la région parisienne, l'homme se comporterait en chef d'entreprise. Adossé sur une vingtaine de semi-grossistes, il ne ferait que des passages éclair dans la capitale, muni de faux papiers car lui aussi est en cavale : il s'est évadé de la prison… de Bois-d'Arcy.

Éric est prêt à aller plus loin avec nous, pourquoi pas à tendre un piège à « JR », mais il exige des garanties. Conduit dans le bureau du juge Meurant, magistrat offensif, il confirme sa volonté de coopérer en échange de la mansuétude de la justice. Il est aussitôt remis en liberté sous contrôle judiciaire avec l'engagement de faire tomber rapidement notre cible ; en cas de non-respect du contrat, il plongera pour les deux cents grammes de poudre.

Un certain Jean-Raymond Davy, trente-trois ans, s'est bien évadé par ruse de Bois-d'Arcy le 22 juin 1988 en se dissimulant à l'intérieur d'un camion venu chercher des marchandises à l'atelier. Quand les inspecteurs me rapportent ces faits avec le sourire, je percute aussitôt : cette évasion digne d'un polar s'est produite sept heures après ma propre incarcération dans la même prison. Sur le moment, je m'étais surpris de ma réaction, mon mécontentement de voir un trafiquant de drogue prendre la poudre d'escampette étant contrebalancé par une forme d'admiration devant cette « belle » bien préparée et sans violence.

Détenu pour un important trafic d'héroïne entre les Pays-Bas et la France, ce beau voyou issu d'un milieu aisé avait été mêlé au « hold-up du Ritz ». À l'été 1982, il avait été arrêté en Suisse en train de négocier les bijoux volés un an plus tôt dans une suite de l'hôtel parisien par un duo armé et bien rencardé, au préjudice d'un couple de milliardaires mexicains. Dans le lot, les deux auteurs avaient mis, entre autres, la main sur un diamant de quarante-cinq carats.

Quinze jours après notre pacte, le 22 juin 1993, Éric demande à voir Christian et le Chinois en urgence. Dans un bar proche de la gare Montparnasse, les deux inspecteurs lui montrent, pour en avoir le cœur net, la photo anthropométrique de l'évadé. Affirmatif, il s'agit bien de JR, son grossiste.

« C'est bon, tu peux causer !

— Je vais tenir parole dès cet après-midi. Je lui ai fait croire que j'avais un client prêt à acheter vingt-cinq kilos de cannabis. Jean-Raymond va livrer en personne et vous pourrez le coincer avec la came. Le rendez-vous est fixé à 16 h dans une petite rue de La Courneuve, où il loue un box depuis des années dans un parking souterrain. Je vais lui prêter mon scooter bleu et mon blouson beige. Vous ne pourrez pas le louper. Soyez quand même prudents, ce type est vicieux et hyperméfiant. Il va faire des coups de sécurité, il le fait systématiquement lors des rendez-vous à la terrasse de son fief, la brasserie *Aux Trois Obus*, porte de Saint-Cloud. Une heure avant, il passe sur le trottoir opposé vérifier qu'il n'y a rien de suspect. Il recommence toutes les vingt minutes, puis arrive pile à l'heure. Si la personne n'est pas là, il n'attend pas deux minutes, il se barre ! À La Courneuve, il va se pointer une heure avant, ouvrira la porte automatique du parking avec son bip, planquera la drogue dans son box et se rendra jusqu'au lieu de rendez-vous pour vérifier que l'acheteur a bien la monnaie. »

L'après-midi même, les sept inspecteurs de l'UR sont en place à 14 h pétantes. À 15 h, comme l'a prédit le « devin » Éric, l'inspecteur Stéphane Le Gléau, en planque dans un immeuble voisin, annonce par radio à ses collègues en attente dans le parking que le scooter bleu, piloté par un individu vêtu d'un blouson beige et d'un casque noir, vient de « fleurir ».

Devant la porte du garage, le conducteur active son bip. La porte s'ouvre et le trafiquant s'engage dans la souricière. Jean-Raymond est arrêté sans ménagement avec ses vingt-cinq kilos de « chichon » répartis en cent vingt-six plaquettes et des faux papiers. Le beau gosse, cueilli le jour du cinquième anniversaire de son évasion, accuse le coup. Rompu aux auditions, il ne reconnaît que la possession de la marchandise et conteste tout rôle plus important. Mais ce que raconte « hors PV » ce charmeur à l'orgueil démesuré vaut le détour. Il serait à la tête d'un patrimoine de plusieurs immeubles et appartements achetés grâce aux revenus de la drogue[76] à Paris, Bruxelles, Marbella et au Maroc, où il possède un riad. Chaque fois qu'il le peut, par économie et surtout par sécurité, JR évite les intermédiaires. Plusieurs fois par an, il loue une camionnette et prend, à vide, la direction du Sud de la France. Devant lui sur l'autoroute, sa compagne conduit une voiture « ouvreuse ». Ils communiquent par téléphone satellitaire, ce qui revient très cher, mais est beaucoup plus sûr que les téléphones Radiocom 2000, qu'il soupçonne de pouvoir être écoutés par la police. Arrivé sur la côte d'Azur, il récupère à chaque rotation, à la tombée de la nuit, sur le quai d'un port, entre cinq et six cents kilos de résine de cannabis et… pas auprès de n'importe qui ! Un skipper professionnel connu pour participer régulièrement à des courses à la voile en solitaire autour du monde lui remet le précieux chargement, récupéré en haute mer auprès d'un bateau de pêche chargé au Maroc, loin de tout regard indiscret.

La curiosité des enquêteurs à son comble, JR livre sous forme de rébus des indications sur les deux navigateurs célèbres auxquels il a recouru, un homme et une femme. L'argent qu'ils empochent leur sert à financer leurs courses, mais le nom du sponsor, Haschich I ou Chichon, n'apparaît jamais sur les voiles. Le chargement remonte ensuite en région parisienne à bord de l'utilitaire, son amie lui donnant en direct la physionomie de la route au moyen des fameux téléphones… Conduit dans mon

76. À l'époque, la justice n'est pas armée pour saisir les biens immobiliers des trafiquants.

bureau par Christian et le Chinois, JR lance, un tantinet frimeur : « Monsieur Jobic, vous pouvez féliciter vos policiers, ce sont des cadors ! J'ai été balancé, je sais par qui et je réglerai ça le moment venu. »

Ménageant son effet, le grossiste ajoute : « Nous avons deux points communs. Nous sommes tous les deux passés par Bois-d'Arcy et nous y avons été expédiés par le juge Hayat. La comparaison s'arrête là, car moi, je m'en suis évadé et vous, vous avez été libéré par la chambre d'accusation. C'est bien normal car vous avez été victime d'un gros turbin, tellement énorme que j'ai longtemps cru qu'il était impossible que cela puisse fonctionner. »

Parole d'expert ! En écho à ses certitudes, sa compagne se confie le jour même à un interlocuteur, alors que nos écoutes téléphoniques continuent de tourner : « Une catastrophe vient d'arriver. JR s'est fait jeter et on sait par qui. T'inquiète pas, les flics ne retrouveront même pas les morceaux ! » En attendant, « JR » ne se fait pas prier pour relater, toujours *off*, les circonstances de son évasion : « Je m'étais arrangé pour travailler à l'atelier de la prison, où sont fabriqués des cartons d'emballage pour les cocottes minutes Seb. L'atelier était tenu par la "filière africaine", des Zaïrois tombés pour trafic de drogue. J'ai monté mon évasion avec eux. En échange de quinze plaques[77], ils m'ont fait sortir dans un camion de livraison en me cachant dans une cavité spécialement créée à l'intérieur d'une palette de cartons recouverts d'un film en plastique. J'ai "invité" avec moi un bon pote et nous sommes tous les deux sortis par la grande porte ! »

Et « JR » de rappeler que nous venions, cinq mois plus tôt, de serrer un braqueur de trente-cinq ans, Farid Dellys, lui aussi évadé de Bois-d'Arcy mais en hélicoptère, en 1992, en compagnie

77. L'équivalent de 23 000 euros.

de Michel Lepage, dit « le Gros ». « Vous êtes super bien branchés ! » nous lance le trafiquant, allusion flatteuse à la qualité de nos capteurs humains. Lui pèche par naïveté, persuadé de l'inviolabilité de l'ordinateur Hewlett Packard dernière génération découvert chez lui. « Si vous essayez de craquer mes codes, la mémoire s'autodétruira ! », lance-t-il. En quelques minutes, les techniciens de chez HP extraient la liste exhaustive de ses contacts dans le monde entier : France, Belgique, Pays-Bas, Espagne, Maroc, Colombie, Bahamas, États-Unis... Une mine pour l'Office des stups.

À sa sortie de prison, JR s'installera en Espagne pour y poursuivre son fructueux « *business* ». Il sera définitivement « rattrapé par la patrouille » le 20 novembre 2018 : sur fond de « guerre commerciale » avec un autre grossiste détenu en Italie, selon la rumeur, un tueur à moto le criblera d'une copieuse rafale de kalachnikov, une vingtaine de balles, au sortir de sa somptueuse villa de Marbella.

Arrestation d'un évadé de Clairvaux

« Un de mes tontons aimerait te parler d'un dangereux type en cavale, un évadé de Clairvaux. »

Avec Philippe Féval, l'un des meilleurs commissaires de sa génération[78], on se comprend vite. Le soir même de son appel, le 2 février 1999, je le retrouve avec son contact dans un restaurant à l'abri des curieux. « Bien connu des services », le braqueur entre dans le vif du sujet : « Monsieur Jobic, je sais que vous êtes une tombe et vous êtes un ami de Philippe. Je vais vous parler d'un type qui m'a fait des problèmes. Il s'appelle

78. Philippe Féval a été victime, en 1992, d'une opération montée par des policiers de l'Office central pour la répression du trafic illicite de stupéfiants (l'OCRTIS, dit « Office des stups »), qui l'ont fait plonger en même temps que l'un de ses indics.

Stéphane Daval, il a trente ans et il s'est évadé de Clairvaux en juillet 1998, où il était incarcéré pour avoir assassiné il y a une dizaine d'années l'amant de sa mère, Monique, qui tapine avenue Foch. Il se vante d'avoir tiré sur un inspecteur du 36 qui voulait l'arrêter, quand il était mineur, mais je ne sais pas si c'est vrai. »

La suite est d'une précision chirurgicale : « Depuis plusieurs jours, Stéphane utilise une Peugeot 106 blanche de location immatriculée 821 MGD 75. Il loge dans un studio près de la Bastille, sans doute rue des Tournelles. Sa maîtresse est un tapin, Maggy, une copine de sa mère. Elle aussi travaille avenue Foch. Vous ne pouvez pas la louper : elle est petite, mignonne et c'est une fausse blonde coiffée à la Mireille Darc. J'ai pas de conseils à vous donner, mais soyez prudents, il a des armes à son domicile et ne se laissera pas faire. Si j'étais vous, je l'arrêterais quand il monte dans sa voiture. »

Le lendemain, premières confirmations. Daval s'est bien évadé de Clairvaux. En 1991, il a effectivement poignardé l'amant de sa mère avec un couteau « papillon » à la sortie du *Back Street*, un établissement de nuit de la rue de Ponthieu[79]. En 1984, alors qu'il n'avait que quinze ans, il avait tiré à trois reprises, lors d'une tentative d'arrestation pour un vol à la roulotte, sur un inspecteur principal de la BRB, qui fort heureusement n'avait été que légèrement blessé. Enfin, la Peugeot 106 existe et il s'agit bien d'une voiture de location.

Aussitôt, deux groupes de la BRI quadrillent le quartier, repèrent la voiture rue des Tournelles et s'implantent. L'attente ne dure que quelques heures. Notre évadé sort du 45, rue des Tournelles et se fait plaquer au sol au moment où il ouvre la portière de sa voiture. Il refuse de localiser sa planque, mais

79. La rue de Ponthieu est la rue de Paris qui est le théâtre du plus grand nombre d'homicides et de tentatives d'homicides, en raison d'une concentration importante d'établissements ouverts la nuit.

la clé qu'il a dans une poche de son trois-quarts en cuir foncé parle pour lui. Dans l'appartement, la panoplie du braqueur : une arme, près de deux cents cartouches 11,43 et Brenneke[80], du matériel pour nettoyer les armes, dix kilos d'herbe et six cartes professionnelles de policier avec sa photo, mentionnant les grades d'inspecteur, de capitaine et de commissaire, sacrée carrière !

Daval a compris que sa cavale était terminée et, éternelle question, se demande qui l'a fait tomber. Beau joueur cependant, il me lance : « Monsieur Jobic, vous me connaissez. Vous m'avez arrêté en 1986 quand j'avais à peine dix-huit ans et que je vendais de l'héroïne avec un copain. Après nous avoir serrés en flagrant délit, vous aviez mis en place une souricière pour interpeller les fournisseurs qui nous livraient à domicile et qu'on vous avait balancés pour amortir notre peine. C'était deux Ivoiriens. Ils n'avaient rien vu venir et étaient tombés dans votre piège. »

Je ne reverrai jamais l'ami de Philippe : il avait juste besoin d'un relais fiable pour se débarrasser d'un gêneur.

80. Cartouche de calibre 12 avec une balle, utilisée pour la chasse au sanglier.

8.

L'affaire continue

Conscients de la fragilité de leur échafaudage, les gendarmes ont mis mon incarcération à profit pour interroger un indicateur traité par leurs collègues de Seine-Saint-Denis et de Paris. L'homme, un Marocain de quarante-cinq ans, a été accueilli avec les égards dus à son statut d'honorable correspondant. Il a certifié que Philippe Vénère, mon chef, avait menacé de lui régler son compte « à la sicilienne » s'il parlait trop de moi, que Leïla Braka était ma maîtresse et que... je revendais une partie de la drogue saisie par le truchement d'un patron de bar. Parole d'or !

Les gendarmes Belcor et Milleca n'ont pas questionné l'indicateur sur sa situation administrative, ce qui est pourtant obligatoire en procédure. Pudeur de jeune fille ? Souci de discrétion ? « Michel le Marocain », de son vrai nom Ahmed Sabry, est en situation irrégulière. Connu sous vingt-cinq identités, essentiellement pour des vols et des escroqueries, il a séjourné plusieurs fois en prison et a été admis à trois reprises en hôpital psychiatrique. Il est surtout l'un des hommes liges d'Ali le Gros, mafieux marocain qui voue une haine tenace à Philippe Vénère, à Alain Jacqueré et à moi-même depuis que la 1re DPJ a fermé son établissement, Le Royal 17. *Pas de quoi empêcher le juge de l'interroger au lendemain de ma libération, avec à la clé un trop joli* scoop *: Lahcen Aguerrouz, dit « Chapeau », le « secrétaire » d'Ali le Gros*[81] *a été abattu au* Royal 17 *parce qu'« on » avait peur qu'il dise ce qu'il savait sur moi et l'inspecteur Jacqueré. Cerise sur le cadavre : je « planque » mon argent à l'étranger, « très vraisemblablement en Algérie ».*

Ali le Gros n'a pas dit son dernier mot. Il saura bientôt rebondir sur la dernière manœuvre diabolique de Pedro Villalonga. Après avoir affirmé que l'argent des prostituées servait à financer le RPR, le proxénète glisse ce tuyau à l'oreille du juge, le 19 juillet 1988 : « Cela m'a amusé d'entendre que l'on n'avait rien trouvé d'anormal sur les comptes du commissaire Jobic. Je certifie qu'il utilise une Porsche 928 de couleur rouge. »

Dans un premier temps, avec mes avocats, nous sommes ravis d'une invention propre à souligner l'invraisemblable accumulation de mensonges. Notre satisfaction s'évanouit rapidement : après quatre mois de recherches infructueuses, les gendarmes établissent, grâce à un « appel téléphonique anonyme », que le véhicule en question est immatriculé 428 FBK 75. Cette plaque correspond à celle d'une Porsche rouge 928 S appartenant à une certaine Fatna Beliali, une Algérienne de trente-six ans qui n'est ni enseignante, ni magistrate, ni infirmière : hôtesse, elle se livre à des numéros de strip-tease intégral dans vingt-cinq cabarets de Pigalle, des Champs-Élysées et de l'Opéra. Rien d'inquiétant, jusqu'au moment où il s'avère qu'elle est la concubine d'un nommé Abdelmalek Amellou, dit « Malek », lui aussi algérien.

Le piège se referme. Malek a en effet été soupçonné par la brigade criminelle d'être l'auteur de l'assassinat de l'avocat d'origine kabyle Ali Mecili, abattu le 7 avril 1987 dans le hall

81. Voir *infra*, p. 347.

de son immeuble parisien, boulevard Saint-Michel[82]*. Lors de son interpellation en juin 1987, l'assassin présumé, âgé de trente-quatre ans, était en possession d'un ordre de mission du directeur de la Sécurité militaire algérienne ; il a été expulsé vers l'Algérie en urgence absolue.*

Le juge demande à l'IGS de « vérifier si Beliali est fichée en tant que prostituée auprès des services spécialisés de la préfecture de police ». L'Inspection découvre son activité de strip-teaseuse et récupère auprès de la brigade criminelle une copie des déclarations du couple au sujet de leurs ressources et de leur véhicule. Dans la foulée, la brigade criminelle transmet un « bulle »[83] *au directeur du 36, dont le contenu est édifiant :* Selon des renseignements très confidentiels, l'information poursuivie par M. Hayat chercherait à établir : des liens entre le commissaire Jobic et Beliali Fatna, impliquée dans le cadre de l'affaire Mecili, que le commissaire Jobic serait propriétaire d'une Porsche de couleur rouge. Cette Porsche aurait été vendue à Jobic par Beliali. Il aurait été établi par des témoignages que Jobic aurait été vu utilisant ce véhicule. En conclusion, M. Hayat voudrait établir que le commissaire Jobic a participé à l'assassinat de maître Mecili et qu'il appartiendrait aux services secrets algériens.

Les gendarmes retrouvent de leur côté la trace du véhicule de Fatna. Il a changé cinq fois de propriétaire et je ne fais pas partie de la liste. À défaut de démontrer que j'ai possédé la moindre Porsche, ils se rabattent sur... Ali le Gros. Le commerçant déconfit assure que je suis venu déjeuner dans son restaurant au volant d'une Porsche rouge, en 1985, accompagné du

82. Opposant actif au régime d'Alger, l'avocat était l'ancien responsable du service de renseignements de l'Armée de libération nationale algérienne (l'ALN).

83. Document remis à l'auteur en 1996 par Olivier Foll. À la différence des anciens « blancs » de la Mondaine ou des RG, les « bulles » de la Crim n'ont pas vocation à être distribués à l'extérieur du 36. Toutefois, le contenu des « bulles » portant sur des affaires sensibles et médiatisées est souvent communiqué au préfet de police.

Vieux et d'une jeune femme de type européen. Il n'est d'ailleurs pas le seul : un autre restaurateur algérien prétend m'avoir vu à une ou deux reprises conduire un véhicule de cette marque, de couleur grise ou blanche, avec à mes côtés une très belle femme... Trop content d'assouvir une vengeance recuite, Ali identifie sans sourciller la nommée Fatna sur la photo que les enquêteurs lui présentent comme étant ma passagère ; le restaurateur algérien, lui, la reconnaît « sans être affirmatif ».

Sur la base de ce roman de gare, le juge établit un lien entre la compagne de l'assassin présumé d'Ali Mecili et moi-même ! Qui a soufflé à l'oreille de Pedro l'information relative à la Porsche rouge ? Un gendarme, un journaliste, un magistrat, un avocat ? Nous finirons bien par le savoir !

*

Au début d'août 1988, moins d'un mois après ma sortie de prison, le major Jeanne lance ses grands filets : il enjoint le centre de gestion des coffres forts du Crédit Lyonnais de vérifier si j'en loue un dans une de leurs agences... et de lui fournir les noms de tous les titulaires de coffres ouverts sous le numéro 238.

La réponse, quinze jours plus tard, est encore décevante : je ne possède aucun coffre et ne connais ni de près ni de loin la vingtaine de particuliers qui possèdent un coffre numéro 238. Cette démarche, inutile et coûteuse pour le contribuable, aurait été évitée si le juge m'avait demandé à quoi correspondait la mention « coffre 238 » figurant sur l'agenda saisi à mon bureau. Je lui aurais facilement répondu qu'il s'agissait de la combinaison du coffre du bureau du chef de la 1re DPJ, dans lequel les commissaires de permanence de nuit peuvent entreposer des objets de valeur ! Ce que l'IGS aurait pu aisément vérifier. Quant à savoir pourquoi il s'est focalisé sur le Crédit Lyonnais, banque avec laquelle je n'ai jamais eu aucun lien, le mystère, là encore, reste entier !

La piste de l'enrichissement personnel et la piste politique ayant fait long feu, il reste une hypothèse pour tenter d'expliquer l'évaporation présumée d'au moins un million deux cent mille francs[84] *: la « filière algérienne ». Cette construction intellectuelle repose sur les relations étroites que je suis supposé entretenir avec quelques délinquants algériens, sur la proximité présumée de la 1*re *DPJ avec un employé du consulat d'Algérie et sur mon implication plus que probable dans l'affaire Mecili.*

Conclusion aussi osée que fumeuse : les sommes que j'aurais perçues ont été transférées en Algérie. Il suffisait d'y penser plus tôt ! Transférées par qui ? Et placées de quelle façon ? Dans la dernière ligne droite de l'instruction, le commandant Morel et ses gendarmes veulent y croire. Plusieurs banques arabes implantées dans la capitale, ainsi que le Crédit Lyonnais, encore lui, sont priés d'indiquer si des transferts de fonds ont été opérés par des personnes qui me sont réputées proches.

Les réponses négatives se succèdent et le chef de la SR ne peut que l'admettre : L'ensemble des investigations n'ont pas permis d'établir d'éventuels transferts de fonds vers l'étranger.

Les gendarmes versaillais continuent malgré tout d'arpenter Paris et les couloirs des prisons. En septembre 1988, alors que le directeur du 36 vient de me faire affecter provisoirement à son cabinet, de nouveaux ragots leur donnent l'espoir de mettre en cause un inspecteur principal de la BSP, des prostituées de Buda l'accusant d'être trop proche d'une indic surnommée « Malika 36 ». Mais cette nouvelle piste s'effondre à son tour.

En attendant, ma défense marque des points. Toutes les vérifications effectuées par l'IGS démontrent la véracité de mes

84. L'équivalent de 301 000 euros.

explications, tandis que Philippe Vénère, Mickey et le Vieux dénoncent au fil de leurs interrogatoires la soif de vengeance des voyous.

Le souteneur de « Fathi travelo » a bien été arrêté par nous le 28 juillet 1986, et non en juillet 1985 : la fable de cette « victime » tombe à l'eau.

La Palmeraie ? *Le patron de la BSP, un de ses collaborateurs du « groupe des cabarets » et le commissaire de l'arrondissement confirment que l'établissement n'a jamais bénéficié de passe-droits.*

La totalité des objets découverts chez Téresa, la voleuse internationale, a bien été déposée au greffe du tribunal de Paris... et elle est bien sous le coup d'un arrêté d'expulsion.

Suzette Disy, la maquerelle antillaise, n'a pas été arrêtée par notre service, mais par la 6ᵉ DPJ, et les nombreux bijoux saisis à son domicile dorment sagement, eux aussi, au greffe du tribunal.

Jean Moustafa n'a jamais été interpellé par la BSP, la BRB ou une quelconque DPJ au cours de l'été 1987, puis « décroché » par mes soins, n'en déplaise à Nadjia.

Je n'ai jamais eu affaire à Bernard Le Mouton, que ce soit avant ou après mon arrestation, alors que deux voyous ont prétendu que nous l'avions arrêté avec un kilo de drogue et une arme avant de le « décrocher ».

Aziz a bien été extrait de la prison de Fresnes par Mickey et moi-même avec l'accord du juge Hayat, à suite d'une demande de Philippe Vénère. Il a effectivement été conduit dans nos locaux de la rue Truffaut pour une discussion sur un vol à main armée : son nom est « couché » à cette date sur le registre de garde à vue, conformément aux règles.

Ultime confirmation : Lahouaria est algérienne et témoigne sous une fausse identité marocaine.

De quoi affaiblir les charges qui pèsent sur moi, mais l'accusation est allée trop loin pour reculer.

TROISIÈME PARTIE

LES SECRETS DE L'ANTIGANG

9.

Mes années Topaze

« Ne soyez pas frileux et soyez bien dans vos baskets ! »

Décembre 1995. Passé par trente-trois des cinquante-six commissariats parisiens, ancien adjoint de Roger Le Taillanter à la brigade de voie publique, adjoint de la BRB, chef de la 2e BT, adjoint de la brigade criminelle, chef du SDPJ 92, chef de la brigade des stupéfiants et du proxénétisme, avant d'être nommé sous-directeur des services territoriaux en 1987 par Pierre Touraine, Olivier Foll devient directeur du 36. Au mois de mars suivant, celui qui m'a accordé un soutien sans faille pendant l'épreuve nomme Martine Monteil chef de la brigade criminelle, Frédéric Péchenard chef de la BRB et me propulse à la tête de la BRI, service mythique dont l'indicatif radio porte le nom d'une pierre fine : Topaze. Non sur la base de l'ancienneté, comme cela était de mise depuis toujours, mais pour nos résultats sur le terrain. Un changement d'approche validé par préfet de police Philippe Massoni, surnommé « Boudha » en raison de son caractère flegmatique, et Jean-Louis Debré, ministre de l'Intérieur.

L'affaire qui m'a propulsé malgré moi à la une est derrière moi lorsqu'Olivier Foll précise ma feuille de route : « Je veux encourager le travail d'initiative et la lutte contre le crime organisé.

Je suis convaincu qu'il faut faire un travail de recherche en profondeur sur le grand banditisme. La BRI s'est un peu endormie ces dernières années, non à cause de son personnel, qui est très compétent, mais par manque de renseignements de qualité pour cibler de bons objectifs. Je suis persuadé que tu sauras lui redonner son niveau d'excellence. »

Le discours que le nouveau directeur adresse à tous les policiers du 36 est de la même veine : « J'attends de vous que vous puissiez vous épanouir dans votre travail, en étant totalement disponibles et en allant sur le terrain. » Message reçu cinq sur cinq par les enquêteurs, qui n'attendaient que cela.

Outre cette volonté de redonner confiance à ses collaborateurs, Olivier Foll, qui connaît bien la matière, lance la modernisation de l'Identité judiciaire et du laboratoire de police scientifique du 36 grâce au budget conséquent obtenu auprès de Philippe Massoni. Des commissariats de quartier aux brigades centrales, il généralise le recours à la police technique et scientifique, apportant une aide exceptionnelle à l'élucidation de nombreuses affaires.

Sur fond de règlements de compte en série, la recomposition du milieu parisien est en cours depuis plusieurs années. La PJ, qui s'intéresse toujours aux activités des héritiers de l'équipe des « Trois Canards »[85] – reconvertis dans le trafic international de drogue, le racket et les grosses carambouilles… –, des représentants du milieu corse, du reliquat de l'équipe de la Banlieue sud, de celle des « Postiches » et de la bande constituée autour de Stéphane Ley et Michel Crutel – dit « le Militaire », ou « Chien Fou » –, la PJ, donc, assiste depuis dix ans à l'ascension spontanée et fulgurante d'une génération de malfaiteurs originaires de Seine-Saint-Denis, composée de gitans sédentarisés

85. Du nom du bar de la rue de la Rochefoucauld, à Pigalle, où elle se réunissait, elle était notamment composée de Marius Bertella, Gaëtan Alboreo, Jacques Imbert, Francis Vanverberghe, Gaetano Zampa, Roger Lentz et Lucien Sans.

et de Beurs. Ils vont paradoxalement s'unir et prendre le contrôle du milieu dans la capitale. La palette de leurs activités est large : opérations commando contre des centres-forts ou des fourgons blindés, trafic de drogue, contrôle des boîtes de nuit, des bars et des machines à sous et « saucissonnages » à domicile de riches particuliers.

Des centaines d'heures d'échanges avec le Vieux, Roger Germain et Roger Le Taillanter m'ont éclairé sur les us et coutumes du « mitan » parisien. Je sais qu'il connaît des cycles, avec les Zemour, le clan des « Siciliens », Titi Peltier… et que tels les empires, les belles équipes connaissent un début, un apogée, puis le déclin et une fin. Mais avant de plonger dans le vif du sujet, le préfet de police souhaite recevoir en tête à tête les nouveaux promus.

Passé le porche du boulevard du Palais, une porte vitrée donne sur un ascenseur qui monte silencieusement au deuxième étage de l'hôtel préfectoral, où un nouveau contrôle attend le visiteur, avec inscription du nom sur un registre mentionnant l'heure d'arrivée ; un huissier en tenue d'apparat pousse cérémonieusement les deux portes capitonnées du bureau du « PP » et m'introduit dans l'immense pièce où tout respire l'ordre et le secret. Avec son mobilier Empire et sa vue sur le Palais de Justice, c'est l'un des plus beaux de la République. Ancien commissaire de police, Philippe Massoni connaît en détail mon parcours. Dans la fumée suave d'une bouffée de Havane, il m'encourage avec une exquise courtoisie : « Je sais que vous êtes un des policiers les mieux renseignés et que vous avez un impressionnant carnet d'adresses. Vous devez absolument poursuivre dans cette voie d'une police "proactive", c'est indispensable. Si vous avez besoin de quoi que ce soit, n'hésitez pas à me le demander *via* votre directeur. »

Les mots émanent d'un spécialiste du renseignement et d'un préfet de police qui restera dans l'histoire pour son sens des réalités, ses très bons résultats et son exceptionnelle longévité à la tête de l'institution, près de huit années durant. À la fin de l'entretien, je demande une faveur : visiter la salle de billard dans laquelle, le 25 août 1944, le général Leclerc reçut du général Von Choltitz la reddition des troupes allemandes en région parisienne, en présence notamment du jeune général Jacques Chaban-Delmas et du colonel Henri Rol-Tanguy. Philippe Massoni me guide très volontiers jusqu'à ce lieu où fut écrite l'une des plus belles pages de l'histoire de la France.

Dans la foulée, je m'offre le plaisir d'une visite à celui qui créa la BRI en 1964[86], François Le Mouël, qui me rappelle la genèse de ce service : « Je voyais bien qu'en matière de banditisme, les enquêtes classiques ne donnaient presque rien. La police était prévenue après les braquages et se limitait à recueillir les témoignages. Il fallait sélectionner des suspects dont on pouvait penser qu'ils se livraient à des actes de banditisme, exercer sur eux des surveillances prolongées pour les voir préparer un coup et les arrêter en flagrant délit juste avant, ou juste après la commission de leur forfait. Cette méthode révolutionnaire a immédiatement porté ses fruits. C'est plus facile et moins risqué de travailler après les faits, mais suivre les voyous en amont et réunir progressivement les pièces du puzzle est un métier passionnant ! »

Le commissaire, pour lequel j'ai une profonde admiration, me livre au passage un petit conseil : le jour d'une arrestation en flagrant délit, le nombre de policiers doit toujours être très supérieur à celui des voyous à interpeller, pour les submerger. Autant François Le Mouël considère que la BRI a de beaux jours devant elle, autant il est réservé sur une éventuelle extension de la seconde mission confiée au service en octobre 1972, au

86. D'abord section de recherche et d'intervention (SRI), elle est devenue brigade de recherche et d'intervention en 1967.

Peugeot 505 STI
du SRPJ de Bordeaux
en janvier 1983,
après notre mission dans
l'affaire de l'enlèvement
de Michel Maury-Laribière.
L'enquêteur, qui était
au volant, et moi-même
en ressortons indemnes.

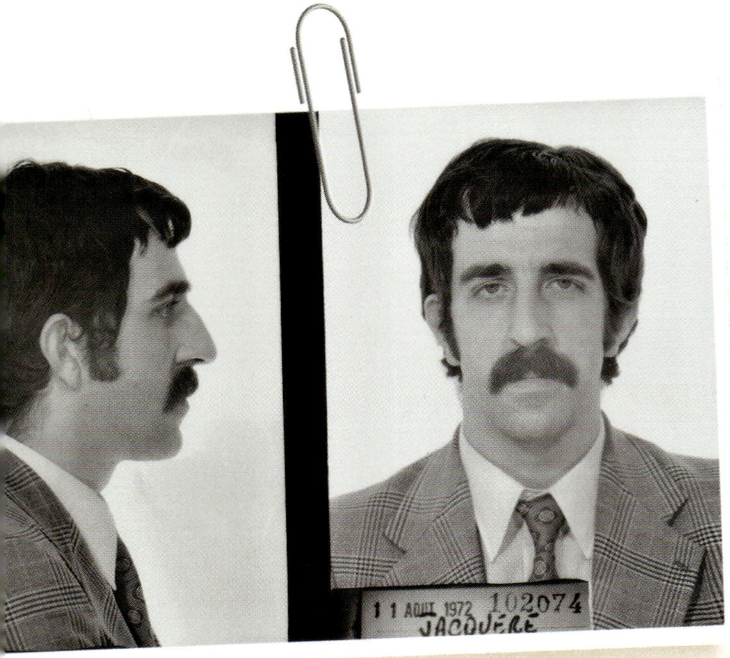

L'inspecteur divisionnaire Alain Jacqueré, dit « le Vieux », l'un de mes deux mentors dans la police judiciaire (1972). L'homme qui m'a appris les vraies ficelles du métier.

Roger Germain Alpettaz, mon second mentor, décoré en présence de ses amis Johnny Hallyday et Darry Cowl (1983). L'homme de tous les réseaux parisiens, ceux des politiques, du show-biz et des voyous.

En 1985, nos «clients» n'étaient pas des enfants de chœur. Certains, «armés jusqu'aux dents», traînaient dans leurs repaires, des bars de voyous du 17e arrondissement.

Bernard Le Mouton, présenté comme le « parrain » de la rue de Budapest, était l'ami de Mesrine (1989). Certains ont affirmé que nous étions complices.

La rue de Budapest, dédiée à la prostitution.
Sur ce trottoir sont nées les accusations
délirantes portées contre moi.

Dans le supermarché du sexe. Travestis brésiliens du bois de Boulogne (1986).

La plus grosse saisie d'héroïne à Paris en 1987 : 4,7 kilos et 670 000 francs en liquide. Le scandale de l'affaire Laignel, qui enverra Jean-Claude, demi-frère du ministre André Laignel, en prison pour 13 ans, est retentissant.

Nadjia Khabir (à gauche), la prostituée marocaine de la rue de Budapest qui va allumer la mèche qui mènera à mon arrestation. Ici en compagnie de deux autres filles exerçant dans la même rue (1987).

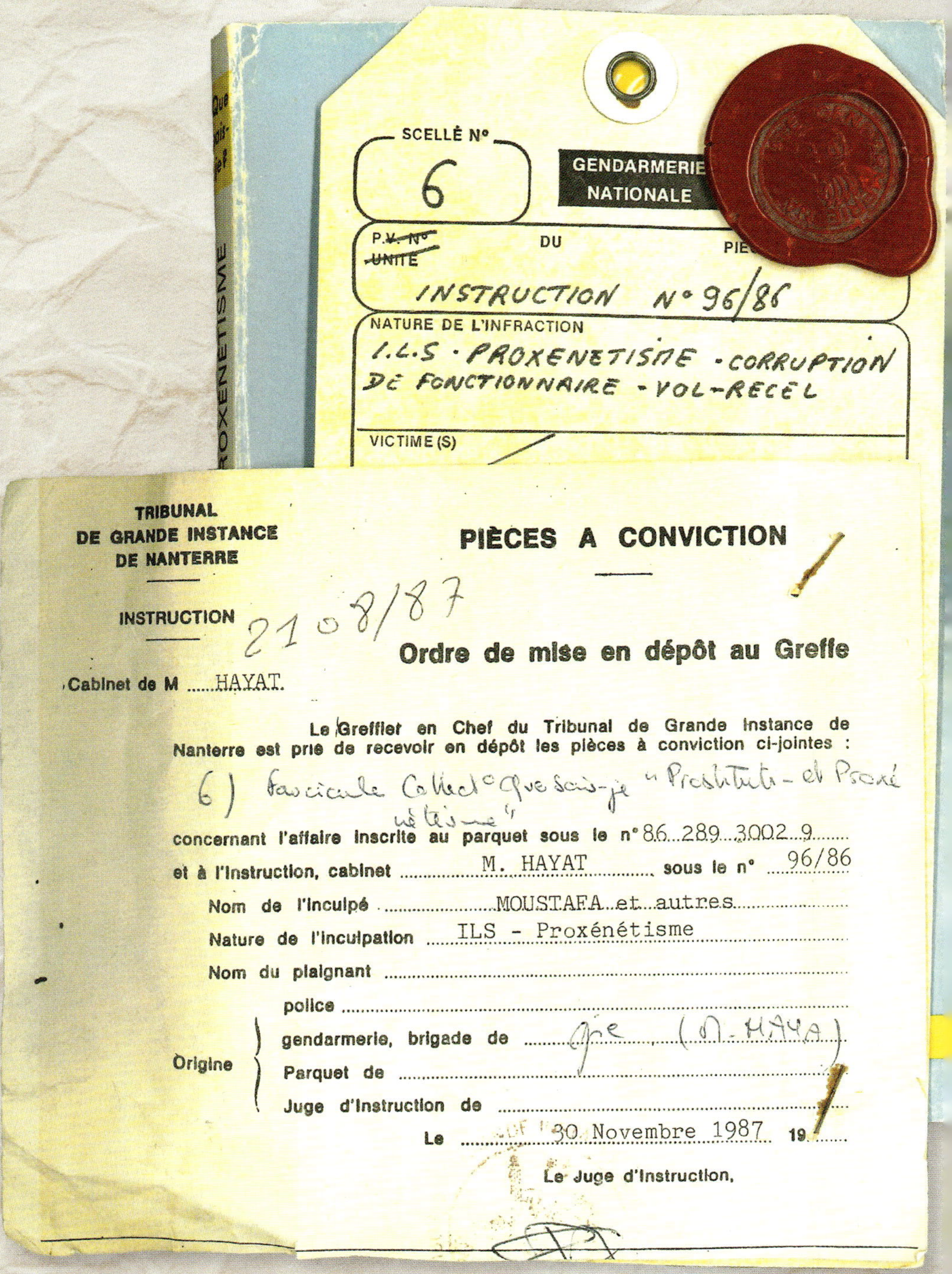

SCELLÉ N°
6
GENDARMERIE NATIONALE
~~P.V. N°~~ ~~UNITÉ~~ DU
INSTRUCTION N° 96/86
NATURE DE L'INFRACTION
I.L.S · PROXENETISME · CORRUPTION DE FONCTIONNAIRE · VOL-RECEL
VICTIME (S)

TRIBUNAL
DE GRANDE INSTANCE
DE NANTERRE

INSTRUCTION 2108/87

Cabinet de M HAYAT.

PIÈCES A CONVICTION

Ordre de mise en dépôt au Greffe

Le Greffier en Chef du Tribunal de Grande Instance de Nanterre est prie de recevoir en dépôt les pièces à conviction ci-jointes :

6) fascicule Collect° Que sais-je « Prostitution et Proxénétisme »

concernant l'affaire inscrite au parquet sous le n° 86 289 3002 9

et à l'instruction, cabinet M. HAYAT sous le n° 96/86

Nom de l'inculpé MOUSTAFA et autres

Nature de l'inculpation ILS - Proxénétisme

Nom du plaignant

Origine
police
gendarmerie, brigade de JPe (M. HAYAT)
Parquet de
Juge d'instruction de

Le 30 Novembre 1987 19

Le Juge d'Instruction,

Le scellé numéro 6 du juge Hayat : fascicule de la collection « Que sais-je ? », *Prostitution et Proxénétisme*, saisi à mon domicile. Hayat était persuadé que ce document venait conforter ma culpabilité de proxénète.

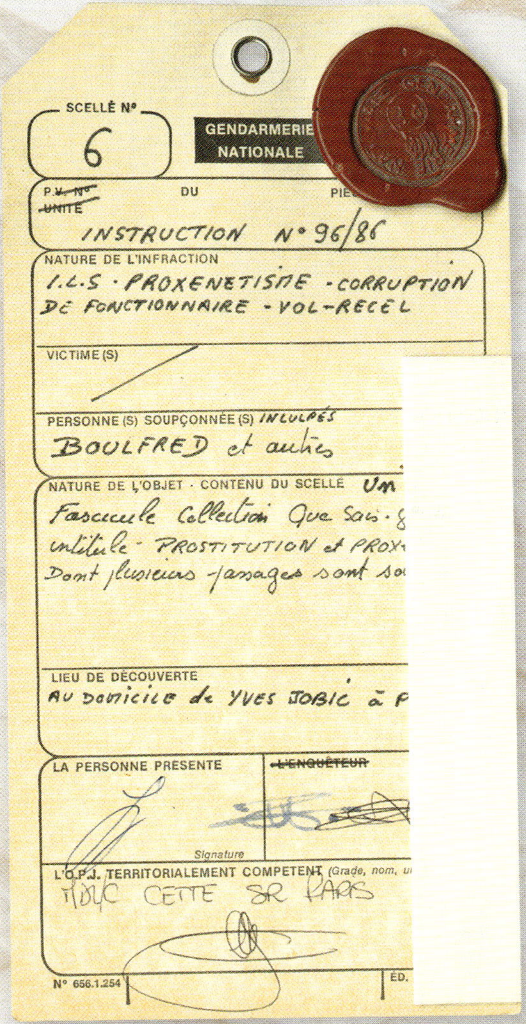

SCELLÉ N° 6

GENDARMERIE NATIONALE

~~P.V. N°~~ ~~UNITÉ~~ DU PIE

INSTRUCTION N° 96/86

NATURE DE L'INFRACTION

I.L.S · PROXENETISME · CORRUPTION DE FONCTIONNAIRE · VOL-RECEL

VICTIME (S)

PERSONNE (S) SOUPÇONNÉE (S) INCULPÉS

BOULFRED et autres

NATURE DE L'OBJET · CONTENU DU SCELLÉ Un

Fascicule Collection Que sais-j

intitulé · PROSTITUTION et PROX

Dont plusieurs passages sont sou

LIEU DE DÉCOUVERTE

AU DOMICILE de YVES JOBIC à P

LA PERSONNE PRESENTE ~~L'ENQUÊTEUR~~

Signature

L'O.P.J. TERRITORIALEMENT COMPETENT (Grade, nom, u

M/D/C CETTE SR PARIS

N° 656.1.254 ÉD.

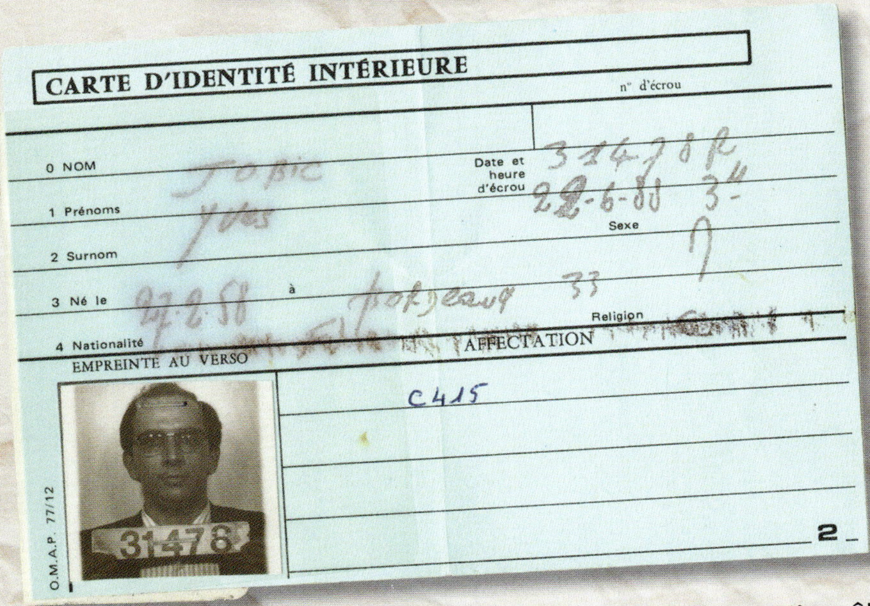

CARTE D'IDENTITÉ INTÉRIEURE

n° d'écrou

0 NOM JOBIC

Date et heure d'écrou 31478 R 22-6-88 3 h

1 Prénoms Yves

Sexe M

2 Surnom

3 Né le 27.2.58 à Bordeaux 33

Religion

4 Nationalité

EMPREINTE AU VERSO

AFFECTATION C415

31478

O.M.A.P. 77/12

2

22 juin 1988, jour de mon arrivée à la maison d'arrêt de Bois-d'Arcy : ma carte d'identité intérieure.

Jean Herrina, dit « Djamal » (au centre), le plus grand voleur de bijoux du XXe siècle, l'un de mes meilleurs indics.

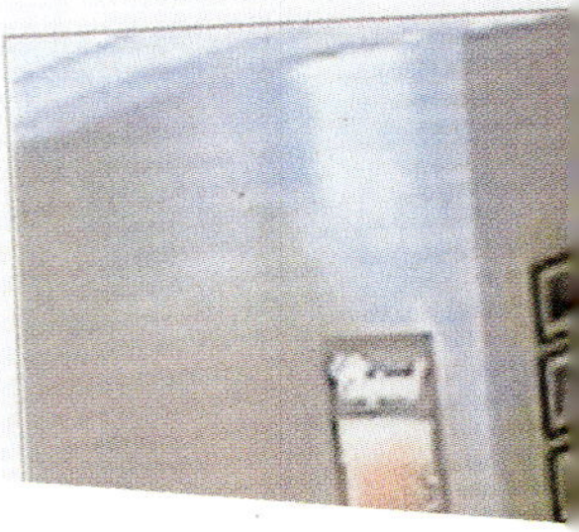

Vidéosurveillance révélant la présence de Jean Herrina et de sa complice dans une bijouterie d'Amsterdam, lors d'un vol en 2006.

Jean Herrina et sa complice sur un nouveau coup, à Berlin, en 2006.

Avec mon ami Georges Goubert, chef inspecteur divisionnaire, dans mon bureau de la 6e DPJ (1992). C'est lui qui apportera le vrai-faux passeport à Alfred Sirven.

Le préfet Philippe Massoni est venu rendre hommage à l'équipe du 36 pour le beau coup de filet dans l'affaire Boucheron. De gauche à droite : Jean Tchividjian, Olivier Foll, Philippe Massoni, Alain Boucheron, Yves Jobic, Frédéric Péchenard (1996).

CONFIDENTIEL

Francis Vanverberghe, dit « Francis le Belge », figure du milieu marseillais, a été filoché près de trois ans durant par l'antigang avant de finir exécuté (en haut, en 1999 ; en bas, en 1997).

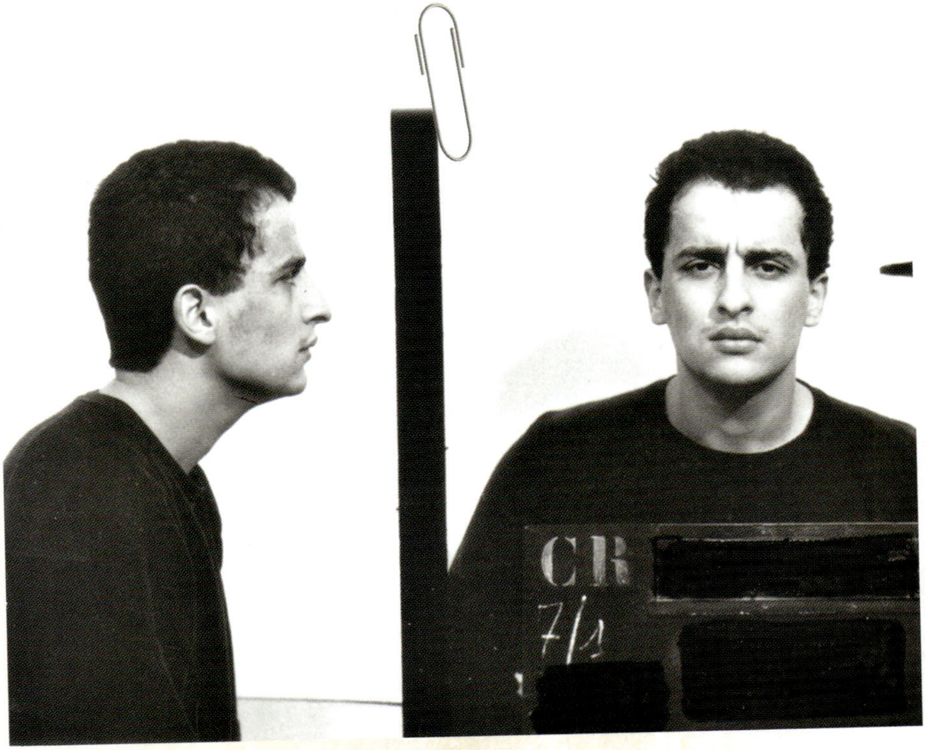

Mohamed Amimer, dit « Momo », le spécialiste des grands coups et l'un des piliers du clan Hornec. Il tombera en 1996 pour l'attaque du dépôt de la Brink's de Perpignan.

Photo saisie en perquisition représentant plusieurs figures du « Top 10 » du milieu parisien (1998) : François Delage, X, Farouk Achoui, Antonio Lages, Nordine Mansouri, Serge Lepage, Imed Mohieddine (de gauche à droite).

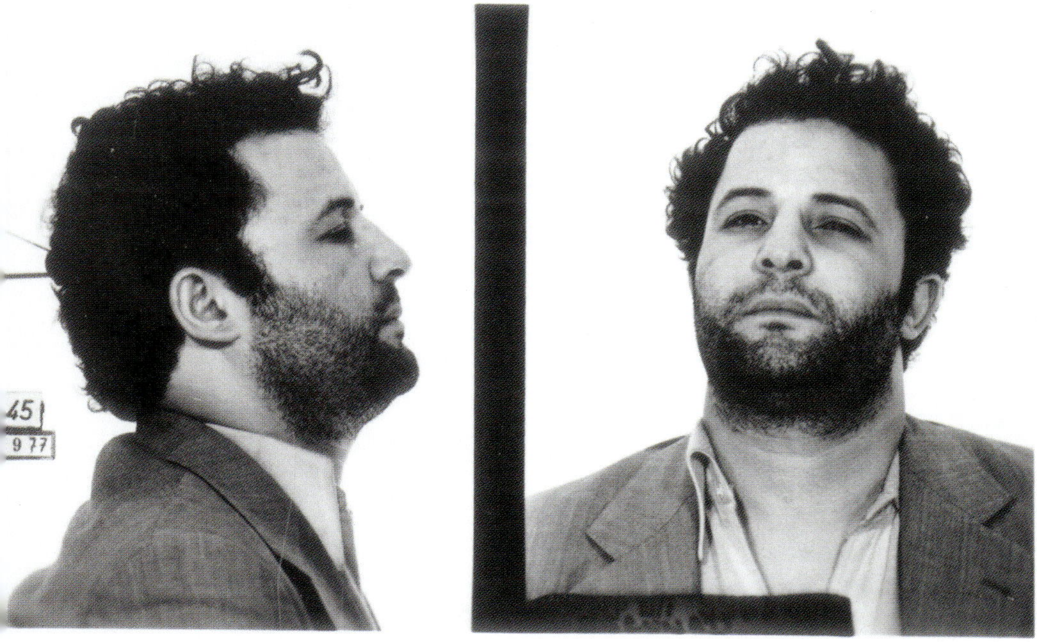

Boukhalfa Djennad, dit « Djeff » (1977). À la tête du milieu kabyle, lui et son frère Nono furent les plus importants fournisseurs d'héroïne en France dans les années 1980.

La demande d'inscription de Nordine Mansouri, dit « la Gelée », au fichier spécial de répression du banditisme (1997).

DIFFUSION RESTREINTE -

MINISTERE DE L'INTERIEUR

DIRECTION GENERALE DE LA POLICE NATIONALE

DIRECTION CENTRALE DE LA POLICE JUDICIAIRE

SOUS-DIRECTION DES AFFAIRES CRIMINELLES

OFFICE CENTRAL POUR LA REPRESSION DU BANDITISME

PN / DCPJ / SDAC / OCRB

REPUBLIQUE FRANÇAISE

Paris, le 21 octobre 1997

CONFIDENTIEL

À l'usage exclusif des Services de Police et de Gendarmerie

CIRCULAIRE DE RECHERCHES N° 96/97

OBJET: mise en surveillance d'un individu inscrit au fichier spécial de la répression du banditisme.

À la demande de la Direction régionale de police judiciaire de Paris (B.R.I.), il y a lieu de mettre en surveillance le nommé :

MANSOURI Nordine,
dit **"La Gelée"**
né le 9 décembre 1958 à Coubron (Seine-Saint-Denis),
de Mohamed et YACOUD Balhadj.

SIGNALEMENT :
type nord-africain, 1m85, corpulence forte, cheveux bruns.

RENSEIGNEMENTS :
susceptible de se livrer à des vols à main armée.

RÉFÉRENCE : fiche : **PJ 97/50110 OB**

FRÉQUENTATIONS :

— **MOHIEDDINE Ihmed,** né le 10 janvier 1962 à Bizerte (Tunisie).
— **EVREN Nurten,** né le 24 mai 1965 à Ankara (Turquie).
— **BELHADI Omar,** né le 24 mars 1954 à Montfermeil (Seine-Saint-Denis).
— **GRINE Farid,** né le 5 juillet 1966 à Paris 12e.
— **HORNEC Marc,** né le 27 avril 1966 à Paris 12e.
— **HORNEC Mario,** né le 27 juillet 1958 à Paris 12e.
— **HORNEC Jean-Claude,** né le 6 septembre 1953 à Paris 12e.
— **MAYER Michel,** né le 7 janvier 1956 à Brionne (Eure).

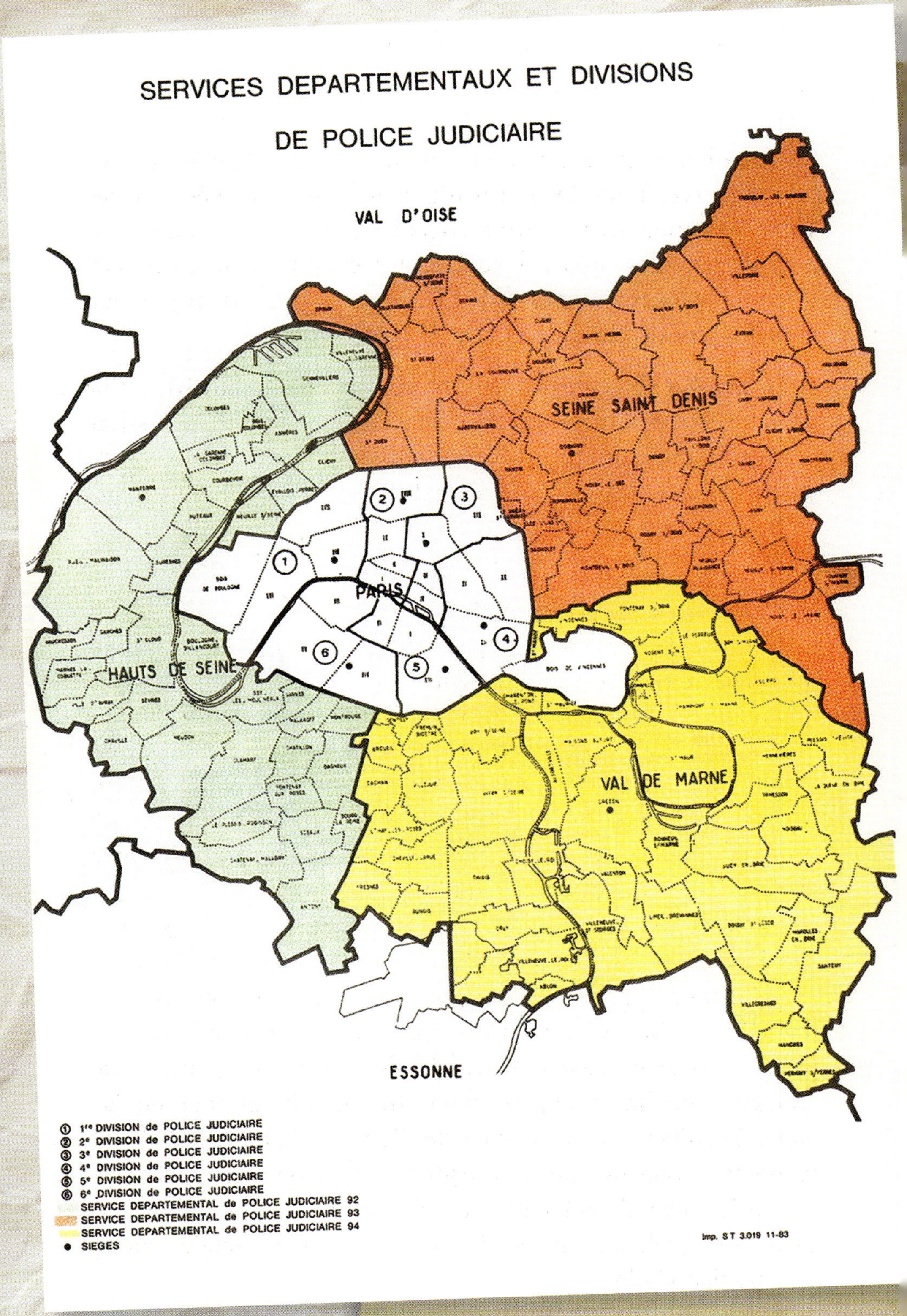

Les DPJ et les SDPJ de la direction régionale de la police judiciaire de la Préfecture de pol de Paris (PJPP) en 1983.

lendemain des attentats des Jeux olympiques de Munich, consistant à intervenir sur des prises d'otages et des forcenés. « Je ne vois pas comment on pourrait concilier des filoches ininterrompues derrière des voyous avec des interventions intempestives et trop nombreuses », confie-t-il. « Cela se ferait automatiquement au détriment du cœur de métier de la BRI. »

Durant les six années que je passe à la tête de la BRI, 90 % de notre activité est consacrée au banditisme et 10 % à la mission « brigade anti-commando-BAC », une proportion qui s'inversera progressivement après mon départ, le nouveau directeur, Gérard Girel, prenant l'exact contrepied des recommandations du créateur de l'antigang – mais nous n'en sommes pas encore là...

Malheureusement, Olivier Foll ne reste à la tête du 36 qu'un peu moins de deux années, pendant lesquelles il n'a de cesse de réformer et de dynamiser. Un trop court « règne » pour cet homme à l'autorité bienveillante qui m'accorde une confiance totale, tout en suivant de près notre activité. J'ai heureusement la chance d'avoir pour sous-directeur un homme de parole, fin et drôle, en la personne de Jean Tchividjian. Plusieurs fois par semaine, je descends voir le numéro deux du 36 dans son bureau du deuxième étage, pour évoquer les affaires en cours. Ancien de la Crim, celui que l'on surnomme « Tchi » me fait lui aussi confiance, et c'est réciproque : je suis totalement transparent avec lui, y compris sur l'origine de mes tuyaux. Bon policier, né dans l'île de Beauté d'une mère corse et d'un père arménien, il parle en corse au téléphone avec le préfet Massoni. Amateur de whisky de qualité et de jazz manouche, au point qu'il prend des cours de guitare avec des gitans des Puces de Saint-Ouen, il met un point d'honneur à ne pas prendre au téléphone Roger Marion, le numéro deux de la DCPJ, à qui il attribue la responsabilité de l'éviction, quelques années plus tôt, de ses amis Claude Cancès et Christian Gallo.

Au sein de l'antigang, je sais pouvoir m'appuyer sur quatre solides chefs de groupe de terrain. Jack Zirnhelt, dit « Zizi », Patrick Vigier, Bertrand Le Bihan et Didier Sabardin ont en commun un état d'esprit très positif, un courage exceptionnel et une expérience qui leur permet de s'adapter aux scénarios les plus improbables. Dans cette maison, la PJPP, où tout le monde se connaît, les recrutements s'effectuent par cooptation. Je reçois les candidats avec mon adjoint et les numéros trois et quatre de la brigade, pour mesurer leur niveau de connaissance du milieu parisien et de la topographie de la capitale et de sa banlieue, mais surtout leur degré de motivation. Celui qui veut rejoindre notre service doit être entièrement disponible pour assurer des planques à rallonge, souvent jusqu'à des heures avancées de la nuit. Il doit se montrer capable d'attendre des heures qu'un voyou sorte de chez lui et de le suivre à pied, en voiture ou à moto sans « se faire mordre ». Il doit être physionomiste et assez habile pour sentir les « coups de vice », être endurant et bon tireur, avoir du sang-froid et ne pas hésiter, si nécessaire, à faire usage de son arme. Le tout assorti d'un fort esprit d'équipe et d'une allure passe-partout : le style « RoboCop » se fait vite « renifler » par le voyou. Une fois le feu vert donné, et sauf déception, il est recruté après un mois de stage, loin d'un formalisme administratif souvent source d'erreurs de casting…

Quant au cadre de travail, j'ai bientôt l'occasion de l'améliorer légèrement. Quelques mois après mon arrivée à la BRI, Juan Sanchez, un ami catalan entré à dix-sept ans dans la Légion étrangère, dans laquelle il a servi en Indochine et en Algérie, me fait la surprise de sa visite. L'ancien adjudant, qui adore la police, ne mâche pas ses mots devant l'aspect vétuste de nos locaux, au quatrième étage du 36, et plus particulièrement l'état déplorable des murs défraîchis. Étant à la tête d'une florissante entreprise de peinture, il est déjà en train, alors que je valide son diagnostic, de monter une équipe pour rafraîchir les lieux. Une multitude de rapports ont été transmis ces vingt dernières années aux services du matériel et des travaux de la préfecture de police. Tous sont revenus estampillés de la redoutable mention : *Budget épuisé – Refaire votre demande l'année prochaine.*

Dans son rigorisme, l'administration prévoit deux couleurs réglementaires : jaune-beige ou blanc-gris cassé, soigneusement sélectionnées par messieurs les architectes de la préfecture de police pour dissimuler la crasse qui ne manquera pas de se stratifier au fil des décennies. J'organise une réunion des chefs de groupe, puis un référendum sur le sujet. Les choix éclectiques, voire électriques de mes collaborateurs seront scrupuleusement respectés, tant pis pour les architectes de l'administration. L'adjudant ne me demande qu'une faveur : la possibilité de garer son fourgon dans la cour du 36. Pour le reste, amour de la France oblige, la peinture et le salaire des ouvriers durant les quinze jours de travaux sont à sa charge.

« Planter des GIC »

Dès que j'ai un moment de liberté, alors que je prends mes marques, je me plonge dans les archives de la brigade, et une première évidence s'impose : Roger Germain et Alain Jacqueré, mes deux mentors, sont les policiers qui ont fourni le plus de tuyaux à la BRI entre les années 1970 et 1990. Ils ont rédigé des dizaines de rapports de renseignement, principalement sur des braquages, mais aussi sur des « coups » plus originaux comme ce cambriolage programmé, à la fin de 1969, contre le musée Jacquemart-André, boulevard Haussmann, dans le 8e arrondissement, dont Roger a révélé les dessous : *Le cambriolage envisagé sera commis par l'escalade d'une coupole qui coiffe les bâtiments du musée, seul endroit qui ne serait pas protégé par un système d'alarme. Là, une vitre sera enlevée, ce qui permettra l'accès à une seconde coupole qui sera franchie de la même façon. Ensuite, l'un des trois hommes descendra sur le sol au moyen d'une corde d'environ sept mètres. Les malfaiteurs n'ignorent pas que certains tableaux, les plus petits, sont munis d'un système d'alarme, pour parer aux vols qui pourraient être commis pendant les heures d'ouverture par les visiteurs. Les plus grands, par contre, une trentaine environ, seraient démunis de ces appareils...*

Tout figure dans le rapport : le mode opératoire, le lieu où seront entreposés les tableaux dérobés, les noms et adresses des auteurs et du receleur, *malfaiteur notoire qui sera chargé de la négociation avec les compagnies d'assurance, pour une somme de trois millions de francs.* Roger précise que deux des auteurs *cohabitent avec des femmes qui se prostituent dans le quartier de la Madeleine-Opéra*, secteur où mon aîné bénéficie d'un solide réseau d'yeux et d'oreilles.

François Le Mouël, alors à la tête du service, exploite aussitôt ce tuyau. Soucieuse de ne pas laisser le champ libre à une équipe susceptible de détériorer des œuvres exceptionnelles, la direction du 36 décide sagement de faire mettre à l'ombre les deux julots par la Mondaine, le temps que les responsables du musée, prévenus, protègent la toiture de l'hôtel particulier...

La documentation opérationnelle de l'antigang, voulue dès l'origine par François Le Mouël, est la mémoire vivante du banditisme. Dossiers individuels et collectifs, photos de surveillances, spécialités des voyous, modes opératoires, antécédents, environnement familial, parcours carcéral, maîtresses, complices, bars et boîtes de nuit fréquentés, véhicules utilisés, synthèse des surveillances réalisées, ce poumon de la BRI est installé sous les toits du 36, dans deux pièces où la température frôle souvent les trente-cinq degrés en été.

À la tête de la « Doc » excelle à mon arrivée l'inspecteur divisionnaire Stéphane Grilhault des Fontaines, dit « Stef », revenu à la BRI en octobre 1993 après un passage à la 3e DPJ, où il a notamment créé le premier « fichier manouches » de la PJ parisienne. Lui qui avait traqué en début de carrière le gibier de la Mondaine est l'un des meilleurs policiers de la capitale. Il s'attelle à une nouvelle tâche : améliorer l'exploitation des téléphones utilisés par les malfaiteurs.

La Doc gère les « interceptions de sécurité », c'est-à-dire les écoutes réalisées à la demande du service par le groupement interministériel de contrôle (GIC). La brigade ne peut brancher que des lignes fixes, désormais abandonnées par les voyous au profit de portables que la police ne peut pas écouter[87]. Seul levier, l'exploitation des factures détaillées de ces téléphones portables permet d'obtenir les numéros que l'utilisateur a composés et ceux des personnes qui l'ont appelé, avec la date, l'heure et la durée des conversations. Stef ne s'en satisfait pas. Intrigué par la série de dix chiffres et de six lettres qui figure en regard de chaque appel, il s'en ouvre auprès de ses interlocuteurs chez les trois opérateurs téléphoniques de l'époque. L'un d'eux, qui supervise les réquisitions officielles des services de police auprès de France Télécom, finit par lui « avouer » que ce système hexadécimal permet d'identifier la balise actionnée par l'utilisateur du portable lorsqu'il passe ou reçoit un appel, et du même coup son positionnement sur le territoire. Une aubaine que ne laisse pas passer Stef, qui obtient la localisation de toutes les balises et leurs numéros : dès qu'il utilisera son mobile, le voyou sera localisé et suivi à la trace, comme si une balise avait été placée sur son portable.

Le chef de la Doc partage son innovation avec nos collègues de la Crim, des Stups et de la BRB et crée deux fichiers

87. À l'époque, France Télécom, puis SFR et Bouygues assurent que l'interception vocale d'un portable ne sera jamais possible techniquement.

informatiques : l'un dans lequel il entre tous les numéros de téléphone qui apparaissent dans les dossiers de la brigade, et un second réservé aux balises. Poursuivant ses recherches, Stef revient à la charge auprès de France Télécom avec une autre interrogation : sachant que l'on peut identifier une balise à partir d'un numéro de portable, peut-on à l'inverse obtenir les numéros qui ont actionné une balise à une heure précise ? Réponse positive, que Stef communique là encore charitablement aux autres services du 36.

Cette « révolution » porte aussitôt ses fruits. Les fadettes permettent des recoupements et des avancées décisifs. Les voyous sont plus faciles à surveiller, car localisables. Stef y gagne un surnom flatteur : « Grilhault des Fadettes ». Simultanément, nous continuons à « planter des GIC », des écoutes administratives légales que nous sollicitons dans certains cas en urgence absolue. Plusieurs de nos hommes sont détachés en permanence aux Invalides, siège du GIC, créé en 1960 à l'initiative de Constantin Melnik, coordinateur du renseignement auprès du Premier ministre Bernard Debré ; ils retranscrivent en direct et à la main les conversations, une production que nous recevons tous les jours en fin de matinée. Même si les voyous parlent peu au téléphone, nous en retirons des informations précieuses qui nous permettent de valider ou d'invalider nos hypothèses. Juridiquement, nous sommes tenus de protéger l'origine de ces éléments et de parler dans nos rapports officiels, versés en procédures, de « renseignements anonymes ».

Louis XVI

Les malfaiteurs se méfiant de tout véhicule qui peut ressembler à un sous-marin, nous faisons d'importants progrès dans le domaine de la surveillance vidéo. Le « Grand José » Gentilini, roi des innovations et responsable du groupe technique de la BRI, met au point, grâce au concours d'une société privée, de petites caméras que nous dissimulons dans l'appuie-tête d'un véhicule ou dans une vieille machine à laver posée dans une fourgonnette. Indétectables, elles filment vingt-quatre heures sur vingt-quatre, week-end compris, les allers et venues autour d'un porche, d'une maison ou d'une boutique.

Il nous arrive aussi de solliciter les services de « Louis XVI », un as de l'ouverture de serrures – aucune ne lui résiste. Ancien inspecteur à la 1re DPJ, où je l'ai bien connu, il exerce dorénavant ses talents à la DST. Grâce à lui, nous pouvons discrètement vérifier le contenu d'un box suspect et pourquoi pas installer du « matériel technique » à l'intérieur d'un domicile. De quoi tromper à coup sûr l'attention de voyous patentés, comme nous le faisons en septembre 1999 avec Johnny, un manouche du Val-de-Marne connu pour braquer des bijouteries. Le branchement de ses téléphones ne donnait rien, Johnny ne parlant que de la pluie et du beau temps et terminant systématiquement ses conversations par l'expression en usage dans sa communauté : « Mange tes morts la table d'écoute ! » Nous procédons pour le piéger à la sonorisation officieuse de son appartement, sans autorisation judiciaire, qui à l'époque n'aurait de toute façon pas été accordée dans le cadre d'une enquête préliminaire. Deux policiers de la Section centrale opérationnelle d'assistance technique, la SCOAT[88], posent un micro sous notre protection. La réception s'effectue depuis un appartement situé dans l'immeuble d'en face, qui nous sert de pigeonnier.

Ce dispositif innovant nous permet d'entendre Johnny raconter sa vie et ses projets à ses acolytes, leur dire notamment qu'il se méfie du téléphone, ce que nous avons constaté. Il parle aussi

88. Ancêtre du Service interministériel d'assistance technique (SIAT) et rattachée à la DCPJ.

de « ces cons de la BRI qui doivent être à mon cul et qui ne pourront jamais m'écouter au bigo parce que je suis bien plus malin qu'eux ! »

Un mois plus tard, lesdits « cons » l'arrêtent en flagrant délit avec deux complices.

« Le Saint » revient

Un samedi, Huggy se rappelle à mon bon souvenir. Nous sommes deux heures plus tard attablés à la brasserie *Henri IV*, à l'angle du quai des Orfèvres et du pont Neuf ; Alain, dit « le Vieux », l'a accompagné, signe que l'affaire est sérieuse.

Huggy va droit au but : dans une imprimerie de Montreuil, un « Mozart de l'informatique » assisté de deux complices, dont l'un est imprimeur, fabrique des faux billets, Deutschemarks et francs suisses ; ils concoctent également des chèques-déjeuners falsifiés, le carnet de vingt tickets étant vendu sous le manteau au cinquième de sa valeur.

Les caméras et les écoutes sont un vrai plus, mais ce genre de renseignement reste le summum. Depuis le début de l'année 1996, la société Chèque Déjeuner est effectivement victime d'un vaste trafic de faux écoulés en région parisienne et dans le Midi de la France. Une plainte a été déposée auprès de l'Office central en charge de la répression du faux-monnayage (OCRFM) pour l'écoulement de quatre mille faux carnets de vingt chèques de cinquante francs chacun. L'enquête patine faute d'éléments exploitables, mais une course contre la montre est engagée pour découvrir l'imprimerie avant que le préjudice, qui se monte déjà à plus d'un million de francs[89], n'explose, ce qui aurait pour

89. L'équivalent de 207 000 euros.

conséquence inévitable la mise en liquidation judiciaire de la société et le chômage pour ses cent quatre-vingts salariés…

Huggy relève brusquement sa manche gauche et exhibe son tatouage du « Saint », le même symbole que celui de la série télévisée. Je feins la surprise, tandis que mon interlocuteur s'explique : « Tu vois, Yves !… "Le Saint" tient toujours parole ! »

Le Vieux propose d'aller sur-le-champ à Montreuil. L'imprimerie est située dans un quartier pavillonnaire ; trois motos sont sagement stationnées devant. Je relève les immatriculations qui se révéleront correspondre à l'identité des trois faux-monnayeurs…

Olivier Foll, que j'informe de notre découverte, décide d'associer la BRI à la brigade financière du 36. Une affaire de quelques jours : le 18 avril 1996, notre intervention conjointe permet, outre celle de six mille faux carnets de chèques-déjeuners contrefaits en attente d'écoulement, la découverte, au milieu de grosses rotatives et d'encres de plusieurs couleurs, de planches de billets de mille francs suisses et de mille Deutschemarks en cours de fabrication. L'imprimeur et son associé, le « génie de l'informatique », reconnaissent avoir déjà écoulé plusieurs milliers de ces fausses coupures.

La directrice de la société Chèque Déjeuner respire. Informée des dessous de l'enquête, elle tient à remercier Huggy, qui a solutionné ses déboires en un temps record ; il y a encore des gens qui savent se tenir.

Claire Chazal ouvre le journal télévisé de 13 h sur ce « brillant succès de la PJ remporté au terme d'une longue et minutieuse enquête réunissant une cinquantaine de policiers de plusieurs services ». Un modèle du genre que doivent apprécier les adeptes d'une police propre, sans compromission. Évitant soigneusement toute allusion au rôle décisif joué par un informateur, cette présentation lisse atteste de l'impossible : depuis Pasteur, il a été démontré que la génération spontanée n'existait pas.

Les frères Tomi

En 1998, à la demande de bons amis et de Jean Tomi, son frère aîné et maire de Tasso, en Corse, je fais venir à la brigade le jeune inspecteur Paul-Antoine Tomi, plus connu sous le diminutif « PA ». Lui qui s'ennuyait à mourir dans une section peu active des RG parisiens trouve son bonheur au sein du groupe 20 de la BRI. Ce n'est pas forcément conforme à nos critères de recrutement, mais Jean Tchividjian a donné son aval. Je n'aurai qu'à me louer du travail de cette nouvelle recrue et de son esprit d'équipe, qui rentabiliseront au-delà de tout espoir notre « prise de risque ».

Peu après nous avoir rejoint, « PA » me présente son autre frère, Michel, plus âgé que lui et intime de Richard Casanova, considéré comme l'un des cerveaux de la bande de la Brise de mer et soupçonné d'avoir participé au retentissant casse de l'UBS, à Genève, en mars 1990. La plupart du temps en déplacement en Afrique, Michel est à la tête d'un empire dans le milieu des jeux grâce à son sens de l'organisation et à sa grande proximité avec plusieurs chefs d'État africains, qui le considèrent comme un frère. Taillé telle une armoire à glace, en pleine forme physique, jovial et plein d'humour, il est heureux que son jeune frère puisse satisfaire sa vocation policière, une affaire de famille : Ange Tomi, leur père, qui l'a eu d'un second lit, était commissaire de police avant de se reconvertir dans les jeux, à la retraite, au sein du clan Francisci.

Je rencontre Michel à Paris, le plus souvent pour un déjeuner. Il arrive et repart à bord d'un 4x4 blindé immatriculé à l'étranger, escorté d'une voiture suiveuse. Des Corses armés sont toujours installés à proximité et veillent ! « Tout pour la détente », comme disent les fines gâchettes. Je le vois parfois aussi à Tasso, comme ce jour de 1999 où, alors que nous prenons l'apéritif sur la terrasse de sa maison, Michel badine avec son petit-fils âgé de cinq ans, assis sur ses genoux et déjà l'accent corse. Question du grand-père : « On va se boire un petit… ? » Réponse du gamin : « Pastis ! — On va se taper une… ? — Gonzesse ! — Si on t'amène à la gendarmerie et qu'on te pose des questions, qu'est-ce que tu réponds ? — *Acqua in bocca* ! » Littéralement : « de l'eau dans la bouche », une expression qui symbolise la loi du silence.

Alors qu'il attend, anxieux, les résultats de l'oral du concours de commissaire, en 2002, « PA » me demande de me renseigner discrètement sur les résultats. Je me rapproche de Fulvio Raggi, un des plus hauts responsables policiers, marqué à gauche, avec lequel je me suis toujours bien entendu, très introduit dans les milieux de la formation. « Dis-moi, Yves, ce candidat a-t-il un lien de parenté avec la famille Tomi, en Corse ? », me demande Fulvio. « Oui, c'est le frère de Jean et Michel Tomi. » J'entends encore le rire cristallin de mon interlocuteur, qui connaît visiblement la famille et… me rappelle un quart d'heure plus tard pour m'annoncer la bonne nouvelle : Paul-Antoine a réussi son concours.

À partir de 2013, Michel Tomi fera l'objet de toutes les attentions de René Bailly, directeur du renseignement à la préfecture de police (DRPP), et de Bernard Petit, alors numéro trois de la direction centrale de la police judiciaire, à la demande du ministre de l'Intérieur de l'époque, Manuel Valls. Michel Tomi sera mis en examen en 2014 pour corruption d'agents publics étrangers, abus de confiance, blanchiment et trafic d'influence et gagnera au passage dans la presse les titres de « Parrain des parrains », d'« empereur de la Corsafrique » et de « roi des casinos africains ». En 2018, à l'issue de cinq années d'enquête, il ne sera poursuivi que pour complicité et recel d'abus de biens sociaux, toutes les autres charges ayant été abandonnées : la montagne avait accouché d'une souris.

Brigitte et Oscar

À la différence de la plupart des autres services de PJ, qui enquêtent essentiellement à partir de faits déjà commis, les cinquante policiers de la BRI ont devant eux une page entièrement blanche. Le service sélectionne des objectifs susceptibles de « monter » sur un coup, travaille sur eux d'initiative en amont de la commission d'infractions, sans en aviser le parquet. La méthode a fait ses preuves depuis la création de l'antigang, mais ne plaît pas à tout le monde. Certains magistrats dénoncent une police « proactive » qui leur échappe. Les voyous, eux, sont furieux de se voir pris la main dans le sac sans pouvoir ergoter.

Face à des bandits aguerris, le renseignement humain est pour moi une priorité incontournable. En plus du réseau de contacts que j'ai tissé depuis des années, je parviens à nouer de nouvelles relations avec deux personnages de premier plan : Brigitte, maîtresse d'un braqueur bien connu, et un malfaiteur appartenant au premier cercle de l'équipe des frères Hornec, à qui j'octroie le pseudonyme « Oscar ».

Je ne les appelle jamais de mon bureau, mais depuis des cabines téléphoniques chaque fois différentes. En effet, comme certains ont vocation à être « branchés » par d'autres services, ou le sont déjà, je ne veux ni apparaître ni être identifié. Je n'ai pas besoin de m'annoncer, mon interlocuteur reconnaît ma voix et nous nous donnons rendez-vous avec des formules codées connues de nous seuls, sans plus de commentaires.

Plusieurs mois me sont nécessaires pour gagner la confiance de ces sources haut de gamme, condition *sine qua non* pour obtenir des informations sensibles. Je les rencontre régulièrement, toujours dans des lieux très discrets. Tous deux vont me parler librement, en prenant d'énormes risques, de ce qui se trame dans le milieu et de coups déjà réalisés ou en préparation. Il est rare que je les quitte les mains vides…

Consciente du caractère un peu surréaliste de notre proximité, Brigitte me confie un jour : « Yves, si Serge Lepage nous voit tous les deux ensemble, il va faire une crise cardiaque ! »

Grâce à Brigitte, Oscar et quelques autres, nous pouvons investir sur de bons chevaux et éviter de perdre du temps et de l'énergie derrière des « tocards » qui n'atteindront jamais la ligne d'arrivée. Je refuse que mes collaborateurs de la BRI s'épuisent et se démoralisent derrière des cibles dépourvues d'intérêt. Le fait que je manifeste à mes sources de la considération et une forme de respect et d'empathie est probablement pour quelque chose dans la disponibilité de ces partenaires, mais la vraie contrepartie réside dans les démarches, aussi efficaces que possible, que je mène en leur faveur auprès de magistrats, de l'administration pénitentiaire, voire du fisc.

À l'époque, les indics n'ont pas encore d'existence officielle – ce ne sera le cas qu'en 2004[90] – et nous nageons en plein flou artistique. Cependant, dès 1999-2000, une réflexion est dans l'air, le projet d'immatriculer les sources est à l'étude et j'échange régulièrement sur ce sujet avec Jean Tchividjian, le numéro deux du 36. Si pour la majorité des indics de moyenne envergure, collaborant surtout en matière de stupéfiants, cela ne poserait guère de difficultés et pourrait même protéger les policiers traitants, il me paraît naïf d'imaginer enregistrer de grosses pointures. Elles n'accepteront pas une inscription synonyme d'un marquage au fer rouge, là où le secret et le non-dit sont primordiaux. Des indiscrétions policières seraient en effet possibles, sans compter

90. À la suite de la loi Perben II.

la perquisition éventuelle d'un magistrat dans un tel fichier ou le piratage d'un hacker, avec le risque de voir étalés les noms de nos sources en place publique. Une hérésie.

10.

Les braqueurs

Le tonton, Riton et les blondes

Janvier 1999. Costume croisé à rayures, chaussures vernies bicolores, phrasé du milieu des années 1960, on croirait le vieux voyou parisien directement sorti du *Cercle rouge* ou du *Samouraï*. Ancien tonton de Roger Le Taillanter, qui me le présente, l'homme entend toucher une prime en échange d'un tuyau super carré. Quelques semaines plus tôt, un camion de cigarettes de la SEITA a été braqué sur une aire de repos en Seine-et-Marne. Le contenu du semi-remorque a atterri dans un entrepôt de l'Essonne, propriété d'un certain « Riton », officiellement garagiste, interpellé en 1993 en Espagne alors qu'il remontait une tonne de haschisch vers la France. Le site est protégé par trois molosses. Le cerveau du braquage est un manouche surnommé « Mario », proche de la famille Lepage, déjà connu comme braqueur de fret, officiellement marchand de matelas sur les marchés et cascadeur automobile lors de tournages de films.

La SEITA confirme qu'un de ses camions assurant une navette entre Nantes et Nancy a été braqué dans la nuit du 18 novembre 1998, sur une aire de repos de la Nationale 4, par un commando de plusieurs hommes armés. Le véhicule contenait quatorze tonnes de cigarettes, d'une valeur de six millions cinq cent mille francs[91]. Le chauffeur a remarqué que le voyou qui s'était mis au volant « ne faisait pas grincer les rapports et conduisait très bien », preuve, selon lui, qu'il avait l'habitude de manier des camions. Le responsable de la sécurité de la société, enchanté, accepte immédiatement le principe d'une prime pour la source. Marché conclu.

Ce préalable réglé, j'embarque le jour même avec le commandant Patrick Vigier et le tonton pour visualiser l'entrepôt, avant de régler à chaud la question du cadre juridique : le SRPJ de Versailles nous fait co-saisir par le juge afin que nous puissions intervenir conjointement, dès le 6 janvier. Les mille cinq cents cartons de paquets de cigarettes blondes n'ont pas bougé de l'entrepôt. Riton ne peut que s'allonger. Il reconnaît au passage que des cargaisons de champagne et de téléviseurs dérobées dans des circonstances similaires par la même équipe de gitans sont passées par là récemment.

Quelques semaines plus tard, après plusieurs repérages en hélicoptère au-dessus de camps de gens du voyage dans l'Essonne, nous arrêtons les auteurs du braquage, excepté le fameux Mario, qui déplore cependant la saisie d'une Porsche, d'une Yamaha 1 000 cm³ et d'une Mercedes 300 TD tout juste achetée quatre cent cinquante mille francs, en espèces… Dans le pavillon jouxtant sa caravane, à côté de son livret de circulation, un exemplaire du *Parisien libéré* du 8 janvier, ouvert à la page relatant le braquage et la découverte des cartons de cigarettes. Mario n'a pas eu le temps de le faire disparaître ni… de l'encadrer. Sa cavale ne durera pas longtemps et le témoignage à charge de Riton l'enverra méditer au placard sur la fragilité des relations humaines dans le milieu.

91. L'équivalent de 1 300 000 euros.

Quatre braqueurs de fourgons « éliminés » en flagrant délit

Juin 2000. Cela fait plusieurs jours que nous suivons deux manouches de Seine-Saint-Denis. Selon notre tuyau, ils disposent de voitures volées et vont bientôt « taper ». Le 22 juin, ils se rendent dans une petite rue étroite et déserte de Villemonble à bord d'une Peugeot 406 rouge, moteur V6, volée et maquillée, s'affairent dans un box et repartent. Ils y reviennent le lendemain à 18 h, cette fois avec une Peugeot 406 verte, accompagnés de deux inconnus. Peu après, le quatuor se divise et repart à toute vitesse dans les deux voitures en direction de la Seine-et-Marne. Les vingt policiers de la BRI présents sur le dispositif ne peuvent les suivre, sous peine d'être « redressés ». Décision est prise de mettre en place une souricière hermétique dans la petite rue du box.

À 19 h 30, je préviens l'état-major du 36 qu'une équipe que nous surveillons est susceptible de commettre un vol à main armée en région parisienne, et demande à être avisé dès qu'une information leur parviendra. L'attente est brève.

À 22 h, l'état-major m'avise que des transporteurs de fonds de la société Ardial ont été braqués à Champs-sur-Marne, en Seine-et-Marne, par quatre malfaiteurs encagoulés, vêtus de combinaisons d'intervention noires et armés d'un fusil d'assaut Kalachnikov, d'un pistolet mitrailleur et de deux armes de poing, alors qu'ils s'apprêtaient à pénétrer dans le sas d'une agence du Crédit agricole pour y alimenter le DAB. Les convoyeurs ont été obligés de remettre la cassette contenant les billets et plusieurs caissons sécurisés avec des espèces.

Mon correspondant précise qu'en s'enfuyant, les braqueurs sont tombés nez à nez avec une patrouille du commissariat. Ils ont ouvert le feu sur les policiers sans les atteindre. Un miracle ! Vingt minutes plus tard, notre dispositif voit arriver en trombe les deux Peugeot. L'une rentre dans le box, ses deux occupants en ressortent, montent dans la seconde, qui les attend moteur tournant au milieu de la rue… désormais barrée par deux voitures de la BRI. Le chauffeur tente de se dégager en percutant les véhicules administratifs et en fonçant sur un « piéton » de l'antigang, pendant que ses complices pointent leurs armes vers les policiers. La fusillade est inévitable : nous tirons en parfait état de légitime défense.

Seize balles transpercent le véhicule des braqueurs. À l'intérieur de cette passoire, un voyou agonise sur la banquette arrière, sa kalachnikov positionnée à la verticale contre la poitrine, la crosse coincée entre ses genoux ; il la « glissera » avant l'arrivée des secours. À l'avant, un blessé dans un état alarmant, un 357 à ses pieds. Les deux autres, tétanisés, se laissent arrêter sans difficulté. À bord des véhicules, un pistolet mitrailleur Ingram de calibre 9 mm, un sac de billets de banques, les caissons Axytrans, un gyrophare, des talkies-walkies et des masques de hockeyeurs. Accablant, comme le matériel du parfait braqueur découvert dans le box : plaque de police pare-soleil, pistolet CZ, grenades, gilets pare-balles, lots de munitions et trois paires de menottes, dont un bracelet d'escorte vraisemblablement volé à la gendarmerie lors d'une évasion ou du cambriolage d'une caserne.

Le lendemain, par l'intermédiaire d'une relation commune, une de nos vieilles connaissances demande à me rencontrer en urgence. C'est Imed Mohieddine, pilier d'une galaxie incontournable dans le milieu, celle des frères Hornec. Nous l'avions interpellé dans une cabine téléphonique de Fréjus, dans le Var, trois ans plus tôt, en juin 1997, dans le cadre d'une enquête conjointe avec la brigade de recherches et d'investigations financières (BRIF) et la brigade des stupéfiants. Nous avions établi qu'il avait investi des capitaux importants provenant du Luxembourg dans plusieurs établissements de la région parisienne et qu'il en dirigeait deux en sous-main : *Le Manoir*, une boîte de nuit de Tessancourt, dans les Yvelines, et *La Comedia*, un restaurant du Perreux, dans le Val-de-Marne. Recherché par l'OCRB pour sa participation présumée, en mai 1994, à l'attaque du dépôt de la Brink's de Perpignan[92], Imed était en cavale avec des faux papiers...

Nous nous voyons dans un endroit discret. Grand, sec, vêtu d'une paire de jeans et d'un blouson en cuir, il m'apprend que le braqueur décédé à Villemomble est un jeune Tunisien de trente et un ans originaire du même village que lui et que le blessé n'est autre que son frère Karim, atteint d'une balle dans le foie. Les deux malfaiteurs indemnes sont deux cousins manouches sédentarisés de Montreuil, proches eux aussi des frères Hornec : Marc Alma et Stéphane Gabard.

« Je trouve étonnant que les deux gitans soient juste légèrement blessés et j'aimerais bien savoir qui vous a balancé ce coup », attaque Imed, bille en tête. « En plus, ils s'y sont très mal pris. Dans ces grosses opérations, une attaque de fourgon ou de dépôt, avec séquestration ou non du responsable, tout repose sur la préparation et l'art de sélectionner les gens en fonction de leur spécialité et de leurs compétences. J'ai engueulé mon frère, il a travaillé avec des amateurs ! »

Pour illustrer sa conception du « travail bien fait », comme aurait dit Charles Péguy, le « DRH » du crime me relate avec force détails... comme s'il y était, l'attaque du dépôt de la société de transport de fonds Ardial dans la zone industrielle de Villepinte, le 23 décembre 1996 ; après s'être introduits dans les lieux à partir d'un entrepôt mitoyen inoccupé en pratiquant une ouverture dans le mur, six malfaiteurs s'étaient envolés avec

92. Il ne sera pas accroché dans ce dossier.

vingt-cinq millions de francs[93], le contenu des coffres et d'un fourgon blindé. L'opération, probablement montée grâce à une complicité interne, n'avait duré que vingt minutes. Un record.

Entre vantardise et provocation, Imed ne va pas jusqu'à préciser les noms des participants, dont nous avons une idée assez précise. Je lui fais remarquer que selon les convoyeurs, l'un des auteurs avait répondu au prénom de « Jo », l'un de ses propres surnoms ; ma remarque provoque chez lui un demi-sourire, puis il se referme comme une tombe. J'en profite pour lui suggérer, pour sa santé, de freiner sur la coke et l'alcool, dont il abuse depuis la mort d'un autre de ses frères à cause d'une liaison avec une Turque.

Par charité chrétienne, et pour ne pas trop en dire, j'évite de lui faire remarquer que ses critères de recrutement ne sont pas non plus exempts de tout reproche, alors que me revient à la mémoire une conversation téléphonique interceptée quelques jours avant son arrestation dans le Var. Un de ses beaux-frères, un Turc prénommé Mehmet, avait eu le malheur de lui tenir des propos pour le moins imprudents : « Putain, j'ai fait un rêve... — Ah ouais ? — Ouais, on avait des casquettes et tout, on était tous en noir, on avait des sacs à dos, des rangers et tout... »

Pas besoin d'être un expert du banditisme pour comprendre qu'il s'agit de l'attaque d'un dépôt ou d'un fourgon. En attendant, alors que les attaques de fourgons se sont multipliées depuis près d'un an, notre flagrant délit tombe à pic pour le ministre de l'Intérieur. Jean-Pierre Chevènement nous adresse ses félicitations dès le lendemain matin, avant de répondre en ces termes au député Jean-Louis Debré, qui l'interpelle à l'Assemblée nationale : « Nous observons une augmentation des vols à main armée et chacun connaît la recrudescence des attaques

93. L'équivalent de 5 100 000 euros.

contre les convoyeurs de fonds. Mais je vous signale à cet égard que la brigade de recherche et d'intervention de la préfecture de police de Paris a remporté, il y a trois jours, un très beau succès en Seine-et-Marne, en éliminant une équipe d'agresseurs. »

Le verbe *éliminer*, surprenant dans la bouche d'un ministre, n'en traduit pas moins la satisfaction des pouvoirs publics de pouvoir envoyer un message clair aux malfrats et la volonté de démontrer aux convoyeurs, lourdement touchés, que tout est fait pour enrayer la série d'attaques[94]. Le plus étonnant est que nous ignorions que l'équipe allait attaquer un fourgon. « Vous avez bénéficié d'un très bon alignement de planètes », murmurent quelques envieux à la tête de la DCPJ, où Roger Marion, le numéro deux, surnommé « Eagle Four » en raison de sa manière de s'exprimer, avait organisé la semaine précédente une réunion nationale consacrée aux attaques de fourgons. Le commissaire n'apprécie pas forcément que le 36 ait réussi son « saute-dessus », et le fait savoir en termes choisis à ses troupes.

La « Dream Team » ne s'en remettra pas

26 décembre 2000, 13 h 30. Un fourgon de la Brink's, quatre-vingt-un millions de francs[95] à bord, la recette de Noël de plusieurs grandes surfaces et de Disneyland, roule à vive allure, précédé d'un fourgon vide faisant office de leurre. Au niveau de la porte de Gentilly, les deux fourgons sont bloqués par un commando d'une dizaine d'individus bien renseignés : ils ne ciblent que le second véhicule. Le fourgon est bloqué à l'avant par un camion de déménagement et à l'arrière par une Jeep Cherokee.

94. Rien que sur le ressort de la préfecture de police, treize attaques en 2000, au cours desquelles deux convoyeurs ont été tués et cinq gravement blessés, faisant de cette année l'une des plus noires pour la profession.
95. L'équivalent de 16 000 000 euros.

Les malfaiteurs tirent immédiatement sur la « tirelire », bloquent les roues à l'aide de cales métalliques, une à l'avant, l'autre à l'arrière, et placent une charge explosive qui éventre l'arrière droit, une brèche par laquelle ils extraient plusieurs sacs contenant trente-quatre millions de francs, abandonnant le reste faute de temps. Une quinzaine d'impacts seront relevés côté conducteur et une cinquantaine de douilles retrouvées au sol, sans qu'aucun convoyeur ne soit touché. L'attaque, hyperprofessionnelle, n'a duré que quelques minutes et a été filmée par un riverain ; elle porte la signature de la « Dream Team ».

Après avoir incendié le camion de déménagement et la Jeep, les braqueurs prennent la fuite par l'autoroute A 106 en direction de Rungis, à bord d'une Golf VR6, d'une Audi break équipée d'un gyrophare et d'un Renault Espace. Ils ignorent que parmi les chauffeurs qu'ils dépassent, un automobiliste de vingt-sept ans est en train d'essayer sa nouvelle Subaru. À l'arrière de la voiture de queue, deux individus cagoulés surveillent la circulation derrière eux, chacun en possession d'une arme de type kalachnikov dans les mains. Pour le jeune chauffeur d'origine yougoslave, pas de doute : il vient d'être dépassé par le RAID ou la BRI. Un détail l'intrigue cependant : la lunette arrière du dernier véhicule est explosée… Piqué par la curiosité et avide de tester la puissance de son nouveau véhicule, il accélère et suit à distance le convoi, qui prend une bretelle de sortie en direction de Paray-Vieille-Poste, dans l'Essonne. Dans les rues désertes, il voit le convoi quitter un rond-point pour s'engager rapidement dans une petite rue et ralentir devant un pavillon… Satisfait des prouesses de sa Subaru, il retourne à ses occupations sans se douter qu'il vient de localiser la planque de la Dream Team.

Quelques heures plus tard, devant le journal télévisé, l'automobiliste découvre les images du fourgon éventré, apprend que les auteurs ont pris la fuite à bord de puissantes voitures vers la province, fait le rapprochement et compose le 17. L'état-major du 36 est aussitôt avisé. Il répercute l'information à la BRB, qui sollicite pendant la nuit le concours de la BRI pour une intervention dès l'aube le lendemain. Faute de temps, impossible de repérer sérieusement les lieux : nous interviendrons sur la base de cette information tellement incroyable qu'on se demande si elle est sérieuse. Nombreux sont ceux qui douteront de cette version, persuadés que la police disposait d'un indic. Le dicton selon lequel « la chance est le Dieu des policiers » venait pourtant bel et bien de se vérifier.

Le mercredi 27 décembre, à 5 h 30, un convoi d'une douzaine de véhicules quitte le 36 en direction du pavillon. Paris s'éveille et la température est proche de zéro. Alors que je suis en congés en Bretagne, mon adjoint Marc Thoraval prend la tête des douze hommes de l'antigang pour une opération à haut risque. Si le tuyau est bon, la Dream Team sera-t-elle présente au complet ? Nul doute que les policiers ne seront pas accueillis avec du café et des croissants.

À 6 h, tandis que la BRB sécurise les extérieurs, la BRI investit progressivement le sous-sol et les trois niveaux du pavillon et constate qu'il est sommairement meublé et vide de tout occupant. En ressortant, les policiers aperçoivent un peu plus loin un petit bâtiment de plain-pied de quatre-vingts mètres carrés. À l'intérieur, quatre membres éminents de la Dream Team, complètement endormis : Bruno Celini, dit « le Petit Bruno » ou « Nono le Commerçant », l'un des cerveaux de cette équipe de légende, Karim Maloum, Jean-Jacques Naudo et Daniel Merlini, surnommé « Pas d'arrangement », en particulier quand il se déplace avec sa batte de baseball. Merlini, le plus âgé et le seul à avoir enfilé un pantalon de pyjama pour dormir, qui plus est à l'envers, essaie désespérément de se cacher sous une table. Les trois autres sont torse nu et en slip, paralysés par l'effet de surprise. Maloum, qui dormait la tête posée sur un sac de billets, moelleux malgré la présence de morceaux de métal arrachés lors de l'attaque du fourgon, lâche, réaliste : « On est bouillis ! »

Celini et Naudo sont conduits à l'extérieur, toujours vêtus de leur seul slip, allongés sur le ventre dans l'herbe givrée et menottés dans le dos. Naudo, ancien international de rugby à XIII, répète avec insistance, frigorifié : « Rentrez-moi, je vais claquer ! » Celini, stoïque, ne dit pas un mot : le vrai chef de la Dream Team, originaire de Villejuif, sait se faire discret, lui qui lors d'une conversation écoutée a glissé à son complice Daniel Bellanger : « Moi, cela m'arrange qu'on parle de l'équipe de Bellanger ! »

À l'intérieur du bâtiment, la pêche est miraculeuse : seize millions et demi de francs encore enliassés dans des grands sacs poubelle, soit environ le tiers du butin. Un véritable arsenal, de quoi tenir un siège, est aussi découvert : un lance-roquette, cinq fusils d'assaut avec trente chargeurs approvisionnés, deux fusils-mitrailleurs, douze pistolets mitrailleurs, deux carabines USM2, sept fusils à pompe, six revolvers de gros calibres, un kilo et demi de plastic, dix grenades de fabrication yougoslave, soixante kilos de munitions, une centaine de détonateurs, de la mèche lente, des scanners, des dispositifs d'écoute discrète, plusieurs gilets pare-balles, des brassards Police, des cagoules, des postiches et des gyrophares.

Sur une table, des morceaux de pain, des restes de crevettes décortiquées et quelques bouteilles d'eau et de bière indiquent que le commando a dîné sur place frugalement. Le champagne devait être pour plus tard…

Sur certains de ces reliefs de repas, les ADN de José Menconi, figure du banditisme corse, et d'Antonio Ferrara, fleuron de la nouvelle génération issue de la Banlieue sud, sont relevés. Ils seront néanmoins acquittés en avril 2009, lors de leur procès en appel devant la cour d'assises de l'Essonne, après avoir reconnu être passés dans ce local, mais avant le jour de l'attaque du fourgon. Sur un casque de moto, son ADN vaut en revanche une peine de neuf ans à Loïc Delière, un ami de Ferrara.

La BRB accroche sans difficulté les quatre braqueurs arrêtés dans ce pavillon mis à disposition par Robert Morelli, un proche de Celini. Les auditions et l'enquête démontrent qu'après l'attaque et le partage du butin dans la planque, le commando s'est scindé en deux. Un groupe est resté sur place pendant que les autres s'éparpillaient. Ceux que nous avons surpris au petit matin, les plus âgés, avaient pour mission de charger le lendemain les quatre cantines d'armes dans un camion qui devait arriver en fin de matinée, pour les acheminer dans un endroit sûr.

Rue de Lutèce, au siège de la BRB, Maloum lâche en *off* au commandant Jean-François Maugard : « Il fallait bien débarrasser l'orchestre ! » Ce souci logistique les a perdus.

Il semble qu'un cinquième homme ait passé la nuit dans le pavillon ; sorti très tôt pour faire uriner son chien et fumer, Alain Hellegouarch, surnommé « la Vieille », a eu la chance de voir les voitures de police arriver. Ce miracle n'a fait qu'attiser les soupçons de certains esprits suspicieux, déjà sur la brèche depuis un événement survenu deux ans auparavant, en octobre 1998 : l'homme au chien s'était fait « porter pâle » la veille du braquage de deux numismates en plein Paris, non sans prendre soin, par correction, de se faire remplacer au dernier moment par Alain Conquet. Pas de chance, ses trois complices, Karim Maloum, Daniel Merlini et Gérard Allain, dit « Citron », lui aussi membre actif de la Dream Team, avaient été arrêtés par la BRB et l'OCRB peu après avoir délesté leurs victimes d'un million de francs. Hellegouarch sera assassiné en octobre 2002 sur le parking de la patinoire d'Athis-Mons, peut-être parce que certains ne croient pas trop aux coïncidences, ni à l'excès de chance. La Dream Team, elle, ne s'est jamais remise de ce coup :

les quatre interpellés de Paray-Vieille-Poste ont été condamnés à douze et treize ans de réclusion criminelle. Quant à Daniel Merlini, il a été assassiné le 17 mars 2010 au nord d'Aix-en-Provence.

La lessiveuse

Un jour du mois de février 2001, René Bailly, alors chef de la section antiterroriste des RG parisiens, m'appelle : « Ton service m'a récemment donné un coup de main en formant mes inspecteurs à vos techniques de filatures, je vais te renvoyer l'ascenseur ! »

Mon collègue de la 33e promotion de commissaires, surnommé « Fox-Terrier » en raison de son flair et de son habitude de ne jamais lâcher prise, me conseille de nous intéresser à un prénommé Jean-Luc, vieux cheval de retour susceptible de commettre des braquages. Nous donnons vite un nom à l'impétrant et aux deux voyous qui ne le lâchent pas d'une semelle.

Écoutes et surveillances nous apprennent qu'ils n'ont pas de projet d'attaque en vue, mais font dans le « service après-vente », activité bien plus rentable et surtout moins risquée : ils ont monté une officine de lavage de billets maculés provenant d'attaques de véhicules de transport de fonds, une création encore non répertoriée au greffe du tribunal de commerce. Avec l'aide d'un hélicoptère, nous localisons cette « blanchisserie » artisanale près d'un petit village de la vallée de Chevreuse, à une trentaine de kilomètres de Paris. Le laboratoire où nos chimistes amateurs s'activent est une ancienne imprimerie adossée à une ferme isolée.

Pour enrayer les braquages de convoyeurs circulant dans des véhicules non blindés, les sociétés de transport de fonds venaient d'innover : l'argent était placé dans une mallette équipée d'un système de verrouillage qui, s'il était forcé, déclenchait automatiquement l'explosion d'une cartouche d'encre violette. Les malfaiteurs récupéraient ainsi des billets maculés de façon indélébile, impossibles à écouler jusqu'au jour où nos ingénieux voyous ont apparemment réussi à mettre au point une « potion magique » leur permettant de laver les coupures tachées et de leur redonner une apparence quasi normale…

C'est à la jumelle que nous observons le trio. Ses membres travaillent jour et nuit, sans trêve ni relâche, probablement pour boucler rapidement le nettoyage d'un lot de billets. La ferme se trouvant sur le territoire du SRPJ de Versailles, nous intervenons avec ce service le 20 avril 2001. Jean-Luc, Tony et René sont surpris en plein labeur, porteurs de combinaisons et de masques destinés à les protéger des émanations chimiques, au milieu de bacs alignés façon laboratoire de photographie dans lesquels baignent des dizaines de billets tachés. Autour d'eux, des coupures maculées et d'autres déjà lavées, qui sèchent sur une corde à linge. Plus loin, des bidons de cinquante litres d'eau déminéralisée avec des annotations de dosage et des produits diluants. Manifestement, les premiers résultats prometteurs de nos chimistes étaient parvenus aux oreilles de quelques initiés dans le milieu parisien, au point de voir converger vers eux, pour une « lessive », une partie des billets pillés dans les attaques de neuf camionnettes banalisées depuis le début de l'année en région parisienne.

Prévenue du démantèlement de ce laboratoire, une première !, la société Axytrans, à l'origine de l'invention de l'encre violette, salue la nouvelle… et opte aussitôt pour un nouveau colorant plus performant.

11.

Les saucissonneurs

L'affaire Boucheron : peur sur la ville

Depuis la fin de 1995, un même scénario, toujours cauchemardesque, se répète à intervalles plus ou moins réguliers dans la capitale. Une série noire comme les anciens du 36 n'en ont pas connu depuis belle lurette. Les voyous frappent à n'importe quelle heure, en plein après-midi comme au milieu de la nuit, mais sélectionnent toujours leurs victimes avec soin. Géographiquement, ils ne s'éloignent pas d'un triangle bordé par la place de la Concorde à l'est et par l'avenue Foch à l'ouest, sauf la nuit où ils se sont risqués jusqu'au boulevard Maurice-Barrès, à Neuilly-sur-Seine.

Ils ont inauguré leurs cagoules noires rectangulaires avec deux trous en forme d'œuf pour les yeux dans un hôtel particulier situé en bord de Seine, à deux pas de l'Assemblée nationale. Le jeudi 14 décembre 1995, à l'heure du thé, le couple de gardiens n'a pas le temps de donner l'alerte. Il est neutralisé en quelques secondes par quatre individus armés qui savent où ils mettent les pieds : le domicile d'une femme, PDG de société. Le personnel de maison connaît le même sort douloureux : ruban adhésif entouré autour du corps, menottes aux poignets. Quelques minutes plus tard, la maîtresse de maison, prénommée Évelyne, ouvre sous la contrainte ses deux coffres, dans lesquels les malfaiteurs raflent tout ce qui brille : cent quatre-vingt mille francs en espèces et un beau lot de bijoux.

Leur deuxième apparition se produit le 29 février 1996, deux mois et demi plus tard. De nouveau un jeudi, cette fois à 3 h du matin. Cadre de leur raid : un bel immeuble de l'avenue Rapp, à l'ombre de la tour Eiffel. Cible : deux femmes, une veuve et sa cousine, surprises dans leur sommeil par trois hommes cagoulés et gantés, brandissant pour deux d'entre eux des armes de poing. Aussitôt ligotées et bâillonnées, elles révèlent la combinaison du coffre, où les prédateurs font main basse sur un lot de bijoux estimé à trois millions de francs.

Au 36, aussi bien à la BRB qu'à la BRI, nous effectuons logiquement le rapprochement entre ces deux vols à main armée. Même professionnalisme, même sang-froid, même façon de neutraliser les victimes, même virulence. L'une des femmes, tardant à fournir la combinaison du coffre, s'est vu menacer de viol. Mais nous sommes à mille lieues d'imaginer l'épidémie à venir.

La troisième agression se produit deux semaines plus tard, dans la nuit du 14 au 15 mars 1996, encore un jeudi, non loin de l'École militaire, au domicile d'une veuve dont le patronyme a dû scintiller dans leur tête de braqueurs comme un diamant excité par un clair de lune : madame Cino Del Duca, quatre-vingt-quatre ans, veuve du célèbre magnat de la presse. Coup de sonnette à la porte à minuit pile. Le maître d'hôtel ouvre sans méfiance. Trois hommes et une femme le bousculent, revolver au poing, avant de lui passer les menottes et de le « saucissonner » avec du gros scotch enroulé autour du corps jusqu'à immobilisation complète. On enjoint à la propriétaire des lieux d'ouvrir son coffre si elle ne veut pas subir le même sort que son employé, qu'ils menacent d'énucléer si elle n'obtempère pas. Là encore, les malfaiteurs ont vu juste : ils emportent pour dix millions de francs de bijoux, plus les clés de l'appartement et celle de la Rolls-Royce. Mais ils laissent cette fois un indice : la jeune femme qui les accompagne n'a enfilé sa cagoule que quelques instants après le début de l'agression. Elle est décrite comme européenne, âgée de trente-cinq à quarante ans, les cheveux châtains mi-longs, un joli visage, bien maquillée, très élégante, vêtue d'un manteau de fourrure dont la manche gauche se prolongeait d'un patibulaire pistolet automatique.

Le branle-bas de combat de la direction et la mobilisation des services spécialisés n'empêchent malheureusement pas la série de se poursuivre et les coffres forts les mieux fournis de la capitale de se vider. Station suivante de ce chemin de croix : le mercredi 3 avril 1996, en fin de journée, au domicile d'un couple de riches retraités, avenue Hoche. Le mode opératoire ne varie guère : trois gangsters, des menottes, du ruban adhésif noir et juste ce qu'il faut de coups et de menaces d'être vitriolés pour obtenir l'ouverture de la cache au trésor. Butin : cinq millions de francs en bijoux.

Le jeudi 16 mai, peu après midi, rebelote chez une décoratrice agressée par cinq individus dans son appartement de l'avenue Kléber. L'employée de maison est menottée et les malfaiteurs quittent les lieux après avoir gazé les deux caniches, dont les aboiements les dérangeaient.

La cadence s'accélère. Le 22 mai, à 14 h 15, quatre hommes renversent avenue Foch le maître d'hôtel de Marie-Louise Carven, dont le nom est attaché à une marque de parfums et de vêtements. Ils maîtrisent ensuite la dame de quatre-vingt-six ans, son assistante, deux employés de maison et raflent cent mille francs en espèces, cinq millions de francs en bijoux et un cartel de grande valeur.

Visiblement attirés par les célébrités, alléchés par les rumeurs de fortune, les malfaiteurs déboulent quelques jours plus tard, le 12 juin, chez Martha Barrière, la veuve de l'ancien PDG du casino de Deauville. Ils en repartent avec les bijoux, non sans avoir fermement menotté le majordome.

L'état-major du 36 attribue cette série de braquages à une seule et même équipe « à tiroirs ». Nous voilà bien avancés ! Seule manque la clé… du tiroir. Il n'y a plus qu'à…

Une huitième agression survient un samedi, dans la nuit du 22 au 23 juin. Au nombre de quatre, les malfaiteurs font irruption loin de leur théâtre habituel, dans une résidence secondaire de l'Yonne. Ils séquestrent deux couples, le temps de dévaliser leurs appartements parisiens, où ils dérobent deux cent mille francs en espèces et pour un million de francs de bijoux.

Ensuite, plus rien. Le calme absolu, comme si les braqueurs avaient décidé de s'offrir une trêve estivale.

Cette interruption n'augure rien de bon pour la rentrée. Tournant le dos aux banques et aux commerces, aujourd'hui mieux protégés, une nouvelle génération de braqueurs, ne reculant pas devant la violence, sème panique et psychose dans les beaux quartiers. Olivier Foll organise une réunion dans son large bureau aux portes capitonnées, pour faire le point et arrêter une stratégie enfin efficace. Elle regroupe son adjoint, le chef d'état-major, Frédéric Péchenard et moi-même.

Chargés de l'ensemble de ces affaires, les enquêteurs de la BRB, le bec dans l'eau, disposent de peu d'éléments. Pas de description digne de ce nom. Pas d'accent particulier signalé par les victimes. Pas d'élément matériel, hormis l'utilisation systématique de menottes du même modèle, de marque Stop, et de scanners permettant de capter les conversations de la police. La seule piste valable est celle de l'élégante jeune femme qui a eu le tort d'apparaître à visage découvert dans l'appartement de Simone Cino Del Duca.

Le directeur nous demande d'activer nos informateurs. Il craint l'impact désastreux de cette série sur la sécurité dans la capitale. Il redoute qu'une victime ne succombe à une crise cardiaque ou des suites de violences lors d'une nouvelle agression. Alors que je quitte son bureau, il murmure : « Yves, ce serait extraordinaire si un de tes informateurs pouvait nous permettre de sortir du brouillard ! »

Je me tourne vers Djamal, « le roi des voleurs », cet « artiste » à compétence planétaire qui a toujours travaillé sans violence et éprouve un profond dégoût pour ceux qui y ont recours, les considérant comme des imbéciles et des nuisibles. Je lui expose la difficile équation en insistant sur la nature des butins, qui comprennent toujours de nombreux bijoux de grande valeur, ainsi que sur la mystérieuse jeune femme, belle et habillée d'un manteau de fourrure.

La réponse de celui qui est l'un des meilleurs connaisseurs des circuits d'écoulement de bijoux volés fuse en moins de cinq minutes : « Yves, pour moi, c'est une équipe d'Arabes qui est derrière ces vols… et j'ai été intrigué ces dernières semaines par une fille qui propose à la vente de beaux bijoux volés dans une petite boîte chic de la rue de Ponthieu. Elle se fait appeler "Mina l'Oranaise" et correspond bien au signalement que tu me donnes. Elle a toujours collé de beaux mecs, mais je croyais qu'elle se limitait à taper dans les chambres des grands hôtels. Si c'est elle, elle n'a pas grimpé d'un cran, elle a carrément pris l'ascenseur… J'ai son numéro de portable et je vais te le donner. »

Après avoir peut-être résolu l'énigme posée aux services spécialisés du 36, Djamal me quitte, amusé de savoir que son tuyau va servir de point de départ à une enquête inédite.

À partir du numéro de portable, nous identifions « Mina ». De son vrai prénom Yamina, cette native d'Oran, âgée de trente-sept ans, est déjà « bien connue des services de police », selon l'expression consacrée, surtout pour des vols. Courant juillet, non sans difficultés, nous découvrons son domicile : un appartement loué sous un faux nom, 83, boulevard Suchet, au neuvième étage d'une résidence de standing à deux pas de la porte d'Auteuil, dans le 16e arrondissement.

Dès lors, le rouleau compresseur de la BRI entre en action et ne lâche plus Mina, avec pour objectif de découvrir ses relations sulfureuses.

La jeune blonde à l'allure de femme d'affaires, plutôt mignonne et toujours élégamment vêtue, circule en taxi et passe ses après-midis dans des bars de l'Étoile et de la rue Joubert, un des hauts lieux de la prostitution, derrière le Printemps. Notre cible est un caméléon. À l'aise dans les endroits chics comme dans les bars glauques, Mina est manifestement une affranchie et peut-être plus : une voyouse !

Pendant le mois d'août, nos « grandes oreilles » du GIC nous apprennent qu'elle discute tous les jours au téléphone avec plusieurs inconnus qui se sont octroyés quelques semaines de répit sur la Côte d'Azur, entre Carlton et baie des Anges. Au programme : grosses dépenses en espèces, longues nuits dans les discothèques, conquêtes féminines tarifées, alcool et cocaïne à volonté. Mina parle comme un mec, à égalité avec ses mystérieux correspondants dont les portables ont été pris sous des tocs.

À la fin de la période estivale, histoire de mettre toutes les chances de notre côté, j'engage la totalité des effectifs de la brigade derrière Mina. Le groupe des 20 est à la manœuvre, à sa tête Patrick Vigier, excellent chef sur le terrain, très méticuleux dans le montage des dossiers et d'un relationnel facile.

Ce travail de surveillance ultraclassique, routinier, à base de filatures fastidieuses, de photographies et de planques interminables, s'étale sur quatre mois. Nous travaillons non-stop, week-end compris, de 7 h du matin à minuit. Début septembre, Mina, de retour d'une semaine à Cannes, est vue au contact quasi quotidien d'un groupe qui totalise huit individus. Les contacts ont lieu alternativement dans des bars, comme *Le Saint-Ferdinand*, sur la place du même nom, à proximité de l'avenue de la Grande-Armée, dans de bonnes tables du 8e arrondissement, des lieux branchés comme le *Buddha-Bar* et plusieurs boîtes de nuit huppées.

Celui qui semble mener le bal s'appelle Djamel Bougchiche, dit « Mouss », un Kabyle de trente-deux ans. Grand, mince, dégarni, un look de professeur de philosophie, il est né à Alger. Quatre ans plus tôt, le 9 novembre 1992, il avait été interpellé alors qu'il venait de braquer un diamantaire du 9e arrondissement : la victime étant en communication téléphonique au moment des faits, son correspondant, vif d'esprit, avait alerté la police, qui avait cueilli Mouss et son complice dans la cage d'escalier, avec leur scanner, des armes et la sacoche contenant les diamants.

Le second est Ahmed Lahcene, dont le frère a été abattu lors d'un hold-up en 1985. Un peu plus âgé, connu dans le milieu parisien sous le surnom de « Céro » ou « le Petit de Montfermeil », il est fiché au grand banditisme, avec à son actif six vols à main armée entre 1973 et 1994. Les autres paraissent être des soldats aux ordres : Abdelkader, né à Alger, Brahim, né à Tunis, un autre Djamel, surnommé « Porc-Épic » et Hamid, nés en banlieue parisienne, et pour terminer Farid, natif de Tourcoing. Nous localisons leurs domiciles respectifs, principalement dans les beaux quartiers, et recensons la flotte complète de leurs véhicules. En voyous aguerris, ils passent la plupart de leurs coups de fil depuis des cabines, ce qui est bon signe pour l'enquête, mais mauvais pour sa progression.

Le mercredi 25 septembre 1996, un événement interrompt le train-train quotidien de notre petite bande, qui commençait à nous faire douter d'avoir misé sur de bons « bourrins ». À deux reprises, en milieu et en fin d'après-midi, Djamel, dit « Mouss », passe, seul à bord de sa Twingo rose fuchsia, rue Desbordes-Valmore, une artère étroite et très prisée du 16e arrondissement qui relie la place du Trocadéro à la porte de la Muette. À chaque passage, il ralentit devant un magnifique hôtel particulier de deux étages, édifié à l'extrémité d'une cour et protégé par une grille imposante. Dans la foulée, il retrouve Céro au *Tabac des Ternes* et les deux hommes échangent, après que Djamel eut dessiné ce qui dans nos jumelles paraît être un plan.

Dans l'hôtel particulier loge Alain Boucheron, quarante-huit ans, PDG du groupe du même nom, joaillier place Vendôme. Il est le quatrième de la dynastie implantée dans ce lieu unique au monde, univers du carat et de la pierre précieuse, qui a la forme parfaite d'un diamant taille émeraude. Aucun doute, notre « cerveau » est sur un coup fumant.

Dès le lendemain, Djamel est de retour en fin d'après-midi devant le domicile du joaillier. À trois reprises, à une heure d'intervalle, il se positionne longuement sur le trottoir opposé, d'où il scrute attentivement l'hôtel particulier en faisant semblant de lire un journal. Quatre jours plus tard, il est sur place avec Kader. Pendant trois quarts d'heure, ils observent séparément l'adresse, échangeant au moyen de talkies-walkies. Djamel teste même l'épaisse porte métallique sur rue en lui donnant un coup d'épaule. Rebelote vingt-quatre heures plus tard.

Le lendemain matin, mercredi 2 octobre, les deux Djamel se rendent à la bibliothèque du Centre Georges-Pompidou. Ils consultent deux ouvrages, le Bottin mondain et le Who's Who, et prennent de nombreuses notes. À 21 h, Mouss reprend le chemin de l'hôtel particulier. Méfiant, il se hisse sur le muret pour observer par-dessus la grille après avoir jeté un coup d'œil circulaire. Puis met cap vers l'avenue du Maréchal-Maunoury, au sud de la porte de la Muette, au volant de sa Twingo. Là, il s'intéresse pendant vingt bonnes minutes au 11 bis, un immeuble de grand standing, haut de quatre étages, dont les fenêtres offrent une splendide vue sur le bois de Boulogne.

Après quelques recherches, nous cernons l'intérêt de Djamel pour cette seconde adresse découverte à Beaubourg. Au dernier étage demeure Gérard Boucheron, quatre-vingt-six ans, le père d'Alain. Ce grand créateur, réputé pour sa connaissance légendaire des pierres précieuses, avait conquis la clientèle des familles royales d'Égypte et d'Arabie saoudite et celle de l'empereur d'Iran.

Dans les semaines qui suivent, en bon stakhanoviste, Djamel Bougchiche enchaîne, seul ou avec ses complices, à pied ou en voiture, plus de soixante planques aux abords des deux domiciles de la famille, en semaine, le samedi et le dimanche, principalement l'après-midi et en soirée. Il n'hésite pas à prendre en filature un véhicule du PDG et retrouve à plusieurs reprises Céro, qui paraît faire office de « conseiller technique ». Ces malfaiteurs chevronnés, que nous ne lâchons pas un instant, font preuve en permanence d'une extrême prudence.

Pour ne rien rater de leurs allées et venues dans la rue de l'hôtel particulier du fils, à défaut de pouvoir implanter un sous-marin classique, qui serait aussitôt détecté, c'est une voiture discrète que nous utilisons pour planquer : une TVB 504[96] beige sable et bâchée, avec deux places à l'avant. Ce véhicule, semblable à celui d'un maçon, est un sous-marin inconnu de la voyoucratie.

96. La BRI est alors le seul service du 36 à détenir deux véhicules de ce type. Ils ont été réformés en 1998.

Il permet à l'inspecteur qui se glisse à l'arrière de rester en position assise ou couchée pendant de longues heures et d'observer l'extérieur à travers une glace sans tain. Un coffrage en bois assure l'isolation phonique et thermique. Djamel et ses amis passent à côté des dizaines de fois sans jamais se douter que l'utilitaire, immatriculé en Seine-Saint-Denis, n'a d'yeux que pour eux. Aux abords du domicile du père, nous surveillons depuis un sous-marin de type camping-car, qui se fond dans le décor du bois de Boulogne.

Un probable scénario se dégage : plutôt que d'attaquer de front l'hôtel particulier, trop bien protégé, ils vont prendre le père en otage avant d'aller chez le fils, qu'ils obligeront à se rendre place Vendôme pour y vider ses coffres en contrepartie de la libération de leur otage. Le préjudice sera considérable, très certainement un record dans la catégorie « vol de cailloux ».

Je rends compte tous les jours au directeur de la montée en puissance de la bande. Au mois de décembre, une Peugeot 306 grise, volée et maquillée, est positionnée par l'équipe, tous feux éteints, à une trentaine de mètres du domicile de Gérard Boucheron ; une autre, du même modèle et de même couleur, pareillement volée et maquillée, est garée un peu plus loin, en position de relais. Deux options s'offrent à nous : prendre le risque de laisser les voyous exécuter leur plan et intervenir quand ils seront dans le feu de l'action, ou se priver d'un flagrant délit pour éviter toute casse. Olivier Foll tranche avec raison et sagesse : nous avons les éléments pour caractériser une association de malfaiteurs, largement de quoi expédier la troupe sous les verrous pour plusieurs années.

Le 17 décembre 1996, soixante-dix policiers de l'antigang et de la BRB procèdent au coup de filet. Les objets découverts au cours des perquisitions ne laissent aucun doute. Au domicile de Mouss, 201, rue Lecourbe, dans le 15e arrondissement, à l'intérieur d'une serviette en cuir aperçue à la main de Kader quelques jours plus tôt, le matériel du braqueur saucissonneur : un pistolet mitrailleur 7,65 à crosse repliable, un revolver Manurhin Special Police et deux revolvers Llama Martial 38 Special, trois paires de menottes de marque Stop, deux rouleaux d'adhésif noir entamés, quatre cagoules noires, deux paires de gants, un scanner avec écouteur, neuf colliers en plastique serre-flex, deux lampes torches et trois forceurs de serrures ; en prime, une fausse carte d'identité et trente kilos de haschich. Sa bibliothèque fournie, avec les derniers écrits du pape Jean-Paul II et des livres de Roland Barthes, confirme que celui nous apercevions deux fois par semaine dans les salles obscures est, avec son allure de professeur, l'un des rares voyous cultivés de la capitale.

Chez les associés de Mouss, encore des menottes de la même marque, des lots de bijoux, des armes, des talkies-walkies, un scanner calé sur les fréquences de la police et du ruban adhésif. Olivier Foll peut contacter Alain Boucheron et l'informer du projet qui se tramait. La surprise du PDG est totale : à aucun moment, entre septembre et décembre, il n'a remarqué les malfrats qui l'espionnaient, ni les policiers de la BRI qui surveillaient ces derniers. Pour remercier le directeur, il lui remet un chèque d'un montant très généreux à l'ordre de l'Œuvre des orphelins de la préfecture de police.

Au cours de leurs interrogatoires, les voyous font preuve de la plus grande circonspection, arguant d'une soudaine amnésie ou contestant le déroulé des filatures. Là où une bonne administration de la justice aurait justifié de regrouper la totalité des enquêtes sur les agressions précédentes au cabinet du juge d'instruction chargé de l'affaire Boucheron, pour des raisons inexpliquées, trois juges d'instruction traitent séparément une partie des agressions et le parquet, de son côté, le reste. Tout va bien… tous pour un… un pour tous.

À l'arrivée, notre brillante équipe n'est accrochée que pour le projet visant les diamantaires. Le cerveau, qui aurait certainement fait un bon policier s'il avait été du bon côté de la barrière, écope de six ans pour ce projet criminel et de six années supplémentaires pour les cent dix-neuf pains de haschich. À l'exception de Mina, qui passe entre les gouttes, la plupart de ses associés sont, eux aussi, expédiés à l'ombre pour un bon moment et aucune attaque à main armée de ce genre n'est plus constatée pendant une longue période.

Pour souligner l'importance qu'il attache à ce succès qui a ravi le ministre de l'Intérieur Jean-Louis Debré, un connaisseur, ancien juge d'instruction, Philippe Massoni, se déplace, fait rare, dans le bureau du directeur pour me féliciter, ainsi que Frédéric Péchenard. En présence d'Alain Boucheron, il vante le rôle capital de la BRI dans l'indispensable lutte en amont contre des malfaiteurs aguerris, avant de conclure en s'adressant au joaillier : « Voilà ce qu'est la vraie et grande police d'investigation ! »

Deux mois plus tard, Olivier Foll souhaite remercier Djamal pour son renseignement en or massif, qui nous a menés à Mina. C'est la première fois qu'il vient au Quai des Orfèvres, de surcroît par la grande porte. Au cours de cet entretien convivial et assez surréaliste, auquel assiste aussi Jean Tchividjian, le directeur tend une enveloppe à Djamal. Elle est manifestement remplie d'un solide matelas de billets fournis par le préfet de police. Très poliment, celui qui a été souvent comparé à Arsène Lupin décline la récompense d'un geste gêné et la conversation se poursuit comme si de rien n'était : Djamal partage sa vision du milieu parisien. Le numéro deux de la PJ ouvre de grands yeux, abasourdi que celui dont je lui avais appris qu'il était né dans une caravane, sur un terrain vague de la banlieue de Rome, s'exprime avec autant d'intelligence et dans un français aussi châtié.

La direction du 36 respire d'avoir ôté cette épine dans son orgueil[97]. De son côté, le « prestidigitateur » ne semble pas mécontent de cette expérience qui lui permet de découvrir le Gotha de la police judiciaire. Une expérience qu'il renouvellera, peut-être… mais seulement s'il le veut bien ! Il ne me l'a pas dit, mais je l'ai lu dans son regard.

Dans les années qui suivent, M. Boucheron invite régulièrement à la chasse Olivier Foll, avec lequel il a sympathisé. L'ancien directeur stationne sa Peugeot 106 entre Rolls et Ferrari.

Quant à moi, je m'autorise une note artistique en demandant au talentueux Patrick Vigier de composer deux vrais-faux timbres et de les coller sur deux lettres à mon attention. Elles me parviennent sans difficulté, parfaitement oblitérées. Le premier timbre représente un diamant taille émeraude avec en son milieu la colonne Vendôme surmontée d'une paire de menottes et entourée de trois mots en lettres capitales : *BRI*, *BOUCHERON*, *BOUGCHICHE*. Le second arbore un portrait de trois-quarts du « cerveau », avec une petite colonne Vendôme au-dessus des mots *BOUCHERON* et *BOUGCHICHE*, écrits tête-bêche. Nul doute que ces tirages uniques seront très recherchés par les collectionneurs !

*

L'une des petites mains de Djamel Bougchiche, Brahim, refera surface à travers un renseignement en septembre 2000, quatre ans après l'affaire Boucheron : il aurait constitué une nouvelle bande à sa sortie de prison afin de reprendre le filon, affirme la source. Filatures, planques et exploitation des portables nous permettent

97. Dans un numéro de la revue *Liaisons*, éditée par la préfecture de police, intitulé « D'un 36 à l'autre. Du quai des Orfèvres à la rue du Bastion » (nº 115, janvier 2017), Olivier Foll dira que c'est l'une des trois affaires qui ont marqué son passage au 36, avec l'affaire Elf-Aquitaine et l'attentat du RER à la station Port-Royal.

d'identifier ses trois recrues, parmi lesquelles un spécialiste du cambriolage « au parapluie », expertise précieuse pour pénétrer dans un appartement sans invitation. Brahim et ses complices ne se déplacent qu'en scooter et à moto, mais nous identifions leur cible : une richissime femme de quarante ans, fille d'un ministre éthiopien. Domiciliée dans un immeuble cossu non loin du quai d'Orsay, elle se déplace au volant d'une de ses deux Mercedes 600 ou d'une Jaguar et ne se doute de rien, fréquentant tous les jours les commerces des avenues Matignon et Montaigne.

Le jour où nous voyons le quatuor stationner aux abords du domicile de la dame deux fourgons volés, maquillés et transformés en « sous-marins », avec vitres teintées, nous savons qu'ils vont passer à l'offensive. Nous les interpellons peu avant minuit au moment où ils « montent sur leur travail ». L'un d'eux, Jean-Louis Contant, parvient à s'échapper en sautant sur la voie rapide située cinq mètres en contrebas du quai d'Orsay ; il sera arrêté un mois plus tard par la BRB dans un appartement de la rue Nationale (dans le 13ᵉ), une planque où il cohabite avec trois pointures : Emmanuel et Diego Ferrara, deux frères d'Antonio et Loïc Delière, recherché pour l'attaque sanglante du fourgon blindé Ardial à Nanterre, le 5 mai 2000[98]. Belle pioche !

Double morale de l'épisode : le milieu des braqueurs de fourgons et celui des spécialistes des agressions à domicile de riches particuliers sont fortement imbriqués ; les saucissonneurs refont le plus souvent du « saucisson » lorsqu'ils sortent de prison.

98. Son ADN a été découvert dans le véhicule utilisé pour bloquer l'arrière du fourgon Ardial à Nanterre.

Le bandit antiquaire

Stef, le chef de la Doc, surgit ce jour-là dans mon bureau avec un grand sourire. Il tient à la main un télégramme envoyé par le SRPJ de Lille à tous les services : le dimanche 12 octobre 1997 à 2 h du matin, quatre malfaiteurs cagoulés, gantés, munis de scanners et armés jusqu'aux dents ont fait irruption chez les gérants de *La Guinguette*, le bar-restaurant d'un camping de Berck-sur-Mer. Scénario : le mari a été roué de coups de pied dans la tête, tandis que l'un des voyous mettait en action une perceuse sans fil, menaçant de perforer les rotules de son épouse si elle ne les menait pas immédiatement au coffre-fort. Il a tellement approché la mèche que des fils de son pull se sont enroulés autour d'elle. Lors de leur coup précédent, a tenu à préciser le voyou, où il n'y avait soi-disant rien, selon la victime, ils ont finalement trouvé deux cents millions d'anciens francs[99]. Pas suffisant pour les impressionner ? L'épouse a pris un violent coup de pied dans la tête, tandis qu'un voyou enfonçait ses doigts dans les yeux du mari, l'assurant qu'il allait les lui crever s'il ne parlait pas.

À l'issue de cette interminable séance de torture, le couple a craqué et donné la clé du coffre... que le truand trop pressé a cassé dans la serrure. Au bout de quatre heures de séquestration, l'équipe est repartie avec des bijoux, un revolver nickelé réplique de Colt 45 et des liquidités, loin sans doute du montant qu'un informateur avait dû leur indiquer. Les victimes ont déclaré avoir entendu la voix d'une femme parmi les quatre agresseurs qui ont pris la fuite à bord d'une voiture sombre.

Pour Stef, aucun doute : ces actes de barbarie portent la signature de « Gégé », l'ex-antiquaire des Puces de Saint-Ouen

99. L'équivalent de 410 000 euros.

derrière lequel nous sommes depuis trois mois, à la suite d'un tuyau de Don Jean Fabiani, ancien inspecteur de la BRB devenu commissaire à la Muette, dans le 16e arrondissement. Bien renseigné, ce Corse nous a aussi fourni les prénoms de ses complices : « Dédé », Pascal, et celui de la maîtresse de ce dernier. De vieux chevaux de retour en possession d'armes, de fausses cartes de police et de scanners branchés sur les fréquences de la police, qui se livreraient à des saucissonnages violents sur tout le territoire, précisait la source.

Au carrefour des antiquités et du banditisme, « Gégé » n'est autre que Gérard Caffier. Le 28 avril 1985, alors qu'il exerçait encore aux Puces, il s'était introduit par effraction, à l'heure de la pause déjeuner, dans le musée de l'École de Nancy, où sont exposées de remarquables pâtes de verre d'Émile Gallé, Daum, Walter et Muller. Très au fait du système d'alarme, uniquement activé le soir, il avait forcé une vitrine et en avait brisé une autre pour s'emparer de cinq objets estimés à trente millions de francs[100] : le « vase Prunelle » de Daum, et quatre objets signés Gallé – un vase orné d'un crapaud contemplant une libellule, la « coupe Simon », une main dite « aux algues » et une autre main dite « aux coquillages ».

Si le cambriolage s'était parfaitement déroulé, la suite avait été plus acrobatique. Trois mois plus tard, alors qu'il négociait auprès des assurances le versement d'une prime en échange du butin, *via* un antiquaire marron reconverti dans les systèmes d'alarmes et un détective privé de Genève, le SRPJ de Nancy lui avait mis la main dessus. Dans l'espoir d'obtenir une indulgence, Gégé s'était mis à table devant le juge Thiel. Il avait avoué avoir vendu les cinq œuvres d'art à un richissime collectionneur japonais qui l'avait escroqué, ne lui versant que trois cent mille francs sur les huit cent mille[101] escomptés.

100. L'équivalent de 6 135 000 euros.
101. 61 000 euros sur 163 000.

Cinq ans plus tard, l'opiniâtre juge avait fait revenir à Nancy quatre des objets volés, le « vase au crapaud » restant introuvable. Il avait contraint le receleur, fils du numéro deux de l'industrie automobile au pays du Soleil-Levant, de rendre les œuvres à la France.

La condamnation de Caffier, même amortie par sa collaboration, avait provoqué la perte de son stand aux Puces et sa reconversion à plein temps dans le banditisme. Très vite, nous identifions ses complices : Pascal Tejedor, un voleur, André Saint-Arnould, dit « Dédé », déjà tombé pour proxénétisme et fausse monnaie, et enfin Rachida, la maîtresse de Pascal, une ex-bouchonneuse. Le cercle s'élargit avec Catherine, une maîtresse de « Dédé » : elle aussi ex du monde de la nuit, elle gérait à la fin des années 1980 *Le Mustang*, un bar à hôtesses de Boulogne, dégringolé en 1988 par « l'Office des putes ». Trois mois de surveillance nous permettent de loger ce beau monde. Gérard et Pascal habitent le même immeuble, porte de Saint-Ouen, ce qui leur facilite la préparation des « coups ». Nous localisons aussi deux box prometteurs en banlieue, non sans difficulté : Gégé, Pascal, Dédé et Rachida ont la mauvaise habitude de rouler au ralenti, scanners branchés et les yeux rivés sur les rétroviseurs, et de passer leurs coups de fil depuis des cabines. Les facturations détaillées de leurs portables n'en révèlent pas moins de nombreux déplacements dans la région de Boulogne-sur-Mer.

Stef est à mes côtés lorsque j'annonce par téléphone la nouvelle à Christian Brillault, le patron de la PJ de Lille : à 99 %, nous avons identifié les malfaiteurs qu'il recherche. Nous décidons de les interpeller ensemble dès que possible. Il nous faut deux jours pour monter l'opération. Un succès : tous les oiseaux sont au nid et les perquisitions permettent de récupérer le revolver Colt 45 dérobé à Berck, la perceuse à trouer les rotules, un arsenal d'une dizaine d'armes, dont un PM Uzi avec son silencieux, une fausse carte de commissaire divisionnaire avec la photo de Caffier, une autre de commissaire avec la photo de Tejedor, un pare-soleil Police, des blousons sérigraphiés « Police », des scanners, perruques, trousses de maquillage, cagoules, menottes et autres « parapluies », du matériel destiné au maquillage de véhicules, des bijoux et, cerise sur le gâteau, des meubles anciens de grande valeur et un tableau de Jéricho provenant d'un casse réalisé trois mois plus tôt chez un commissaire-priseur du 17e arrondissement, où les gangsters étaient entrés en abattant un mur à coups de masse.

L'avenir judiciaire de l'équipe devant la cour d'assises de Saint-Omer s'annonçait mal, et... cela s'est confirmé : quinze ans pour les trois hommes, et huit ans pour Rachida. Le tout avec les félicitations de Bernard Gravet, directeur central de la police judiciaire, qui m'appelle et souligne une fois de plus la pertinence des méthodes de la BRI – une analyse qui n'est malheureusement pas partagée par le nouveau chef du 36, mais c'est une autre histoire.

Amar les yeux bleus

Le saucissonnage est devenu un sport à la mode, facile et qui rapporte gros ! Selon une source, « Abdel le Boxeur », un intime de Djamel Bougchiche, « cerveau » de l'affaire Boucheron, aurait ainsi monté sa propre équipe pour commettre des vols à main armée avec séquestration au domicile de riches particuliers. Deux mois d'enquête plus tard, en cette rentrée 1998, se dessine la liste de ses associés : « Khaled le Gros », « le Mexicain », « Amar les Yeux Bleus » et « le Petit Abdel », les deux premiers ayant déjà été arrêtés par la BRB en 1994, soupçonnés du braquage de la bijouterie Reza, place Vendôme, au cours duquel avaient été raflés pour cinquante millions de francs[102] de bijoux et de pierres précieuses.

L'équipe frappe fort dans la nuit du 22 au 23 octobre 1998, à en croire ma source et… nos écoutes. Une scène digne d'un film d'horreur. Après avoir menotté, violemment frappé et menacé de mort le couple de gardiens et les membres de la famille du propriétaire d'une entreprise de transport, dans l'Oise, les cinq braqueurs cagoulés, gantés, vêtus de blousons bombers et chaussés de rangers clament qu'ils vont sectionner la main de la patronne avec un hachoir de cuisine. Joignant le geste à la parole, ils parviennent à se faire conduire au coffre.

Avec la PJ de Lille, nous interpellons une partie de l'équipe. Laissant derrière lui un browning avec silencieux, le Petit Abdel, identifié comme Abdelkrim Lho, échappe au coup de filet[103] ; il sera rattrapé par le destin le 5 mai 2000, gravement blessé à l'abdomen lors de l'attaque meurtrière d'un fourgon à Nanterre[104]. Quant à Amar les Yeux Bleus, de son vrai nom Amar Azzoug, prudemment recyclé dans le deal de cocaïne et les arnaques financières, il sera truffé de balles le 30 avril 2010 à proximité du *Bois Doré*, un restaurant de Saint-Mandé, par deux individus porteurs de gilets estampillés « Police ». Ses assassins, qui ne sont pas policiers…, courent toujours, comme les auteurs de plusieurs autres exécutions liées à l'arnaque du siècle : la fraude à la taxe carbone.

Merci « Brigitte » !

À 18 h 30, en ce 16 décembre 1998, je suis noyé au milieu de deux cents invités réunis dans les salons majestueux de l'hôtel *Normandy* pour le pot de départ à la retraite de mon ancien

102. L'équivalent de 10,7 millions d'euros.
103. Abdelkrim Lho a bénéficié d'un non-lieu dans ce dossier.
104. Un convoyeur sera tué.

directeur, Olivier Foll. À l'instant même où l'ancien ministre de l'Intérieur Jean-Louis Debré commence son discours, l'Alphapage vibre à ma ceinture. Inopportun, le message n'en est pas moins concis : *Prise d'otage au domicile d'un couple de personnes âgées rue Charles-Floquet, dans le 7e.*

Tous les membres de la BRI reçoivent le même message, qui vaut rassemblement immédiat au service pour un briefing, avant démarrage en trombe : dans un immeuble cossu d'une artère longeant le Champ-de-Mars, trois malfaiteurs encagoulés, armés d'un PM Uzi et d'un PA Colt 45, se sont fait ouvrir la porte du domicile d'un couple de riches joailliers à la retraite en menaçant le concierge d'une arme de poing. Le mari, quatre-vingt-douze ans, et sa femme, quatre-vingt-huit ans, ont été entravés sans ménagement à l'aide de ruban adhésif et le trio se serait mis en quête d'un coffre. Selon la salle d'état-major, l'épouse du concierge, bien que séquestrée dans sa loge par un quatrième complice, a réussi à alerter le commissariat, qui a envoyé sur place deux patrouilles de la BAC.

Lorsque ces premiers effectifs ont pénétré dans l'appartement des victimes, les trois braqueurs ont réussi à s'emparer des revolvers de deux policiers. Dans la confusion, des coups de feu ont été échangés, blessant un malfaiteur et un policier. Au cours de la bagarre, deux auteurs ont réussi à prendre la fuite, tandis que deux autres étaient neutralisés avec un grand sang-froid : Messaoud Bouhnik, condamné en 1989 à vingt ans de prison pour vol à main armée avec prise d'otages et homicide volontaire, et Ali Kehli, malfaiteur chevronné, lui aussi.

La soirée étant trop avancée pour retourner à l'hôtel *Normandy*, je choisis de rendre visite à Brigitte, l'une de mes sources favorites[105], pour voir si elle serait en mesure d'identifier les deux voyous en cavale. Elle va forcément en entendre parler,

105. Voir *supra*, p. 244.

d'autant que la télévision et les radios s'en font déjà l'écho et que de nombreux articles sont sur les rotatives.

Brigitte ne perd pas de temps. Enquête bouclée en quelques jours, elle me révèle avec un large sourire les noms manquants : Malek Khider et Bernard Medani, deux braqueurs parisiens qui se sont connus à la centrale de Poissy, Medani ayant été libéré trois semaines plus tôt après avoir purgé une peine de vingt ans. Selon Brigitte, l'équipe avait eu un tuyau sur la présence d'un coffre par un ouvrier qui avait effectué des travaux dans l'appartement.

Informations aussitôt transmises à Frédéric Péchenard, le chef de la BRB, qui coffre les deux fuyards dans la foulée. Jean Tchividjian, seul à connaître l'identité de Brigitte, est stupéfait de ce « carton plein », tout comme mon homologue de la BRB, comblé par ce résultat qui tombe à pic : une vingtaine de familles fortunées, bien connues sur la place de Paris, ont été victimes de saucissonneurs depuis le début de l'année.

12.

Les règlements de compte

Le dernier « juge de paix »

La mort est assez banale chez les voyous. Elle découle le plus souvent de la volonté d'exercer un monopole sur un territoire, dans le domaine des machines à sous ou du trafic de stupéfiants. Elle peut aussi survenir sans prévenir, après un coup de sang. Pour un motif souvent futile, un voyou alcoolisé ou sous coke, doté par définition d'un *ego* très développé, « pète un câble » et descend celui qui lui a manqué de respect, l'a regardé de travers ou l'a ridiculisé en public en lui faisant perdre la face. À froid, le même incident ne prendrait pas de telles proportions, mais nous sommes dans un monde où prime le chaud.

Le règlement de compte est cependant le plus souvent écrit d'avance, conséquence inéluctable d'une rupture entre associés : des individus qui ont été partenaires, voire dans un lien hiérarchique, se fâchent à mort. Ces personnes sont généralement « montées » ensemble sur des affaires importantes, des coups fumants, dangereux, qui leur ont fait gagner beaucoup d'argent. Ils étaient les meilleurs amis au monde et s'étaient jurés fidélité « à la vie, à la mort ». Et… patatras : contre toute attente, la mort l'emporte ! Mobiles fréquemment invoqués : le non-respect de la

« parole » ou d'engagements financiers, une histoire de femmes, l'oubli d'assister un ami incarcéré, des soupçons ou la certitude de collusion avec un ennemi ou avec la police...

Dans le monde des affaires, quand des associés ne s'entendent plus, ils se séparent. Chacun reprend ses billes, à l'amiable ou *via* des avocats. Dans le pire des cas, l'un des partenaires se retrouve sur le carreau, « flingué » financièrement, mais il reste en vie et peut rebondir. Chez les voyous, qui « mangent » le même fromage et nagent ensemble dans un même bocal, plus ou moins grand, c'est différent. Une trahison, une rumeur, une « enculerie », une parole malheureuse ne peut se pardonner, surtout si la « faute » a transpiré au-delà du cercle des deux protagonistes ou de leur équipe. Question de prestige, de « figure », de « mentalité ». D'où l'expression : « Il m'a manqué de figure ! »

Dans le milieu, pas de juge aux affaires familiales, pas de notaire pour se séparer et partager les commerces et le patrimoine. Tout se règle calibre en pogne ou par une rafale de pistolet mitrailleur. Il est d'ailleurs vivement conseillé à l'offensé, ou à celui qui sent que la situation va partir en vrille, d'anticiper intelligemment, de jouer un, ou plusieurs coups d'avance, comme aux échecs. Le renseignement, comme en temps de guerre, est primordial. Savoir que l'autre prépare un coup de Trafalgar est une carte maîtresse qui peut sauver la vie et faire gagner la bataille.

Une fois la décision prise, l'assassinat se prépare et s'organise dans les moindres détails. Il ne faut laisser aucune chance à la cible et ne concéder aucune trace susceptible de permettre l'identification des auteurs et/ou du commanditaire. La mise au point d'un alibi en béton fait partie, comme en amour, des préliminaires. Il faut aussi un excellent chauffeur de voiture ou, mieux, de moto.

Il est d'autant plus facile à un voyou de rayer de la carte son ex-associé, ou son ex-patron, qu'il connaît mieux que quiconque presque tout de sa vie : son domicile, ses habitudes, les véhicules qu'il utilise, les précautions qu'il prend, ses points faibles, sa femme, ses enfants, sa ou ses maîtresses. Comme dans les couples qui se séparent, chacun dispose sur l'autre d'informations hautement confidentielles.

Quand c'est possible, la victime sera attirée dans un piège grâce à la complicité d'un membre de son entourage qui aura été retourné, pour de l'argent ou parce qu'il n'aura pas d'autre choix que de collaborer. L'effet de surprise doit jouer à fond. Le lieu idéal est la voie publique, un bar ou l'intérieur d'un véhicule.

Dans le milieu, une vie n'a aucune valeur, ou si peu… Faute d'éducation religieuse, voire tout simplement de morale, l'élimination d'un être humain ne fait ni chaud ni froid à un voyou. Elle fait même partie de son parcours. Peu lui importe d'atterrir après sa mort au paradis, au purgatoire ou en enfer, contrées dont il n'a jamais entendu parler et qu'il n'a pas enregistrées sur son GPS.

Le plus dur pour lui est peut-être la première fois… et encore ! Si nécessaire, cela peut même devenir une « habitude », une addiction, d'autant que c'est souvent moins compliqué à monter que l'attaque d'un fourgon blindé ou celle d'un dépôt de transporteur de fonds. L'essentiel pour ces êtres matérialistes est de ne pas se faire prendre.

À deux reprises, des voyous fichés au grand banditisme m'ont raconté, sans le moindre remords et même avec un certain détachement, leurs « exploits » en la matière, en prenant soin malgré tout de n'évoquer que des affaires prescrites. Le combustible qui avait amené le premier d'entre eux à liquider quatre voyous en région parisienne, dont l'un n'a jamais été retrouvé, était la haine, née de trahisons réelles ou supposées. Descendre l'autre était devenu pour lui une obsession taraudant son esprit de jour comme de nuit. « Ce milieu est pourri jusqu'à la moelle, celui qui te fait la bise va te planter le lendemain », m'explique-t-il. « Tu ne peux faire confiance à personne, à de très rares exceptions près, c'est-à-dire à ton frère ou à un ami qui tient vraiment la route ! »

Un second truand, qui avoue avoir expédié deux concurrents *ad patres*, décrypte les ressorts de ce « ménage » perpétuel : « Dans l'espèce animale, il n'y a pas de place pour tout le monde. C'est la même chose chez les voyous. Le milieu se gère lui-même en circuit fermé, avec ses propres règles non écrites, sa propre morale, aux antipodes de la morale du monde des "caves". Seuls survivent les plus costauds, les plus entreprenants, qui veulent tenir les leviers du pouvoir. Ils doivent éliminer la concurrence. À un moment de ta carrière, tu te retrouves coincé entre des vieux, au-dessus, qui accaparent des parts de marché importantes, et des jeunes qui poussent fort au-dessous. Pour t'imposer, tu es obligé de nettoyer les deux étages ! Tu dois impressionner et dissuader. Il y a un rang à tenir. Une réputation de tueur fait que tu es davantage craint que les autres et qu'il est préférable de bien réfléchir avant de penser te faire une embrouille. »

Jusqu'aux années 1970, dans le milieu traditionnel du banditisme, composé de nombreux Corses, il était de mise en cas de contentieux de faire appel à la « justice » interne. Membres respectés du milieu, des « juges de paix » étaient appointés pour trancher les litiges. La négociation débouchait le plus souvent sur un arrangement, admis par les deux parties, et se traduisait par un dédommagement ou une mise à l'amende.

L'année 1975 a marqué la fin de ces pratiques au sein du milieu parisien, avec la fusillade survenue au *Laetitia*, le bar corse de Xavier Panzani, dit « Jo », situé au 2, rue Notre-Dame-de-Lorette. Les Zemour avaient décidé de punir ce juge de paix qui avait tranché en faveur de son compatriote Marcel Francisci un litige l'opposant aux juifs pieds-noirs du Faubourg-Montmartre.

Désormais, les malfaiteurs originaires d'Afrique du Nord et d'Afrique noire, de plus en plus nombreux, refusent, comme les manouches, de recourir à des « arbitres » extérieurs à leur communauté et à leur culture. Dans les cités, les lois du marché, les jalousies, la frime primaire amènent leur cortège de règlements de compte, presque toujours intercommunautaires. Les malfaiteurs, de plus en plus nombreux, privilégient les « circuits courts ». À quoi bon recourir à un tiers, à une autorité morale qui demande, qui plus est, à être rémunérée pour ses bons offices ? Les digues ont sauté, ouvrant pour des années les vannes du passage à l'acte, avec le double avantage de se constituer une « cote » et de mettre fin à un problème. Al Pacino dans *Scarface* est le modèle à imiter.

L'arrivée de l'analyse ADN à la fin des années 1990, qui permet de redresser un auteur, et l'installation très dissuasive de milliers de caméras de vidéosurveillance à Paris et dans les grandes villes vont compliquer la tâche des commanditaires et de leurs bras armés, mais il faut l'admettre : quelle que soit la catégorie dont relève un règlement de compte, l'élimination d'un malfaiteur n'est jamais le motif d'une crise de nerf chez le policier… sauf si la victime est une source. La justice immanente reste notre plus fidèle collaboratrice. Le fort « efface » le plus faible, avant de s'affaiblir lui-même et de se faire effacer. Les « pistoleros » dépassent rarement la quarantaine. « 30 % de tués, 30 % au RMI et 30 % en prison », avait coutume de dire Michel Ardouin, dit « le Portav », ex-associé de Mesrine.

Une société démocratique ne peut cependant admettre que des voyous appliquent leur propre loi et paradent à l'évocation de leurs « exploits », d'autant que le risque de « pisser à côté du trou », celui de balles « perdues », peut toucher le citoyen, le travailleur, l'électeur.

Au « centre des choses », selon la définition de Camus, le policier doit élucider ces épisodes de saturnisme. L'exercice est rarement aisé. Le policier obtient souvent l'explication du règlement de compte, voire l'identité des tueurs : grâce à mes sources, je pourrai transmettre à plusieurs services enquêteurs l'identité des auteurs d'une dizaine d'assassinats et tentatives.

Quant à voir ces enquêtes renvoyées devant une cour d'assises, il vaut mieux éviter de compter sur la collaboration de témoins trop souvent frappés de cécité et composer avec le hasard, celui d'un maladroit ayant laissé son ADN sur les lieux du crime, ou sa carte d'identité... ce qui s'est déjà vu.

« Francis le Belge » et la rumeur du « contrat »

Dès août 1997, chaque fois que le groupe de Patrick Vigier est libre, je l'affecte systématiquement à la surveillance du « Belge », ultime et digne descendant de l'équipe des « Trois Canards », longtemps maîtresse du milieu dans la capitale. Nous ciblons aussi son entourage en « plantant » des GIC, histoire d'élargir notre connaissance des individus qui nagent dans son sillage. C'est l'essence même de la BRI et c'est pour cela qu'elle a été créée.

Francis Vanverberghe, dit « Francis le Belge », occupe avec Lydie Fleury, sa femme, un vaste appartement de standing bourgeoisement meublé, acheté trois millions de francs et niché à deux pas de l'Arc de Triomphe, 15, rue Lord-Byron, dans le 8e. Les voisins sont discrets : l'église danoise d'un côté, l'ambassade du Pakistan en face. Nos surveillances nous permettent de cerner le champ relationnel du Marseillais à Paris, où il est monté depuis des années se mettre au vert et poursuivre ses activités.

Bizarrement, le Belge ne prend aucune précaution. Ses journées sont réglées comme du papier à musique : toujours les mêmes itinéraires et les mêmes horaires. Très imprudent, compte tenu de ses activités spéciales.

Le matin, il se rend régulièrement à pied ou à bord de son Audi A3 bleu marine à l'institut Delacre, établissement de soins pour hommes avec salon de coiffure de luxe et salon de massage, 17, avenue Montaigne. Monsieur soigne son apparence et, tant qu'à faire, puisque l'institut comprend un bar et un restaurant, il y donne régulièrement ses rendez-vous. Neuf fois sur dix, il est vêtu de costumes gris-bleu prince de Galles, avec chemise, cravate et ceinture Hermès. Si le temps se gâte, il enfile un trench-coat beige, style Delon dans *Le Samouraï*. Dans la rue, cet homme aux cheveux grisonnants bien taillés marche tranquillement, rasé de près et parfumé. Il passe facilement pour un cadre supérieur, voire un PDG… à tous les coups pour un bourgeois. Chez lui, l'habit ne fait pas le moine.

Presque tous les après-midi, le Belge joue aux courses à l'*Artois Club*, 8, rue d'Artois. Il en profite pour blanchir de l'argent en rachetant des tickets gagnants dix pour cent au-dessus de leur prix. Outre ce bar PMU chic, il fréquente le *Bridge Club*, rue Jean-Mermoz, le *Big Ben*, rue de Ponthieu, *Le Marceau*, avenue Marceau, le *Floridita*, rue de Presbourg, *La Véranda*, avenue Georges-V, et plusieurs restaurants et boîtes branchés. Tous ces établissements ont un point commun : ils sont implantés à proximité des Champs-Élysées et de la place de l'Étoile. Le Belge ne sort que très rarement de ce périmètre que Blaise Cendrars appelait « le Gangsland », une sorte d'hippodrome ou de cour de promenade où ce vieux cheval de retour affectionne de tourner en rond.

Nous identifions ses deux principaux « lieutenants » et hommes de main parisiens, deux voyous bien connus : Pierre Hanna Elias, dit « le Cobra » ou « Joël le Turc », et Philippe Ottmann, dit « le SS ». Si le premier, avec son faux air de De Niro, est toujours vêtu sport, le second, avec son physique de garde du corps, ses costumes cintrés, son visage taillé à la serpe et ses cheveux blonds et ras passerait plutôt pour un légionnaire teuton ou slave. Francis poursuit ses activités criminelles par le truchement de ces filtres. Il supervise et donne son aval à la réalisation des opérations, se comportant en vrai « parrain ».

Nous arrêtons le Cobra en juin 1998 à la demande de la brigade de répression du proxénétisme, la BRP, pour infraction à la législation sur les jeux, mais curieusement, la juge d'instruction parisienne, originaire de l'île de Beauté, le remet en liberté à l'issue de sa garde à vue...

Péripétie : grâce à nos filoches, nous sommes témoins de rencontres importantes dont je tiens systématiquement informé Jean Tchividjian, qui suit de près les affaires de banditisme. Ainsi de cet épisode mémorable : le 7 avril 1999, un certain « Jean-Jacques », qui tient une boîte à Montpellier et entretient un lien amical avec deux piliers du clan Hornec, Imed Mohieddine et Nordine Mansouri, appelle ce dernier sur l'un de ses portables :

« Jo[106] et toi, vous avez demandé à voir quelqu'un ?

— Ouais, c'est Yves[107] qui a demandé à voir "le Marchand de frites".

— Ah ouais ?

— Tu vois qui c'est, le Marchand de frites ? relance celui que l'on surnomme aussi "la Gelée".

106. L'un des surnoms d'Imed.
107. Patron d'un établissement de nuit parisien.

— Euh, non !

— Le Belge. »

Mes inspecteurs en poste au GIC des Invalides, cœur des écoutes, n'en ratent pas une miette. Quelques minutes plus tard, la Gelée appelle Imed. Ils conviennent qu'Imed va contacter un certain « Pierre » pour organiser un rendez-vous à Paris, qui aura lieu en face de l'Arc[108]. La Gelée demande à Imed s'il connaît ce « Pierre ». « J'l'ai déjà vu à la première du film *Taxi* à Marseille », répond-t-il. « Après, je l'ai vu une fois à Paris avec "Daniel le Russe"[109]. »

Cinq minutes plus tard, Imed rappelle la Gelée et lui annonce que « Pierre » viendra le lendemain à midi place de l'Étoile « avec son ami, au truc à cigares ». Traduction : le *Floridita*, restaurant situé 19, rue de Presbourg, connu pour sa cave à cigares et pour être l'un des points de chute du « Marchand de frites ». Le 8 avril à midi pile, notre dispositif voit arriver sur place un individu en blouson, jeans et baskets, un sac à l'épaule : Pierre Hanna Elias, le « Pierre » mentionné au téléphone. Deux minutes après, la Gelée et Imed rentrent dans l'établissement et saluent le Cobra qui les emmène à quelques mètres de là, au restaurant *La Grande Armée*. À l'intérieur les attend Francis. Les présentations faites, le quatuor passe à table et taille la bavette pendant plus d'une heure.

À 13 h 20, « un individu, 1,85 m, 40 ans, cheveux blonds courts, corpulence athlétique, visage taillé à la serpe, style légionnaire, vêtu d'un costume clair » entre dans le restaurant, signale l'un de mes policiers en observation. C'est Philippe Ottmann. À 13 h 25, les cinq hommes sortent de l'établissement. Francis part d'un côté avec le SS, à bord d'une Peugeot 306, pendant que

108. Boîte de nuit chic et branchée, au 12, rue de Presbourg, Paris 16e.
109. Daniel Abramovitch, dit « le Russe », est un survivant de l'équipe des « Siciliens ».

la Gelée, Imed et le Cobra retournent au *Floridita*, où ils poursuivent leur discussion pendant une partie de l'après-midi. Après le « sommet », au cours duquel le « parrain » a fait connaître ses positions, place à la discussion « technique », où il a délégué l'un de ses bras droits.

Dès le lendemain, je remets à Jean Tchividjian une note que j'ai intitulée : « Un Yalta des machines à sous ? ». J'y expose nos interprétations : Francis, qui a beaucoup investi dans les « bécanes », les machines à sous, en région parisienne, souhaite éviter une guerre et préfère un sage partage des secteurs[110]. Accessoirement, les deux bandes se sont entendues sur le racket de plusieurs bars à hôtesses montantes et boîtes de nuit de la capitale. Une analyse bientôt confortée par nos écoutes administratives effectuées sur les portables de la Gelée et de ses proches.

Il nous arrive aussi d'assister à des rendez-vous du parrain plus baroques, dont l'un avec l'un des chefs de la DCPJ, qui a bien connu Francis et Jacky le Mat à Marseille et qui, selon les observateurs, parlait, pour une fois, sur un ton mesuré. Mais au printemps 2000, le Belge trébuche. Les enquêteurs de la BRP ont établi que lui et son épouse tiraient d'importants revenus de la gestion d'un bar à hôtesses, le *First*, rue François-Ier, où se prostituent une vingtaine de jeunes femmes. Le 22 mars, nous l'interpellons alors qu'il vient de sortir de chez lui et marche tranquillement vers la rue Balzac[111]. Fabrice lui passe les menottes tandis que Patrick lui explique qu'ils vont effectuer une perquisition à son domicile.

110. À cette époque, on évalue à au moins six mille le nombre de machines à sous illégales dans des bars en France, pour treize mille machines installées dans les casinos. Une machine illégale bien placée rapporte environ 10 000 francs par mois, soit 1 500 euros, dont 40 % vont au gérant et 60 % à l'exploitant des machines.

111. Le Belge, qui connaît par cœur l'histoire du milieu parisien, doit se souvenir qu'à quelques mètres du lieu où on l'arrête, vingt ans plus tôt, le 27 mars 1980, René Juillet, dit « le Petit Prince », avait été abattu en sortant de son établissement de nuit *Le Miroir du Temps*, probablement à l'instigation des frères Zemour.

« Enlevez-moi les pinces, je ne bougerai pas, je ne voudrais pas que des voisins me croisent avec ces menottes », rétorque froidement Francis.

« On est obligés, c'est pour ta sécurité, remarque Patrick.

— Ma sécurité, je m'en charge moi-même ! », lance le Belge.

Compréhensifs, Patrick et Fabrice lui retirent ses menottes et l'escortent, rejoints par les autres participants au dispositif, vers son domicile, où ils attendent les enquêteurs de la BRP.

Fabrice effectue quand même une palpation et lui demande de vider ses poches. Francis sort une grosse liasse de billets de son blouson et quelques pièces de monnaie d'une poche de son pantalon. Comme le contact passe bien, Fabrice plaisante : « Tiens, les pièces c'est mon salaire et les billets, c'est le tien ! »

Francis, qui s'est assis sur un canapé, lui répond très sérieusement en le fixant dans les yeux[112] : « Petit, si tu veux gagner de l'argent, viens travailler avec moi ! »

Le ton n'est ni hautain, ni méprisant, mais le message est très clair.

L'appartement de Francis et Lydie est propre et décoré avec goût. Sur place, un seul livre, dédicacé par l'auteur, le journaliste Guillaume Durand. Manifestement, l'homme n'a qu'une passion : les chevaux de course. Cela n'est peut-être pas totalement désintéressé. En ce domaine, il est organisé et précautionneux : dans un meuble de sa chambre, plusieurs classeurs sont soigneusement alignés sur une étagère. À l'intérieur, des chemises plastifiées transparentes contiennent des dizaines de tickets du PMU que Francis désigne comme alibi : « Ce sont mes

112. Pendant les mois qu'a duré la surveillance de la BRI, le Belge n'a jamais été vu en train de rire.

tickets gagnants ! » L'homme semble bénéficier d'une chance insolente au jeu, ce qui justifierait son train de vie.

À l'issue de leur garde à vue, Francis et Lydie sont écroués, avant d'être remis en liberté en juin 2000 moyennant le versement d'une caution de huit cent mille francs chacun. Pendant plusieurs mois, lui doit se passer du Cobra, interpellé entre-temps par le SRPJ de Marseille pour ses machines à sous. Le Belge lui substitue les services de William Chineau, un cousin germain de son épouse, également impliqué dans le monde des machines à sous.

Le Cobra est libéré à son tour le 18 août 2000. Un mois plus tard, le 27 septembre 2000, Philippe Feval, ex-commissaire au 36, surnommé « Crin-Blanc », m'appelle vers 14 h : un de ses proches, qui dirige une société à côté du PMU où Francis joue tous les après-midis, vient d'entendre des coups de feu. « C'est le bureau du Belge, il était peut-être visé », dis-je avant de composer le numéro de l'état-major du 36 (le 46 02) pour leur donner l'info. La confirmation tombe un quart d'heure plus tard : le Belge vient d'être envoyé *ad patres*, à cinquante-quatre ans. Avec Frédéric Péchenard, le chef de la Crim, nous nous rendons sur place accompagnés de Jean-Claude Mules, l'un des meilleurs limiers du service. Le Belge est allongé sur le sol, mortellement atteint par neuf projectiles blindés de 11,43, dont deux ont touché la tête. Il a sur lui deux cent vingt mille francs[113] en liasses de billets de cinq cents francs soigneusement rangés dans deux enveloppes en papier kraft, coincées dans son dos entre sa chemise et son pantalon. Deux individus « de type européen », casqués, ont stationné dans la rue une moto Honda de grosse cylindrée, plaque masquée. Pendant que l'un restait en protection à la porte, le second est entré dans l'établissement et a fait feu sur Francis, assis seul à sa table habituelle. Il est ressorti calmement et les

113. L'équivalent de 43 000 euros.

deux ont pris la fuite sur la moto en empruntant la rue d'Artois à contre-sens. Scénario classique.

Le soir même, la BRP rédige une note pour la direction, à destination du préfet de police et du ministre de l'Intérieur. Elle rappelle le profil du défunt :

> *Plus que les appareils de jeux de hasard et le proxénétisme, le domaine de prédilection de Francis VANVERBERGHE paraissait être le monde de la nuit, en particulier dans le secteur des Champs-Élysées où se mélangent l'argent et la* jet-set *qu'il adorait côtoyer.*
>
> *La rumeur de la nuit prétend qu'il était le propriétaire de fait de la discothèque* VIP ROOM[114]*, 76, avenue des Champs-Élysées, où il aurait fait réaliser d'importants travaux. La même rumeur lui attribue la propriété officieuse du restaurant branché* HOMERO*, 37, avenue de Friedland à Paris 8e et du bar à hôtesses* LE DIABLOTIN*, 11, rue Troyon à Paris 17e, où son « lieutenant » HANNA ELIAS a été vu en 1999 s'y comportant comme s'il en était l'exploitant.*
>
> *En 1998, une équipe de malfaiteurs composée de Pierre HANNA ELIAS, « Mickey », Karim AMIROUCHE et d'autres, tentait de racketter la discothèque le* TIMES*, 49, rue de Ponthieu à Paris 8e. Il aurait été surprenant que le commanditaire de l'opération ne soit pas « Francis le Belge ».*
>
> *Incontournable lieutenant, HANNA ELIAS était vu fin 1999 au* NEPENTHA*, club échangiste situé au 6, rue Cochin à Paris 5e, en discussion avec le gérant et un porteur de parts de la société exploitant l'établissement.*
>
> *La réputation de Francis VANVERBERGHE étant celle d'un malfaiteur implacable, peu de gens de la nuit se seraient risqués à déclarer sur procès-verbal les rumeurs dont ils se faisaient l'écho.*

114. Le responsable du *VIP ROOM* est à cette époque Jean-Roch Pedri, le fils de Nélo Pedri, un membre du milieu toulonnais, proche du Belge, tué en 1982 en allumant le contact dans sa voiture.

À la recherche d'une certaine respectabilité, Francis VANVERBERGHE ne dédaignait pas fréquenter le monde des gens connus. Rappelons qu'à son domicile, lors de la perquisition de mars 2000, était posé sur la table basse du salon le livre de Guillaume DURAND dédicacé « À mon ami Francis VANVERBERGHE ». Sans doute fataliste, « Francis le Belge » avait été interpellé dans la rue devant son domicile par la BRI. Il ne portait pas d'arme, n'avait aucun garde du corps et ne semblait jamais varier ses itinéraires.

Dès la mort de Francis, le Cobra et le SS, fins joueurs, s'éclipsent de la capitale. Ils connaissent la loi des séries. Du côté de l'enquête, des noms circulent pour les auteurs et les commanditaires, mais impossible, comme de coutume, d'accrocher qui que ce soit.

Le vendredi 15 décembre 2000, rebondissement. En fin d'après-midi, « Tchi » me fait venir dans son bureau. « Yves, le DCRG, Yves Bertrand, vient d'avoir une information du juge Murciano, du TGI de Grasse, selon laquelle un contrat a été lancé sur toi par des proches du Belge. Ils sont persuadés que tu as joué un rôle dans sa mort. Le préfet de police a été avisé. La Crim va tirer l'affaire au clair, mais il faut que tu sois très prudent pendant plusieurs jours. »

J'éclate de rire, ne voyant aucune raison objective à une telle volonté de vengeance, mais Tchi me dit que c'est très sérieux. Résultat : je suis protégé pendant quinze jours par les policiers de mon service, dans toutes mes allées et venues. Pendant ce temps, la Crim entend les proches du Belge dans le cadre d'une enquête ouverte par le parquet de Paris pour « association de malfaiteurs et menaces de mort » à mon encontre. Le commandant Jean-Pierre Duballet, déjà chargé de l'enquête sur l'assassinat de Francis et qui a hérité de celle sur la rumeur de contrat, fait le déplacement au tribunal de Grasse où il rencontre le juge Murciano, puis à la maison d'arrêt de cette ville pour interroger

Antoine Cossu, bras droit du Belge. Il fait également un crochet par Marseille pour entendre Jacques Imbert et Simone Corteggiani, la sœur de Francis, avant de convoquer au 36 la veuve du Belge, le Cobra et le SS.

Tous donnent l'impression de tomber des nues et, comme je le pressentais, le tuyau se dégonfle vite. « Je n'ai pas du tout entendu parler de cette histoire », précise Antoine Cossu. « À mon avis c'est du pipeau. Cela ne correspond pas à la mentalité du milieu de lancer un contrat sur la tête d'un policier. »

La rumeur reposait vraisemblablement sur les déclarations ambiguës et inconscientes d'un enquêteur de la Crim. Auditionnant un membre de l'entourage de Francis, le policier lui aurait dit que la BRI surveillait Francis et que j'avais fait interrompre ces surveillances quelques jours avant sa mort... Cette information pouvait laisser à penser que j'avais volontairement fait lever les surveillances, ouvrant ainsi la voie aux tueurs. J'aurais pu aussi leur donner des indications sur l'emploi du temps du Belge. Et pourquoi pas leur fournir la moto et les armes ? Et encore, cet enquêteur ignorait heureusement que j'avais aspiré le frère de Michel Tomi, intime du bandit corse Richard Casanova, dans le groupe chargé de filocher Francis. Le fantasme n'en aurait été que plus alléchant !

Des années plus tard, j'ai eu l'occasion d'évoquer longuement ce « contrat » avec le juge Jean-Pierre Murciano[115]. Plusieurs voyous lui avaient fait remonter cette info entendue en prison. Selon la rumeur, j'étais « associé » à l'assassinat. Une personne du premier cercle de Francis lui ayant confirmé l'information, le juge avait jugé nécessaire d'alerter le patron des RG, vu la gravité de la menace. Il n'est donc pas impossible qu'un projet de contrat ait fugitivement germé dans l'esprit de proches de Francis, pour être abandonnée après un minimum de réflexion.

115. Entretien du 3 juillet 2014.

Le juge Murciano était à l'époque en première ligne, lui qui instruisait l'affaire « Topaze », un gigantesque trafic international de stupéfiants pour lequel Antoine Cossu, dit « Tony l'Anguille », concubin de Simone, la sœur de Francis, et Jean-Pierre Gandeboeuf, dit « Christo », « Tonton » ou « le Lyonnais », avaient été arrêtés à Madrid en mai 1998. Extradé d'Espagne vers la France le jour de l'assassinat de Francis, Cossu débarque dans son bureau flanqué des gendarmes.

« Vous êtes un peu plus jeune que je ne l'imaginais, lance le juge à l'homme de soixante ans.

— C'est normal, vous savez ; en prison, on fait du sport, on se couche tôt, on ne fait pas d'excès, réplique Tony, détendu.

— Vous avez vu ce qui est arrivé à Francis ? »

Pensant que le magistrat évoque l'affaire de proxénétisme pour laquelle il avait été arrêté quelques mois plus tôt, Cossu lâche avec détachement : « C'est des bêtises... »

« Je vois que vous n'êtes pas au courant. Francis a été assassiné aujourd'hui à Paris », annonce le juge.

Stupéfait, Cossu accuse le coup et lâche : « Ah, avec son Paris... je lui avais dit de ne pas y aller », laissant entendre qu'il aurait dû rester à Marseille. Au bout de cinq minutes de silence, Cossu, effondré, égrène la liste de ses amis décédés. « Finalement, de tous mes amis, il n'en reste plus beaucoup », dit-il.

« Vous semblez en oublier certains. Est-ce que ce sont ceux que vous avez fait disparaître ? », questionne Jean-Pierre Murciano, non sans malice.

Cossu se ressaisit et ne dit plus un mot[116].

116. Cossu purgera onze années de prison pour trafic de stupéfiants. Libéré en 2010, il sera arrêté en Autriche avec deux complices, en juin 2014, dans le cadre d'un projet d'attaque de fourgon.

« L'affaire Topaze, en entraînant la mise à l'ombre d'une grande partie du clan, a privé les proches du Belge de toute vengeance », me dit le juge, auquel n'a pas échappé la grande purge qui a suivi. Héritiers du Belge, obligés ou porte-flingues, ils ont tous été méthodiquement abattus par un tandem à moto ou des commandos lourdement armés, et je n'y suis vraiment pour rien. Le 13 novembre 2000, Jean-Claude Zamudio, qui représentait ses intérêts à Aix-en-Provence, a été descendu de quarante balles de 9 mm devant *Le Mas*, sa boîte d'Aix-les-Milles. Le 6 mars 2001, Michel d'Attena, un de ses placeurs de machines à sous, a été abattu à Septèmes-les-Vallons.

Le 12 août 2001, Jean-Jacques Maillet, dit « Jacky », un de ses hommes de main, a été tué à Hyères de plusieurs projectiles de 9 mm et de décharges de chevrotines dans la tête. En juin 2002, Gilbert Mesguich a été tué de cinquante-trois balles à Saint-Raphaël, à sa sortie de prison. Le 15 octobre 2002, deux de ses neveux, Jean-Louis Marocchino, qui sortait lui aussi de prison, et François Vanverberghe ont été tués alors qu'ils circulaient à moto au nord de Marseille. Le 17 octobre 2002, Jean-Jacques Verdu, dit « le Sanguinaire », a été abattu de quinze balles de 9 mm à Aix-en-Provence. Quelques années plus tard, le 29 juillet 2011, Joël le Turc est abattu de quatre balles de 11,43, dans un bar de Marseille. Le Cobra n'avait jamais cherché à venger son mentor, se disant sans doute qu'il avait tout intérêt à se faire oublier s'il voulait continuer à respirer l'air de la métropole. Il avait vu juste. Le répit aura duré onze ans.

« Les tueurs du Belge ont voulu qu'aucune riposte ne soit possible », conclut le juge Murciano, pour qui le coup serait venu de Corse. Une piste pointée dans l'ultime rapport d'enquête du commandant Jean-Pierre Duballet, en 2006 : *Les informations des services spécialisés, les nouvelles déclarations hors procès-verbaux de certains membres du milieu et quelques faits constatés accréditent la thèse qu'une partie des membres de la*

BRISE DE MER, associés à des Marseillais, aient pu effectivement commanditer l'assassinat de Francis le Belge. Loin de la version que le même policier évoquait deux ans plus tôt, pointant *une alliance en vue d'éliminer Francis le Belge, conclue entre Pierre HANNA-ELIAS et les nommés Imed MOHIEDDINE et Nordine MANSOURI, avec l'accord tacite des frères HORNEC.*

13.

La Firme du 93

Les frères Hornec

« Ils ont grandi dans la petite maison que leurs parents, Lucien et Marinette Falck, avaient achetée au 45, rue des Ramenas, à Montreuil, sur un terrain étroit mais profond », me raconte un jour une de mes sources les plus précieuses. « Dès leur adolescence, ils ont été admirés et craints par les voyous des environs. Ils avaient du courage à revendre. Leur père, ferrailleur, fréquentait la casse du boulevard de la Boissière, à Montreuil, tenue par Riquet. »

« Ils », ce sont les frères Hornec, des manouches soupçonnés d'animer une équipe redoutable, parfaitement structurée et très déterminée. L'aîné se prénomme Jean-Claude, mais on l'appelle « Loune » ; la peau claire comme les deux autres, grand, costaud, cheveux châtains foncés, il se signale par un strabisme convergent de l'œil droit. Mario, surnommé « Eddy Mitchell », est assez bel homme : forte corpulence, cheveux châtains lui aussi, vif, souvent habillé en costume, il mesure un mètre quatre-vingts. Marc, le plus jeune, a les cheveux châtain clair et les yeux clairs. Ils forment le noyau de la « Firme du 93 », forte d'une vingtaine de membres. Des manouches, comme Roger Winterstein, dit « Garçon »,

Fabrice Hornec, leur cousin, Steve Falck, Enrique Gimenez, Michel Mayer, Franck Fischer ou Jean Legrain, dit « Chouchoune », et des maghrébins, parmi lesquels Mohamed Amimer, dit « le Grand Momo », Imed Mohieddine, dit « Jo » ou « l'Indien » et son frère Karim, Nordine Mansouri, dit « la Gelée » et son oncle Omar Belhadi, alias « Queue de Cheval »[117].

Lorsque j'arrive à la tête de la BRI, ma source me révèle les dessous de ce clan qui va tenir le haut du pavé pendant plus de vingt ans avant de se disloquer progressivement comme tous les « empires ». Ayant lui-même grandi à Montreuil et côtoyé de près la famille Hornec entre 1979 et 1985, il me raconte ce que la documentation criminelle ignore, l'histoire de ces trois frères qui adoraient leurs parents et n'avaient peur de rien.

Dès sa majorité, « Loune » s'est installé dans une caravane devant la maison familiale, au milieu de la courette. Il y a d'abord vécu seul, puis avec sa femme Claudia, après l'avoir « kidnappée » selon la tradition gitane. Comme ses frères, il a été brièvement scolarisé avant de plonger très tôt dans la délinquance. De douze ans plus jeune que lui, Marc, le petit dernier, conduit dès l'âge de dix ans. Formé auprès des ferrailleurs et dans les casses, il vole des voitures dès onze ans. Il sévit en solitaire et s'en prend de préférence aux grosses cylindrées dans des communes riches de la banlieue parisienne. Au début, il casse les vitres ; à partir de quatorze ans, il utilise un outil spécial prisé des « rabouins[118] » : une clé perpendiculaire de la marque Facom, l'extrémité de la petite partie étant minutieusement limée pour se glisser dans la serrure du véhicule ciblé,

117. Les frères peuvent aussi s'appuyer sur Abdelkrim Hadjadj, dit « Abdel le Blond », Ahmed Lahcene, dit « Céro » ou « le Petit de Montfermeil », et son frère Abdelrhani, dit « Derrane », Antonio Lagès, Abdenor Tebsi, dit « le Gros Abdenor », mais aussi Georges Bérens, dit « Franky », un des anciens qui leur a ouvert les portes du Milieu. Citons enfin Michel Lepage et son fils Serge, leurs partenaires dans la banlieue Sud, vieux clients du 36, en relation avec une galaxie de voyous, manouches ou maghrébins.

118. Gitans.

côté chauffeur[119]. Reste à la faire pivoter plusieurs fois de droite à gauche pour déverrouiller la portière, à arracher le Neiman, puis à brancher les fils pour démarrer.

Marc, qui conduit comme un champion, aime débarquer rue des Ramenas, le fief familial, ou devant ses bars préférés au volant de voitures dérobées. Il épate la galerie en faisant crisser les pneus et brûler la gomme sous les bravos du public... excepté de ses deux frères, qui goûtent peu ces provocations susceptibles d'attirer la police. Intenable, le petit dernier va jusqu'à faire des tête-à-queue sous le nez des policiers, poursuivi par le « pin-pon » d'un fourgon... qui ne parvient pas à le rattraper, jusqu'au jour où il se fait arrêter. Loune et Mario se déplacent au commissariat de la Croix de Chavaux, à Montreuil, et parviennent à le faire relâcher. Marc apprend vite les codes : après une bagarre ou un délit de fuite, déclarer au plus vite sa voiture volée et la faire découper dans une casse ou un camp manouche, moyennant cinq cents francs[120] au début des années 1980, puis toucher l'assurance. À la suite d'un accident, faire disparaître la voiture de la même manière, voler une voiture du même modèle et « retaper » le numéro du moteur pour disposer d'une doublette parfaite.

« Dès l'année 1979, Marc et Mario se lancent dans les cambriolages », raconte ma source, qui était aux premières loges. « Ils montent une équipe de six à huit personnes composée de gitans et de gadjos, parmi lesquelles Christian Pillefert, dit "Grillon", Guy Locatelli, dit "Guigui" et "le Grand Roger". Très organisés, ils maîtrisent tous les aspects du travail : neutralisation des alarmes, ouverture des serrures, découpage des coffres... Ils ciblent les pavillons de commerçants ou de chefs d'entreprise sur un territoire qui s'étend de Montreuil à Fontenay-sous-Bois, en passant

119. La serrure est réputée plus « souple » côté chauffeur.
120. L'équivalent de 200 euros.

par Noisy-le-Sec, Rosny-sous-Bois, Le Perreux et Neuilly-Plaisance. Dès qu'ils ont un tuyau, les deux frères entrent en action, de jour comme de nuit, à la recherche des bijoux et de l'argent. Pour éviter d'être interpellés en possession d'objets volés, ils enterrent systématiquement le butin dans le jardin d'une maison proche de celle de la victime et attendent deux à trois jours avant de le récupérer. Ils se lancent aussi dans le vol à la fausse qualité, une spécialité de Loune et Mario, qui frappent aux portes de leurs victimes déguisés en policiers. L'été, les trois frères se mettent au vert dans des campings du Sud de la France ; si l'occasion se présente, ils joignent l'utile à l'agréable et écument les belles villas alentour. L'hiver, "les H" aiment se retrouver en famille sur les pistes de ski, où ils se contentent en revanche de flamber[121] ».

Au début des années 1980, poursuit la source, les frères ont leurs habitudes au *Sans-Soucis*, un bar avec billard de la rue de la Demi-Lune, à Montreuil, exploité par « le Grand Stéphane », un ancien boxeur qui passe bientôt la main à Mehdi, lequel boîte depuis qu'il a pris une balle dans la jambe. Les trois frères s'attardent également *Chez Moustache*, un bar de la rue Aristide-Briand, toujours à Montreuil, tenu par des Arabes, et au *Brazza*, à Romainville. Dans ces bars, où ils préparent leurs coups, les arrosent et s'amusent, le clan place ses premières machines à sous. La famille a aussi ses habitudes à *L'Arrosoir*, une boîte de nuit d'Ozoir-la-Ferrière, en Seine-et-Marne, exploitée par Gérard Vigier[122], bras droit de Gaëtan Zampa, auréolé d'un grand prestige depuis sa participation au casse de la Société générale, à Nice, en juillet 1976[123].

121. Les frères Hornec n'ont pas été condamnés pour de tels faits.

122. Gérard Vigier sera assassiné à Toulouse dans la nuit du 15 au 16 février 1987. Quelques heures auparavant, son ami Hyacinthe Calodat, qui était lui aussi dans les égouts de Nice, était tué à Paris. Ce « coup de torchon » étant attribué par la rumeur du milieu à Jacques Imbert et Francis « le Belge ».

123. Un gang a pénétré dans la salle des coffres en passant par les égouts. Le butin est estimé à 50 millions de francs, soit l'équivalent de 32 millions d'euros.

Les trois frères ne dédaignent pas la capitale. Ils sont même clients de plusieurs bars à la mode. On les croise au *Rock and Roll Circus*, rue Caumartin, dont Jean-Pierre Lepape, voyou notoire, est actionnaire. On les voit aussi au *Montana*, rue Saint-Benoît, à *La Cabane*, un bar de la rue de la Montagne-Sainte-Geneviève où on interprète des chansons corses, et dans plusieurs boîtes de nuit branchées : *L'Apocalypse*, *Le Caramel*, rue de Rennes, ou *La Baie des Anges*, près de la place de la République, où leur mentor Claude Genova, patron du milieu parisien, a des parts. Gare à ceux qui se frottent à eux : Loune est une force de la nature dotée d'un tempérament chaud. Une bagarre éclate dans un bar ? En trois secondes, il grimpe sur le comptoir, attrape le patron par le col et le lève à deux mètres du sol, ce qui a le don de calmer tout le monde. Ce n'est pas leur seul argument : les manouches sont réputés porter sur eux un greffoir, petit couteau à la lame extrêmement tranchante, redoutable en cas de rixe.

« En 1982 », enchaîne mon interlocuteur, très documenté, « Mario achète une maison d'un étage, sur un terrain situé derrière celui de ses parents. Il s'y installe avec sa femme Patricia, qui lui donnera une fille et un fils prénommé James. Ce pavillon a le grand avantage de communiquer avec le terrain des parents, ce qui permet à son propriétaire de sortir par la rue du Colonel-Fabien ou plus discrètement de l'autre côté. À la même époque, il acquiert pour vingt millions de francs une superbe BMW blanche, immatriculée au nom de sa femme. Leur réussite financière suscite l'admiration des jeunes qui gravitent autour d'eux. Autant leurs épouses sont très gâtées, autant il vaut mieux ne pas les avoir contre soi ! »

« Les H » travaillent depuis leurs débuts à l'ombre de Claude Genova, dont la femme, « Fifine », est également manouche. Comme beaucoup de voyous, ils vénèrent « le Gros Claude », qui œuvre principalement dans le proxénétisme, le trafic de voitures volées et les règlements de compte, non sans oublier de racketter plusieurs bars à filles de la capitale, n'hésitant pas à plastiquer les récalcitrants. En 1984, Genova fait ainsi sauter à deux reprises *Chez Christine*, un établissement du 15e. Puis c'est la Mercedes blanche d'un concurrent qui explose rue François-Miron. Éliminer les gêneurs fait partie de sa culture. La rumeur lui prête d'ailleurs un rôle dans les assassinats de Richard Leroy[124], d'Yves Scheiff, dit « Jacky le Bordelais », en 1990, et de « Marc l'Arabe ». À son contact, « les H » apprennent très vite ce qu'ils ne savaient pas déjà, mais eux ne toucheront jamais à la prostitution : les frères n'ont aucun respect pour les julots, qu'ils surnomment « les tapettes ».

Vague de saturnisme

À l'automne 1993, les associés se déchirent. Incarcéré à la centrale de Saint-Maur après une condamnation à huit années de prison, le parrain prétend continuer à régenter le milieu parisien depuis sa cellule et surtout à faire « casquer » tout le monde, y compris sur des affaires dans lesquelles il ne s'est pas impliqué ; mais la rébellion gronde. L'excès de gourmandise de Claude Genova, les trahisons, les vengeances et les envies d'émancipation vont faire couler le sang sur les trottoirs de la région parisienne. L'exécution de deux proches des frères Hornec, Idir Idjeraoui, qui prend trois balles en octobre 1993, et Michel Thiry, tué le mois suivant à Montreuil de plusieurs décharges de chevrotine dans la tête, marque l'ouverture des hostilités.

Trois mois plus tard, en février 1994, Nordine Mansouri, dit « la Gelée », est enlevé et séquestré pendant trois semaines. Est-ce dans un appartement, la cave d'un bar ou d'un restaurant ?

---

124. Richard Leroy était à la tête d'un gigantesque trafic de véhicules volés, depuis son fief d'Aubervilliers. En 1986, il avait braqué un fourgon blindé au Japon avec ses lieutenants, Philippe Jamin, Nordine Tifra et Youssef Khimoun.

Mystère. Durant sa détention, il a droit à une « visite amicale » de Genova, qui profite d'une permission de sortie. La Gelée n'a aucun mal à mémoriser les noms de ses geôliers. Il y a là Nordine Benali, dit « la Puce », Éric Pasquet, dit « Riquet », Joël Guignon, Fayçal Marrefi, dit « Féfé le Brochet », et un certain José. Soumis à la question et torturé, ce dur à cuire ne lâche aucune des informations que ses ravisseurs tentent de lui extorquer. Il est finalement libéré après le versement d'une rançon, et probablement aussi grâce au lien de parenté qui l'unit à la Puce, alors son « beau-frère ».

La Crim ne parviendra pas à localiser le lieu de séquestration. Elle apprendra juste qu'il est surnommé « le Gourbi ». En 2021, une de mes sources, qui connaît les lieux, me révélera qu'il s'agissait d'un pavillon d'un étage implanté à Thiais, dans le Val-de-Marne, sur un grand terrain. L'endroit était utilisé par Éric Pasquet pour traiter certaines affaires et « discuter » avec des concurrents, Riquet n'hésitant pas à utiliser la mare située derrière la maison pour faire subir à ses victimes des séances d'apnée…

En attendant, la réaction du clan Hornec est implacable. À compter du mois de mai 1994, les balles pleuvent comme des grêlons sur les soldats de Genova. Le 17 mai, le julot-braqueur Éric Pasquet est abattu de cinq décharges de chevrotines à bord d'une Renault 25 conduite par le boxeur Christophe Tiozzo, qu'il venait d'accompagner à l'enregistrement de l'émission *Autant en emporte le temps*, au cours de laquelle Thierry Ardisson, perspicace ou devin, avait interrogé l'ancien champion d'Europe sur son entourage « pas toujours très net » ; il laisse derrière lui huit prostituées, dont Branka, sa jeune compagne de vingt-trois ans. Puis c'est au tour de Joël Guignon, au nom prédestiné, liquidé le 12 juin au fusil de chasse et au 11,43, en attendant Fayçal Marrefi, exécuté le lendemain.

Le 22 août 1994, le Gros Claude bénéficie d'une nouvelle permission. Venu spécialement à bord de sa Renault 25 blindée pour un rendez-vous au bar panoramique de l'hôtel *Concorde Lafayette*, il tombe dans un traquenard organisé de main de maître par des individus supérieurement intelligents. À 21 h 30, alors qu'il déambule tranquillement, deux hommes cagoulés lui tirent dessus avec un fusil de calibre 12, avant de l'achever d'une balle dans la tête.

La Crim identifie rapidement ses deux assassins présumés : Kadda Hadjadj, dit « Karim » ou « Kader », et Jean-Dominique Poletti, un proche du Gros qui a été retourné. Elle suppose qu'ils ont agi à la demande des frères Hornec[125]. Hypothèse de travail : les élèves surdoués auraient éliminé le maître afin de voler de leurs propres ailes. La rumeur indique que le « contrat » se serait monté à trois millions de francs[126], mais l'enquête est semée d'embûches. Peu après l'exécution, Hadjadj a pris la fuite en Algérie, ce qui n'empêchera pas la brigade criminelle de l'« habiller » ; le second suspect, Jean-Do Poletti, est assassiné à Boulogne en août 1995, puni de sa trahison par le passager d'une moto qui l'atteint de plusieurs projectiles. La main de Djamel Benali, le frère de la Puce, selon les enquêteurs. Désemparés ou morts de peur, les orphelins du parrain désertent la région parisienne, à l'instar de Djamel et Nordine Benali[127] et des frères Amar et Mourad Ferguene, retranchés sur la Costa del Sol.

La voie est libre. L'équipe des frères Hornec peut dorénavant régner sans partage. Et ne s'en prive pas : entre 1994 et 1995, plusieurs de leurs proches blanchissent une partie de l'argent provenant de gros braquages, comme celui du dépôt de la Brink's

125. Les frères Hornec ne seront pas mis en cause par la justice pour cet assassinat.
126. L'équivalent de 645 000 euros.
127. Djamel Benali sera tué à Fuengirola en décembre 1999, et son frère Nordine le rejoindra en octobre 2001.

à Perpignan[128], en investissant dans plusieurs discothèques, dont le *Fun Raï*, à Évry, dans l'Essonne, *Le Triangle*, à Andilly, dans le Val-d'Oise, ou le *Midnight Express*, à La Défense. Gérées par des hommes de paille, ces « blanchisseuses » leur permettent au passage d'étaler leur réussite au grand jour, de s'éclater et... de recruter des taupes, en particulier des convoyeurs de fonds qui leur confient de très précieuses informations sur la sécurité des dépôts de transports de fonds et les tournées des fourgons blindés : ces boîtes sont l'endroit parfait pour les appâter avec des filles et de l'argent facile[129], mais faute d'une gestion rigoureuse, ces établissements connaîtront des difficultés. Suppressions d'autorisation de nuit, enquêtes pour infractions économiques, contrôles fiscaux et fermetures attendent le clan au tournant.

Le petit frère Hornec arrêté à Disneyland

En 1993, de retour à la BRI pour prendre en main le groupe de documentation opérationnelle, Stef suggère qu'un groupe de terrain se consacre exclusivement à Marc jusqu'à le serrer en flagrant délit sur un coup incontestable. Son charisme et son aura grandissante dans la communauté des « gens du voyage » sont bien établis et plusieurs renseignements, indiquant qu'il se livre à de multiples activités criminelles, dont des règlements de compte, justifient amplement de travailler sur lui en continu.

Pour le cibler, Stef fait « brancher » courant 1994 la ligne fixe de ses parents, à Montreuil. Son exploitation indique que Marc les appelle tous les jours à partir d'un portable et que la conversation est toujours très brève. Par-delà l'esprit de famille, très développé chez les manouches, c'est une manière de faire savoir

128. Le 24 mai 1994.

129. En 2002, le film *La Mentale*, co-écrit par Larbi Naceri, frère de Samy et proche de membres de l'équipe Hornec, décrira ce genre de scène.

qu'il est libre de ses mouvements. Si par malheur il manquait un appel, sa famille, ses frères, tous en alerte, se mobiliseraient immédiatement et ameuteraient une batterie de ténors du barreau.

Techniquement, la remontée des appels sur la ligne parentale permet d'obtenir le numéro du portable utilisé par Marc et d'en demander les fadettes par réquisition judiciaire. L'appareil n'est évidemment pas à son nom et il en change tous les deux ou trois mois, prudente hygiène de marginal de haut vol. Heureusement, la ligne fixe permet à chaque fois de récupérer le nouveau numéro de portable et de conserver ce précieux lien. En sus des informations sur Marc, ce travail systématique et fastidieux permet d'approfondir la connaissance de « la galaxie H ». Grâce à cette moisson d'informations et à son travail sur le terrain, le groupe chargé de « loger » Marc y parvient : il vit avec son épouse, ses enfants et quelques fidèles lieutenants à Chennevières-sur-Marne, dans un secteur huppé des bords de Marne, au sud de Paris, difficile à surveiller : à chaque extrémité de la rue dans laquelle se trouve son grand pavillon, un véhicule est en planque de façon quasi permanente, avec à son bord un jeune gitan chargé de détecter toute présence suspecte. Les enfants de Marc traversent régulièrement la rue pour aller se baigner *Chez Marinette*, une piscine avec snack-bar, en face de leur pavillon, mais celui que l'on surnomme « le P'tit Prale », *petit frère* en manouche, n'apparaît pas dans le décor. Plus gênant : à deux reprises, des véhicules de la BRI en surveillance sont repérés par ses proches. Résultat des courses, les filocheurs deviennent filochés et… un repli stratégique vers le Quai des Orfèvres s'impose.

Au 36, une toute petite minorité de collègues de la brigade criminelle, informés du tour malencontreux de l'affaire, ne cachent guère leur compassion. Leurs commentaires ne sont pas toujours charitables envers les policiers de l'antigang, coupables de s'être faits « redresser » par les manouches. Il faut bien reconnaître que pour ces deux ou trois fumeurs de pipe, planquer sur la machine à café du couloir et sur la pendule amène peu de déboires de cet ordre.

Coup de pouce ou doigt du destin, un commando d'une douzaine d'individus armés de revolvers, pistolets, fusils, fusils d'assaut, grenades, vêtus de treillis militaires et de tenues de forces d'intervention avec gilets pare-balles, cagoulés, masqués, gantés et équipés de moyens radios performants, dévalise dans la nuit du 30 au 31 mars 1995 le dépôt de la société ACDS à Vert-le-Grand, dans l'Essonne. Butin : soixante millions de francs[130].

Moins d'une semaine plus tard, le 5 avril, à la suite d'un tuyau recueilli par la brigade criminelle selon lequel l'attaque aurait été montée par le clan Hornec, une vaste opération de police est lancée contre ses membres. Sur la vingtaine d'adresses ciblées, Marc et Mario passent entre les mailles du filet et une seule perquisition s'avère positive : un camion frigorifique contenant cinq cents kilos de cannabis est découvert dans un box appartenant à Marc à Rosny-sous-Bois, en Seine-Saint-Denis. La brigade des stupéfiants de Paris est saisie et va travailler étroitement avec la BRI pour retrouver le fugitif, pour une fois bien accroché.

Perfectionniste et en perpétuelle recherche d'améliorations en matière de téléphonie, Stef fait une nouvelle découverte en échangeant avec des responsables de France Télécom : l'opérateur dispose d'un « serveur conso », une application Minitel qui permet de placer sous surveillance le portable d'un abonné avec lequel il y a un litige… et d'obtenir presque en temps réel le détail de ses communications, et la localisation des balises activées. Il suffirait d'une réquisition judiciaire et d'un code[131] pour faire apparaître tous les détails sur le Minitel de la BRI… Par méconnaissance

130. L'équivalent de 12,6 millions d'euros.
131. La BRI est précurseur. Le SRPJ de Versailles, qui est compétent sur une partie de la région parisienne, se verra offrir une connexion par France Télécom en 1998.

du travail policier, les ingénieurs de France Télécom n'avaient jamais proposé cette prestation terriblement efficace.

Aussitôt dit, aussitôt fait. Sans le savoir, Marc Hornec vient de mettre la moitié d'un pied en prison. Très mobile, il n'arrête pas de circuler entre l'Essonne et le Val-de-Marne. Au début d'août 1995, Stef sursaute devant son Minitel : le portable actionne une balise au cap d'Antibes. Résultat des observations des collègues de la BRI de Nice : Marc paraît loger à l'hôtel *Ambassadeur*, à Juan-les-Pins ; son frère Mario séjourne non loin de là, dans la villa *Californie*, à Antibes. Des effectifs de la BSP et de la BRI descendent aussitôt en renfort, mais le 17 août les deux frères parviennent à échapper à l'important dispositif positionné autour de la villa par le commissaire Frédéric Veaux, chef de la BRI locale. Ils quittent les lieux en trombe à bord d'une Porsche bleue pilotée par Mario, qui réussit à se faufiler entre les voitures de police, les percutant même, tandis que Marc, descendu du bolide, s'enfuit dans la garrigue en chevauchant un VTT apporté par un jeune membre du clan à l'esprit vif.

Pour Stef, ce n'est que partie remise. Le portable de Marc ne tarde pas à être localisé dans l'Essonne, mais le département est truffé de camps de manouches : autant chercher une aiguille dans une meule de foin. En attendant, les surveillances permettent à la BRI d'interpeller Mario dans un restaurant parisien le 22 février 1996, puis le lendemain sa sœur Sonia, chez qui est saisie une somme de deux cent vingt mille francs[132] partiellement constituée de cent soixante-douze billets de deux cents francs provenant d'un vol à main armée avec prise d'otages commis le 22 août 1993 à Bayonne, dans les Pyrénées-Atlantiques, au préjudice d'un dépôt de la société SGI, où treize millions de francs ont été dérobés[133].

132. L'équivalent de 46 000 euros.
133. L'équivalent de 2,8 millions d'euros. Sonia obtiendra un non-lieu dans ce dossier.

Marc reste insaisissable. Il se dit qu'il dort rarement deux nuits de suite au même endroit, mais en me nommant à la tête de la BRI, Olivier Foll m'a fixé une priorité : l'arrestation du plus jeune des frères, devenu une vedette depuis son « arrachage » spectaculaire en VTT et fort de la protection des gens du voyage, de son clan et des amis de la famille, parmi lesquels des manouches enrichis grâce aux « escroqueries aux faux jades » et autres pierres dures. Dans ce petit milieu, il le sait, les risques de trahison sont proches de zéro.

Le seul moyen de stopper cette anguille serait de parvenir à écouter son portable, du jamais vu à l'époque, mais les ingénieurs de France Télécom finissent par céder aux pressions de Stef. Une écoute est possible, sous condition : le policier devra s'installer dans les locaux du central téléphonique Masséna, dans le 13e, et écouter les conversations en direct.

Stef, qui me connaît depuis des années, me soumet aussitôt le dossier et me propose de détacher deux inspecteurs corses affectés au GIC pour camper à tour de rôle au central. Outre cette opiniâtreté que l'on rencontre chez les policiers originaires de l'île de Beauté, Ange et Jean ont l'énorme avantage de connaître la voix de Marc et celles de plusieurs membres du clan.

Olivier Foll me donne sans difficulté son accord pour cette opération inédite[134]. Dès le lendemain, Marc est écouté en direct et le 19 mars, Stef et Ange descendent dans mon bureau, l'air triomphal, pour me faire écouter une cassette qu'ils manipulent avec un luxe de précautions.

« *Jackpot* ! C'est tout bon ! » lance Stef. L'écoute est en effet explosive : le P'tit Prale, que l'on entend très distinctement, donne rendez-vous à un inconnu pour le lendemain en fin d'après-midi à l'hôtel *Disneyland*, en plein milieu du parc

134. Le GIC n'y parviendra qu'un peu plus tard.

Eurodisney. Olivier Foll, Jean Tchividjian et le chef de la brigade des stupéfiants avisés, l'opération démarre dans la plus grande discrétion, par peur de fuites dues à de possibles « taupes » du clan Hornec au sein du 36. Sur ce site rempli de touristes et d'enfants, le directeur ordonne que soit pris le maximum de précautions, d'autant que Marc pourrait être armé.

Dès le matin, Patrick Vigier, mon chef de groupe, qui supervise une quinzaine de policiers de l'antigang et de la brigade des stupéfiants, contacte le responsable de la sécurité d'Eurodisney. Des badges d'accès réservés au personnel sont confiés à quelques policiers, ainsi que deux tenues de portier, pour se faire passer en cas de besoin pour des employés à l'entrée de l'hôtel. Les autres, en tenue décontractée, casquettes de sport sur la tête, jouent les touristes.

L'essentiel du dispositif est concentré dans le grand hall de l'hôtel. Un policier est installé non loin de la réception, sur un fauteuil d'handicapé, un fusil d'assaut HK sur les genoux, dissimulé sous un plaid. D'autres, postés à l'entrée du site et sur le parking, repèrent le fugitif à 20 h 25. Sobrement vêtu, accompagné d'un jeune manouche, il n'est pas sur ses gardes. À l'entrée de l'hôtel, Patrick Vigier leur tient poliment la porte. À peine Marc demande-t-il au réceptionniste le numéro d'une chambre qu'il est braqué et projeté au sol en même temps que son accompagnateur. Avec ses quatre-vingt-cinq kilos et son physique grassouillet, Marc résiste à son menottage par trois policiers qui le ceinturent ; un magistral coup de santiag porté au niveau de son épaule le fait lâcher prise. Marc ne peut se douter que l'auteur de ce coup, Fabrice Bouvet[135], des Stups, est un de ses cousins éloignés : son arrière-grand-mère tzigane était une certaine… Reine Hornec, marchande ambulante originaire de Hongrie et d'Allemagne, qui vécut en caravane jusqu'à sa mort ; apprenant

135. Quelques mois plus tard, Fabrice rejoindra la BRI.

que son petit-fils Fabrice était reçu au concours d'inspecteur en 1979, la fille de Reine, élevée en caravane jusqu'à l'âge de dix-sept ans, n'avait pas caché son désaccord. « Tu es un traître ! », lui avait-elle lancé.

Dépourvu de papiers d'identité, Marc a juste sur lui un couteau tire-bouchon Laguiole. Son accompagnateur est son jeune cousin Fabrice Hornec, muni de faux papiers. Quant au mystérieux homme avec lequel ils avaient rendez-vous, il s'agit d'Antoine Lemeny, très proche du clan, arrêté quelques minutes plus tard.

Lorsqu'il a vu les « policiers » sortir leurs armes, Marc a craint une fraction de seconde avoir affaire à des tueurs. Il s'est remis à respirer quand il a compris qu'il s'agissait de « vrais » policiers. Pendant sa garde à vue à la brigade des stupéfiants, dont les locaux, au quatrième étage du 36, sont mitoyens des nôtres, je le fais venir dans mon bureau pour un entretien informel, en présence de Stef. Très correct, mais intrigué, il tente de savoir comment il a été piégé, c'est-à-dire qui l'a balancé. Peine perdue… Il est à mille lieues d'imaginer qu'il a été localisé grâce à l'écoute judiciaire d'un portable par la PJ, une première en France. L'échange confirme cependant que Marc, bien qu'ayant été très peu scolarisé, est loin d'être un imbécile. Il sait qu'il va devoir s'expliquer sur le contenu du camion frigorifique, que cela s'annonce compliqué et qu'à l'issue de sa garde à vue il ira très probablement en prison, ce que les gitans, « fils du vent et du soleil », détestent par-dessus tout. Il devine aussi que la fin de sa cavale va faire trébucher son clan.

Quelques jours plus tard, Jean Tchividjian adresse un courrier de remerciement à Michel Bon, PDG de France Télécom. Son courrier souligne « l'ingéniosité, la technicité et la grande disponibilité » dont ont fait preuve ses techniciens. Les initiés comprennent. Marc et Mario ne seront jamais accrochés pour l'attaque de Vert-le-Grand, mais Marc et son cousin Fabrice seront condamnés à sept ans de prison pour les cinq cents kilos de cannabis[136]. En 1998, la cour d'appel de Paris ramènera la peine de Marc à trois ans mais confirmera celle de Fabrice. Avec les dix-huit mois supplémentaires infligés par le tribunal de Grasse pour les infractions commises lors de son « évasion » du 17 août 1995, Marc sera libéré en novembre 1998.

Le flingage de « l'Écureuil »

« Mieux vaut ne pas échapper à la police et moisir quelques années en prison plutôt que d'être fauché par les balles de ses ennemis. » Farid Sanaa, dit « l'Écureuil » ou « Petites Dents » depuis le temps où il braquait les agences de la Caisse d'épargne, aurait dû méditer ce dicton.

Le 19 octobre 1999, celui qui, à trente-deux ans, fait partie du Gotha du milieu parisien passe la soirée au *Japan Bar*, rue Quentin-Bauchard, non loin de l'avenue Georges-V, où il croise du beau linge, en particulier Imed Mohieddine, Georges Bérens, dit « Franky »[137], Ahmed Lahcene, dit « Céro », Antonio Lages, dit « Tonio », et Farouk Achoui. Vers 4 h du matin, une embrouille animée l'oppose sur place à plusieurs individus. Motif : une tentative de racket visant le patron du bar. Farid, grand et bagarreur, prend sa défense en même temps que celle d'une hôtesse qui vient de se faire secouer au sous-sol. Plus de deux heures plus tard, il quitte le bar, bonnet en laine noire sur la tête, pour rejoindre le puissant scooter qu'il a stationné place des Ternes. Un peu contrarié par l'accrochage, il est loin de se douter qu'il ne lui reste plus que quelques minutes à vivre.

---

136. Peu après son arrestation, la Crim apprend qu'un projet d'évasion de Marc, lors d'un transfert, est à l'étude. Y participeraient Steve Falck, Roger Winterstein et Henri Gimenez.
137. Voir *infra*, p. 375.

À 6 h 25, alors qu'il enfourche son engin, l'Écureuil ne voit pas les deux individus sortir d'une voiture de couleur sombre, le visage dissimulé sous des passe-montagnes. Ils ouvrent immédiatement sur lui un feu nourri, le tuant sur le coup avant de prendre la fuite en trombe à bord du véhicule dans lequel attendait le chauffeur. Beau tir groupé dans la poitrine : onze projectiles de calibre 11,43 tirés avec un pistolet et trois balles Brenneke avec un fusil de chasse lui laissaient assez peu de chances.

Son cadavre refroidit sur l'asphalte de la place des Ternes pendant près de trois heures. Bien que le quartier soit aussi huppé que passant, la police n'a pas le droit de manipuler le corps de la victime avant l'arrivée du substitut de permanence du parquet qui, informé par l'état-major du 36 dès 6 h 45, ne fait son apparition sur les lieux qu'à… 9 h 20, ce qui fait un peu désordre.

Les inspecteurs de la brigade criminelle découvrent sur le corps un passeport au nom du frère cadet de Farid Sanaa. Ils notent qu'il porte des lunettes à fine monture ovale dorée et verres neutres, vraisemblablement pour se donner un look d'étudiant ou de cadre afin d'échapper à d'éventuels contrôles routiers. Deux jours plus tard, je les informe que Farid Sanaa, sur qui nous travaillions depuis près d'un semestre, avait depuis plusieurs mois un contentieux avec la Gelée. Une bagarre les avait opposés au mois de mai précédent au *Feeling*, un bar à hôtesses. Lors de cet échange, l'Écureuil avait asséné à Mansouri un « coup de boule » qui lui avait déformé le visage pendant plusieurs jours. En garde à vue au 36, ce dernier admet fréquenter plusieurs établissements de nuit, dont le *VIP*, *Chez Régine*, le *Bach* ou le *Diams*, mais affirme qu'il n'était pas au *Japan Bar* la nuit du crime et qu'il n'a rien à voir avec cette histoire[138].

138. En 2020, une de mes sources m'apprend qu'en réalité l'Écureuil avait été piégé par ses tueurs, qui l'avaient déposé en voiture place des Ternes, et que l'un d'eux était Antonio Lages, qui sera lui-même assassiné un an plus tard…

Si l'Écureuil circulait depuis plusieurs semaines avec les papiers de son frère, c'est qu'il se savait recherché : nous l'avions raté lors d'un vaste coup de filet déclenché trois mois plus tôt, le 21 juillet 1999 ; en cavale, il avait confié à ses employés la gestion du grand magasin de sport dans lequel il avait placé une partie de ses économies, en banlieue parisienne. L'enquête avait commencé par un tuyau d'Oscar, ma source, au printemps 1999 : une équipe à « tiroirs » composée de truands chevronnés s'était spécialisée dans des agressions armées avec usage de la fausse qualité de policiers au préjudice de professionnels du négoce de bijoux et de métaux précieux venus faire leurs achats en gros dans le quartier de l'Opéra. Elle se livrait aussi à des cambriolages de nuit dans des bureaux de change parisiens, avec un mode opératoire bien rodé : après avoir neutralisé le système d'alarme, les malfaiteurs pénètrent dans les lieux par les sous-sols, un mur mitoyen ou l'appartement du premier étage en perçant les murs, les planchers et les plafonds. Ils découpent ensuite les coffres à la meuleuse. Selon Oscar, deux beaux mecs dirigeaient l'équipe : Farid Bouheddi, surnommé Farid « Kenzo », clin d'œil à la marque de vêtements dont il est fan, un intime de Momo Amimer (vedette du banditisme écrouée dans le cadre de l'enquête sur l'attaque d'un dépôt de la Brink's à Perpignan le 23 mai 1994), et « Patrick », un proche de Georges Bérens. Parmi leurs associés interchangeables : l'Écureuil, « Kamel Basket », un casseur qui a investi dans un magasin de chaussures de sport américaines, et « Nénesse », un gitan du 93. Détail important : la « taupe » qui les renseignait n'était autre que le responsable d'un bureau de change.

Pendant plusieurs mois, en dépit de l'extrême prudence de ces voyous, nos surveillances et nos filatures nous permettent de les observer en train d'effectuer de multiples repérages, principalement dans le secteur des rues Vivienne et Richelieu, entre Bourse et Grands Boulevards. Ils s'intéressent aux commerces de bijoux et de métaux précieux ainsi qu'aux agents de change et utilisent plusieurs voitures, motos et scooters volés et maquillés, dont une Peugeot 406 bleue équipée d'un gyrophare, d'un avertisseur « deux-tons » et d'un pare-soleil « Police ». Pour ne pas la perdre, nous posons dessus une discrète balise[139]. Quant à la taupe, nos surveillances confirment qu'elle gère bien un bureau de change de la rue Vivienne.

Oscar se manifeste à nouveau pour me livrer une histoire qui en dit long sur l'audace de la bande : à la fin de 1998, Farid Kenzo s'est volontairement fait arrêter à Paris sous la fausse identité de son frère, en tant qu'auteur d'un vol avec violence de scooter. L'affaire a été montée de toutes pièces pour lui permettre d'être écroué quelques mois dans la même division de Fleury-Mérogis que son ami Momo Amimer, à qui il avait probablement des choses importantes à dire. Le propriétaire du scooter n'était autre que... le frère de « Patrick », membre de l'équipe que nous avons en mains.

Un événement notable se produit dans la nuit du 18 au 19 juillet 1999. Un particulier habitant un immeuble du boulevard Magenta entend vers 1 h du matin des bruits sourds provenant de l'immeuble mitoyen, où se trouve un bureau de change. Par la fenêtre de son appartement, il aperçoit sur le trottoir un homme qui paraît faire le guet et communiquer avec d'autres individus au moyen d'un émetteur-récepteur. Il appelle le commissariat du 10e, qui dépêche une patrouille sur place.

Aux policiers, le guetteur dit s'appeler Farid Sanaa et « prendre l'air », une version qui tient jusqu'au moment où ils perçoivent distinctement une voix provenant de l'émetteur-récepteur dissimulé dans l'une de ses poches : « On arrête pour l'instant, tu nous rappelleras quand ce sera bon ! »

139. Nous sommes au début de l'utilisation de ces nouveaux équipements, qui sont attribués au compte-goutte.

Ce message sans équivoque impose des vérifications immédiates… qui ne font pas apparaître de traces d'effraction au niveau du bureau de change. Sur le trajet vers le commissariat, Sanaa se débarrasse d'une clé de voiture Peugeot… que les agents promettent de lui restituer après présentation des papiers du véhicule ; trop content de s'en sortir aussi bien, il ne reviendra jamais. Le lendemain, on découvre que les voleurs s'étaient introduits dans un cabinet dentaire installé au-dessus du commerce visé et qu'ils avaient commencé à démonter la cheminée pour accéder au rez-de-chaussée lorsque la police est arrivée.

Après ce grain de sable, nos écoutes nous apprennent que l'équipe a choisi de partir en vacances loin de Paris, le temps que la température redescende. Décision est prise de les interpeller le 21 juillet à 6 h du matin, conjointement avec la 1re DPJ, qui a sous le coude plusieurs plaintes de courtiers agressés par des malfaiteurs circulant à bord d'une Peugeot 406 munie d'équipements Police. Mais le jour dit, l'Écureuil manque à l'appel. La voiture a elle aussi disparu ; un passage du satellite permet cependant de la localiser dans un parking souterrain du 19e arrondissement, chargée de matériel : arme, paires de menottes, plaque Police, gyrophare, perceuse…

En garde à vue, les membres de l'équipe nient en bloc, y compris se connaître malgré les photos de surveillance sur lesquelles on les voit ensemble. Accrochés malgré tout, ils s'en tireront plutôt bien devant le tribunal, grâce au talent de leurs avocats et… au juge d'instruction, pas l'un des plus motivés du palais de justice, lui qui dans sa commission rogatoire avait écrit : *Vous veillerez personnellement au strict respect de l'article 11 du CPP et ne transmettrez en conséquence aucune information aux autorités administratives dont vous dépendez.* Une marque de défiance envers la direction de la PJ parisienne, symptomatique du changement de mentalité de certains magistrats, qui ne m'a pas empêché de rendre compte de nos opérations à Jean Tchividjian, comme à mon habitude ; le contraire m'aurait paru inconcevable, ainsi qu'à tous les policiers du 36.

Voilà pour l'acte I. L'acte II débute en septembre 1999 avec un nouveau tuyau en or d'Oscar : l'Écureuil, Farid Kenzo, Mohamed Amimer et un quatrième homme ont signé en juillet 1994 le plus gros braquage de cette année-là dans la capitale, au détriment d'une banque proche de l'avenue de l'Opéra. Après avoir séquestré à son domicile le responsable de l'agence la nuit précédente, ils ont vidé la salle des coffres. Réalisé grâce à une taupe, propriétaire de deux bureaux de change et familier de cette banque, pour l'heure en fuite en Israël dans le cadre d'une autre affaire, le coup a rapporté à chacun de ses auteurs quatre millions de francs, exclusivement en devises étrangères.

Le dossier est facile à retrouver : il s'agit du vol à main armée avec séquestration commis le 19 juillet 1994 au préjudice de la banque Inchauspé, 22, rue Saint-Augustin dans le 2e arrondissement, dont l'enquête a été confiée à la BRB. La veille en fin d'après-midi, Jacques O., responsable de cette banque basque spécialisée dans la fourniture de devises aux banques et aux bureaux de change, rentre à son domicile, dans le 14e, lorsque deux individus l'accostent sur son palier et se présentent comme des policiers enquêtant sur des cambriolages. Devant sa méfiance, l'un des hommes brandit une arme, lui plaque le canon sur la joue et le pousse dans son appartement. La suite va très vite : ils lui enfilent un passe-montagne sur la tête, le menottent dans le dos et le bâillonnent avec du sparadrap.

Le banquier entend deux autres personnes arriver et discuter à voix basse avec les deux premiers. Au bout de quelques minutes, les malfaiteurs lui enlèvent les menottes et le sparadrap et lui expliquent qu'ils vont dévaliser la banque au petit matin. Pour le rassurer et en même temps le conditionner, ils précisent : « Te panique pas, ça va aller, on est des professionnels, on n'est pas des petits, on est des grands, on sait tout sur toi, on t'a suivi dans le train qui t'a amené à Bayonne la semaine dernière et on a vu un membre de ta famille venir te chercher à la gare avec une Clio verte. »

Les voyous affirment qu'ils le suivent depuis un mois et que sa mère, qui réside à Bayonne, est séquestrée chez elle par des complices. La pression à son maximum, ils l'interrogent sur le nombre de coffres, les codes d'accès, le personnel, mais Jacques O. comprend vite que l'équipe connaît pratiquement tout de l'organisation de sa banque et des mesures de sécurité. Après une petite nuit, réveillé à 6 h du matin, les deux faux policiers le conduisent une heure plus tard en voiture jusqu'à son établissement ; sous la menace, il ouvre le rideau de fer, puis la porte d'accès au hall, met le système d'alarme du rez-de-chaussée hors service, tandis que les malfaiteurs s'inquiètent du nombre de magnétoscopes branchés. Un seul, répond-il, avant de désactiver l'alarme du sous-sol et de rejoindre la salle des coffres flanqué de deux hommes, dont l'un dispose d'un revolver. Le premier coffre résiste. Piles déficientes ? Non, il n'est que 7 h 50 et la temporisation n'autorise l'ouverture qu'à 8 h. Au moyen d'un émetteur-récepteur, les deux voyous transmettent avec sang-froid l'information aux deux complices restés à l'extérieur, et à l'heure dite, Jacques O. parvient à ouvrir les quatre coffres. Pour ne pas s'encombrer, ses visiteurs lui demandent de désigner les monnaies les plus fortes ; ils remplissent trois gros sacs de sport de dollars, yens, marks, florins et francs suisses.

En remontant, Jacques O. découvre son adjoint agenouillé sous la menace d'une arme ; les voyous connaissent visiblement le nom, l'adresse et les habitudes de son collaborateur. Ils savent aussi que la Brink's ne va pas tarder à passer, l'heure est donc au repli. Plus qu'à glisser la cassette vidéo dans une mallette, qui contient un pistolet mitrailleur, et à transmettre l'ultime consigne : Jacques O. devra attendre dix minutes, sans bouger, avant d'appeler sa mère. Ce délai interminable écoulé, il l'appelle et découvre qu'elle se porte comme un charme. Le bluff a parfaitement fonctionné. Butin : plus de quinze millions de francs[140].

Jacques O. décrit les deux « policiers ». Le premier, de type européen, 1,75 m, corpulence assez forte, cheveux tirant sur le blanc ou grisonnants, a entre quarante et cinquante ans. Le second, de type européen, un peu bronzé, 1,80 m, corpulence assez fine, a la trentaine. Tous deux portaient perruques et moustaches postiches. Un peu moins de deux ans plus tard, le 1er avril 1996, à l'issue d'un énorme travail d'enquête à Paris et à Bayonne, la BRB réalise qu'elle ne dispose pas d'éléments exploitables, à l'exception du signalement des auteurs et de trois mégots de cigarette abandonnés par eux dans la banque, supportant des empreintes génétiques (ADN)[141]. Elle retourne le dossier au juge Le Loire en précisant : « Dans le cas où de nouvelles informations seraient recueillies, un rapport serait établi sans délai. »

Trois ans et demi plus tard, le 13 septembre 1999, j'adresse à Frédéric Péchenard, chef de la BRB, un rapport de renseignement dans lequel j'identifie avec une quasi-certitude deux des auteurs présumés : Mohamed Amimer et Farid Bouheddi. Je précise que les deux autres complices sont probablement Farid Sanaa et Stéphane Ley, et que la taupe, toujours en fuite, est propriétaire de deux bureaux de change rue de Rennes. De quoi rouvrir l'enquête, ce que fait la BRB, forte de deux commissions rogatoires du juge Étienne Apaire, dont l'une permet au docteur Pascal de comparer les ADN prélevés sur les trois mégots de cigarette abandonnés dans la banque avec ceux des malfaiteurs cités dans mon rapport.

---

140. L'équivalent de 3,2 millions d'euros.

141. En 1994, les malfaiteurs sont loin de s'imaginer que de tels mégots pourront un jour constituer « la reine des preuves » après que la justice aura ordonné des expertises génétiques, sous la forme de comparaisons avec l'ADN de suspects. Ce sera une révolution !

Pour compléter les exploits de l'Écureuil, Brigitte, ma tontine, m'apprend qu'il a participé à la violente tentative de vol à main armée au préjudice du dépôt de la Brink's de Saint-Dizier, dans la Haute-Marne, le 27 février 1999. C'est l'acte III.

Ce jour-là à 18 h, trois individus cagoulés défoncent le mur de la salle de comptage des locaux du transporteur de fonds à l'aide d'un camion de travaux publics à six roues ! Sidérés, les trois employés ont juste le temps de se mettre à l'abri. L'un d'eux réussit à faire feu à quatre reprises sur l'un des malfaiteurs, qui vient de s'engouffrer dans le trou béant. Touché, il appelle à l'aide ses comparses. Ces derniers effectuent un tir nourri de trente-trois cartouches pour exfiltrer le blessé, qui s'exprime dans une langue slave, avant de s'enfuir sans rien emporter. Un repli au cours duquel l'Écureuil abandonne sur la bande d'arrêt d'urgence de l'autoroute A1 une Audi en panne d'essence… et le cadavre de leur complice, décédé entre-temps. Information que nous recoupons facilement auprès du SRPJ de Dijon : un corps sans vie, une balle de 9 mm dans la boîte crânienne, a bien été retrouvé ce jour-là dans les conditions décrites, celui de Lucien Dautowski, braqueur bien connu originaire de Skopje, en Yougoslavie, spécialisé dans les attaques de centres-forts et proche de Serge Lepage, auquel est également très lié l'Écureuil…

Recherché à la fois pour des vols à main armée avec la fausse qualité de policier, des casses de bureaux de change parisiens, le braquage de la banque Inchauspé et la tentative d'attaque du dépôt de la Brink's de Saint-Dizier, Farid Sanaa devrait avoir beaucoup de mal à échapper aux mailles du filet… Son exécution éteint toute action publique en ce qui le concerne.

Une évasion millimétrée

Lorsque la BRB reprend l'enquête sur le braquage de la banque Inchauspé, « Momo » Amimer, quarante ans, est toujours détenu au QHS de Mende dans le cadre de l'attaque du dépôt de la Brink's de Perpignan, le 24 mai 1994. Un commando de sept malfaiteurs lourdement armés a pris ce jour-là en otage à son domicile un employé de la société de transport de fonds, son épouse et leur fillette de quatre ans. En possession des procédures d'accès au centre fort, obtenues durant la nuit sous la menace, d'autant plus facilement qu'ils ont fait croire à l'employé qu'ils détenaient ses parents, ils ont débarqué dans les locaux de l'entreprise à 4 h du matin et menotté les seize membres du personnel au fur et à mesure de leur arrivée. Ils sont repartis avec neuf millions et demi de francs[142], non sans avoir neutralisé le système d'alarme reliant l'entrepôt à la police. Selon les victimes, les auteurs portaient des gilets pare-balles, une perruque ou une cagoule et des chaussures en daim avec lacets. Armés de pistolets automatiques et de PM avec silencieux, ils ont utilisé des talkies-walkies et des scanners calés sur les fréquences Police. Leurs véhicules étaient équipés de gyrophares, placés sur le tableau de bord, panoplie que complétaient des brassards Police.

Deux membres de l'équipe sont arrêtés deux jours plus tard : Saïd Ritz-Alloun, dit « Eddy », braqueur parisien bien connu chez qui un million huit cent mille francs provenant du vol ont été découverts, enfouis dans son jardin, et Jean-Baptiste Dornoy, un Marseillais trouvé en possession de neuf cent quarante mille francs. En déroulant la pelote, les policiers de l'OCRB et de la PJ de Montpellier identifient Momo Amimer et l'accrochent : il a laissé plusieurs mégots au domicile de l'employé

142. L'équivalent de 2 millions d'euros.

pris en otage et dans une villa louée par les voyous à l'époque des faits. Pour lui, le clic-clac des menottes résonne le 14 février 1996. Un temps soupçonnés, Imed Mohieddine, Rissa Hammi, Didier Dubreucq[143] et Marc Cornille s'en tirent sans égratignure.

Lors du procès devant la cour d'assises des Pyrénées-Orientales, les preuves matérielles évidentes incitent Momo à s'allonger. Il est condamné le 6 mai 1999 à seize ans de réclusion criminelle, en même temps que son ami Abdelkrim Hadjadj, surnommé « Abdel le Blond ». La cour d'assises ne lui fait pas de cadeau en raison de la gravité des faits et de son passé de braqueur : originaire de la cité La Boissière, à Noisy-le-Sec, Momo a déjà à son actif deux condamnations à huit ans de réclusion pour braquages prononcées en 1987, dont l'une pour l'attaque avortée d'un bureau des PTT de Charenton, alors qu'il avait vingt-quatre ans ; les policiers l'avaient arrêté sur les lieux, près de lui une cagoule, des gants, un revolver Smith & Wesson 357 et un pistolet 9 mm ; il avait refusé de balancer son complice, qui s'était échappé. Il a aussi été soupçonné, sans être inquiété, d'avoir fait partie du commando qui a dévalisé le centre-fort de la société ACDS à Vert-le-Grand, dans l'Essonne, durant la nuit du 30 au 31 mars 1995…

Depuis son arrestation en 1996, Momo a été successivement écroué à Nanterre, Carcassonne, Toulouse, Fleury-Mérogis et Perpignan[144]. À Fleury, où il a séjourné entre 1997 et 1999, les surveillants ont remarqué qu'il passait le plus clair de ses promenades avec Antonio Ferrara, détenu au même étage que lui. Au début de 2000, cela fait deux ans et demi qu'il est à Mende. Il tue le temps en écrivant à ses amis et en entretenant sa condition physique. S'il fait peu de musculation, une heure par semaine

143. Dubreucq avait monté en 1993 une société de jeux avec Saïd Ritz-Alloun. Il sera arrêté par la BRB de Paris en janvier 2017 dans l'affaire Kim Kardashian.

144. Il avait déjà connu les prisons de Grasse, Nice, d'Aix, les Baumettes, celles de Dijon, Besançon, Fresnes.

pour pousser quatre-vingt-dix kilos et faire de la barre fixe, il passe des heures sur un vélo. Du lundi au samedi, il pédale entre trente et quarante kilomètres par jour et arrive à boucler cinquante kilomètres en deux heures et trente kilomètres en cinquante-sept minutes. Avec son mètre quatre-vingt-deux de muscles longilignes et son crâne rasé, il a tout d'un coureur cycliste au mieux de sa forme.

Il pense à sa famille, à son père algérien, cantonnier à la ville de Paris et en même temps gérant d'un bar à Noisy-le-Sec, à sa mère, femme de ménage d'origine marocaine, à ses six sœurs. Il n'oublie pas sa passion de jeunesse pour le football et le judo, ses copains de la cité La Boissière, ses fugues pour lesquelles il rédigeait de faux mots d'excuse, ses quelques mois de formation pour obtenir un CAP de soudeur, sa première incarcération à seize ans pour cambriolage. D'après ses calculs, il n'est pas libérable avant avril 2011. Pour lui, l'affaire Inchauspé est enterrée. Il est tranquille de ce côté-là, même si certaines nuits, il ne peut s'empêcher de se dire que le mégot qu'il se rappelle avoir laissé sur le sol de la salle des coffres, en attendant la temporisation, pourrait peut-être un jour le trahir, comme ceux qui l'ont « accroché » à Perpignan. Mais, plus le temps passe, plus le risque s'éloigne.

Le 14 février 2000, il voit débarquer dans sa cellule deux policiers de la BRB de Paris en compagnie du docteur Pascal, expert national en matière d'ADN qu'il reconnaît aussitôt : le médecin est venu témoigner comme expert devant la cour d'assises de Perpignan. C'est le choc. Ses visiteurs exhibent une commission rogatoire du juge parisien Apaire, pour « vol avec arme et séquestration de personnes comme otages ». Ils lui expliquent que son ADN va être prélevé et qu'une perquisition doit être effectuée dans sa cellule.

Amimer comprend immédiatement que l'étau est en train de se resserrer dans l'affaire Inchauspé. Réflexe pavlovien, il refuse de cracher sur le buvard que l'expert lui tend et s'oppose à la saisie de ses gants de musculation. Les policiers se rabattent sur un rasoir, une paire de chaussettes, sa brosse à dents et un Kleenex usagé. Le même réflexe lui fait refuser de signer les procès-verbaux de saisies et de scellés. Dès que ses visiteurs ont tourné les talons, il sait qu'une course contre la montre est engagée. Il doit tout faire pour s'évader avant d'être rattrapé pour le coup à quinze millions de francs de la rue Saint-Augustin, dont la facture sera forcément très salée.

À Mende, les choses paraissaient compliquées. En revanche, à la maison d'arrêt de Nîmes, où il est transféré le 13 mars 2000, le braqueur a toutes ses chances : la prison a déjà été le théâtre de huit évasions en huit mois, un record. Ses journées et ses nuits sont consacrées à l'organisation de l'opération, qui suppose une parfaite connaissance de l'établissement, de ses failles et l'intervention de complices sûrs. Il sait que la bonne réputation dont il jouit dans le milieu et ses solides amitiés vont lui permettre de recruter ceux qui lui feront réussir sa « belle ».

La flotte de téléphones portables dont il dispose permet à Momo de tout mettre au point dans le moindre détail en à peine cinq mois, mais le 18 août, le détenu a une grosse frayeur. Alors que son évasion est programmée une semaine plus tard, un gradé ouvre sa cellule et lui annonce la visite de deux policiers parisiens. Il manque de s'évanouir à l'idée qu'on vienne le chercher pour le transférer dans une prison parisienne. S'efforçant de sauver les apparences, il suit le gradé jusqu'au bureau où les deux policiers du 36 lui expliquent être missionnés pour l'auditionner sur l'affaire Inchauspé ; Momo revit, respire et conteste toute participation à ce braquage. L'un des policiers lui propose une cigarette, qu'il refuse poliment, précisant avoir arrêté de fumer ; ils ne peuvent s'empêcher de sourire en apercevant dans une poche du détenu un paquet de Marlboro entamé… Cette courte audition expédiée, Momo est plus que jamais décidé à ne pas s'éterniser à Nîmes.

Le 25 août, à 9 h 06, deux individus cagoulés, vêtus de combinaisons de peintres en bâtiment, approchent à bord d'une Peugeot 406, déposent une échelle métallique contre le mur extérieur de l'enceinte de la prison et balancent de l'autre côté deux échelles de corde. Le choix de l'horaire n'est pas dû au hasard. Momo l'a conseillé à ses amis car il sait qu'à ce moment-là, un seul surveillant est présent dans le mirador et aucun sur le terrain de sport, où s'active une trentaine de détenus.

Dans un *timing* parfait, Momo et Dominique Delattre, un codétenu qui purge une peine de treize ans pour braquage, s'élancent en courant sur le terrain de sport, seulement vêtus de shorts et de tee-shirts, escaladent le grillage qui les sépare du chemin de ronde et gravissent en moins d'une minute le mur d'enceinte de cinq mètres, grâce aux échelles de corde. Le surveillant, stupéfait, tire à deux reprises dans leur direction.

Momo, qui a brillamment réussi la délicate manœuvre mille fois répétée dans sa tête, descend tout aussi rapidement le mur, côté rue, et s'engouffre avec son codétenu dans la Peugeot qui démarre immédiatement. La voiture est retrouvée, en partie calcinée, sur l'aire de Millau de l'autoroute A9. Son examen révèle qu'elle est volée et faussement immatriculée.

De nombreuses rumeurs circulent dans le milieu et dans la police sur l'identité de ceux qui ont participé à l'opération. Pas simple de faire le tri tant ce membre du « top 50 » du banditisme peut compter sur de nombreux amis fidèles. Comme on ne prête qu'aux riches, les Hornec portent principalement ce chapeau flatteur. Le nom du « Gros Abdenor », spécialiste des machines à sous et originaire du 93, est lui aussi cité, tout comme celui des Lepage. À moins que Momo n'ait bénéficié de l'aide de Nîmois venus « arracher » leur ami Delattre, ou bien encore de celle du marseillais Antoine Cossu, un autre de ses proches ?

S'il projette un temps de se réfugier en Amérique latine, Momo navigue finalement entre la France, l'Algérie et l'Espagne. En novembre 2000, un de mes contacts m'informe qu'il veut libérer son ami et mentor Georges Bérens, détenu pour l'attaque d'un dépôt de la Brink's, à l'occasion de son transfert entre la maison d'arrêt de Fresnes et le bureau du juge d'instruction de Troyes. Les deux hommes programment les moindres détails grâce au portable dont Franky dispose en prison. Nous faisons aussitôt remonter l'information et des mesures sont prises pour que l'extraction soit assurée par une escorte du GIGN, ce qui fait capoter le projet.

Toutes les polices de France derrière lui, Momo embarque à bord d'un ferry pour Oran depuis le port d'Alicante, dans le Sud de l'Espagne. Son point de chute : la maison spacieuse que possède son ami la Gelée dans la station balnéaire d'Aïn El Turk, rue Île-de-France, au cœur du quartier Clairefontaine, vingt kilomètres à l'ouest d'Oran. À l'époque, la Gelée jouit d'importantes protections dans la région, auprès de fils de généraux, de magistrats et de policiers. Sa puissance financière et à sa capacité à se montrer généreux n'y sont pas étrangères ; il met ses moyens logistiques et ses relations au service de l'évadé.

Momo, devenu une vedette au bled depuis son évasion, croise presque tous les jours d'autres beaux voyous algériens. Il profite de sa liberté retrouvée pour passer du bon temps avec ses amis et ex-associés, les deux frères Bekkouche, Ahmed, dit « Robert »[145], et Mohamed, dit « Momo », qu'il avait réussi à faire évader en 1986 avec d'autres complices de l'hôpital parisien de la Pitié-Salpêtrière. Les deux « Momo » ont en commun

145. Dans les années 1980, Momo Amimer était considéré comme faisant partie d'une « équipe de postiches » dirigée par « Robert » Bekkouche.

un savoir-faire hors pair dans le banditisme, un sang-froid et un mental d'acier et, plus rare, une évasion réussie organisée au millimètre. Il voit aussi Kadda Hadjadj, recherché par la Crim depuis l'exécution de Claude Genova, en 1995, et installé dans la région d'Oran, où il a investi ses économies dans l'achat d'un hôtel-restaurant-boîte de nuit et dans l'immobilier. Outre l'élimination du parrain, qui lui vaudra huit ans plus tard une condamnation à trente ans de réclusion criminelle[146], en son absence, son principal fait d'arme reste le braquage d'un cercle de jeux du 14e arrondissement, en 1981.

Amimer fréquente le restaurant *El Hadja Paella*, situé à proximité de la maison de la Gelée, des bars, des salles de sport et sort tous les soirs dans les cabarets de la corniche, où les Oranais viennent s'amuser et se fournir en coke. Il reste bien entendu en contact avec ses proches en France, qu'ils soient en liberté ou détenus, et continue à gérer ses affaires en Algérie et en Espagne où, selon des renseignements, il se rendrait régulièrement pour traiter d'importantes transactions de produits stupéfiants. Mais en 2004, l'air de Paris lui manque ; de retour dans la capitale, il ne passe pas longtemps inaperçu et se fait arrêter par l'OCRB le 18 octobre, aux Lilas. Retour à la case prison, où il doit purger le reste de la peine héritée pour le braquage de Perpignan, alourdie d'une peine d'un an pour son évasion[147].

La vie d'un braqueur de haut vol connaît des moments exaltants, mais aussi des périodes qui le sont nettement moins. D'ailleurs, le jeu en vaut-il la chandelle ? Momo enchaîne les cours de

146. Kadda Hadjadj aurait été arrêté à Oran, pour l'affaire Genova, en novembre 2008. Il aurait été jugé pour ces faits par la cour d'assises d'Oran, en 2010, et aurait été acquitté. Néanmoins, en janvier 2018, la justice française estime que « le mandat d'arrêt européen émis le 1er avril 2005 contre Kadda Hadjadj est toujours diffusé. En effet, les faits ayant été commis en France, l'État français n'a pas abandonné sa compétence pour les juger même s'il a officiellement dénoncé les faits à une autorité étrangère. Donc, si l'intéressé est interpellé dans l'espace Schengen, le mandat d'arrêt sera exécuté. »

147. En 2022, Dominique Delattre est toujours en cavale, figurant parmi les vingt malfaiteurs les plus recherchés par Europol.

promenade, cinq au total, et la suite des événements ne s'annonce pas meilleure pour lui. Son ADN a en effet matché avec un mégot laissé sur le sol de la salle des coffres de la banque Inchauspé, comme celui de Farid Sanaa sur un autre mégot, avec un risque d'erreur impossible selon les experts biologistes. Momo n'en continue pas moins de contester sa participation. Il dénonce une manipulation policière, exploitant à fond la thèse de l'« ADN transportable ». À l'expert chargé de réaliser son examen psychologique, il explique : « Ça se déplace un mégot de cigarette, c'est mobile ! »

Les confidences *off* d'une personne placée en garde à vue dans le cadre de cette enquête permettent cependant à la BRB de mettre un nom sur le troisième fumeur de cigarettes : Patrick Musset, dont les archives indiquent qu'il a été arrêté par la BRI de Nice en compagnie de Farid Sanaa en novembre 1995. Le nouveau venu sur le podium est lui aussi un braqueur originaire du 93. En 1979, il s'était mis en cavale à l'étranger après avoir tué un voyou qui avait eu le tort de tenter de violer sa sœur. Il serait le second « policier » de la banque Inchauspé. Le procès, au terme de cette trop longue instruction, est annoncé pour septembre 2017 devant la cour d'assises de Paris. Vingt-trois ans après les faits. Et l'accusation prévoit de me citer comme témoin.

La chute de la « maison Hornec »

La mécanique jusque-là parfaitement huilée de la « maison H » se dérègle progressivement au tournant des années 2000. Arrêté pour un vol de lingots d'or commis à Paris en 1999, Marc Hornec limite la casse grâce au talent de ses avocats : au grand dam des syndicats de policiers, il est libéré un mois plus tard et placé sous contrôle judiciaire, moyennant une caution de six cent mille francs[148]. Officiellement hospitalisé pour dépression dans une clinique marseillaise, il effectue de nouveau trois mois de prison au printemps 2004 pour un saucissonnage commis à la fin de 2002.

Simple échauffement avant le coup de tonnerre du 23 décembre 2005 : James, fils unique de Mario, est tué par balles ; il n'avait que vingt-quatre ans. Le corps du défunt est déposé, de nuit, devant l'hôpital de Bondy, en Seine-Saint-Denis. Les circonstances du décès ne sont pas mystérieuses pour tout le monde. Dans le milieu, on évoque un saucissonnage qui aurait mal tourné la veille, probablement en Belgique. Un « accident du travail », en somme. Mario, qui connaîtrait parfaitement les circonstances du décès et l'identité des complices de son fils, est effondré. Il reste cloîtré chez lui pendant plusieurs jours, entouré de ses amis les plus fidèles. Plusieurs centaines de personnes assistent aux somptueuses funérailles ; impressionnantes, des gerbes de fleurs ont été envoyées par le ban et l'arrière-ban du monde manouche et du milieu, pour un prix moyen dépassant les cinq cents euros.

Un an plus tard, en novembre 2006, Jean-Claude et Mario trébuchent lourdement à l'occasion d'une enquête portant sur un trafic international d'une centaine de kilos de cocaïne entre la Colombie et la France ; les deux frères seront respectivement condamnés à sept ans de prison pour trafic de stupéfiants et à six ans pour association de malfaiteurs.

En avril 2008, Marc comparaît pour sa part devant le tribunal d'Amiens pour des vols commis entre 2000 et 2002. Durant l'instruction, ses avocats ont argué de ses « troubles mentaux », ses déclarations dans le bureau du juge se limitant le plus souvent à « Docteur, caca, pipi ! » Les experts sont sceptiques. Pour de nombreux policiers et gendarmes, Marc joue au « barge ». Il écope de dix ans, peine ramenée en appel à quatre ans.

148. L'équivalent de 118 000 euros.

Si les déboires des membres de la troïka sont connus, certains « exploits » de leurs principaux lieutenants, qui constituent leur garde rapprochée, le sont moins. Plusieurs de mes contacts, installés aux premières loges, vont me confier au fil de l'eau des informations inédites sur des dossiers criminels qui vont les mettre hors jeu pour un bon moment, affaiblissant d'autant les trois frères. Après la neutralisation par la justice de Momo Amimer et d'Abdelkrim Hadjadj, deux pièces importantes sur l'échiquier des H, c'est au tour de Nordine Mansouri et d'Imed Mohieddine de traverser des zones de fortes turbulences.

La Gelée est passé au travers de l'enquête sur l'assassinat du Belge, dans lequel il n'avait, il est vrai, rien à voir. Une contre-expertise en balistique l'a disculpé de l'assassinat, en 1994, d'Éric Pasquet, l'un des bras-droits de Claude Genova. Et en juin 2004, brillamment défendu par maître Éric Dupont-Moretti, il a été acquitté par la cour d'assises de Bobigny pour sa participation présumée à l'attaque du centre-fort de la société Ardial, à Villepinte, en décembre 1996, au cours de laquelle six braqueurs avaient emporté un joli butin de vingt-cinq millions de francs. Mais Nordine Mansouri est détenu à la prison de Villepinte depuis le début de 2007 pour des extorsions de fonds commises au préjudice de commerçants parisiens fortunés, le plus souvent juifs, en compagnie d'Imed Mohieddine et de Mehdi Hornec, un neveu des trois frères. En 2000, il avait déjà été accroché et écroué avec Imed pour tentative de racket sur quatre bars à hôtesses du quartier des Champs-Élysées dont les exploitants, fait rarissime, avaient déposé plainte. La Gelée compte les jours, échafaude des projets, téléphone à ses contacts, lorsqu'il apprend, incrédule, au printemps 2008 qu'on veut l'interroger sur une affaire criminelle survenue dans l'Aisne plus de quinze ans plus tôt. Un « *cold case* » noyé au milieu de ses méfaits auquel il ne pensait même plus. Le moral du gaillard d'un mètre quatre-vingt-cinq, à la solide réputation de tête brûlée, en prend un sacré coup. Le suspense sera de courte durée.

L'affaire remonte au dimanche 29 novembre 1992. Jacqueline Leclercq et son mari Hector, soixante-sept ans, expert en assurance, rentrent en fin d'après-midi dans leur vaste demeure de Saint-Quentin, dans l'Aisne. Peu après, cinq hommes cagoulés et gantés s'introduisent chez eux en brisant une vitre. L'un d'eux attache la maîtresse de maison et la gifle violemment pour qu'elle avoue où sont cachés leurs lingots d'or, tandis que les autres ligotent le mari sur un fauteuil du salon, lui mettent un sachet en plastique sur la tête et lui portent de violents coups de pied dans le ventre afin qu'il indique l'emplacement du coffre. La maison est fouillée de fond en comble, sans succès.

Au bout d'une heure de séquestration, de violences et de vaines fouilles, le chef lâche à ses complices : « On s'est trompés de maison, on se tire ! » Pour ne pas repartir les mains vides, les auteurs dérobent la Volvo du couple. Un quart d'heure plus tard, Mme Leclercq, qui a réussi à se défaire de ses liens, appelle la police. Les enquêteurs la découvrent en pleurs, couverte d'hématomes et de contusions. Effondrée, elle raconte leur calvaire, précisant qu'étant attachée, elle n'a pas pu enlever le sac plastique qui empêchait son mari de respirer et qu'elle a assisté, impuissante, à sa lente agonie. Celui-ci gît, sans vie, sur le sol. Il présente des traces de liens sur les poignets, des hématomes au niveau de la tête et du thorax. Plusieurs de ses côtes ont été fracturées. L'autopsie confirmera l'extrême violence des coups et confirmera la mort par asphyxie.

Dans l'une des caves, les enquêteurs de la PJ de Lille découvrent un mégot de cigarette de marque Peter Stuyvesant et le saisissent, à toutes fins utiles. Pendant des années, même si l'enquête piétine, le fils des victimes et son avocat, maître Donnette, veillent au grain et ne lâchent rien. Grâce aux progrès de la science, leur obstination finit par payer. En août 2007, le laboratoire de police scientifique de Lille établit que l'ADN présent sur ce mégot est celui de Nordine Mansouri.

Le juge d'instruction le fait extraire en mai 2008, pour l'interroger. Afin d'éviter tout risque d'évasion, le quartier du tribunal est bouclé et des tireurs d'élite sont postés sur les toits des immeubles. L'Algérien conteste son implication dans ce saucissonnage mortel. Il prétend que le mégot a pu être transporté sous la semelle d'un malfaiteur. Dans un second temps, il suggère qu'un de ses ennemis a pu le déposer sur les lieux pour l'incriminer à tort… En deux mots, c'est lui la victime.

En 2010, à peine élargi de Villepinte, il se carapate en Algérie et s'installe dans sa villa d'Aïn El Turk. Une nouvelle vie commence. Pour ses affaires, il se déplace sans aucun problème dans tout le pays, notamment à Ghazaouet, un port de pêche dont sa famille est originaire. En 2012, le juge tranche : Mansouri a abandonné ce mégot sur place, n'imaginant pas un instant que l'indice permettrait de l'identifier quinze ans après. Il le renvoie devant la cour d'assises pour vol de véhicule et tentative de vol de lingots, accompagnés de violences ayant entraîné la mort. En 2014, la cour d'assises de l'Aisne le convoque. Bien conscient qu'il risque de finir ses jours en prison, il fait le mort. Un an plus tard, l'écoute pendant plusieurs mois de son portable algérien confirme qu'il craint ce procès. En 2016, rebelote, il sèche un second rendez-vous avec le tribunal, ce qui entraîne la diffusion d'un mandat d'arrêt international.

À l'automne 2017, il se murmure dans le milieu que Nordine Mansouri aurait été arrêté dans sa villa courant octobre, de nuit, et conduit au commissariat d'Oran. Sur place, un arrangement aurait été trouvé concernant la non-exécution de son mandat d'arrêt et… il aurait été libéré. Une chose est sûre : peu après cet épisode, son ami Imed Mohieddine, lui aussi en cavale, sera arrêté dans une petite ville de l'Est algérien, probablement une heureuse coïncidence...

La justice française, elle, considère les faux bonds répétés de la Gelée comme un affront et trouve que la comédie n'a que trop duré. En novembre 2018, les trois magistrates composant la cour d'assises de l'Aisne le jugent donc par défaut. Sa culpabilité ne fait aucun doute pour elles. La gravité des faits, la présence de son ADN et son casier judiciaire les décident à le condamner à trente ans de prison.

Aussitôt informé, la Gelée, qui a maintenant soixante ans, est conforté dans sa décision de rester en Algérie. Il n'ignore pas que s'il remet un pied en France, même avec des faux papiers, il ne se passera pas une semaine avant qu'il ne soit arrêté, expédié dans une cellule et jugé. Il est convaincu que la partie civile et les jurés ne lui feront aucun cadeau. Ce fils d'un cantonnier algérien est un individu intelligent, calculateur et doté d'une grande mémoire, lui dont le surnom n'est pas dû, contrairement à une opinion répandue, au mauvais état de la matière grise de son cerveau, mais à un souvenir de jeunesse : sa corpulence lui valait d'être surnommé « le Veau », « l'*Âdjel* » en arabe. Il n'oublie pas qu'en juin 1985, avant qu'il ne comparaisse pour des vols à main armée devant la cour d'assises de Seine-et-Marne en compagnie de Momo Amimer, les deux médecins experts qui l'avaient examiné avaient conclu à son propos : *Il s'agit d'un sujet marginal, impulsif, caractériel et immature, posant les plus difficiles problèmes de réinsertion et de réadaptation.* Dans un second rapport, ils ajoutaient : *L'inculpé est atteint de troubles du caractère et du comportement, liés à un processus épileptique peu ou mal traité.* Pas vraiment le genre de diagnostic à émouvoir des jurés d'assises. Il a tiré un trait sur les soirées en boîtes parisiennes et le traditionnel cocktail coke, champagne, Lexomil. Finies également les « courettes » avec la police ou la gendarmerie qui font monter l'adrénaline, comme en ce jour de juillet 1999 où les gendarmes du peloton autoroutier d'Auxerre le prirent en chasse alors qu'il roulait au volant d'une Mercedes à deux cent cinquante kilomètres-heure...

Imed Mohieddine n'est pas en meilleure posture. Le parcours de celui que ses amis surnomment « Jo », « l'Indien » ou « Tonton » a basculé le 12 janvier 2014 dans un bar de nuit de la rue de Ponthieu, dans le 8e arrondissement, spécialisé dans les *afters*. Imed, qui a déjà consommé dans d'autres établissements pas mal d'alcool et de cocaïne, arrive ce matin-là *Chez Fred* vers 7 h, en compagnie de « Nino », un voyou yougoslave. Peu avant la fermeture, une discussion animée s'engage avec le patron de l'établissement, Nourredine Djennad, dit « Nono », longtemps sur la première marche du podium du milieu kabyle dans la catégorie poids lourds, avec son frère Djeff[149]. Imed s'empare du pistolet Glock qu'il porte à la ceinture et, dans une scène digne d'un film de Tarantino, vide le chargeur en direction d'un Nono statique à cinq mètres de lui ; il vient d'étrenner l'arme qui lui a été offerte quelques heures plus tôt pour son anniversaire. Atteint de trois balles de 9 mm au niveau du cou, du thorax et de la région du cœur, le gérant s'en sort par miracle, comme les trois clients atteints par des balles perdues...

Exfiltré par son copain yougoslave et certain que son identification par la police va déboucher sur un mandat d'arrêt international, Imed disparaît dès le lendemain pour l'Italie, d'où il prend un bateau pour l'Algérie. Le début d'une longue cavale pour ce fils, septième d'une fratrie de onze, d'un Algérien et d'une Tunisienne, double nationalité qui lui permet de naviguer entre les deux pays. Souvent chez la Gelée, il lui arrive de se rendre au Maroc, plus précisément à Casablanca, où il projette au début de 2016 d'ouvrir un restaurant-boîte de nuit en association avec

149. Voir *infra*, p. 356.

son ami Sophiane Hamli[150], dit « Soso », un braqueur algérien né à Bondy, intime d'Antonio Ferrara et de Redoine Faïd, soupçonné à l'époque de se livrer depuis Torremolinos, en Espagne, au trafic de cannabis en gros. Un projet abandonné quand un de ses amis, bien placé à Paris, le prévient que des « gens qui lui veulent du bien » lui préparent un beau turbin : ils vont faire passer le message aux services secrets marocains qu'Imed travaille sur leur sol pour le compte du Département du renseignement et de la sécurité (DRS), les services secrets algériens. Si les Marocains, en guerre permanente avec leur voisin, croient cette fable, il aura du mal à résister en cas d'interrogatoire persuasif ; il fait prudemment une croix sur le royaume chérifien.

Il est finalement arrêté en Algérie le 25 octobre 2017, alors qu'il se rendait à un mariage dans une localité proche de la frontière tunisienne. La police a bénéficié d'un tuyau de première bourre... À défaut de banquet, il atterrit à la maison d'arrêt d'El Kala, la première ville sur le littoral algérien après la frontière avec la Tunisie. Les conditions de détention sont nettement moins confortables que dans les prisons françaises : ni cellules individuelles, ni télé, ni « cantine ». Les détenus s'entassent à une vingtaine dans une grande pièce collective et passent leurs journées à jouer aux cartes et leurs nuits sur des matelas à même le sol, sans aucune intimité, hormis celle des rats. La chaleur est suffocante. Aucune aération, pas le moindre ventilateur, on n'est pas loin de *Midnight Express*, le sadisme des gardiens en moins. La nourriture se limite à de la soupe, midi et soir. Pour les visites, le régime est draconien : un seul parloir tous les quinze jours, quinze minutes montre en main. La communication avec le visiteur s'effectue au moyen de deux téléphones accrochés de part et d'autre d'une baie vitrée, comme dans les prisons américaines. En outre, en raison de la publicité donnée à son

150. Sophiane Hamli sera criblé de balles, le 7 octobre 2018, à quarante-deux ans, par deux tueurs à moto, dans une Smart garée dans une contre-allée de l'avenue Georges-V.

interpellation par la presse algérienne, qui a titré sur l'« arrestation d'un caïd en fuite du milieu parisien », tous ses parloirs sont enregistrés. Difficile dans ces conditions de faire passer des messages à l'extérieur.

L'un des braqueurs les plus gonflés de l'Hexagone se retrouve coincé dans sa ratière à mille lieues du *Stringfellows* et du *Pink Paradise,* les bars à strip-tease branchés de Paris où il avait ses habitudes câlines.

Le 30 janvier 2020, le tribunal de Taref juge Imed Mohiedinne pour la triple tentative d'homicide volontaire survenue *Chez Fred.* Il est condamné à treize ans de prison, peine ramenée six mois plus tard en appel à cinq ans. Contrarié, le parquet enclenche un pourvoi en cassation. À la prison de Guelma, où il a été transféré, Jo attend la suite des événements en regrettant amèrement d'avoir « pété un plomb » ce jour-là. Il ignore semble-t-il qu'à Paris, le parquet a renouvelé son mandat d'arrêt international, bien décidé à le faire rejuger devant les assises pour la malencontreuse fusillade, et ce dès qu'il reviendra en France, en décomptant au besoin la durée de sa détention en Algérie.

Le procès de Momo Amimer

5 septembre 2017. Dans la petite salle de la cour d'assises parisienne où ils comparaissent libres, Momo Amimer, en liberté depuis 2010, et Patrick Musset sont assis au deuxième rang, à peine à un mètre du micro devant lequel les témoins vont être cités ! Abattu en 1999, l'Écureuil manque à l'appel, comme Farid Bouheddi, qui n'a pas été accroché par la BRB. Au programme de la cour, le braquage de la banque Inchauspé. De quoi inquiéter ces vieux chevaux de retour de cinquante-huit et soixante-dix ans, pas vraiment pressés de retourner à la case prison…

Noyé dans un public composé majoritairement d'amis de Momo, j'avise un petit homme maigre aux cheveux gris et au visage émacié, soixante-dix ans environ : Gérard Allain, dit « Citron » parce qu'il s'est longtemps teint les cheveux. Le président des assises, Jean-Louis Périès, connaît ce pilier de la Dream Team pour l'avoir eu comme client lorsqu'il était juge d'instruction. Son lien avec Momo remonte aux années 1970-1980, quand ils se retrouvaient à la pizzeria des frères Verecchia, à Aubervilliers, haut lieu de la voyoucratie du 93 et centre névralgique du trafic de véhicules, domaine où les épaulaient les fils de « Jeannot Lunettes », ou « Jeannot le Préfet », maître dans l'art d'immatriculer les voitures volées au moyen de faux certificats des mines. La bonne réputation de Citron, son savoir d'expert en matière de vol de véhicules de tous gabarits, en particulier de camions, utilisés pour bloquer des fourgons ou percuter des obstacles, ont séduit Christian Oraison, dit « le Grand Blond[151] », « le Caïd des Alpes-de-Haute-Provence » ou « Antoine Pinay »[152], qui l'a fait entrer au milieu des années 1990 au sein de la célèbre équipe de braqueurs. Une période au cours de laquelle ses connaissances en matière d'explosifs lui ont valu un deuxième surnom, clin d'œil au personnage du film de Luc Besson : « Léon », et par extension « Léon Zitron ». Assis sagement, celui qui avait comme couverture un banc de fleuriste place de la Madeleine soupèse en connaisseur le poids de l'ADN des mégots découverts dans la salle des coffres de la banque. Sa propre condamnation à dix ans de réclusion pour sa participation à la spectaculaire attaque du dépôt de l'ACDS à Vert-le-Grand, dans l'Essonne, le 6 décembre 1997, attribuée à sa Dream Team, n'avait tenu qu'à un cheveu, retrouvé sur une cagoule oubliée dans la bétonnière utilisée pour défoncer la porte du sas. Roland Dumas, son avocat, avait vainement plaidé le doute…

151. Christian Oraison, qui a été assassiné à Manosque le 3 août 2008, mesurait 1,97 m, dépassant son complice Daniel Bellanger d'un centimètre.

152. Surnom utilisé par des membres de la Dream Team sur des écoutes. La raison de cette référence à l'ancien président du Conseil est connue des seuls initiés…

Daniel Bellanger, dit « Babar »[153], pilier de la Dream Team, aurait certainement fait le déplacement s'il n'était détenu pour l'attaque au gaz d'un distributeur automatique de billets, en 2015, dans une petite commune du Puy-de-Dôme. Quant à « Raymond », un autre membre très discret de cette « équipe de rêve », qui se déplaçait dans les années 1980 un pistolet mitrailleur accroché sous sa gabardine Burberry, il a préféré suivre le procès à distance… une sagesse acquise dans sa jeunesse sur les chaises de l'école privée Saint-Sulpice, dans le 6e.

Appelé à témoigner le deuxième jour, le banquier ayant raconté le calvaire de sa séquestration, j'explique devant les jurés qu'Amimer, malfaiteur intelligent, a intégré au début des années 1990 l'équipe des frères Hornec, la plus puissante et la mieux organisée de la région parisienne, capable de monter de « gros coups » en province et à l'étranger. Cette légende du milieu n'a jamais « discuté » avec la police et ne compte que des amis chez les voyous, choses suffisamment rares pour être soulignées. Interrogé par le président Péries sur l'identité de ma source, je réponds que j'étais parvenu à retourner un membre du premier cercle des Hornec. Nous ignorions d'ailleurs que Patrick Musset, qui prétend ne pas connaître Momo, était présent le jour de l'attaque. Proche de François Besse[154], tombé avec lui en Espagne en 1982 dans une affaire de trafic de faux dollars, Musset vient cependant de révéler dans un livre autobiographique[155] qu'il fréquentait avant sa cavale le *Saint-Exupéry*, le bar de Franky Bérens. Difficile de croire qu'il n'y a jamais croisé Amimer. La lecture de son livre m'a aussi appris qu'il avait changé d'identité à plusieurs reprises, voyagé avec des

153. Non en raison de sa mémoire, mais selon la rumeur courant dans le milieu concernant son appendice nasal, lequel absorbait tellement de poudre qu'il s'était, riait-on, transformé en trompe.

154. Le monde est petit, car, en 1996, Momo Amimer « tournait » en promenade à Fleury-Mérogis avec François Besse.

155. Patrick Musset, *16 ans de cavale*, Paris, La Manufacture de livres, 2016.

faux papiers et tué en Bolivie deux Brésiliens qui le gênaient lors d'une opération de convoyage de drogue… mais l'un de ses avocats m'interrompt, prétendant ne pas voir la place de cet autoportrait littéraire plutôt risqué dans les débats.

Tandis que leurs défenseurs contestent les conditions de conservation des mégots de cigarette, les deux accusés campent sur leur position. Ils n'ont pas participé à cette attaque, ne sont pas les « policiers » et ne se connaissent même pas. Le 8 septembre 2017, alors que le parquet a requis douze ans de réclusion pour Momo et dix pour Musset, la cour d'assises les reconnaît coupables du braquage et de la séquestration et les condamne à cinq ans de prison avec sursis, vraisemblablement en raison de l'ancienneté des faits, assortis de lourdes sanctions financières : cent mille euros d'amende, deux millions trois cent mille euros de dommages-intérêts pour la banque, ainsi que vingt-cinq mille euros pour l'employé séquestré. Le soir même, les deux « condamnés libres » arrosent cette décision avec leurs amis dans un établissement du quartier des Champs-Élysées, avec au premier rang des invités… Mario Hornec. Si le pire leur a été évité, le sursis les oblige désormais à regarder en permanence dans le rétroviseur et à vérifier tous les jours la présence éventuelle de micros ou de balises dans leur environnement.

Pour ma part, je sais que j'aurai de leurs nouvelles… à plus ou moins brève échéance.

Au début d'octobre 2019, un de mes contacts me transmet ainsi une vidéo. Sur les images filmées quelques jours plus tôt par les caméras de surveillance du *Whisper Club*[156], le temple du strip-tease parisien, on distingue Momo Amimer tranquillement accoudé au bar en tenue estivale. Une armoire à glace entre dans le champ et s'approche de lui ; il s'agit de Steeve Falck, le

156. L'établissement est situé au 13, rue de Berri, à proximité des Champs-Élysées. Son directeur, Pascal Fratellini, est proche de Momo.

gendre de Mario Hornec. Au bout de quelques secondes d'une discussion animée, « le Gros Steeve », qui a cherché l'incident, est envoyé au sol d'un magistral crochet du gauche décoché par Momo qui sautille comme sur un ring. Une fois à terre, le manouche, réputé pour être un adepte de la serpette[157] et ne pas aimer les beurs, reçoit une volée de coups de pied et de poing de la part de plusieurs autres clients. Affaire à suivre…

157. Arme redoutable, souvent employée par les manouches lors de bagarres.

14.

Mes bons clients

« Nadia aux doigts d'or », reine des pickpockets

Munie de l'autorisation rédigée par son père pour sortir du territoire algérien, la future légende des tireurs embarque un jour de 1976 à bord du *Tassili*, l'un des deux bateaux-navettes qui relient la capitale à Marseille. Décidée à « monter à Paris » pour conjurer la pauvreté dans laquelle végète sa famille dans le quartier populaire de Belcourt, au centre d'Alger, Nadia a seize ans.

La jolie blonde aux yeux verts et à la peau très claire, qui passe facilement pour une jeune française, fait ses « classes » chez Tati, l'immense magasin implanté à deux pas de la station de métro Barbès. Sur place, où s'affaire en permanence une foule bigarrée venue acheter des vêtements bon marché, elle fait rapidement concurrence aux meilleures voleuses actives dans le périmètre, notamment à « Aïcha Tati », une Oranaise qui n'ouvre pas les sacs de ses victimes à la main, mais… au rasoir. Par commodité, Nadia s'installe non loin dans un hôtel de Pigalle, point d'observation stratégique.

En quelques mois, sans jamais se faire arrêter, elle perfectionne ses techniques et décide de s'éloigner de Tati, où elle se sent trop à l'étroit, convaincue de son don pour la spécialité.

L'ambitieuse migre vers les beaux quartiers de la capitale, terrains de chasse vierges et plus giboyeux qui ne demandent qu'à être prospectés.

Elle explore les grands magasins : Galeries Lafayette et Printemps, les boutiques de luxe des avenues Montaigne et Kleber, de la rue de Passy, du boulevard Saint-Germain et de certaines artères où de riches victimes stationnent régulièrement sur les trottoirs, comme devant la boutique Hermès, rue du Faubourg-Saint-Honoré. Elle prend confiance et réalise qu'elle peut facilement « travailler » en déambulant sur les Champs-Élysées ou rue de Rivoli quand une foule propice et compacte s'y presse. En cette fin des années 1970, les gens ne se méfient pas encore des pickpockets, et puis Nadia soigne son allure en s'habillant de tailleurs chics en été et de manteaux de fourrure en hiver.

Opérant uniquement l'après-midi, la virtuose devenue magicienne aux doigts d'or agit seule ou parfois avec un complice qui ne lui sert pas à « caler » la victime, comme le font de coutume les pickpockets, mais à détecter une éventuelle présence policière. Elle opère en douceur et s'efface prudemment si elle pressent que la cible a repéré sa présence prédatrice. Nadia se focalise sur les proies qui lui paraissent abordables, en priorité les Japonais qui, jusqu'au milieu des années 1990, ont souvent sur eux vingt à trente mille francs[158] en yens ou en dollars, ainsi que des bijoux. Viennent ensuite les Saoudiens, les ressortissants des pays du Golfe et les Israéliens. Focalisée sur les signes extérieurs de richesse, elle examine le sac, la montre et les chaussures, la veste s'il s'agit d'un homme. Une victime remplit victorieusement les critères de sélection ? Nadia passe à l'étape suivante : elle déverrouille la fermeture du sac à main pendant que la cliente d'un magasin s'intéresse à un article, attend quelques instants puis revient au contact, plonge la main et détecte, grâce à un

158. L'équivalent de 4 200 à 6 300 euros.

incomparable toucher, la présence d'argent, le plus souvent à l'abri dans un portefeuille, une enveloppe ou une pochette intérieure protégée par une fermeture éclair qu'il lui reste à ouvrir, l'index et le majeur de sa main droite faisant office de pince.

Dans les grands magasins, Nadia se sert fréquemment d'un cintre chargé de vêtements ; elle le place en guise d'écran dans le dos de sa victime, ce qui lui permet d'opérer plus discrètement. Contrairement à la plupart des tireurs maghrébins ou roumains qui agissent en équipe et souvent avec violence, elle dédaigne les cartes bleues et remet le plus souvent le portefeuille dans le sac après s'être emparé des billets. Elle estime immoral de voler des documents d'identité importants pour le propriétaire, souvent touriste, posture élégante qui lui permet aussi de contester les faits en cas de contrôle intempestif. Quant aux hommes, la main subtilise d'autant plus facilement l'argent au fond d'une poche s'ils utilisent un porte-billets. Le bouton de la poche arrière d'un pantalon saute en une fraction de seconde entre les doigts de Nadia. En général, elle s'arrête après un ou deux clients.

Lorsque je fais sa connaissance en 1984, Nadia me raconte volontiers les arcanes de son milieu, mais elle refusera toujours de dénoncer d'autres malfaiteurs, préférant assumer la prison ; en huit séjours, elle totalisera huit années derrière les barreaux. Quand la chance lui sourit, elle réussit à voler dans un magasin deux ou trois clients d'un même groupe de touristes et s'en va avec des bagues, des boucles d'oreilles et autres gourmettes. Une fois, elle subtilise une bague surmontée d'un diamant de huit carats et sept enveloppes pleines de billets à une Saoudienne vêtue de noir des pieds à la tête et… protégée par deux solides gardes du corps.

Il lui arrive aussi de frôler la catastrophe, comme en ce jour de 1985 où elle prospectait autour des Tuileries à bord d'une voiture conduite par Dalila, son amie et complice épisodique. Toutes deux repèrent sur le trottoir de la rue de Rivoli une Japonaise qui se dirige vers l'hôtel *Intercontinental*, son sac en bandoulière dans le dos. Pendant que Dalila gare rapidement le véhicule, Nadia rattrape la Japonaise juste devant l'entrée de l'hôtel et parvient à ouvrir le sac, à prendre le portefeuille et à le glisser dans sa bourse Louis Vuitton. Au même moment, Jacques Chirac sort de l'hôtel avec ses officiers de sécurité et se précipite tout sourire vers Nadia pour lui serrer la main, sans se douter de ce que cette même main faisait quelques secondes auparavant. La bulle sécuritaire autour du maire de Paris l'empêche de s'évaporer… Si la Japonaise s'était rendu compte à ce moment-là du vol, Nadia se serait à coup sûr fait prendre en flagrant délit, coincée dans la nasse.

« Doigts d'or » ne se limite pas à Paris. En 1985-1986, elle sévit toutes les fins de semaine à Genève, Lausanne ou Zurich. Ses victimes sont fréquemment porteuses de billets de mille francs suisses. Les dimanche soir, dans le train qui la ramène de Genève à Paris, elle ne se tourne pas les pouces. C'est ainsi qu'elle « travaille » « Bambou », la compagne de Gainsbourg, et Anthony Delon, mais… leurs portefeuilles sont désespérément vides. L'été, elle descend en vacances à Cannes et en profite pour faire ses « courses » sur la Croisette, joignant l'utile à l'agréable.

Dans la première moitié des années 1980, Nadia n'a qu'une seule rivale à Paris : Saadia, une Marocaine très douée « couverte » par François Abjean, dit « le Boxeur », l'excellent chef du « groupe tire » de la BRB, spécialiste de la chasse aux pickpockets dans la capitale. Sur les marchés de Barbès et de Belleville, où elle se rend avec sa complice, Saadia s'en prend à la clientèle maghrébine, réputée préférer les liasses de billets au chéquier et à la carte bleue. Très petite et maigre, elle se dissimule sous une gandoura à manches longues, capuche sur la tête. Avant le travail, elle fume plusieurs joints ; le soir, elle décompresse au whisky dans le bar qu'elle a acheté avec son mari Mustapha passage Saint-Michel, dans le 17e. Même si ses relations lui permettent d'éviter la case prison, elle quittera prématurément la scène parisienne pour un cimetière de Casablanca, victime de son kamikaze régime « pétard-whisky ».

Nadia, elle, a pris sa retraite après avoir élevé seule ses trois enfants, qu'elle a bien pris soin de scolariser dans des établissements privés afin de les éloigner du milieu interlope dans lequel son destin l'avait plongée. Ce n'est que très rarement qu'on peut désormais la croiser avenue Montaigne ou chez Louis Vuitton, coiffée d'un foulard et chaussée de lunettes, occupée à vérifier auprès de touristes russes ou chinoises qu'elle n'a pas trop perdu la main. Elle en profite pour ajouter à son palmarès l'épouse d'un célèbre joueur du PSG, soulagée de cinq mille euros à la sortie de chez Dior.

« Ali le Gros » et le **Royal 17**

Lorsque je franchis la porte du *Royal 17* en septembre 1984, en tant que chef des UR de la 1re DPJ, le Vieux, qui me précède, m'a raconté le parcours du patron de ce grand bar-restaurant marocain implanté à mi-chemin entre le commissariat du 17e et l'avenue de Clichy. Ali Alayane, surnommé « Ali le Gros », propriétaire de l'établissement, dûment prévenu, me reçoit avec une poignée de main molle et des manières obséquieuses, me donnant d'une voix haut perchée du « b'jour M'siou Zobic, ji souis tri honoré di faire votre connissance ».

Après cet accueil qui respire la franchise, j'aperçois sur la droite du bar un homme dont le Vieux m'a longuement parlé, un certain « Chapeau », assis face à un téléphone posé sur le comptoir, son outil de travail favori. Lui aussi m'adresse un grand sourire en inclinant respectueusement la tête. Le patron me fait ensuite pénétrer dans une grande salle d'une cinquantaine de couverts, fort bien décorée, et nous passons à table pour faire plus ample connaissance ; je reviendrai régulièrement savourer tajines et couscous maison.

Célibataire endurci de quarante-neuf ans, petit et grassouillet, d'où son surnom, cet amateur de salons de massage et de saunas pour hommes est parti de rien pour devenir un caïd du milieu marocain en France, non sans entretenir de bonnes relations avec... plusieurs services de police. Quand il débarque à Paris dans les années 1960 en provenance de Tiznit, petite ville du Sud marocain, poussé par la misère, il ne sait ni lire ni écrire. Ce handicap, qu'il n'arrivera pas à surmonter, lui permet de développer une mémoire que certains qualifient de prodigieuse et qui fait sa force. Son premier quartier général, le café-restaurant marocain *Chez Hamed*, 12, rue de Chartres, dans le 18ᵉ arrondissement, est au cœur du secteur Chapelle-Goutte-d'Or. Ali passe ses journées dans cet établissement fréquenté par les videurs des hôtels de passe du secteur, des voleurs, des julots, des flics des brigades territoriales, de la Mondaine, des renseignements généraux parisiens, bref un vivier où tout se vend et tout s'achète, y compris le renseignement policier.

Ali vit d'expédients, surtout de « vols au poivrier »[159], qui consistent à détrousser les ivrognes en fin de soirée. Pas très glorieux, mais Ali est un cérébral qui manque de courage physique. Il fait équipe avec Hantar[160], un coreligionnaire très costaud qui le protège et qui rackette les Marocains logés dans les bidonvilles de Nanterre. Ali s'adapte, et bien qu'analphabète se spécialise dans la fourniture de fausses cartes de séjour, une denrée indispensable pour la foule des immigrés en situation irrégulière. À la fin des années 1960, il est l'un des principaux acteurs de ce marché en région parisienne, sachant qu'il négocie aussi des

159. En argot, le « poivre » est le verre d'eau de vie dont le « poivrot » se rince le gosier.
160. Quelques années plus tard, Hantar sera blessé par balles lors d'un règlement de compte et restera cloué sur une chaise roulante.

cartes de travail, passeports et permis de conduire contrefaits. Ses revenus conséquents doivent être réinvestis : ils financent un trafic de cannabis importé du Maroc. Une tonne arrive par bateau au port du Havre à chaque rotation, commerce qu'il gère avec plusieurs compatriotes compte tenu des quantités importées, énormes pour l'époque. De quoi, au bout de dix ans, acquérir une stature de parrain et investir une fortune au Maroc, où il se rêve une vie de pacha.

Comme Joseph Joanovici, le chiffonnier-ferrailleur milliardaire qui fournissait l'Allemagne en métal pendant l'Occupation tout en finançant la Résistance, analphabète lui aussi, comme lui passé par les bidonvilles de Nanterre, ce funambule mise sur le rouge et le noir, ondulant cyniquement entre la police, les trafics, la pègre, avec pour seuls buts la survie et le profit. En 1975, à quarante ans, pour acquérir une forme de respectabilité et disposer d'un « bureau », il achète le *Royal 17*, partie visible d'un iceberg immobilier bien plus important : il possède d'autres cafés mis au nom d'hommes de pailles et des parts dans de nombreux bars à Paris et en banlieue. L'achat de ce navire amiral se fait avec le soutien financier de son ami Khalifa Boutra, dit « Michel l'Arabe », un spécialiste du racket qui ne fait pas de vieux os : peu de temps après une inauguration en grandes pompes, Boutra est refroidi par Bruno Pucci, dit « Bruno les Yeux Bleus », dont il prétendait racketter le bar, rue de la Grande-Truanderie. Exit Michel l'Arabe, ce qui fait les affaires du Gros : il n'a plus à rembourser sa part.

Au *Royal 17*, Ali emploie deux sbires originaires comme lui du Sud marocain ; ils lui servent de secrétaires, d'intermédiaires et de fusibles. Le plus influent est Lahcen Aguerrouz, dit « Chapeau » ou « le Substitut ». La cinquantaine, ce sosie marocain du lieutenant Kojak, tout droit sorti de la série télévisée américaine, a toujours une toque vissée sur son crâne chauve. Sa place réservée est un tabouret au coin du bar. Ce comédien de nature, par ailleurs informateur des RG, fait croire à ceux qui le sollicitent pour une intervention administrative ou judiciaire qu'il téléphone à son « ami le procureur » pour arranger leur affaire. Le dialogue imaginaire, en français, paraît plus vrai que nature et les clients repartent satisfaits, persuadés d'avoir investi leur argent à bon escient.

Son acolyte Ahmed Sabry, alias « Michel le Marocain », même âge, est un bon client des commissariats parisiens, où il est souvent placé en garde à vue pour des escroqueries ou des outrages. À chaque fois, pour tenter d'amadouer ses interlocuteurs, il se présente sans rire comme informateur de l'IGS, service où il prétend avoir un bureau dont il donne le numéro et l'étage. Il se targue aussi d'être un fidèle collaborateur de la gendarmerie, oubliant de préciser qu'il est surtout un abonné de l'infirmerie psychiatrique de la préfecture de police, où il est régulièrement admis pour troubles du comportement.

Côté police, le Gros entretient savamment ses relations. Tous les jours, il reçoit à déjeuner et à dîner, à des prix imbattables, des membres de l'OCRB[161], des RGPP, sans oublier les services de la PJPP. « Son calcul est simple », m'explique le Vieux. « En accueillant ostensiblement des policiers qui viennent déguster ses spécialités, il étale ses relations et sa puissance auprès de sa clientèle marocaine. Il est aussi persuadé d'être protégé de voyous qui pourraient avoir des velléités de le racketter et se croit couvert pour ses activités illégales. Cerise sur le gâteau, ces visites lui permettent de "prendre la température", de savoir ce qu'il se trame dans le milieu et la police et, au besoin, de faire éliminer des concurrents en les dénonçant. »

En 1982, le Vieux lui a présenté Frédéric Péchenard, en stage au sein de son groupe de voie publique. Ils y déjeunaient deux à

161. Office central pour la répression du banditisme.

trois fois par semaine et ils avaient sympathisé. Signe que le Gros est *persona grata* dans « la grande maison », il est parfois invité à des pots de promotion, de mutation ou de départ en retraite. Lui qui habituellement joue le modeste en s'habillant décontracté enfile alors sa tenue de parrain : costume noir, chemise noire, cravate blanche et chaussures noires vernies. Il porte au poignet une lourde gourmette en or et prend soin de passer chez le coiffeur pour arborer un brushing impeccable. Ces invitations sont pour lui l'occasion de briller, de savourer sa puissance et de faire de nouvelles connaissances qui élargiront ses réseaux. Une fois, il pousse le bouchon trop loin en voulant offrir une Rolex à un chef de service nouvellement promu. Ce dernier, un Breton à l'honneur pointilleux, le met à la porte *illico presto* en lui signifiant verbalement une trique ferme et définitive sur le département de la petite couronne couvert par son SDPJ.

Cette proximité ne le met toutefois pas à l'abri d'investigations d'autres services, qui ne sont pas dupes de son double jeu et en font une cible de choix. En effet, après avoir acheté le *Royal 17*, Ali a encore développé ses activités dans les faux papiers et la drogue. En 1982, il a eu très chaud lorsqu'à l'issue d'une enquête de plusieurs mois, l'Office central chargé de la lutte contre le trafic de faux documents l'a arrêté avec son imprimeur, basé à Saint-Étienne. Incarcéré pendant trois mois, il a nié les faits et bénéficié une fois de plus d'un coup de pouce du destin : l'imprimeur s'est curieusement suicidé en prison, ce qui a empêché le juge d'instruction de l'interroger. Ali en a profité pour nier et il a été libéré.

Ce personnage très intelligent, complexe et tordu, qui entend tirer les ficelles, n'a pas que des amis dans la police, précise le Vieux à mon attention. Outre cet office qui l'a raté de peu et qui attend la première occasion pour le faire replonger, il est en très mauvais termes avec le commissariat du 17e, dont « il méprise ouvertement les fonctionnaires ».

Assez rapidement, lors de ce premier déjeuner, le Gros réalise que je conserve mes distances et qu'il lui sera difficile de nous soutirer des informations sur nos enquêtes. Il ne nous donne pas de tuyaux et nous ne lui en demandons pas. Une coexistence pacifique s'installe, au grand regret de ce Janus qui a compris qu'il n'a pas barre sur nous et supporte mal, par jalousie maladive, que nous ayons un réseau étoffé d'informateurs dont il ne sait rien, si ce n'est qu'il nous permet de multiplier les arrestations. Il nous lâche un jour : « Missious Zobic et Zakary, vous êtes tous li deux di gros vicious ! » Analyse que nous prenons comme un compliment, venant de sa part.

« Je ne sais pas qui de nous ou de lui est le plus vicieux ? », demande le Vieux à la sortie, avant de me raconter un épisode qui en dit long sur la mentalité du personnage : « En 1980, Ali a eu un différend avec un de ses concurrents dans le trafic de cannabis, un voyou algérien prénommé Lahcene, qui avait deux bars, un à Pigalle et le second dans le 14ᵉ. Pour régler le problème, le Gros m'invite avec ma "flèche", l'enquêteur Bernard Cambournac, à dîner à Asnières dans la maison de Gaston, un voyou marocain spécialisé dans les machines à sous. À notre arrivée, six Marocains sont déjà attablés autour d'Ali, en train de mettre au point la "chanstique" destinée à éliminer le rival inconscient. Avant de nous exposer leur plan, ils attendent l'arrivée d'un invité mystère qui n'est autre que Maurice, un ex-OPP de la 7ᵉ BT[162], retraité depuis peu et reconverti en "conseiller" et juge de paix des gros voyous marocains dans les Hauts-de-Seine. Maurice débarque en costume bleu pétrole, flanqué d'un OPA[163] de son ancien service qui doublait son salaire en lui servant de garde du corps. L'assistance étant au complet, Ali déballe froidement son plan : lui et ses amis vont balancer quarante kilos

162. La 7ᵉ BT était basée à Nanterre.

163. En 1973, les officiers de paix principaux deviennent des inspecteurs divisionnaires, et les officiers de police adjoints des inspecteurs de police.

de shit par-dessus le portail de la villa de Lahcene, puis nous faire intervenir, moi et Bernard, pour l'arrêter. À la suite de notre refus de marcher dans une combine aussi foireuse, l'affaire en est restée au stade de projet. »

Au début de 1985, je suis à mon tour le témoin du redoutable savoir-faire d'Ali en matière de coups tordus. Il nous conseille avec insistance de « descendre » le *Dar El Salam*, cabaret oriental de la rue Cardinet, dans le 17e arrondissement. À l'entendre, un certain nombre de clients viennent enfouraillés le samedi soir, et ce au vu et au su du patron de cette affaire très prospère, Boudjema, un Algérien qui prétend avoir été proche de Krim Belkacem, figure historique du FLN.

L'établissement est vaste et effectivement plein à craquer en fin de semaine. Si des clients sont armés, le risque d'une fusillade dans la semi-obscurité est bien réel. Avec la bénédiction de mon patron et le feu vert de la BSP, je prévois d'engager la totalité des trente-six policiers sous mes ordres et j'imagine un « cheval de Troie » : une très jolie inspectrice, membre d'un groupe de nuit de la 1re DPJ, qui a la particularité de venir travailler en Porsche. N'ayant pas froid aux yeux, elle accepte d'entrer dans le cabaret au bras d'un ancien harki devenu brigadier-chef, au demeurant l'un des policiers les plus décorés de la PP.

Le samedi choisi, l'inspectrice en mini-jupe stationne ostensiblement sa Porsche devant le cabaret et se présente avec son accompagnateur. Les deux cerbères et le physionomiste, persuadés d'avoir affaire à une belle de nuit avec son micheton, ouvrent la porte sans méfiance, ce qui permet à la cohorte d'inspecteurs de s'engouffrer derrière le faux couple. Près de cent cinquante clients sont attablés dans la pénombre, admirant une danseuse qui se contorsionne langoureusement au rythme de la musique jouée par l'orchestre. Nous faisons allumer les lumières et gelons la situation ainsi que… l'ambiance.

L'effet de surprise joue à merveille. Deux clients sont armés, dont l'un officie comme garde du corps à l'ambassade d'Irak. Une troisième arme est découverte sur le sol, à deux mètres de la table d'un client qui n'est autre que « Tonio », ami intime du Gros et patron de bar marocain. La satisfaction se lit sur son visage quand il nous voit récupérer ce pistolet dont personne ne revendique la propriété. Nous comprenons vite que le Gros a voulu nous instrumentaliser en faisant déposer volontairement une arme chez un rival. Avec ces trois armes de poing, le sort du cabaret est scellé : il sera fermé pendant trois mois.

Ali nous lâche crânement, peu après, qu'il avait envoyé sur place Tonio tous les samedi soir, avec mission de se débarrasser au moment opportun de cette arme orpheline, afin qu'au moins un pistolet soit retrouvé sur place. Je lui fais comprendre vertement qu'il a eu tort d'agir ainsi.

Nous restons sur nos gardes jusqu'à ce 5 avril 1985 où Aguerrouz, dit « Chapeau », « la glisse » sur le carrelage du bar du *Royal 17* aux alentours de 22 h 30. La faute n'en revient pas à quelques olives échappées d'un plat, mais à quatre balles qui l'ont allongé raide sur le sol. Une minute plus tôt, une moto chevauchée par deux hommes casqués s'est arrêtée rue de la Condamine, à quelques mètres de l'établissement. Le passager, visage dissimulé derrière la visière de son casque intégral, est entré dans le bar et a tranquillement tiré à quatre reprises sur Chapeau, avant de braquer Ali, coincé derrière le comptoir, en lui annonçant que la prochaine fois, ce serait son tour.

Témoin d'une partie de la scène, Michel, le patron du *Vosgien*, bar situé juste en face, vient nous chercher chez Leïla Canard, où nous mangeons une chorba, le Vieux et moi. Ali lui a demandé ce service, se doutant de notre présence chez cette concurrente. En moins de cinq minutes, nous sommes sur les lieux du crime, avant même l'arrivée des pompiers et du car Police-Secours.

C'est la première fois que j'ai le loisir d'admirer le crâne nu et brillant de Chapeau, dont la toque a roulé au sol. Une heure plus tard, les constatations faites par la permanence de nuit de la 1re DPJ, j'accompagne charitablement, avec Alain, le Gros à l'hôpital Ambroise-Paré de Boulogne, où une ambulance a conduit son ami revolvérisé dans un état de mort clinique.

Peu après, nous apprenons officieusement que les auteurs sont deux frères marocains, grossistes en shit naviguant entre l'Espagne et Paris, soucieux de venger un troisième frère. Le sosie de Kojak s'était pris les pieds dans le tapis en voulant « décrocher » le troisième, moyennant finance, après l'avoir fait arrêter par un PHR[164] de ses relations. Le plan avait lamentablement échoué puisque le trafiquant était directement parti en prison et que ses deux frères avaient identifié le responsable.

En 1986, Philippe Vénère, le chef de la 1re DPJ, excédé par le double jeu permanent du Gros, qui se répand par ailleurs en propos malveillants sur son service, propose au préfet de police la fermeture administrative du *Royal 17*. Il s'appuie sur la réglementation, qui interdit à un Marocain d'exploiter une affaire dont la Licence IV n'est pas à son nom. La sanction tombe en mars sous la forme d'un arrêté de fermeture de six mois qui rend Ali fou furieux. Totalement discrédité, il perd son aura dans le milieu marocain, et aussi beaucoup d'argent.

Philippe Vénère et moi savons qu'il va tout faire pour se venger, et la riposte ne se fait pas attendre. Moins de deux mois après la fermeture de son affaire, alors que l'enquête du groupe criminel de la 1re DPJ sur l'assassinat de Chapeau est au point mort, Ahmed Sabry, le deuxième factotum du Gros, adresse un courrier au procureur de la République de Paris et à l'IGS pour dénoncer les tueurs. La missive, forcément écrite sur instruction de son patron, précise : *Ceux qui ont tué CHAPEAU : l'inspecteur*

164. Personnel hors rang, travaillant en civil, avant la création des BAC à Paris.

divisionnaire Alain JACQUERT et l'inspecteur divisionnaire GARAMBOIS du siège de la 1re DPJ et le commanditaire est le commissaire JOBIC [*sic*].

Comme la raison règne au parquet de Paris et à l'IGS, aucune suite ne sera donnée à ces accusations délirantes émanant d'un malade mental. À travers cette torpille, l'objectif du Gros était simple : faire dépayser l'enquête vers la brigade criminelle et nous attirer des ennuis. À la fin de 1988, le mafieux tombé de son piédestal trouvera un moyen plus diabolique de se venger en affirmant aux gendarmes de Versailles que j'étais venu déjeuner dans son restaurant en compagnie de cette strip-teaseuse, compagne de l'assassin présumé d'un avocat algérien. Il ne restera plus au Gros qu'à s'exiler à Clichy, où il ouvrira en 1988 le *Royal 92*, une affaire beaucoup plus modeste ; il rejoindra Chapeau en 2005, miné par le diabète, sans avoir profité de la retraite de pacha dont il avait rêvé.

Djeff et Nono, patrons et légendes du milieu kabyle

« Le Gros Ben a fini par effrayer la chronique en assassinant sa pute ! », lâcha un jour la patronne algérienne d'un bar parisien, soucieuse d'impressionner par sa maîtrise de la langue française un auditoire composé de voyous de la même origine qu'elle. Présent dans l'établissement, je suis probablement le seul à avoir retenu un sourire…

Trente ans plus tard, en 2015, l'occasion m'est fournie de rencontrer en compagnie de Jean-François Maugard, chef du groupe VMA de la BRB, un homme qui a vraiment défrayé la chronique du banditisme : « Djeff », de son vrai nom Boukhalfa Djennad. Né en 1950 dans le village d'Iffigha, à côté d'Azazga, l'homme a formé un duo redouté au sein du milieu maghrébin avec son frère Nourredine, dit « Nono », de quatre ans son cadet, celui-là même qui échappera par miracle, dans son bar de nuit, aux coups de feu d'Imed Mohieddine en janvier 2014[165].

« Je regrette que tu ne m'aies pas arrêté, nous nous serions connus plus tôt ! », me lance Djeff, qui vit désormais en Algérie. Il s'en était en réalité fallu de peu. Le jour où le juge de Nanterre m'avait expédié à Bois-d'Arcy, nous n'étions pas très loin de les accrocher, lui et son frère, pour un vaste trafic d'héroïne. Nous avions arrêté plusieurs de leurs clients, des semi-grossistes, et touchions au but. Mon incarcération avait stoppé net nos investigations, des événements sur lesquels mon interlocuteur a au demeurant une opinion bien tranchée : « Nous savions tous dans le milieu que tu avais un des meilleurs réseaux d'indics de Paris, que cette affaire de "kahba"[166] ne tenait pas la route et que tu n'avais jamais touché un centime des voyous. Quant à soutenir que l'argent était parti en Algérie, quelle rigolade ! Tant qu'il y était, le juge aurait pu dire que tu avais envoyé l'argent à Bagdad ou sur Mars ! »

Djeff, dont le surnom en kabyle, « *Aderouiche* », veut dire « le Fou », sait sa santé amoindrie par l'abus de cocaïne, raison pour laquelle sa langue se délie facilement ; il mourra le 23 octobre 2016 à l'hôpital Bichat, à l'âge de soixante-six ans. Fils d'un éboueur de la ville de Neuilly, les deux frères ont débuté dans la marginalité dès quatorze ans, par de petits vols, avant d'élargir l'éventail au fil des années 1970, nous raconte-t-il. Une formation de soudeur-fraiseur aidant, Djeff se spécialise dans l'ouverture de coffres-forts de particuliers et de sociétés, à l'époque pleins à craquer d'espèces, notamment la veille de la paie des ouvriers. Avec Nono, ils touchent à la fausse monnaie, de faux billets de cents et de cinq cents francs qu'ils achètent auprès de juifs du Faubourg, à Paris, et revendent à des voyous belges pour la

165. Voir *supra*, p. 336.
166. Expression arabe méprisante qui désigne des prostituées de très bas étage.

moitié de leur valeur, avant d'investir dans l'achat outre-Quiévrain de caisses de pistolets automatiques Walther P38, achetés huit cents francs[167] et revendus plus du double en France.

Dans les années 1980, Djeff et Nono se propulsent au cœur d'un vaste trafic international de véhicules volés de grosse cylindrée entre la région parisienne et l'Afrique du Nord. Les Mercedes, cible privilégiée, embarquent pour l'Algérie dans les ports de Marseille sous le contrôle de « Michel », un Corse, julot et trafiquant, ou d'Alicante, grâce à la complicité de douaniers généreusement rétribués des deux côtés de la Méditerranée ; la Mercedes 500 de Francine Gomez, PDG de Waterman, volée à Paris, s'est certainement retrouvée entre les mains d'un général, les galonnés algériens étant particulièrement friands de ce genre de modèles.

« Entre 1986 et 1993, nous sommes devenus les plus importants grossistes en héroïne de la région parisienne », poursuit Djeff. « Nono s'était lié en prison avec de gros importateurs turcs qui nous ont permis d'alimenter la majorité des semi-grossistes de la capitale au rythme de dix kilos par mois. Nous allions chercher la marchandise en Belgique ou aux Pays-Bas, après avoir mis au point un procédé pour passer la frontière sans jamais nous faire prendre. Nous avions fait la connaissance d'un chauffeur routier dont la société était basée dans les Yvelines. Avec son camion-citerne, il allait livrer des produits pétroliers en Hollande et en Allemagne une fois par semaine, et revenait à vide. Nous le retrouvions sur une aire de repos à Eindhoven. Le chauffeur accrochait l'héroïne spécialement conditionnée dans la cuve, avant de nous livrer en région parisienne. Nous avons gagné énormément d'argent, que nous avons investi dans des bars à la Goutte-d'Or et à Montmartre, des brasseries, des hôtels et des bars à hôtesses en France, en Belgique et en Espagne, sans

167. L'équivalent de 400 euros.

oublier de prêter des fonds à des Kabyles désireux d'acquérir des débits de boissons. Une partie de l'argent a été recyclée aussi dans l'achat d'une usine de boissons gazéifiées et de plusieurs restaurants en Algérie. »

En mars 1993, ce qui devait arriver arriva : les enquêteurs de la 2e DPJ et de la BRIF ont arrêté les deux frères pour trafic international de stupéfiants et blanchiment. La quantité d'héroïne importée en dix ans a été estimée à une tonne deux, se souvient Djeff – « ils ont dit que nous avions gagné des sommes astronomiques ! » « Lors de notre arrestation, nous avons pu nous débarrasser d'une importante quantité de drogue dans un lavabo, ce qui nous a évité de lourdes peines de prison[168]. Par contre, notre patrimoine en France a été presque entièrement saisi, ce qui nous a fait le plus mal… »

Comme s'il ambitionnait de terminer dans une série télé, Djeff nous avoue d'autres « exploits », à commencer par l'assassinat de ses mains de quatre personnes, notamment celle d'une véritable star du milieu, dont la mort restait à ce jour une énigme, et l'organisation de l'élimination d'un autre voyou.

Sa première victime, en octobre 1974, alors qu'il n'avait que vingt-quatre ans, s'appelait Richard Attali, un membre de la garde rapprochée des frères Zemour. Djeff avait été recruté par Mouloud, un Kabyle qui tenait un cercle de jeux clandestins 132, rue de Crimée, dans le 19e arrondissement. Sa mission : assurer la sécurité de la « partie » et éviter autant que possible le racket. Une nuit, vers 2 h du matin, cinq membres du clan Zemour, dont Richard Attali, « porte-flingue » des « Z », son homonyme Jean-Claude Attali, dit « la Puce », et Joseph Elbaz se présentent et réclament l'« enveloppe ». L'idée qu'on pourrait leur résister ne leur traverse pas l'esprit, d'autant qu'ils sont armés, mais Djeff, taillé dans le roc, des bras d'acier et un cou de taureau,

168. Djeff a été condamné à trois ans, et Nono à un an.

n'a peur de rien : il sort l'arme de poing qu'il porte à la ceinture et tire dans le tas. Les racketteurs repartent avec le cadavre de Richard Attali et un blessé, Jean-Claude Attali.

Fuyant les questions de la brigade criminelle et soucieux de se mettre hors de portée de la Puce, qui a juré de venger les Z et passe pour un tueur psychopathe, Djeff part pour l'Algérie. « Si je voulais revenir à Paris, je n'avais pas d'autre solution que de faire éliminer la Puce », se souvient-il. « J'ai donc décidé de le faire assassiner, et je me suis appuyé sur notre communauté kabyle, dont les Z avaient attaqué les intérêts. » La mission est confiée à Marcel Bennacer, dit « Nénesse », de six ans son aîné, de mère française et de père kabyle et considéré comme un julot-braqueur membre du clan des « Siciliens », en guerre avec les Z. Lequel attend plus d'un an, le temps que la cible baisse la garde : le 24 mars 1976, ce joueur invétéré quitte un tripot au petit matin, monte dans son coupé Mercedes cabriolet 280 SL, se dirige vers son domicile à Montmartre, au 13, rue Eugène-Carrière, se gare… lorsque quatre hommes jaillissent d'une Peugeot 504 et l'« allument » au moyen d'un pistolet mitrailleur Sten, d'un revolver et de deux pistolets automatiques. Sur trente projectiles, douze l'atteignent. Il n'a aucune chance de s'en sortir. Aussitôt prévenu par son frère, Djeff savoure en Algérie la réussite de l'opération. À Paris aussi, la fête bat son plein chez les Kabyles, d'autant que le clan des Siciliens porte le chapeau du flingage.

À la fin de 1976, estimant la voie libre, Djeff s'installe entre Bruxelles et Namur, où il ouvre des bars à putes, vite rejoint en Belgique par son frère Nono. C'était sans compter sur l'enquête criminelle, qui lui vaut un an plus tard son extradition vers la France et une audition dans le bureau du juge Roger Daniault, où il est traîné malgré lui en caleçon avant d'être menotté à un radiateur.

« Mon petit », tente le juge, « j'ai eu Émile Buisson sur cette chaise et il a parlé. Regardez bien les arbres qui sont dehors, leurs feuilles vont tomber et quand vous reviendrez il y aura d'autres feuilles à leur place. »

Guère impressionné par la leçon, Djeff sait que Nono s'active en coulisses auprès des joueurs témoins des coups de feu rue de Crimée, afin qu'ils se rétractent chez le juge. Avec succès : le dossier se dégonfle totalement et Djeff obtient un non-lieu. Il est libéré en 1978 après seulement dix-huit mois de prison. Le milieu juif s'est cependant fait son idée, et Nénesse est à son tour abattu le 11 novembre 1980, alors qu'il jouait au rami au sous-sol du restaurant *La Médina*, avenue de Trudaine, dans le 9e arrondissement. Deux tueurs masqués lui collent quatre projectiles, dont un dans la tête, et n'épargnent pas son voisin de table, « Michel le Libanais », l'un des meilleurs indics d'André Solères, patron de la Mondaine. Leur élimination fait « coup double » : elle permet d'effacer du paysage le tueur de la Puce et un indic patenté du 36 possédant des intérêts dans des hôtels d'abattage à la Charbonne… La Crim soupçonne Pierre Lelouch, dit « le Gros Pierrot », et Jean-Luc Sitbon, mais rien ne viendra prouver leur implication.

En cette même année 1980, Nono est lui aussi la cible de la vengeance des Z. Les tueurs profitent de sa présence dans une cabine téléphonique à l'angle du boulevard Sébastopol et du boulevard Bonne-Nouvelle, non loin de cette rue Saint-Denis où une fille travaille pour lui, pour ouvrir le feu. Les vitres s'effondrent autour de lui, mais il en sort indemne. Comme le dira en 1985 l'une des sœurs des Z : « Ils l'ont loupé ! »

Djeff, lui, n'a pas manqué sa deuxième cible, un certain Mohamed Bettahar, proxénète oranais qui avait eu le tort de bousculer les deux frères en pleine fiesta dans un cabaret[169] de

169. Exploité par « Gérard », qui ouvrira plus tard le bar *L'Escargot* à Clichy, un repaire de malfaiteurs.

la rue Eugène-Varlin, dans le 10e, à la fin de 1979. « Casse-toi, ici c'est raï jusqu'à midi ! », avait lancé l'imprudent « Momo » à Nono. Vexé de cet accès d'ostracisme envers les Kabyles, les deux frères vont récupérer des armes chez leur sœur et reviennent sur place, où une fusillade confuse éclate… sans faire de blessé. Momo commet une deuxième erreur en fanfaronnant le jour même dans un bar : « J'ai tué Djeff et son frère Nono. » Djeff fait savoir qu'il est toujours en vie et invite le fan de raï à le rejoindre le lendemain au bois de Vincennes, où il le tue de concert avec son « oncle », Mohand Akli Kessaci, dit « Michel Pied-Noir », avant de se replier en Belgique. Finalement arrêté et inculpé pour assassinat, il s'en tirera par un nouveau non-lieu grâce à son avocat, l'efficace Olivier Metzner.

En veine de confidence, Djeff lève ensuite le voile sur un mystère vieux de plus de trente ans, du « très lourd », comme on dit : l'assassinat de Gilbert Zemour, le dernier patron du clan, le 28 juillet 1983, alors qu'il promenait ses caniches devant son domicile de l'avenue de Ségur, dans le 7e arrondissement. Il nous assure que c'est lui et son associé, Michel Pied-Noir, qui l'ont éliminé.

« C'est Paul Mondoloni[170] qui nous a donné les informations dont nous avions besoin. Nous avons planqué toute la nuit pour être sûrs de ne pas le louper. Moi, je voulais venger la tentative d'assassinat de mon frère, trois ans plus tôt, et Kessaci voulait régler une bonne fois pour toutes des contentieux avec Gilbert, qui avait, comme nous, des intérêts dans des lieux de prostitution et des cercles de jeux en Belgique. »

La quatrième cible est un Algérien que Djeff descend au bled en 2004, parce qu'il a eu le tort de mal parler de Nono ; grâce à ses relations, il est toujours armé en Algérie, ne supportant pas

170. Ce parrain corse, membre de la French Connection et intime de Marcel Francisci, a été abattu à Marseille en 1985.

qu'on lui marche sur les pieds. Un pli pris très jeune, lui qui avait sectionné avec les dents le lobe d'oreille d'un voyou lui ayant manqué de respect dans un bar parisien... avant de réserver un sort au codétenu payé par un rival, en 1994, à Fleury, pour lui crever les yeux avec une fourchette : alors qu'il se dirige vers lui à la faveur de l'obscurité de la cellule, il lui sectionne un doigt avec ses dents, le jette dans les WC et tire la chasse d'eau ; faute de plainte, il a été simplement expédié au mitard.

Djeff n'en a pas terminé avec les révélations. Il évoque le jour où le Marseillais Saïd Tir, ancien maçon reconverti dans le shit et les machines à sous, l'a sollicité pour tendre un piège à un grand voyou sudiste, Marc Monge, qui lui faisait de l'ombre. Son refus n'a pas arrêté l'ex-maçon, qui a fait tuer son concurrent peu après, en janvier 2000... avant d'être assassiné à Marseille, lui qui vérifiait toujours si sa voiture n'était pas piégée avant de monter à bord.

Quant à ses liens supposés avec le Département du renseignement et de la sécurité (DRS) algérien, Djeff, loin de les dissimuler, les assume : « En 1983, j'avais ouvert à Alger un restaurant à côté du Palais du gouvernement. Je l'avais appelé *Le Rambo*, avant de le rebaptiser plus tard *Le Ramsès*. C'est à cette époque que j'ai fait la connaissance d'officiers de la Sécurité militaire. Nous avons sympathisé, et nous sommes mutuellement rendus des services, puis j'ai connu leur chef, Toufik. En 1988, quand le juge Hayat a voulu te mouiller dans l'affaire Mécili, je savais très bien qu'on t'avait fait un travail. »

Plusieurs sources ont évoqué la proximité de Djeff avec Mohamed Mediène, le patron de ce tout puissant département[171], dit « Toufik » ou « Rab Dzayer[172] », mais Djeff n'en dit pas plus

171. Patron du DRS de 1990 à 2015, année où il est démis de ses fonctions par le président Bouteflika.
172. Le « Dieu de l'Algérie ».

sur ses liens avec les services algériens et son chef, formé par le KGB, un Kabyle comme lui. Ultime pirouette de celui qui ne fera pas de vieux os : « Je n'ai pas de conseils à vous donner, mais pour arrêter les voyous, il faut toujours suivre les femmes. Je suis aussi persuadé qu'un bon voyou ferait un bon flic, et inversement ! »

Idir et « Mimi » Marchand

Pourquoi ne pas « planter » des GIC sur Idir Hamdi, dit « Éric » ou « Éric le Belge » ? Le passé de cet Algérien né en 1946 à Tassafit, petit village sans eau ni électricité perché au sommet de la montagne au sud de Béjaïa (Bougie), plaide pour que l'on s'investisse en 1997 pour voir s'il a vraiment décroché. Officiellement propriétaire d'un luxueux magasin de montres au cœur du « Triangle d'or » parisien, très peu connu du grand public, il a été l'un des voyous les plus efficaces et les plus intelligents des années 1970 aux années 1990.

Jusqu'à son arrivée en France, à Argenteuil, à l'âge de dix ans, Idir n'est jamais allé à l'école et ne sait ni lire ni écrire. Aîné de six enfants, il passait ses journées à garder un troupeau de chèvres et à ramasser du chêne liège, qu'il revendait pour aider ses parents à nourrir la famille ; son père, militaire de carrière, avait participé à la bataille de Monte Cassino dans les rangs des tirailleurs algériens. En 1964, à dix-huit ans, il s'engage pendant cinq ans dans les paras et sert dans trois régiments prestigieux : les 1er, 2e et 8e RPIMA. Considéré par sa hiérarchie comme un excellent soldat, respectueux, perfectionniste et meneur d'hommes, il obtient le grade de sergent-chef et apprend tout du maniement des armes, des explosifs et des techniques commando.

À vingt-deux ans, alors qu'il en est à sa quatrième année de béret rouge, Idir est blessé par balle à une jambe à Pigalle, lors d'une embrouille avec des voyous. Cet « accident », qui l'immobilise à l'hôpital pendant plusieurs mois, signe la fin d'une belle carrière militaire. Une série de rencontres le fait basculer du mauvais côté. Il est pris en main par des Corses de Pigalle, qui ont détecté en lui un « fort potentiel ». Après plusieurs arrestations pour des affaires mineures, celui qui se fait maintenant appeler « Éric » tombe en flagrant délit pour braquage de banque en 1970[173] et écope de huit ans de réclusion. Au cours de sa détention, il devient l'ami de Pierre Goldman[174], qui lui donne le goût de la lecture, fait évoluer sa personnalité et le pousse à passer le BEPC.

Sorti de prison en 1975, il est « invité » sur le braquage de la Société générale à Nice en juillet 1976, ce qui confirme que son aura déborde de la capitale. Il décline l'offre, estimant qu'il y a trop de monde sur l'affaire... De 1977 à 1979, il exploite avec Michèle Marchand[175] la brasserie *Le Consul*, avenue de Friedland. Le couple vit maritalement pendant six ans. Éric tient ensuite un garage, exerce dans l'immobilier et ouvre un restaurant qu'il baptise... *La Clé des Champs*, rue Croix-des-Petits-Champs, dans le quartier du Palais-Royal. Très bel homme, grand, musclé, les cheveux bouclés, il a beaucoup de succès auprès des femmes. Il entretient parfaitement sa condition physique par de fréquentes séances de footing au bois de Boulogne et des parties de tennis.

C'est au début des années 1980 que la BRI s'intéresse de près à son ascension au sein du milieu parisien. Selon plusieurs renseignements, dont les plus précis émanent... de son très

173. Lui et ses quatre complices sont cueillis à la sortie de la banque par des policiers de la BRI et de la 4e BT déguisés en balayeurs.

174. Ce braqueur et écrivain d'extrême gauche, demi-frère du chanteur Jean-Jacques Goldman, a été assassiné à Paris en 1979 par un mystérieux groupe, « Honneur de la police ».

175. « Mimi » Marchand, après avoir exploité plusieurs boîtes de nuit dans les beaux quartiers de la capitale, est devenue en 2017 la responsable de la communication du couple Macron. C'est une faiseuse de scoops.

proche entourage, Idir s'est associé avec Ahmed Bekkouche, dit « Robert », un Algérien né à Mers El-Kébir, qu'il a connu derrière les barreaux. Tous deux dirigeraient une équipe à tiroirs d'une vingtaine d'individus nord-africains, spécialisée dans les attaques de banques avec ouverture de coffres. On parle déjà à leur sujet d'une nouvelle bande de Postiches, dont les principaux « soldats » seraient Mohamed, dit « Momo », frère d'Ahmed Bekkouche, Nordine Mansouri, Abdelhatif Berdji, les frères Djamel et Nordine Benali, les trois frères Lahcene (Ahmed, Mohamed et Abdelrhani), ainsi que Mohamed Amimer. D'autres complices monteraient ponctuellement d'Algérie pour participer aux coups. Éric écoulerait les lingots, bijoux et objets d'art provenant des coffres.

Si l'antigang ne parvient pas à les arrêter en flagrant délit, les surveillances révèlent que les deux cerveaux présumés de la bande sont aussi très proches, à cette époque, de Titi Peltier, Michel Ardouin, Roger Knobelspiess et Daniel Bellanger, dit « le Grand Dan » ou « Babar », employé pendant plusieurs mois comme chef cuisinier à *La Clé des Champs*, le restaurant d'Éric.

En 1986, la pression monte sérieusement. Éric est soupçonné d'être l'un des organisateurs de deux hold-up retentissants contre deux succursales de la Banque de France : celle de Niort, le 4 mars 1986, où le préjudice s'élève à vingt-neuf millions de francs[176], et celle de Saint-Nazaire, le 4 juillet de la même année, avec un butin de quatre-vingt-huit millions de francs[177], considéré comme « le plus gros braquage depuis la Libération ». Les services répressifs n'ont pas d'autre choix que de réagir. Les 10 et 11 juillet 1986, dans la foulée du second hold-up, une importante série d'arrestations est menée conjointement par la BRI, l'OCRB et les SRPJ de Rennes et d'Angers. Elle permet de

176. L'équivalent de 7,7 millions d'euros.
177. L'équivalent de 23,5 millions d'euros.

retrouver sept millions quatre cent mille francs provenant du casse de Saint-Nazaire dans deux coffres détenus par Éric : cinq millions huit cent mille francs avec les liasses entourées de rubans « Banque de France » à Bruxelles, le reste à Paris dans une agence du CIC. Son rôle comme organisateur du commando de huit malfaiteurs n'est pas démontré, mais il écopera de huit années de prison pour recel. Il en fera cinq.

L'enquête de l'OCRB établira que l'équipe ayant pénétré de nuit dans l'agence de Saint-Nazaire était bicéphale : des droits communs et des politiques, dirigés respectivement par Ahmed Bekkouche (« Robert ») et son ami Claudio Lavazza[178], un terroriste italien, membre de Prima Linea, recherché dans son pays pour des actes de terrorisme, des plastiquages et des assassinats. Une bonne partie du butin, celle des « politiques », a été reversée à la « caisse du terrorisme international ». L'étiquette « proche de l'extrême gauche » va longtemps coller à la peau d'Éric, comme en témoigne sa notice au fichier spécial du grand banditisme : « Malfaiteur d'envergure susceptible d'organiser de vastes opérations de banditisme en collaboration avec des malfaiteurs appartenant aux mouvements d'extrême gauche. »

Quant à Ahmed Bekkouche, tout juste âgé de trente-deux ans, il a le temps, avant sa propre arrestation, d'organiser une opération qui restera dans les annales policières : l'évasion de son frère Mohamed, dit « Momo », d'un an son aîné, détenu depuis trois ans à la maison d'arrêt de Fresnes[179], où il purge sous une fausse identité une peine de quinze ans à la suite d'un vol à main armée commis dans le Nord de la France avec le célèbre Didier Dubreucq, dit « Didier les Yeux Bleus ». Le 9 septembre 1986, un commando de cinq personnes cagoulées, armées de pistolets mitrailleurs et de fusils à pompe, pénètre dans le service

178. En cavale à la suite de l'affaire de Saint-Nazaire, Lavazza tue deux policiers espagnols lors d'un vol à main armée, en décembre 1996.

179. Robert avait auparavant tenté de faire évader Momo de la prison de Béthune.

d'orthopédie de l'hôpital de la Pitié-Salpêtrière, où Momo s'est volontairement fait admettre. En deux minutes, les malfaiteurs neutralisent et désarment violemment les trois policiers qui le gardent, ce qui permet à Momo de s'enfuir en emportant... son poste radio. Il se met aussitôt en cavale en Algérie, non sans avoir pris soin d'aller embrasser auparavant son fils Sofiane, âgé de six ans, qu'il a eu avec sa compagne Aïcha, laquelle n'est autre que... la sœur d'Éric. Robert sera arrêté le 15 juin 1987 à Paris pour l'affaire de Saint-Nazaire[180], puis expulsé vers l'Algérie en 1995 après onze ans de prison ; pour avoir la paix, il s'empresse d'« arroser » les autorités judiciaires locales et les responsables du FIS de la région d'Oran avec ce qu'il lui reste de sa part du butin de Saint-Nazaire. Et multiplie les projets les plus fous pour libérer ses amis, au point d'apprendre à piloter un hélicoptère et d'envisager d'arracher Lavazza de sa prison espagnole et de détruire à l'explosif un mirador de la prison de Rouen, où est incarcéré William Norton, un activiste irlandais proche de l'INLA.

Son frère Momo, lui, *dixit* un proche d'un membre du commando, coule des jours paisibles en Algérie, où il tiendrait un hôtel ; s'il était parti de l'hôpital avec son poste radio, c'est que l'appareil abritait le récepteur qui lui avait permis d'échanger avec ses amis, selon toute vraisemblance Robert, Momo Amimer[181] et Céro...

Nos branchements GIC, en 1997, et plusieurs mois de surveillances d'Éric et de son magasin de montres ne donnent rien d'intéressant, même si certains de ses clients ont un très beau palmarès, mais n'est-ce pas la règle du jeu ? Notre braqueur, prototype du « beau mec » supérieurement intelligent et légende vivante en matière d'organisation, paraît définitivement recyclé :

180. Robert avait transporté en Suisse, en février 1987, en compagnie de Lavazza, quatre millions de francs provenant du vol à main armée.
181. Qui n'a pas été inquiété dans cette affaire.

il serait devenu le spécialiste français des montres de valeur. Ses livres sur le sujet font autorité, notamment en matière de cotation. Parmi ses clients : une partie du Gotha de la politique, de l'industrie et du *show-biz*. Amateur d'art, il ne raterait aucun vernissage. Un parcours rare, quand la plupart des malfaiteurs se font flinguer, finissent ruinés, croupissent en prison ou... coopèrent avec la police.

J'imagine que ce grand sportif, allergique à l'alcool et à la coke, qui était capable d'investir plusieurs mois pour préparer un gros coup, ne doit guère apprécier la nouvelle génération, dont les représentants décident le matin de faire au hasard un braquage l'après-midi, comme les deux voyous de banlieue qui braquèrent violemment son magasin en 2001 ou les deux autres qui opéreront en mai 2017, emportant un butin de neuf cent mille euros ; ces demeurés ignoraient certainement où ils mettaient les pieds.

Le petit Serge Lepage a grandi

En 1996, une rumeur agite le milieu : Serge, dit « Sergio » ou « Lucky Luke », fils de Michel Lepage, dit « le Gros », l'un des piliers du gang de la Banlieue sud, aurait monté à vingt-cinq ans sa propre équipe, spécialisée dans l'attaque de dépôts et de fourgons. Elle comprendrait entre autres son beau-frère, François Delage, et Fitim et Lucien, deux frères originaires de Skopje, en Yougoslavie. Pour compléter ses revenus, Serge a la réputation de « faire marron » de gros trafiquants de drogue. Sa technique : il leur achète quelques dizaines de kilos de résine de cannabis, payés rubis sur l'ongle, passe une deuxième, voire une troisième commande, portant cette fois sur plusieurs centaines de kilos – qu'il ne paie pas, quand le trafiquant n'est pas victime d'un grave « accident », de ceux dont on ne se remet pas.

Compte tenu de sa polyvalence, Serge traîne à ses basques une demi-douzaine de services spécialisés. Côté BRI, nous « branchons » dès 1996 *Le Beaulieu*, un bar de nuit de la rue des Bernardins, non loin de la préfecture de police, qu'il contrôle en sous-main. Cela nous donne de précieux « biscuits » sur son emploi du temps et ses contacts, d'autant que les employés de l'établissement, tous toxicomanes, manquent cruellement de prudence au téléphone après plusieurs rails de coke.

Sur la base de tuyaux, la Crim soupçonne Serge d'être impliqué dans l'assassinat de Mohamed Boucetta, un trafiquant de stupéfiants de vingt-six ans sauvagement tué sur la voie publique à Vitry-Sur-Seine le 8 décembre 1995 en début d'après-midi, à proximité du bar *Chez Trop Tard*, enseigne qui aurait dû éveiller la méfiance de la victime. Alors qu'il était sur le trottoir, une R25 a foncé sur lui, l'a percuté et projeté en l'air. À peine était-il retombé sur le plancher des vaches qu'un des passagers est descendu avec un fusil de chasse et l'a achevé de cinq balles. Cinq à zéro, un travail de pro.

Le 29 avril 1997, à 6 h du matin, dangerosité oblige, nous investissons pour le compte de la Crim le pavillon de Sergio, à Saint-Germain-lès-Arpajon, dans l'Essonne, au sud-ouest de Paris, équipés de nos moyens de vision nocturne. La chambre du couple est à l'étage. Le fils du Gros, beau gabarit d'un mètre quatre-vingt-cinq, se retrouve braqué dans son lit sans avoir le temps de se saisir du fusil à pompe posé contre sa table de chevet, une arme chargée, signe qu'il ne doit dormir que d'un œil.

Même s'il s'agit de l'un de nos clients les plus dangereux, qui plus est soupçonné d'avoir plusieurs morts sur la conscience, il faut reconnaître que l'homme est plutôt sympathique. Il affiche une franche bonhommie d'affranchi malgré l'inconfort de sa situation, d'autant qu'il sait qu'on ne trouvera rien chez lui. Sur le chemin du retour vers le Quai des Orfèvres, dans ma voiture, Serge ne peut réprimer son admiration pour l'armement de la BRI : « Vous avez des armes d'un autre monde ! » Compliment, là encore, d'un amateur éclairé.

De retour au service, Patrick Vigier, pilier de la brigade, me raconte comment, à la fin de 1977, il s'était retrouvé avec le petit Serge sur les genoux alors qu'il officiait à l'antenne d'Ivry-sur-Seine de la 9e BT. Quelques mois plus tôt, le 18 août, son père s'était évadé en plein Paris, place Denfert-Rochereau, du fourgon cellulaire qui le ramenait du Palais de Justice à Fresnes. Dans le groupe qui avait braqué les surveillants figuraient probablement son neveu, Francis Chemith[182], et Michel Ségovia[183], dit « Poukit », peut-être aussi d'autres « gens du voyage », amis fidèles et gonflés comme Daniel Cheval ou Daniel Chemith, le frère de Francis, dit « Dadou », ou bien encore Jo Horne[184]. Après avoir exploré tous les repaires du gang, à commencer par le bar *Les Trois Canetons* (clin d'œil aux ancêtres des Trois Canards), à Ivry, tenu par Henri Frenard, dit « Riton la Moquette » depuis que la police avait trouvé un jour un revolver 38 Special sous la moquette de sa Renault 30, les enquêteurs de la 9e BT avaient investi son domicile pour « faire bouger » ses proches. Le jeune Serge, à peine six ans, était resté muet comme une carpe quand les policiers lui avaient demandé s'il savait où se trouvaient son père et « Tonton Poukit ». Visiblement, sa formation initiale avait été bien assurée et surtout parfaitement assimilée[185].

Très détendu dans mon bureau, presque joyeux, Serge n'est pas mécontent d'échanger librement avec moi et Stef, notamment sur la vénération qu'il voue à son père, sans se priver

182. Tué de neuf balles, le 5 septembre 1991, lors d'une fusillade avec la police après avoir attaqué, avec plusieurs complices porteurs de masques d'hommes politiques, un véhicule de transport de fonds dans le 9e arrondissement de Paris, et assassiné à bout portant le conducteur du fourgon blindé.

183. Abattu à son domicile dans l'Essonne en 1998.

184. La police ne put accrocher les auteurs.

185. Michel Lepage sera arrêté à l'approche de Noël 1977, à Chamonix.

d'un peu de cinéma. L'entretien informel nous permet de boucher quelques trous dans notre connaissance du puzzle du milieu parisien, mais pas d'aveu à espérer : à l'issue de sa garde à vue, faute de témoins oculaires de l'assassinat de Boucetta et d'éléments matériels, Serge est remis en liberté. Ce n'est que partie remise, puisque l'enquête connaît de nouveaux développements le 26 mars 1998, près d'un an plus tard.

Ce jour-là, les policiers du SRPJ de Versailles, qui travaillent depuis plus d'un an sur un trafic international de stupéfiants, arrêtent à Noisy-le-Grand, en Seine-Saint-Denis, deux individus en train de décharger trois cent quarante kilos de résine de cannabis d'une voiture en provenance d'Espagne. L'un d'eux n'est pas inconnu : Jean-Pierre Hellegouarch, cinquante-quatre ans, originaire de Pontivy, au cœur de la Bretagne, est un braqueur réputé proche de l'extrême gauche espagnole et française ; en 1979, il avait réussi l'exploit de s'évader de la prison espagnole de Burgos après douze ans d'enfermement. La perquisition du pavillon utilisé pour abriter la drogue réserve aux enquêteurs une singulière surprise : deux malles contenant une quinzaine de pistolets automatiques, des FAMAS, des pains de plastique, tolite et C-4, des détonateurs et plus de mille munitions. L'addition à venir pour les deux trafiquants vient subitement de s'alourdir. Cette découverte incidente entraîne la venue de la BRB en la personne du commandant Jean-François Maugard, dit « Jef », qui se déplace au SRPJ de Versailles. Chargé d'auditionner le Breton, il obtient contre toute attente plusieurs révélations sur l'assassinat de Boucetta, auquel Hellegouarch dit avoir assisté, lui qui connaissait le défunt depuis son enfance : il habitait avec son épouse la même cage d'escalier que la famille Boucetta, cité Germain-Defresnes, à Vitry-sur-Seine. Propos qu'il confirme auprès de la brigade criminelle, qui l'extrait le 22 mai 1998 de Fleury-Mérogis pour l'interroger : « J'ai vu grandir Momo, et nous avons commencé à travailler ensemble cinq à six mois avant sa mort. Il s'est mis à vendre du cannabis, au début en petite quantité, puis il en a fait un commerce assez important. Comme il me faisait énormément confiance, il avait l'habitude de me raconter ses affaires et me demandait parfois conseil. Il lui arrivait aussi de m'inviter à l'accompagner à des rendez-vous avec certaines personnes… »

En novembre 1995, un mois avant de se faire tuer, Momo avait avancé dix kilos de cannabis à Maxime Camus, un proche de François Delage, le beau-frère de Serge Lepage, poursuit Hellegouarch. Delage, détenu peu avant dans la même cellule que Momo, s'était porté garant du paiement. Après le règlement de la première transaction, Camus avait commandé vingt autres kilos, puis à nouveau vingt kilos, dont Momo peinait à obtenir le règlement. Deux ou trois jours avant sa mort, Momo avait encore livré trois cents kilos de cannabis à Serge Lepage.

Selon le braqueur, le 8 décembre, Maxime Camus avait envoyé vers midi plusieurs messages sur le Tam-Tam de Momo, l'invitant à venir près du bar *Chez Trop Tard* pour se faire régler le reliquat, où il le rejoindrait avec Serge et François. Hellegouarch avait accompagné Momo à ce rendez-vous et l'avait attendu dans sa voiture, en face du bar. Il avait vu la R25 foncer sur son ami, entendu plusieurs détonations, vu un individu sortir par la portière arrière armé d'un fusil et se diriger vers Momo pour lui donner le coup de grâce. Alors que la voiture démarrait en trombe, il avait reconnu les trois passagers : François Delage au volant, Maxime Camus à sa droite et Serge Lepage à l'arrière.

À la fin de son audition, le Breton reconnaît les trois hommes sur les photos qu'on lui présente, avant de confirmer : « Il s'agit bien des trois individus avec lesquels Mohamed Boucetta avait rendez-vous quelques jours avant sa mort et le jour de sa mort. Ce sont également eux qui se trouvaient dans la Renault 25 et qui ont mis fin à la vie de Mohamed Boucetta. »

En faisant cette déposition explosive et en la signant, Hellegouarch sait qu'il prend des risques énormes, qu'il endosse le costard de balance et qu'il va se mettre à dos une bonne partie du milieu parisien. À la demande de la Crim, nous interpellons dans la foulée les trois suspects.

Sergio, aussi jovial que la fois précédente, nous propose un café. Sa femme, elle, nous fusille du regard ; opérée quelques jours auparavant pour gonfler le volume de sa poitrine, elle n'apprécie guère qu'on la voit avec des bandages sur les seins. La Crim met la main sur des documents relatifs à une société que Sergio détient au Luxembourg, « Black Jack Investissement », spécialisée dans l'import-export de voitures de prestige. François Delage est aussi arrêté sans problème, mais Maxime Camus manque à l'appel[186].

Dans leurs auditions au 36, Serge et François nient connaître Maxime Camus et Jean-Pierre Hellegouarch et affirment être totalement étrangers à l'assassinat de Momo. Écroués pendant quelques mois, ils seront libérés, bénéficieront d'un non-lieu et personne ne sera renvoyé devant une cour d'assises pour cet homicide.

Le nom d'Hellegouarch ressurgira en 2004 au sujet de la rocambolesque disparition du trésor des Postiches. Cette année-là, la justice découvre que le tueur en série Michel Fourniret avait tué, en 1998, son épouse Farida Hammiche. Hellegouarch avait partagé en 1988 la cellule de Gian Luigi Esposito, malfaiteur italien d'extrême droite qui avait participé à l'enfouissement du trésor des Postiches dans le cimetière de Fontenay-en-Parisis. L'Italien, voulant doubler les membres du gang encore en vie, avait donné à Hellegouarch l'adresse de la planque, en vue d'un partage du gâteau. Hellegouarch avait alors demandé à sa femme

186. La Crim découvrira plus tard qu'il est décédé dans un accident de voiture.

de solliciter Michel Fourniret, qu'il avait connu à Fleury-Mérogis en 1984 et pris sous son aile, pour l'aider à déterrer le trésor. La suite est connue : Fourniret déterre le magot en mars 1988 avec Farida et sa femme, Monique Olivier, avant de tuer la compagne du braqueur à coups de baïonnette, le 12 avril 1988, et de s'envoler avec les vingt kilos de lingots et de pièces d'or.

Le 29 janvier 2009, à trente-sept ans, Sergio Lepage sera finalement tué par balles, l'enquête s'achevant en vaines recherches, comme pour la plupart des règlements de compte[187]. Il se dit que son père, Michel, connaît les auteurs ; lui a toujours certifié le contraire.

« Franky » Bérens, patron du **Saint-Ex**

Le 1er mai 1999, les policiers de la sûreté départementale du Val-de-Marne surveillent une Subaru Impreza dont la plaque maquillée a attiré l'attention des policiers d'une BAC, sur la commune du Perreux. L'homme qui s'apprête à prendre le volant porte des lunettes Cartier à montures dorées et s'appelle Georges Bérens, dit « Franky ». À bord de la voiture volée quatre mois plus tôt, les bagages sont à la hauteur de la réputation du personnage : gilets pare-balles, étuis d'armes de poing, cagoule et deux mini émetteurs-récepteurs, preuve que le véhicule ne devait pas servir pour aller à la pêche.

En dépit de son palmarès et des éléments à charge, Bérens ne purge que quelques mois de détention. Dès sa sortie, à la fin de 1999, je mets sur lui un groupe de la BRI à plein temps. Très respecté dans le milieu, il ne mérite pas seulement notre attention parce qu'il est soupçonné d'être, avec Marco l'Arabe

187. Serge Lepage a également été soupçonné par la brigade criminelle d'avoir participé à l'assassinat à Paris, le 8 janvier 1998, de Fatah Khitmane, dit « Fatah la Tâche », un trafiquant de stupéfiants. Cela n'a jamais été démontré.

et Claude Filali, l'un des auteurs de l'assassinat, en 1986, de Guy Peltier, dit « Titi Peltier », le caïd du milieu parisien dans les années 1970-1980, dont le cadavre, jamais retrouvé, a été découpé en morceaux[188]. Auteur d'une évasion ratée – la canalisation à laquelle il s'était accroché après avoir scié les barreaux ayant lâché – et d'une autre réussie, en 1970, à trente ans, il a ouvert huit ans plus tard un bar à Rosny-sous-Bois, en Seine-Saint-Denis, *Le Saint-Exupéry*, devenu le quartier général de la voyoucratie de l'Est parisien. Pour bien des jeunes braqueurs, cet amateur de belles voitures et de femmes a été plus qu'un modèle : un frère. Parmi ses admirateurs, les frères Hornec et l'un de leurs alliés maghrébins, Momo Amimer…

Suffisant pour justifier que l'antigang ne le lâche pas, d'autant que l'homme mène une existence « furtive ». Comptes bancaires clôturés depuis deux ans, lignes téléphoniques sous des tocs, appartement et voitures pas à son nom, il navigue sous les radars, déployant un luxe de précautions à l'heure de rencontrer ses « associés ». La chance, cependant, nous sourit : l'un de mes bons informateurs, gitan, fait dans une boîte à partouze parisienne, *Chez Adam*, dans le 17e, la connaissance d'une belle blonde canadienne connue comme actrice porno sous le nom de « Tania la Rivière ». Ayant appris qu'elle est la maîtresse de Franky, il me glisse son numéro de téléphone, que nous nous empressons de brancher. Avec succès, la jeune femme n'ayant pas au « bigot » la prudence de son amant voyou.

Le 25 avril 2000, à 9 h 28, Tania a une conversation téléphonique avec une de ses amies. La Canadienne se montre très inquiète, car Franky n'est pas rentré et elle craint qu'il ne lui soit arrivé un gros souci lors d'une opération prévue avec des amis, de nuit et en province. « C'est pas bon signe », dit-elle,

188. Titi Peltier fut séquestré à Meaux chez un beau voyou qui exploitait à Paris une partie de cartes « couverte », avant d'être tué.

avant de sonder dans la foulée maître Karim Achoui, également sans nouvelles. La lecture des télégrammes de la DCPJ nous met sur une piste : un dépôt de la Brink's a été attaqué dans la nuit du 24 au 25 avril, à Troyes. À 4 h du matin, un commando de six à huit malfaiteurs lourdement armés a fait exploser le mur d'enceinte du centre-fort au moyen d'explosifs C 3, sauf qu'au lieu d'atterrir dans la chambre forte, ils se sont retrouvés dans un couloir. Ils avaient pris soin de cadenasser les grilles d'accès au commissariat de la ville, de bloquer la porte de secours au moyen d'un véhicule automobile dont les quatre pneus avaient été crevés et de verrouiller la porte d'entrée de la caserne de gendarmerie avec un cadenas, mais l'arrivée sur place de quatre patrouilles de police a fait capoter l'opération : après un échange de coups de feu, les malfaiteurs ont pris la fuite. Sur leur trajet, ils ont monté un barrage de faux policiers sur une aire de l'A5, volé deux nouveaux véhicules en prenant des otages, brûlé en plein champ trois voitures, dont une avait subi trois impacts de balles, avant de s'évanouir dans la nature.

Le télégramme indique enfin que les enquêteurs du SRPJ de Reims ont découvert sur les lieux cinq ADN appartenant aux malfaiteurs, dont des traces de sang, ce qui signifie que l'un d'eux a été blessé au cours de la fusillade.

Le 3 mai, après quelques jours de recherches pour retrouver la trace de Franky dans une clinique d'Aubervilliers, où il a été admis sous une fausse identité, j'indique à la DCPJ qu'il a certainement participé à l'attaque du centre-fort et qu'il est le blessé par balle. Six jours plus tard, l'OCRB l'arrête dans la clinique. Pour seule explication, il prétend qu'un mari jaloux lui a tiré dessus. Bien qu'expert auprès des tribunaux, le chirurgien qui l'a opéré n'a pas seulement « oublié » de signaler la blessure aux autorités, il a aussi « perdu » la balle extraite de l'abdomen du patient. Le sang retrouvé supporte bien l'ADN de Bérens, comme un gant abandonné sur place. Un long marathon judiciaire se profile devant celui qui a mis le pied à l'étrier de nombreux braqueurs. Seul membre du commando accroché, sa condamnation à douze ans de prison sonne comme un *clap* de fin.

Libéré pour raisons médicales en 2010, Franky Bérens rêvait de coucher sa vie dans un livre. « Jobic a des super tuyaux... », confie-t-il au journaliste Frédéric Ploquin. Venant de l'un des très rares voyous à ne jamais avoir « discuté » avec la police ni balancé pour se sortir d'un mauvais pas, je prends ce commentaire comme un compliment. Franky s'éteint peu après, sans avoir su que nous l'avions identifié grâce à sa maîtresse...

15.

Les prisons, une mine d'or inexploitée

Dernières confidences d'un pilier du gang des Postiches

La bande a mobilisé la chronique judiciaire de la fin de 1981 au début de 1986. Son mode opératoire innovant consistait à prendre en otage les employés des banques ciblées, puis les clients à mesure qu'ils entraient dans l'établissement. Une partie de l'équipe surveillait les otages, tandis que les autres se faisaient conduire sous la menace d'armes dans la salle des coffres, en sous-sol, où pendant plus d'une heure, parfois davantage, ils procédaient à l'ouverture d'un maximum de coffres de particuliers[189]. Une telle audace, leur accoutrement d'hommes d'affaires, le fait qu'ils se grimaient avec des perruques, de fausses barbes et de fausses moustaches, leur avait valu un surnom : « les Postiches ». Leur sang-froid provocateur et cette méticuleuse organisation, qui les amenait à utiliser un scanner captant les échanges radio de la police, avait créé dans nos rangs un sentiment d'humiliation et, au plus haut niveau politique, une inquiétude obligeant la PJ à « les réduire dans les meilleurs délais », les mots mêmes employés par le ministre de l'Intérieur.

189. Près de mille trois cents coffres éventrés lors de vingt-sept hold-up.

Un nouveau dispositif avait été créé à leur intention en juillet 1983, le « plan Ballon ». En cas de détection de bruits suspects au niveau d'une banque, l'état-major du 36 était prévenu et seuls pouvaient intervenir les effectifs de la BRI et de la BRB. *Exit* les policiers en uniforme et leurs véhicules avec avertisseurs deux-tons, trop tapageurs. Et pour que les communications entre les policiers ne soient plus captées par les malfaiteurs, les policiers du 36 échangeaient dorénavant de façon cryptée.

La série de braquages s'est interrompue le 14 janvier 1986 dans des conditions dramatiques. L'alarme sismique de la salle des coffres d'une agence du Crédit Lyonnais, rue du Docteur-Blanche, dans le 16e arrondissement, s'est déclenchée en milieu d'après-midi, provoquant l'intervention sur place de plus de soixante policiers de la BRI et de la BRB. Dès leur sortie de la banque, les cinq malfaiteurs, se sentant cernés, déclenchent une fusillade. Le bilan est très lourd : l'inspecteur de la BRI Jean Vrindts est abattu, ainsi que Bruno Berliner, l'un des malfaiteurs. L'un des braqueurs, Robert Marguery, est interpellé sur place. Un troisième, Jean-Claude Myszka, profite du désordre pour s'éclipser. Les deux derniers, dont Patrick Geay, prennent en otage deux policiers et parviennent à quitter les lieux à bord d'un véhicule de police ; ils les relâcheront après les avoir gravement blessés.

Le 27 février 1997, plus de dix ans après ce drame, le procureur de Paris demande à la BRI d'assurer la protection de Jean-Paul Laurens et d'Évelyne Lesieur, respectivement président et avocat général de la cour d'assises qui a jugé les membres du gang des Postiches en avril 1996, à Paris. Le président Laurens vient de recevoir de la centrale de Saint-Maur une lettre de menaces et d'injures signée Jean-Claude Myszka, condamné un an plus tôt à douze ans d'emprisonnement. Pour calibrer le dispositif de protection, je missionne sur place deux piliers de la BRI, qui connaissent bien les Postiches. En les accueillant, le directeur de la prison leur révèle qu'il reçoit régulièrement des lettres de menace de la part de cet homme inscrit au répertoire des détenus particulièrement signalés (DPS) et placé à l'isolement.

Flatté de cette visite et plutôt affable, Myszka assume ses courriers mais se montre ouvert à la discussion avec mes émissaires, non sans revendiquer en préambule de solides connaissances en numérologie, sorcellerie et franc-maçonnerie et... une grande admiration pour Adolf Hitler. La suite, moins fumeuse, éclaire d'un nouveau jour la saga des Postiches : « C'est mon ami d'école à Aubervilliers, Bruno Berliner, qui m'a présenté André Bellaïche. Bruno était convaincu que la puissance de mes bras et mon savoir-faire dans le maniement des massettes, burins et autres pinces-monseigneur seraient très utiles pour éventrer les coffres. C'est comme ça que, de petit casseur, je suis devenu membre actif du gang des Postiches. Je me suis retrouvé gavé de pognon, que j'ai dépensé pour le kif dans des voyages à l'étranger. »

Certains coffres, qu'il ouvrait à la chaîne, contenaient de véritables trésors, d'autres des documents confidentiels, voire compromettants, notamment pour deux ministres, dont l'un investissait au Canada. Jusqu'à la rue du Docteur-Blanche, d'où il révèle s'être enfui à pied, coiffé d'une toque de fourrure, après avoir désigné avec obligeance aux policiers le lieu de la fusillade. Après ce fiasco, l'équipe lui avait confié une mission : faire évader de la prison de Rebibbia, un établissement de haute sécurité dans la banlieue de Rome, leur ami et complice André Bellaïche, arrêté lors d'un banal contrôle routier en Italie en août 1986.

Nanti des informations nécessaires et d'une importante somme d'argent, Myszka prend attache avec des voyous italiens. Il sollicite aussi François Besse, mais l'ex-complice de Mesrine aurait rapidement décroché du projet. Vérité ou volonté de couvrir un ami qui ne lui a jamais manqué, difficile à dire, même si les mimiques de Myszka ont fait pencher mes collaborateurs pour la seconde hypothèse.

En octobre 1986, sous prétexte d'un survol touristique de Rome, Myszka et son mystérieux complice louent un hélicoptère pour effectuer un repérage. L'idée est de louer à nouveau l'appareil et de contraindre le pilote à se diriger vers la prison, mais ils renoncent, craignant des tirs depuis les miradors. Quelques jours plus tard, ils assistent incidemment à l'arrivée d'un hélicoptère sanitaire qui vient évacuer des blessés après un accident de la circulation. Ils relèvent les coordonnées de l'hôpital, repèrent la base aérienne et surveillent les allées et venues : ils vont utiliser cet hélicoptère-ambulance, persuadés que personne n'ouvrira le feu dans sa direction.

Le jour J, 23 novembre 1986, les deux hommes passent à l'action à l'hôpital romain de San Camillo et prennent en otage le pilote, accompagné de façon inopinée de son jeune fils. L'appareil se pose tranquillement sur le terrain de football de la prison et André Bellaïche grimpe à l'intérieur avec Gian Esposito, un braqueur italien qui profite du voyage. L'opération est un franc succès, mais face aux visiteurs de l'antigang, Myszka laisse éclater sa colère contre celui qu'il a fait évader : « Après plusieurs années de prison, j'ai été libéré dans l'attente du procès. Bellaïche, "grand seigneur", m'a proposé de m'employer dans un de ses magasins de disques à Paris. Furieux, je lui ai rappelé l'évasion, la cavale et la planque que j'avais trouvée à Yerres, dans l'Essonne, un pavillon dans lequel j'avais aménagé des caches, dans les murs, pour dissimuler une grande partie du butin des Postiches[190]. Je lui en veux aussi de m'avoir demandé de lui raconter, par écrit, les détails de l'organisation et de la réalisation

190. C'est dans cette planque que Bellaïche, Geay, Myszka et Esposito ont été arrêtés par le RAID le 13 décembre 1986. André Bellaïche a obtenu un non-lieu pour les braquages et a été condamné en 1996 à huit ans de prison pour recel, association de malfaiteurs et évasion.

de son évasion pour mieux vendre les droits de ses aventures à un metteur en scène, ce que j'ai refusé. »

Quant à l'objet de notre visite, Myszka admet qu'il est en colère contre le président Laurens et l'avocat général à cause du poids de sa condamnation, ses co-inculpés ayant selon lui bénéficié d'une plus grande clémence. Il n'a cependant aucune intention de mettre ses menaces à exécution : ce courrier était juste destiné à « créer le trouble » dans l'esprit de son destinataire.

Le 18 mars, le parquet de Paris reçoit le compte rendu de mes envoyés spéciaux à Saint-Maur. En dépit des éléments rassurants, il nous est demandé de surveiller et de protéger les deux magistrats pendant deux mois.

Libéré en 1999, Myszka se suicidera en 2003 dans un local poubelles à Aubervilliers. Il ne s'était jamais remis de s'être retrouvé plumé et « à la rue » à sa sortie de prison après que l'autre partie de leur butin, soigneusement enterrée en décembre 1986 dans le petit cimetière de Fontenay-en-Parisis, dans le Val-d'Oise, se soit envolée deux ans plus tard, dérobée dans des conditions rocambolesques par le tueur en série Michel Fourniret.

Des explosifs à la centrale de Lannemezan

« De toute ma vie, je n'ai jamais donné d'informations à qui que ce soit. Je le fais aujourd'hui pour deux raisons : je veux une permission de sortie de quarante-huit heures pour rendre visite à ma mère, que je n'ai pas vue depuis trois ans et qui est gravement malade, et je souhaite obtenir le moment venu une remise de peine ou une semi-liberté. »

L'entretien a lieu à l'abri des regards dans une prison du Midi, en octobre 1998. Je suis venu rencontrer à sa demande un spécialiste du vol à main armée arrêté quatre ans plus tôt par l'OCRB, accompagné de Stef, de la Doc, et de Bernard Jouvet, le très efficace chef de l'unité de liaison police-pénitentiaire. Le déplacement de ce singulier tandem, police-pénitentiaire, constitue une première.

En contrepartie de notre promesse d'intervenir auprès de son juge de l'application des peines, le voyou quadragénaire nous fait plusieurs révélations. Il nous livre des renseignements millimétrés sur deux équipes de braqueurs opérant en région parisienne, nous glisse les coordonnées d'un détenu qui a oublié de réintégrer sa cellule à l'issue d'une permission et dévoile un projet de « belle » à la centrale de Lannemezan, dans les Hautes-Pyrénées, une prison de haute sécurité. Le taulard affirme que de l'explosif, du C-4, est enterré sous la surface du terrain de sport, dans un angle du terrain, à l'aplomb des deux miradors. Il dessine un plan précis du site et recommande de creuser sur une surface de vingt-cinq mètres carrés. Précision : l'explosif est entouré d'un film qui le protège de l'humidité.

De retour à Paris, Bernard me propose de l'accompagner au siège de l'Administration pénitentiaire, à proximité du Centre Beaubourg. Il désire rendre compte de ces nouvelles à sa supérieure, la magistrate Françoise Mothes, que j'ai bien connue et appréciée lorsqu'elle était en poste à la section des flagrants délits du parquet de Paris. Cette femme distinguée et brillante, qui dirige le bureau de la détention, prend l'affaire au sérieux. La centrale héberge en effet plusieurs « têtes d'affiche » qui y purgent de très longues peines, telles que le terroriste Ibrahim Abdallah, Lionel Cardon, ex-ennemi public numéro un, des membres d'Action directe et de nombreux grands voyous, pour la plupart inscrits au fichier des détenus particulièrement signalés (DPS). La direction de l'AP a aussi en mémoire la date du 6 décembre 1989, lorsque neuf détenus réussirent l'exploit de s'évader, au moyen d'explosifs, de cette prison modèle fraîchement mise en service.

Trois jours plus tard, une scène hollywoodienne débute dans l'enceinte de la centrale, à 19 h pile. Les détenus disposant d'une vue sur le terrain de sport sont tous scotchés derrière leurs barreaux et ne perdent pas une miette de ce spectacle insensé. Dans un froid glacial, plusieurs ouvriers entreprennent de mettre en route neuf énormes projecteurs alimentés à l'aide d'un puissant groupe électrogène de 200 kWh, qui éclairent le terrain de sport comme en plein jour. Les curieux, qui ont coupé le son de leur télévision, savent qu'aucun match de football ne s'est jamais déroulé en nocturne entre les surveillants et eux-mêmes.

Le rideau se lève quand des employés d'une entreprise spécialisée arrivent au volant d'une pelleteuse et de deux camions-bennes, qu'ils stationnent au milieu du terrain de football. Hors de la vue des pensionnaires, une vingtaine de personnes se tiennent le long du grillage qui sépare le terrain du chemin de ronde, entre deux miradors. Parmi elles, le procureur de la République de Tarbes, un représentant de la préfecture, le directeur régional de l'AP, venu de Toulouse, la hiérarchie au complet du centre pénitentiaire, une dizaine de surveillants et deux artificiers de la Protection civile en uniforme, qui ont fait le déplacement depuis Bordeaux.

À 20 h, le vacarme du moteur de la pelleteuse rompt le silence de mort enveloppant la prison. Une zone de sept mètres cinquante sur six est ratissée pendant une heure sous le mirador numéro un. La mine des fonctionnaires s'allonge progressivement. Le tuyau serait-il crevé ? La fouille se poursuit sous le mirador numéro deux. À 21 h 15, l'employé, qui a déjà enlevé trente mètres cubes de terre, coupe subitement le moteur. Il a senti la présence d'un objet à quinze centimètres de profondeur. Les deux artificiers approchent et fouillent délicatement le sol. Ils en extirpent un paquet marron, ôtent une enveloppe plastifiée pour découvrir un tube de médicaments à l'intérieur duquel, sous deux nouvelles couches de plastique, se trouve une substance qu'ils identifient sans hésitation comme de l'explosif en parfait état. Cent grammes, indique la bascule du vaguemestre. Les visages soulagés des autorités contrastent avec les insultes qui fusent aux fenêtres.

Le lendemain, le directeur de l'AP appelle le patron du 36 pour lui exprimer sa gratitude et me passe ensuite un coup de fil enthousiaste, ravi de la parfaite synergie entre son « service de renseignement » et la BRI. Bien entendu, nous respectons l'engagement pris avec notre source : il obtient sa permission de quarante-huit heures, puis un aménagement de sa peine. Tout le monde est content…

À plusieurs reprises par la suite, je vais rencontrer d'autres détenus avec Stef, et rares sont les fois où nous revenons bredouilles. L'accueil réservé par la direction et les personnels de surveillance est toujours amical, voire chaleureux. En plus de renseignements sur des objectifs qui nous intéressent, nous apprenons au gré de ces discussions informelles avec les détenus les « ficelles » de la détention. Comment faire sortir des messages écrits en les pliant très fin dans des films en plastique dissimulés sous la langue ou dans une poche spécialement fabriquée à l'intérieur d'un slip ou d'un caleçon. Ou comment, à l'issue d'un parloir, il est envisageable de faire rentrer une barrette de vingt-cinq grammes de cannabis en la dissimulant sous les testicules. Un jour, le truand qui a demandé à me voir me lâche à la fin de l'entretien : « Comme tu es sympa, je vais te filer un bonus ! Un détenu qui travaille à l'atelier de menuiserie a fabriqué à la commande des échiquiers et boîtes à tabac et à bijoux en marqueterie. Ils sont tous équipés d'un double-fond avec un mécanisme manuel indétectable. Les acheteurs, dont je vais te donner la liste, y planquent du cannabis ou des documents, voire de l'explosif. »

Je fais aussitôt remonter l'information au directeur de la prison, qui n'a plus qu'à orchestrer une fouille surprise particulièrement sévère pour récupérer les « boîtes magiques », et à faire muter le génial ébéniste dans un atelier… de couture.

Il est peu compliqué d'obtenir en prison des informations intéressantes, à condition de s'investir et de se garder d'avoir une parole de « pute », de rester discret et d'agir à l'unisson avec la Justice et la pénitentiaire. Cette mine d'or est malheureusement largement sous-exploitée.

QUATRIÈME PARTIE

DÉNOUEMENT

16.

Flics et juges : de l'alliance au divorce

Mon procès

Au bout d'un an et demi d'enquête, le juge Hayat m'expédie devant le tribunal pour « proxénétisme » et « corruption ». Vingt-cinq autres personnes sont concernées, essentiellement pour trafic de stupéfiants, mais sur les cent onze pages que compte l'ordonnance de renvoi signée en janvier 1989, près de quatre-vingts sont consacrées à mon cas. Je suis bien la cible numéro un de ce château de cartes branlant.

Comment faire oublier l'absence de toute trace d'argent sale en France ? Malgré des recherches vaines auprès des banques arabes, le juge se focalise autour de « soupçons sur la circulation de l'argent entre la France et l'Algérie ». De quoi mettre en place les éléments d'ambiance d'un conte oriental selon lequel, fortune faite, j'aurais coulé des jours heureux au sein d'une luxuriante oasis en compagnie de maîtresses forcément jolies, croisant à l'occasion Fatna et Malek ou mes amis officiers de la Sécurité militaire algérienne, ceux-là même qui ont organisé l'assassinat de maître Mécili en plein Paris. L'autre intérêt de cette fable est de suggérer que, si l'enquête s'est terminée en queue de poisson, c'est qu'il était impossible de la poursuivre en Algérie.

Le dernier paragraphe de l'ordonnance de renvoi, écrit au présent de l'indicatif et non du conditionnel, m'implique sans réserve dans cet assassinat politique presque aussi retentissant que celui de l'opposant marocain Mehdi Ben Barka : Des connexions entre l'affaire Jobic et l'affaire Mécilli[191] paraissent établies.

Fort heureusement, le caractère fantaisiste de cette affirmation est démontré par le fait que je n'ai jamais été entendu, ni sur le moment, ni plus tard, par Mme Canivet-Beuzit, la juge parisienne chargée du dossier Mécili, pas plus que par aucun de ses successeurs.

Quelques jours plus tôt, le procureur de Nanterre a exprimé sa vision du dossier sur la base des informations transmises par son adjoint Daniel Renaut, aux premières loges lors de mes auditions et confrontations. Et surtout de la rue de Budapest, cloaque qu'il décrit en ces termes dans le réquisitoire définitif du parquet : Ce milieu très particulier et très circonscrit est constitué d'un nombre restreint de prostituées, presque toutes étrangères et souvent en situation irrégulière. Elles peuvent être ainsi facilement la proie de tous les chantages, de toutes les pressions. Plusieurs d'entre elles utilisent de fausses identités. Ayant, la plupart, une origine commune, parlant à la fois le français et l'arabe, elles se connaissent toutes et ont l'occasion de se retrouver ensemble, en attente de clients, dans les bars, dans les lieux de passe, mais aussi en maisons d'arrêt, partageant parfois les mêmes cellules ou les mêmes quartiers des prisons. C'est en réalité un véritable microcosme où chacune se côtoie [*sic*], se parle, s'épie, se jalouse, s'entraide, s'héberge à l'occasion. Dans cet étroit milieu, les nouvelles, les rumeurs, les bruits circulent très vite, prennent consistance et s'amplifient.

191. Preuve de rigueur, le juge orthographie mal le nom de l'avocat algérien.

Difficile de mieux définir les ragots qui ont permis de me renvoyer devant la justice.

*

La fin d'un marathon judiciaire cauchemardesque approche, alors que l'ouverture du procès est fixée au 2 mars 1989 devant la 12ᵉ chambre du tribunal correctionnel de Nanterre. Si je suis satisfait de pouvoir enfin m'extirper de la toile d'araignée dans laquelle j'ai été injustement maintenu pendant un an et demi, j'éprouve quelques craintes. Le risque est important que les trois magistrats choisis pour me juger, le président Alain Foulquié et ses deux assesseurs, Mmes Edmond et de Castellan, n'aient pas le temps d'étudier les dix mille pages du dossier, dont sept mille me concernent directement. À défaut de se livrer à un travail de titan, avec rédaction de fiches de synthèse et d'organigrammes, ils sont susceptibles de se contenter de gérer le procès sur la seule base de l'ordonnance de renvoi du juge, un document au vitriol à mon endroit…

En raison du nombre d'inculpés, de leurs avocats et des témoins cités, le procès, prévu pour durer trois semaines, se tient dans la salle de la cour d'assises du tribunal. En arrivant sur les lieux, je livre ce message aux journalistes : « Je suis confiant et serein, car je vais enfin avoir affaire à la vraie justice. Je vais pouvoir défendre mon honneur et celui de ma profession qu'à travers moi on essaye de salir. »

Le journaliste du Monde *chargé de suivre les audiences, Laurent Greilsamer, a donné le ton :* Toute sa vie a été épluchée, l'instruction s'est intéressée à ses nuits, à son argent. Mais le jeune commissaire n'offre aucune prise, lisse comme un innocent ou comme une anguille. On a fouillé partout. Rien.

Entre des collègues policiers et des amis venus me soutenir, les gendarmes en civil de la SR de Versailles, quelques voyous et... des magistrats en robe, membres du Syndicat de la magistrature, la salle est pleine à craquer. Les trois parties civiles sont bien sûr présentes, maquillées et habillées de vestes en cuir et de fourrure bas de gamme. Pas une place disponible, ni parmi le public, ni sur les bancs des chroniqueurs judiciaires. Les couloirs du palais et la salle des pas perdus sont eux aussi noirs de monde. L'ambiance est électrique.

Dès l'ouverture des débats, mes cinq avocats et moi sommes rassurés par le niveau de préparation des trois juges : ils ont une parfaite connaissance du dossier. Le président Foulquié, quarante-cinq ans, mince, les cheveux très courts en brosse, regard froid derrière des lunettes en écaille, ne me ménage pas. Il veut se faire sa religion sur ma personnalité, nos méthodes de travail et mon intégrité. Je préfère cette stratégie frontale à une approche alambiquée.

J'assume le recours aux « correspondants » appartenant au milieu délinquant, toujours gérés avec l'aval de la hiérarchie, et fais à nouveau remarquer que je suis scandalisé que la justice ait porté un tel crédit aux accusations sans preuve de crapules sans foi ni loi que nous avions arrêtées. Après avoir rappelé que j'ai été élevé dans un univers où la vérité, l'honneur et la parole ont une signification, je conteste la totalité de ces accusations surgies des bas-fonds de la société.

Concernant ma vie privée, je rassure le président, l'informant que j'ai de nombreux amis extérieurs au monde policier et que, contrairement à ce qui est inscrit dans le dossier, je n'ai pas huit maîtresses de vingt-cinq à cinquante-cinq ans...

Les trois parties civiles, vulgaires et ricanantes, se prennent à plusieurs reprises les talons aiguilles dans le tapis. Bien qu'entraînées à répéter leurs déclarations comme des perroquets, elles se contredisent entre elles au sujet des modalités des supposées remises d'argent. Ce n'est guère surprenant. Mentir sans l'appui d'un « souffleur » est un exercice difficile, à moins d'être supérieurement intelligent, ce qui est loin d'être le cas de la triplette !

Nos questions restent le plus souvent sans réponse. Le vernis craque très vite, observe encore Le Monde *:* Les dépositions des trois prostituées parties civiles expliquant qu'Yves Jobic est devenu leur souteneur sont apparues vagues, fragiles.

Bernard Le Mouton, le « parrain » de la rue de Budapest, confirme à la barre ce qu'il avait dit au juge : « Toutes les femmes qui témoignent ici contre Jobic ont travaillé dans mes studios. Elles ont la haine contre Jobic et les "Jobicmen"... Vous avez affaire à de la merde. Ils ont proposé des contrats sur la tête de Jobic, mais comme ils n'ont pas assez de courage pour le faire, ils emploient le vice. »

De leur côté, les accusations de Pedro Villalonga et de son écurie se neutralisent d'elles-mêmes en raison de leur caractère outrancier. Le coup de grâce est porté par une infirmière qui a bien connu ce voyou dans une vie antérieure : « C'est un mythomane et une balance. Il vendrait père et mère pour sauver sa carcasse. »

Le vendredi 10 mars, en accord avec mes avocats et avec le feu vert de ma direction, je révèle au tribunal la « proposition » que le juge m'a faite lors de mon extraction à plus de 2 h du matin : ma remise en liberté en échange de la reconnaissance de mon appartenance à un réseau de policiers alimentant les caisses du RPR avec l'argent de la drogue et de la prostitution. Dès le soir, puis durant le week-end, la presse se fait l'écho d'un « coup de tonnerre » et le Syndicat de la magistrature monte à nouveau au créneau pour s'insurger.

Le lundi, le juge vient témoigner. Il ne conteste pas le long entretien en tête à tête et hors la présence de mes avocats, mais en donne une autre version, indiquant que nous avions discuté et qu'il m'avait donné un morceau de sucre. Il en profite pour dire qu'il a reçu plusieurs lettres de menaces signées « Honneur de la police », qu'il est placé sous protection rapprochée depuis le 8 mars et que sa voiture d'escorte a été constamment suivie durant un mois[192].

Derrière moi, mes avocats sont perplexes. Maître Varaut interroge : « Comment se fait-il que le véhicule le transportant avec ses gardes du corps ait pu être suivi pendant un mois sans que le véhicule suiveur n'ait été identifié, ni son conducteur interpellé ? » Gilbert Collard renchérit : « Si cela était vrai, il ne se serait pas passé deux jours sans que les gendarmes de Versailles ne mettent un terme à cette surveillance irrégulière. C'est une fable ! »

Face à ces deux versions contradictoires, le président n'a d'autre choix que d'organiser aussitôt une confrontation. Le journaliste du Monde *décrit la scène :* Le juge et le commissaire sont à trois mètres l'un de l'autre. Le juge regarde le tribunal et le commissaire regarde le juge. Yves Jobic conclut provisoirement : « Avec tout le respect que je vous dois, je vous confirme ce que j'ai dit en regardant M. Hayat droit dans les yeux. » Le juge ne le regarde toujours pas mais secoue la tête en signe de dénégation.

Ce que nous ignorons, c'est qu'au même moment, le bureau du Syndicat de la magistrature rencontre le ministre de la Justice pour lui faire part de ses craintes pour la sécurité du juge après les menaces renouvelées du groupe « Honneur de la police », et de ses interrogations sur le rôle du ministère public. Une entrevue dont les suites seront bien maigres, si l'on en croit les écrits du syndicat...

192. Ces éléments sont consignés dans les notes d'audience datées du 13 mars 1988.

Le lendemain, le seul pilier qui soutenait l'accusation de corruption s'écroule à son tour lamentablement lorsque Rachid Mecheri reconnaît qu'il a menti : « Dans ce dossier, chacun a accusé n'importe qui et dit n'importe quoi. J'ai menti pour gagner ma liberté. » Plus question des dix mille francs qu'il aurait donnés à Bourid pour inviter à déjeuner des policiers, ni de l'« extraction déguisée » d'Aziz, rémunérée vingt-cinq mille francs.

Autre acteur majeur de l'enquête, le commandant Morel a troqué sa tenue de cow-boy contre son uniforme de gala pour se présenter à la barre. Indiquant en préambule que la gendarmerie ne traite que très rarement des affaires de proxénétisme, elle qui travaille dans les campagnes, il admet sa totale méconnaissance du milieu parisien... ce qui ne nous avait pas échappé. Interrogé par Gilbert Collard sur les indicateurs de la gendarmerie, le commandant provoque tout d'abord l'incrédulité, puis l'hilarité de l'assistance en soutenant le plus sérieusement du monde : « Nous avons des informateurs dans les couches saines de la population, des maires, des gardes champêtres, la police municipale, des instituteurs ! — Des évêques, aussi ? », relance l'avocat avec ironie.

Le message est clair : le commandant vante ses méthodes de travail à mille lieues de celles d'une police judiciaire parisienne qui se compromet avec des informateurs issus de la voyoucratie. Blanc d'un côté, noir de l'autre, il affiche une vision manichéenne de la société. Entre les deux, aucune nuance de gris.

Assis derrière moi, Gilbert Collard souffle : « Quel faux-cul ! »

« J'ai rarement entendu un tel mélange de naïveté et d'hypocrisie ! », ponctue un autre de mes défenseurs.

*

Les jours suivants, changement de ton, une quinzaine de policiers témoignent en ma faveur.

Daniel Dugléry, secrétaire général du Syndicat des commissaires, dénonce les méthodes du juge et des gendarmes et souligne les dégâts considérables provoqués sur la motivation des policiers. « Faire le procès des méthodes policières, des indics, c'est faire preuve de malhonnêteté intellectuelle et de naïveté à l'égard du milieu », ajoute-t-il. « Un bon policier n'attend pas le renseignement derrière son bureau, il doit sortir, à défaut la criminalité augmente. »

Olivier Foll, à la tête de mille six cents commissaires et inspecteurs, compare le dossier à une « baudruche ». Il explique la création des UR et ma nomination à la tête de celles de la 1re DPJ par la volonté de la direction de s'attaquer à la criminalité de voie publique, qui avait explosé de 45 % entre 1981 et 1983, puis se désole que le nombre d'arrestations ait diminué de 40 % depuis le déclenchement de l'affaire. Justifiant à son tour le recours aux informateurs, il rappelle que ce sont des êtres de chair dont on ne doit pas étaler le nom en place publique, sous peine de mettre leur vie en jeu.

Frédéric Péchenard, qui connaît parfaitement la faune de la rue de Budapest, vient se porter garant de mon intégrité. Philippe Vénère, Mickey et d'autres inspecteurs de mes UR pointent l'invraisemblance des accusations. Le Vieux raconte comment il a lui-même été victime d'une rumeur en 1975, peu après son arrivée à la BSP, et monte au créneau avec conviction : « À l'occasion d'une enquête, j'ai appris que j'étais souteneur. Mon chef a compris mon émoi et m'a rassuré en me disant que, selon la rumeur, lui aussi "touchait" et que son adjoint se tapait des travelos ! Pour moi, l'affaire Jobic, c'est comme la rumeur du Sida d'Isabelle Adjani. C'est une non-affaire. »

Hilaire Agostini, délégué syndical de la 1re DPJ et fils d'une avocate corse réputée, met l'instruction en pièces : « En trois ans, l'UR du 17e arrondissement, à laquelle j'appartiens, a interpellé plus de mille personnes. Nous travaillons ensemble en totale transparence. Nos bureaux sont toujours ouverts. Il n'est pas normal que nous n'ayons pas été interrogés. Nous aurions confirmé que les parties civiles ne sont jamais revenues au service après leur arrestation pour voir M. Jobic, comme elles le prétendent. Nous sommes totalement démobilisés depuis son inculpation. »

Roger Le Taillanter fait part au tribunal de son expérience en tant qu'ancien patron de la Mondaine : « J'ai moi-même été victime de rumeurs disant que je touchais des enveloppes et que des personnages rackettaient en mon nom. Le rôle des policiers est de faire en sorte que la Justice ait les mains blanches en salissant les leurs. »

Ces dépositions explicites ne sont pas du goût de tout le monde. Le 13 mars, à la sortie de l'audience, maître Terquem, avocat de deux parties civiles, se fend d'une déclaration à la presse où il fait allusion à l'un des gros scandales de la Cinquième République[193] *: « Nous avons assisté depuis le début de ce procès au plus imposant défilé de faux témoins de la hiérarchie policière depuis l'affaire De Varga. »*

Un autre événement se produit le 15 mars. Patricia Boschetto, jeune prostituée de la porte Maillot, vient raconter une histoire effarante. S'exprimant parfaitement, le visage très pâle et au bord des larmes, celle qui est une source régulière du SDPJ 92 – plusieurs réseaux de dealers en ont pâti – explique dans un silence de cathédrale que le juge lui a demandé de me tendre un piège plusieurs mois avant mon arrestation. La greffière note :

193. Ces déclarations fracassantes lui vaudront une plainte de plusieurs policiers et une sévère condamnation.

Il y a quelques années, j'ai connu M. Hayat. Je lui ai fait faire de belles affaires… Un jour, il m'a demandé si je connaissais Jobic. J'ai dit non. Il m'a demandé de m'informer sur l'argent remis à Jobic par des prostituées… Une autre fois, plus tard, il m'a reparlé de sa proposition. J'avais peur. Il m'a dit de réfléchir, de penser à des bijoux, de la drogue… Il m'a dit que cela devait être entre nous… qu'il mettrait des gendarmes à ma disposition. Il ne voulait pas que cela se fasse sur Paris, disant qu'il n'avait confiance qu'en son parquet… Je suis contente de faire ce témoignage, c'est grave pour moi. J'ai reçu des coups pour me faire taire. Je sais que c'est grave car c'est un juge et que je suis une prostituée. Je peux être confrontée avec M. Hayat[194] !

Le journaliste du Monde *relate ainsi ce qu'il a entendu :* Le juge m'a dit au cours d'un second entretien : « Écoutez, Patricia, vous avez toujours été un témoin formidable. Si vous pouviez l'attirer avec des bijoux, des billets de banque numérotés… ou de la drogue et qu'on puisse faire un flagrant délit, ce serait superbe. Que tout cela reste entre nous. »

Le juge vient contester ces déclarations, mais le président n'estime pas nécessaire, cette fois, d'organiser une confrontation.

Un témoin pour le moins inhabituel succède à la jeune femme : Jean-Paul Cruse, journaliste à Libération. *Ancien de la Gauche prolétarienne et délégué CGT de son quotidien, il est peu suspect de sympathie envers la police. Mobilisé sur l'affaire depuis ma remise en liberté, il a signé plusieurs articles à décharge, le dernier paru dans la revue* Rolling Stone *quelques jours avant le début procès, sous le titre : « Le poulet n'était pas un maquereau ».*

L'ancien maoïste évoque devant le tribunal son travail d'investigation. Il a rencontré de nombreux protagonistes, rue

194. Notes d'audience datées du 15 mars 1988.

de Budapest et dans des bars de voyous. Sa conclusion : je suis victime d'un montage. Il s'est d'ailleurs retrouvé au cœur de la machine à complot le jour où le client d'un bar de nuit mal famé, le prenant pour un commissaire de police, lui a chuchoté à l'oreille : « Bande de salauds, vous avez foutu ma fille au trou. Il faut me la sortir de là ! — Il y a erreur sur la personne », a-t-il répliqué, mais le souteneur n'en a rien cru et l'a menacé : « Puisque c'est comme ça, je vais dire à Khatiba de faire de fausses dénonciations pour enfoncer Jobic et j'en ferai moi aussi. »

Le 20 mars au matin, le procureur adjoint Daniel Renaut se lève avec solennité pour prononcer ses réquisitions en présence de son supérieur, le procureur Stéphane Boitiaux, venu en signe de soutien et assis un peu en retrait. La première heure de son intervention est consacrée aux vingt-cinq autres prévenus, puis il en vient à mon cas, qu'il dissèque pendant une heure et demie. Son raisonnement implacable et d'une précision chirurgicale vide progressivement de leur substance les accusations laborieusement rassemblées par le juge.

Après avoir relevé par le menu les multiples discordances relatives aux dates, aux lieux et aux montants des supposées remises d'argent, il retient qu'il s'agit de « dépositions tardives, évolutives et contradictoires d'accusatrices, nullement étayées par des éléments matériels et mues par un désir de vengeance à la suite de l'arrestation de leurs proxénètes par la 1re DPJ ».

Les trois parties civiles taillées en pièce, mes avocats et moi avons compris que le procureur adjoint venait d'ouvrir la voie à ma relaxe. Histoire d'affirmer solennellement la position du parquet quant au rôle de la police, le procureur adjoint interroge froidement, après s'être à nouveau étonné du crédit accordé à des menteurs et mythomanes professionnels : « Quels résultats la société peut-elle attendre d'un policier s'il reste dans son bureau ? C'est en pénétrant le milieu, en allant sur le terrain qu'il peut aboutir. »

*

« L'accusation plaide la relaxe du commissaire Jobic », titre le lendemain Libération, *qui poursuit :* « Le dossier est entièrement vide », avait proclamé le commissaire en arrivant le premier jour au tribunal. Cet avis ne pouvait surprendre de sa part. Qu'il soit pleinement partagé aujourd'hui par le ministère public ressemble à une capitulation en rase campagne. C'est une gifle pour le juge d'instruction Jean-Michel Hayat.

« Le réquisitoire ouvre la porte à une relaxe », embraye Le Monde, *à l'unisson avec* Le Figaro, *qui titre : « Un réquisitoire en forme de plaidoirie ». « L'accusateur public blanchit le commissaire », enfonce* France-Soir. *Contrairement à la période de l'instruction, durant laquelle j'étais chaudement soutenu par* Le Figaro *et* France-Soir, *mais vivement démoli par* Libération, Le Monde *et* L'Humanité, *la situation a complètement changé. Tous les chroniqueurs judiciaires ont pu constater la vacuité des accusations, et en faire état. Dans le cas du* Monde, *le remplacement des journalistes chargés de suivre l'affaire n'y est probablement pas étranger. Edwy Plenel et Georges Marion, deux journalistes issus des rangs de l'extrême gauche, qui avaient systématiquement pris fait et cause pour la thèse de l'accusation, ont laissé la place à Laurent Greilsamer, un journaliste sans parti pris...*

Mes avocats, qui ont fait le plus difficile durant les trois semaines d'audience, intervenant toujours à bon escient, ont la partie facile à l'heure des plaidoiries.

« Voilà des filles qui ont souffert de l'arrestation de leurs souteneurs par Jobic, transformées, paradoxe incroyable, en

auxiliaires officielles de justice... », s'étonne Gilbert Collard, tandis que Jean-Marc Varaut fait voler en éclats la construction branlante du juge, rappelant au passage que pour démanteler la criminalité organisée, il faut savoir, et pour cela avoir des yeux et des oreilles partout.

À peine le tribunal s'est-il retiré pour délibérer jusqu'au 28 avril que le Syndicat de la magistrature sort l'artillerie lourde et jette toutes ses forces dans la bataille. Tout espoir n'est pas perdu, ma relaxe n'est pas sûre à cent pour cent... Un supplément au numéro 123 de leur revue syndicale Justice *est imprimé en urgence. Tout le monde en prend pour son grade : le ministère public, trop taisant et trop timoré, le garde des Sceaux, peu pressé de soutenir le juge Hayat, et les policiers intervenus comme témoins.* Le maintien d'un État de droit passe par une vigilance et une fermeté de toutes les institutions face aux menées factieuses et aux intimidations d'où qu'elles viennent, *conclut le bureau du syndicat.*

Vaine agitation : le tribunal me relaxe, décide de remettre en liberté Bourid et condamne sévèrement Rachid Mecheri. Signe que les juges ne sont pas dupes, Yahia Taleb, le cambrioleur qui avait piégé Aziz, est au passage condamné plus lourdement que lui.

Le policier peut se prévaloir d'une victoire totale sur le juge d'instruction, *écrit* Libération. Les cent vingt-sept pages qui motivent le jugement du président Foulquié blanchissent Yves Jobic sans un seul bémol... Beaucoup s'attendaient à une relaxe assortie d'attendus sévères. Bien au contraire, les juges ont rejoint l'encéphalogramme plat du réquisitoire.

À l'inverse du dossier et de l'ordonnance de renvoi, le jugement consacre peu de pages à mon cas. Les attendus sont particulièrement sévères pour le juge d'instruction. Toutes les charges qu'il a retenues sont expédiées à la poubelle, sans prendre de gants. Venant du trottoir, elles y sont renvoyées. Un fiasco sur toute la ligne, que commente ainsi le journaliste Jean-Charles Reix dans les colonnes du Figaro, *sous le titre « Un flic de granit » :* Obstiné sûrement et opiniâtre, le commissaire Jobic a remonté la pente et confondu ses détracteurs. Finalement, il n'avait contre lui qu'une partie de la gendarmerie et de la justice et une partie de la pègre... Et il a gagné malgré tout. La Société qu'il servait et protégeait avait voulu faire de lui un « ripou ». Elle était bien perverse, cette Société-là, qui accordait foi aux dénonciations de truands, préférait la parole de voyous à celle des policiers, encourageait une erreur judiciaire. C'était en France, en 1988.

Si ma relaxe est saluée par l'écrasante majorité des médias, elle n'est évidemment pas du goût du Syndicat de la magistrature. Les ancêtres des maçons du « mur des cons » s'en prennent dans leur revue à la préfecture de police, un État dans l'État, *avec en son sein le «* bastion irréductible *» de la police judiciaire,* milieu opaque, caractérisé par sa complexité et sa totale liberté d'action. *Le ministère public est vivement critiqué, comme les trois juges de Nanterre, accusés d'être* attachés, dans un style laissant à désirer, à rendre anodines les charges pesant sur Yves Jobic, en bref à l'innocenter.

Une autre baudruche se dégonfle. Le Syndicat de la magistrature n'avait pas été avare de communiqués, interviews et autres articles sur les menaces envoyées au juge pendant l'instruction et le procès par un groupe « Honneur de la police »[195]*. C'était d'ailleurs l'une des principales raisons de l'audience demandée et obtenue, en plein procès, auprès de Pierre Arpaillange, le garde des Sceaux. L'auteur de ces lettres anonymes, finalement arrêté au mois de mai 1988 par la DCPJ, a été expédié en*

195. En 1979, l'assassinat de Pierre Goldman avait été revendiqué par le groupe « Honneur de la police ».

prison. Il s'agit d'un commerçant à la retraite âgé de soixante-quinze ans qui avait mal vécu mon inculpation et mon incarcération. D'éventuelles connexions entre moi ou d'autres policiers et l'expéditeur n'étaient que du vent, comme les paroles de p…

« Les magistrats ne cherchaient pas de difficultés avec la police judiciaire »

Au début des années 1980, lorsque j'ai rejoint la police judiciaire parisienne, le couple Police-Justice fonctionnait bien. Les relations avec les magistrats étaient harmonieuses, directes et empreintes d'une estime réciproque. Les juges étaient dans leur grande majorité « pro-flics » et ceux d'entre nous qui avaient des indics leur en parlaient franchement. Ce climat serein favorisait l'activité florissante des services. Un contexte qui devait autant à la culture « classique » des magistrats qu'à l'autorité de la direction du Quai des Orfèvres, en particulier au poids de son directeur, comme me l'a rapporté Pierre Touraine, à l'époque titulaire du poste : « J'ai toujours échangé sur un pied d'égalité avec le procureur de la République et dès que j'en avais besoin, je voyais le procureur général et je réglais mes histoires. D'une manière générale, les magistrats du parquet ne cherchaient pas de difficultés avec la police judiciaire et si besoin, je savais jouer de l'appui du préfet de police pour mieux résister[196]. »

La puissance de la direction du 36 constitue alors un « paratonnerre » et un atout dont bénéficient au quotidien tous les enquêteurs. Nous traitons principalement avec les membres de la 8e section du parquet de Paris, qui voient arriver devant eux les délinquants arrêtés en flagrant délit. Loin du terrain, qu'ils ne connaissent que rarement, ces magistrats font confiance aux

196. Entretiens avec l'auteur en 2016.

analyses des policiers et répondent le plus souvent positivement à leurs demandes, leur laissant une large autonomie. Il est encore aisé pour un policier d'obtenir l'ouverture d'une information judiciaire sur la seule base de « tuyaux » et d'intervenir, généralement avec succès, pour « décrocher » un informateur... même si les magistrats préfèrent que les policiers « lavent leur linge sale en famille », autrement dit ne pas en connaître. Certains juges d'instruction sont tellement appréciés des services, comme Zamponi, Boulouque ou Corneloup..., que les enquêteurs attendent parfois qu'ils soient de permanence pour solliciter l'ouverture d'une information, afin de travailler avec eux.

Loin d'être le frein qu'elle est aujourd'hui devenue, la procédure pénale est encore digeste. Nous avons globalement les coudées franches, en dehors de quelques cadres juridiques faciles à respecter. Nous ne sommes pas tenus d'aviser le parquet d'une arrestation, ni d'un placement en garde à vue, nous le contactons uniquement pour solliciter une prolongation de garde à vue ou lorsque le déferement se justifie. Cette souplesse permet aux enquêteurs de « négocier » avec le délinquant qui le souhaite, principalement dans des affaires de vols et de trafics de stupéfiants. Celui qui lâche des renseignements de qualité est vite remis en liberté, il peut même espérer échapper à la garde à vue...

La motivation des personnels est au zénith. Outre des conditions humaines et matérielles excellentes, la quasi-totalité des voyous présentés aux magistrats sont jugés en flagrant délit, puis écroués. Le principe « Vu, pris, jugé, condamné » est d'ailleurs accepté par la majorité d'entre eux : ils connaissent la règle. Et grâce aux centaines de délinquants que nous mettons hors jeu, la température de la délinquance sort enfin du rouge.

Les avocats y trouvent leur compte, enchantés de notre pêche miraculeuse dans les eaux troubles de la capitale. Une génération de jeunes pénalistes parisiens formée auprès des ténors du barreau occupe le créneau, parmi lesquels Thierry Herzog, Pierre Haïk, Michel Konitz, Jacky Robaglia, Emmanuel Trink, Françoise Cotta ou Olivier Metzner, avec lequel je sympathise. Moins porté que d'autres sur les effets de manche, ce dernier innove en se spécialisant dans les « nullités de procédure », à la manière des Anglo-Saxons. Il a le génie pour trouver, dans un dossier de plusieurs milliers de cotes, l'erreur du policier ou celle du magistrat qui lui permet de faire annuler les poursuites. Avec les années 1990, la plupart de ces avocats délaisseront le trafiquant, le proxénète et le braqueur pour se consacrer au droit pénal des affaires.

Le barreau de Paris n'est cependant pas composé que d'amis, il suffit de lire pour s'en convaincre l'espèce de guide Michelin de la garde à vue qu'il édite, qui annonce dès son introduction la couleur en stipendiant une *coutume immémoriale des ténèbres et de l'inquisition*. Plusieurs services viennent de se voir décerner une à trois « toques d'or », un autre deux « menottes d'acier » pour « ambiance franchement désagréable ». La 3e DPJ, six mois avant mon arrivée à sa tête, a écopé d'un carton rouge à la hauteur de son efficacité, trois « menottes d'acier », assorti de cette mention : *Cet endroit est maudit, ambiance de sous-préfecture de province roumaine, moiteur perceptible, personnel franchement hostile.* Nicolae Ceaușescu, sa Securitate et Dracula n'étaient pas loin !

Cette littérature confidentielle n'a guère ému les policiers de la 3. Bien au contraire, ils l'ont prise comme un compliment, estimant à juste titre qu'ils n'étaient pas là pour servir le thé et des petits gâteaux aux avocats. Elle m'a conforté dans le sentiment qu'une frange du barreau militait pour limiter les pouvoirs de la police, sans bien se rendre compte qu'ils pouvaient scier la branche sur laquelle elle était confortablement installée. À l'opposé, les gendarmes de la section de recherches de Paris ont obtenu trois « toques d'or » agrémentées de commentaires dithyrambiques : *Des gendarmes charmants, hospitaliers. Le brigadier, à la nuit tombée, vous proposera un café et vous raccompagnera jusqu'à la porte. Une auberge de charme.* L'avocat a omis de préciser que le nombre de gardés à vue chez ces collègues de la maréchaussée, représentant moins de 10 % de notre activité, leur permettait de soigner le service réservé aux « baveux ».

Dans le même registre, le Comité européen pour la prévention de la torture (CPT), appendice du Conseil de l'Europe, s'était déplacé en France pour visiter plusieurs lieux privatifs de liberté, prisons et commissariats. Bilan : « Toutes les cellules étaient sales à la 3ᵉ division de police judiciaire et celles de la 4ᵉ ne valaient guère mieux. » Quel crédit y apporter ? Le chef de la délégation, « Monsieur Propre », était originaire du Luxembourg, pays abritant peu de commissariats mais un nombre significatif d'établissements bancaires réputés pour blanchir l'argent douteux. Il était assisté d'un ambassadeur chypriote abonné aux réceptions entre gens de bonne compagnie et d'un avocat originaire d'un pays de l'Est régulièrement épinglé pour son niveau de corruption. À n'en pas douter, les trois auteurs parlaient d'or, mais l'essentiel n'était-il pas de passer un excellent séjour dans la capitale ?

Magistrats et… victimes

Dans la moiteur d'un soir du mois d'août 1994, six inspecteurs transpirants de l'UR 15 surveillent un plan de came dans une rue déserte de cet arrondissement. Ils prennent l'artère en tenaille pour coincer des clients venus acheter leur poudre dans une chambre de bonne d'un immeuble haussmannien. Un peu avant minuit, Christian, le chef de groupe, aperçoit sur le trottoir, près de sa voiture, une dame très bien mise d'une cinquantaine d'années. Elle s'arrête devant un porche et pianote le digicode. Soudain, deux costauds se jettent sur elle, la plaquent contre la porte cochère, lui arrachent brutalement son sac à main et prennent la fuite en direction d'une BMW garée dans une rue adjacente. L'action a duré moins de cinq secondes.

Christian se saisit aussitôt de sa radio et crie à ses collègues : « Serrez-moi ces deux connards ! »

Dans la rue adjacente, une jeune apprentie coiffeuse attend sagement sur la banquette arrière de la berline allemande le retour des deux « commerciaux » partis chercher des cigarettes, des quidams dont elle a fait la connaissance une heure plus tôt dans une boîte de nuit. En les voyant revenir menottes dans le dos, encadrés de cinq policiers en civil, elle réalise qu'elle n'a pas tiré les bons numéros.

Du côté des vaillants agresseurs, même mauvaise pioche : la victime n'est autre que la présidente de la 16ᵉ chambre correctionnelle du tribunal de grande instance de Paris. Les perquisitions réalisées chez eux six heures plus tard n'arrangent pas leur futur matricule. Christian et son groupe mettent la main sur une collection de bijoux, cartes bleues et chéquiers provenant d'autres « arrachages », tous commis au préjudice de femmes seules.

Lors de l'audience, leurs défenseurs ont beau plaider une enfance malheureuse, se faire les intermédiaires de leurs profonds regrets, la sanction ne fait pas dans la dentelle : cinq ans fermes pour les deux voyous et un an ferme pour l'apprentie coiffeuse. *Dura lex, sed lex*… surtout quand la victime est magistrate !

Quelques mois plus tard, une substitut de la 8ᵉ section du parquet de Paris devise tranquillement avec sa voisine dans l'ascenseur de son immeuble, dans le 7ᵉ arrondissement. Au troisième étage, un jeune toxicomane pénètre dans la cabine.

Il prétend avoir le Sida et la ferme intention de les piquer avec sa seringue contaminée si elles ne lui donnent pas sur le champ argent et bijoux. Paniquées, elles s'exécutent.

Réputée laxiste dans le petit monde des services de police judiciaire de la capitale, elle qui rechigne à se faire présenter les délinquants à l'issue de leur garde à vue, la substitut juge l'affaire très sérieuse et nous demande de mettre tous les moyens en œuvre pour retrouver son agresseur, n'hésitant pas à nous relancer régulièrement. Grâce au signalement précis qu'elle et sa voisine ont donné, le malchanceux est finalement arrêté. Il écope du maximum prévu par la loi, ce qui n'est pas pour nous déplaire : nous sommes enfin sur la même longueur d'onde.

Moralité, les malfaiteurs ont intérêt à se renseigner sur la profession de leur future victime.

Présomption d'innocence, acte I : le Gros Miloud

Juin 2001. Voilà plus d'un mois que nous sommes aux basques de deux braqueurs. Ils ne se doutent pas que nous avons prévu de les laisser « taper » une nouvelle banque pour les accrocher en flagrant délit et leur mettre sur le dos une dizaine de braquages commis depuis le début de l'année.

Nos deux stakhanovistes du hold-up sont issus de la cité Balzac, à Vitry-sur-Seine, une pépinière de braqueurs dont la réputation n'est plus à faire. Le chef, vingt-quatre ans, s'appelle Miloud Zenasni, mais on le surnomme « le Gros Miloud », « Boulette » ou encore « Gros Lard », référence à son gabarit : cent kilos pour un mètre soixante-quinze. Son complice, Kamel, dix-neuf ans, démarre dans la carrière, persuadé qu'il ira loin avec ce professeur auréolé de gloire.

Quand les collègues du SDPJ 94 nous ont donné le tuyau, nous avons d'abord cru à un gag ou à une confusion. « Gros Lard » avait en effet été « serré » deux ans plus tôt pour sa participation à une bonne vingtaine de hold-up, de quoi l'éliminer normalement du circuit pour un bon moment. Le groupe de synthèse criminelle du 36 n'avait eu à l'époque aucun mal à effectuer les rapprochements : « Boulette » déboulait dans les agences bancaires déguisé en femme, perruque sur la tête, robe forcément moulante, poussant le raffinement jusqu'aux faux ongles et au fond de teint, assez foncé pour dissimuler une dépigmentation de la peau, sans oublier de coquets escarpins colorés taille 42. Par quel miracle se trouvait-il en liberté moins de deux ans plus tard ? Nous penchions pour une erreur de procédure soulevée par un bon avocat, mais il n'en était rien : la nouvelle loi sur la présomption d'innocence, dite « loi Guigou », votée le 15 juin 2000 et entrée en application le 1er janvier 2001, lui avait permis de bénéficier d'une libération conditionnelle au bout de seulement dix-huit mois de détention préventive, bien avant de passer devant la cour d'assises.

À peine avait-il humé l'air de sa cité que notre boulimique du hold-up avait repris du service, persuadé qu'on ne l'y reprendrait plus, lui qui avait troqué sa tenue de travail trop « stylée » contre celle plus classique du braqueur encagoulé.

Le 6 juin 2001, nous sommes en planque dans la cité Balzac et nos deux clients sont chauds comme de la braise. Leur comportement est caractéristique de celui de braqueurs prêts à passer à l'action. Je mobilise un groupe supplémentaire. Une grosse Honda 600 CBR noire fait brusquement son apparition dans le décor, signale un enquêteur à la radio ; j'expédie nos deux meilleurs motards sur place, en renfort du sous-marin et de nos six voitures banalisées. Miloud conduit la bécane tandis que Kamel se cramponne au siège. À leur train, nos deux motards se relaient en se dissimulant derrière nos voitures en filature, un ballet huilé par des années de pratique et quasiment indétectable, et ce malgré les « coups de vice » réguliers de Boulette… qui se gare devant une agence de la BICS, sur la commune voisine de Villejuif. Kamel saute du deux-roues et pénètre dans la banque. Le temps se fige. Cinq minutes et trente-cinq secondes plus tard, soit un siècle…, il ressort et la moto s'arrache façon grand prix.

Deux policiers quittent le dispositif pour rassurer les employés de l'agence, sous le choc. Une demi-heure plus tard, alors qu'ils sont en phase de « refroidissement », nous coffrons nos deux clients. Kamel est en possession de liasses de billets… dont il « ignore » la provenance. Un pistolet et un scanner trouvés chez Miloud complètent la panoplie. Ils s'allongent sur le flag à la vue des photographies de leur exploit, mais « chiquent » sans surprise les autres braquages qu'on pourrait leur imputer.

Présomption d'innocence, acte II : la vérité sur l'affaire Bonnal

On l'appelle « le Chinois ». De son vrai nom Jean-Claude Bonnal, ce petit gabarit de quarante-huit ans, très dangereux, client régulier de la BRI, est né d'un père douanier et d'une mère vietnamienne. Dans les années 1980, il fait ses classes de simple soldat dans le gang de la Banlieue sud, où il gravit quelques échelons avant de se faire serrer par l'antigang lors de l'attaque d'une agence de la Barclays, avenue Kléber, en 1988. Les braqueurs avaient échangé avec la police une bonne quinzaine de coups de feu à la sortie de la banque ; pour sa part, Bonnal avait tiré méthodiquement les cinq chevrotines approvisionnant son *riot gun*, façon Steve McQueen dans *Guet-apens*.

Sa participation présumée au vol à main armée sanglant du bureau de change du Printemps, à Paris, lui vaut une nouvelle arrestation à la fin de 1998. Bien qu'une partie du butin ait été retrouvée chez lui, il est remis en liberté conditionnelle, courant 2000, par les juges de la chambre d'accusation de Paris, qui ont anticipé le vote de la loi sur la présomption d'innocence, la fameuse loi Guigou[197].

Violent et incontrôlable, le Chinois n'a pas bonne presse dans le milieu. Les gros voyous estiment qu'il « réfléchit trop avec son arme » et le tiennent à distance. Il en est réduit à s'associer avec des petites frappes de banlieue, des bras cassés plus jeunes que lui sur lesquels il peut avoir barre… Au début de septembre 2001 nous parvient un renseignement confidentiel selon lequel il envisagerait de remettre le couvert en ciblant des banques. « Il ne se laissera pas arrêter et préférera tirer plutôt que de retourner en prison ! », nous alerte notre source.

Le 5 septembre, nous commençons nos surveillances en calant notre emploi du temps sur les horaires d'ouverture des banques. Malgré l'environnement difficile des cités du Val-de-Marne, nous le voyons au contact quasi quotidien de deux Maghrébins. Nous mettons un nom sur l'un d'eux : Brahim Titi, né en 1968 en Algérie, est déjà tombé pour cambriolage et domicilié à Créteil. De taille moyenne, il présente la particularité d'avoir les yeux exorbités, symptôme classique d'un dysfonctionnement thyroïdien. Le second, approximativement le même âge, très grand, mince, affiche une vilaine cicatrice sur la joue droite, vestige d'une probable dispute avec un autre voyou. Le Chinois loge quant à lui dans un modeste hôtel Etap de Villeneuve-le-Roi.

Pendant plusieurs semaines, le trio se désintéresse des banques, ce qui laisse planer un doute sur la valeur du tuyau, mais la source persiste et nous livre deux numéros de téléphone, l'un

197. Jean-Claude Bonnal sera condamné pour le hold-up du Printemps, le 12 février 2003, à dix-huit ans de réclusion criminelle par la cour d'assises de Paris, puis acquitté en appel le 16 juin 2004, par la cour d'assises de Seine-Saint-Denis.

utilisé par le Chinois, l'autre par ses associés… Tout bascule le 15 octobre 2001 avec un appel de Jean-Paul Fisch, le patron de la section criminelle du SRPJ de Versailles, ancien chef de groupe à la brigade criminelle, que je connais personnellement : il veut me voir en urgence dans le cadre d'un quadruple meurtre perpétré quelques jours plus tôt à Athis-Mons, dans l'Essonne. Je le reçois une heure plus tard, lui et deux de ses collaborateurs, en compagnie de Bernard, numéro trois de la BRI, de Pascal Duroux, le chef du groupe qui est « au cul » du Chinois, et de Robert Martin, l'adjoint de la Doc.

Les faits se sont produits dans un bar-restaurant, *Le Fontenoy*, le samedi 6 octobre vers 21 h. Un carnage. Maria-Luisa, trente-quatre ans, épouse du propriétaire, Virginie, vingt-trois ans, serveuse, et Albertina, trente-quatre ans, femme de ménage, ont été découvertes au sous-sol, ligotées dans le dos avec du câble électrique, les yeux recouverts d'un bandeau, chacune une balle dans la tête. Le corps du propriétaire, Gildo, trente-huit ans, gisait dans la chambre froide, une balle dans la tête et une autre dans le ventre. La fille des exploitants, Sandra, neuf ans, séquestrée à part, s'en est sortie vivante ; elle a vu trois hommes. L'arme utilisée est un pistolet AMT Back Up 9 mm court à cinq coups, un modèle très rare.

Moins d'une semaine plus tard, m'explique Fisch, un indic a assuré aux gendarmes de la section de recherche de Versailles que le coup était l'œuvre du Chinois. La consultation du fichier des brigades spécialisées (FBS) lui a permis d'apprendre que nous avions précisément pour cible un homme connu sous ce surnom… « Les auteurs étaient trois, dont deux Nord-Africains qui se sont présentés comme clients peu avant la fermeture du bar », poursuit-il. « Nous avons un signalement précis de ces deux types, totalement inconnus de la clientèle habituelle. Lors de vos surveillances, avez-vous vu Bonnal au contact de Nord-Africains et dans l'affirmative, à quoi ressemblent-ils ? »

Les signalements correspondent bien à ceux de Titi et du grand maigre avec une cicatrice verticale sur la joue droite. Les deux portraits-robots sont eux aussi assez fidèles. Nous leur confions sur le champ toutes nos photos de surveillance, l'identité du petit aux yeux exorbités, les adresses de Bonnal et Titi et les numéros de leurs voitures.

« Les auteurs n'ont volé que la recette de la journée, quelques bijoux et la carte bleue des propriétaires, avec laquelle ils ont vainement tenté d'effectuer le lendemain un retrait dans deux agences bancaires du 13e arrondissement. Si par miracle vous avez leurs numéros de portable, on pourrait vérifier s'ils ont activé des balises à Athis-Mons ou à proximité de ces banques. »

Dans les minutes qui suivent, Robert Martin rapporte de son bureau les facturations détaillées des deux portables de l'équipe. Et elles sont formelles : ces téléphones ont bien activé une balise à Athis-Mons le jour de l'attaque et une autre, le lendemain, dans le 13e arrondissement. Plutôt d'un naturel réservé, Fisch explose : « C'est inouï ! Vous nous apportez sur un plateau les noms des plus que probables auteurs de la tuerie, leurs adresses et leurs numéros de portable. Il ne reste que le balafré à identifier. Nous allons informer la juge d'instruction Sylvie Nérot, pour que vous puissiez nous assister pour les arrestations, vu leur dangerosité, dès que vous aurez mis un nom sur le troisième et… découvert son adresse. »

Nous convenons de lancer notre coup de filet le plus tôt possible, puis je rends compte à mon sous-directeur, Pierre Cavin, dans un rapport circonstancié que je lui remets en main propre.

Le 16 octobre, lendemain de l'entrevue avec nos collègues versaillais, l'invraisemblable se produit. À 8 h 30, l'état-major nous informe de faits qui viennent de survenir sur la commune du Plessis-Trévise, dans le Val-de-Marne. Trois policiers du commissariat de Chennevières-sur-Marne sont intervenus pour une séquestration en cours dans un pavillon cossu, avec piscine, pergola et *tutti quanti*, appartenant à un couple aisé. Le commissariat a été alerté par une nièce dont les cinq auteurs n'avaient pas détecté la présence lorsqu'ils ont ligoté le couple et leurs deux enfants âgés d'une vingtaine d'années. Dans le jardin, alors que les policiers menottaient l'un des agresseurs, un de ses complices a fait demi-tour et tiré à plusieurs reprises dans leur direction. Bilan : deux policiers tués, le brigadier Patrick Leroux, trente-quatre ans, atteint par un projectile de 9 mm au niveau du cou et le gardien Yves Meunier, vingt-sept ans, touché par trois projectiles du même calibre ; le gardien Lionel Lévêque, vingt-huit ans, est de son côté sérieusement blessé. Dans le pavillon, les cinq auteurs ont abandonné un sac à dos contenant deux cagoules et une paire de gants ; sur la pelouse du jardin ou à proximité, deux autres cagoules et un gant.

Le malfaiteur finalement interpellé par d'autres policiers arrivés en renfort, blessé à la cuisse, ne nous est pas inconnu. Il s'agit de Djamel Bessafi, vingt-huit ans, né à Oran. Quatre mois plus tôt, le groupe de Georges Salinas[198] s'était en effet intéressé à ce braqueur multirécidiviste susceptible de s'en prendre à des banques. Il passait alors ses journées avec un certain Zaheir Rahmani et leurs portables avaient pu être identifiés. Je remets aussitôt un rapport à Pierre Cavin, à l'intention de la BRB, saisie de l'enquête, convaincu que Zaheir est susceptible d'être impliqué avec son ami Djamel dans le double meurtre des policiers au Plessis-Trévise.

L'information relative à la mort des deux policiers se propage dans nos rangs, provoquant une émotion considérable et une indignation qui iront crescendo. Parallèlement, ce même 16 octobre, le groupe de Pascal Duroux aperçoit le Chinois

198. Georges Salinas, devenu commissaire divisionnaire, dirige la direction de la sécurité de la présidence de la République (DSPR).

rentrer précipitamment à l'hôtel Etap à 9 h 15, puis en ressortir à 10 h 30, habillé différemment ; il ne nous faut pas plus de vingt-quatre heures supplémentaires pour identifier le grand balafré : Hakim Bouhassoune, petit voyou sans envergure de trente-trois ans, domicilié à Orly. Il n'y a plus qu'à attendre le feu vert de la juge d'Évry, mais l'exploitation des fadettes du téléphone utilisé par le Chinois apporte de nouveaux éléments dans le dossier du Plessis-Trévise. Le dimanche 7 octobre, à 21 h, il a utilisé ce portable alors qu'il était à une centaine de mètres du lieu où les deux policiers ont été tués neuf jours plus tard, ce qui peut laisser penser qu'il était en repérage autour du pavillon.

Dans le nouveau rapport que je remets à Pierre Cavin, j'ajoute que le jour de la mort de nos deux collègues, le portable de Zaheir Rahmani a été appelé à 9 h 05 depuis une cabine téléphonique proche de l'hôtel Etap, d'où était appelée trois minutes plus tard l'épouse de Bonnal, Bonnal que nous avions vu revenir à l'hôtel dix minutes après. Pas besoin d'être voyant pour savoir que Bonnal était dans la cabine. Des informations de première importance qui démontrent, s'il le fallait, la plus-value apportée par les groupes opérationnels de l'antigang et son groupe de documentation.

Le 19 octobre à 5 h du matin, trois colonnes de véhicules quittent le 36, composées de membres de la BRI, de policiers versaillais et d'observateurs de la BRB. Je prends personnellement la tête de celle qui se dirige vers l'hôtel Etap. Sur le trajet vers la banlieue, je suggère à Georges Salinas que cette affaire Bonnal n'a pas fini de faire du bruit. Je ne croyais pas si bien dire…

À 6 h pile, je compose sur l'étroit boîtier métallique le code à six chiffres qui débloque la porte de la chambre occupée par le Chinois, puis l'ouvre en grand. Georges et son groupe se précipitent sur Bonnal, couché et en caleçon, sa jeune compagne

Virginie nue à ses côtés. L'ennemi public numéro un n'a rien vu venir, ni rien entendu malgré l'épaisseur microscopique des cloisons.

Il est 7 h quand, sur le parking de l'hôtel, après avoir eu par radio confirmation des arrestations de Titi et Bouhassoune, je suggère aux officiers de police judiciaire de la Crim de Versailles et à ceux de la BRB de vérifier si la réception est équipée d'un dispositif d'enregistrement vidéo. La réponse fuse en chœur : « Monsieur Jobic, cela ne servirait à rien, car les premiers crimes remontent à deux semaines et les derniers à plus de trois jours. Les vidéos de ce type ne conservent que quarante-huit heures d'images ! »

Nos collègues repartis avec Bonnal et sa maîtresse, je me dirige tout de même, en compagnie de Georges, vers la réception. L'employé confirme l'existence d'un système vidéo, précisant que la bande est effectivement programmée pour s'effacer au bout de quarante-huit heures. Il nous remet cependant la cassette que nous confions, de retour au 36, à Pascal Duroux, à charge pour son groupe de la visionner et d'enrichir, si possible, le dossier individuel de Bonnal.

En fin de matinée, plusieurs radios, informées en détail par la DCPJ, font état de nos arrestations. L'après-midi, à Créteil, huit cents personnes rendent un ultime hommage aux deux policiers abattus de sang-froid, au cours d'une cérémonie pleine d'émotion. Dans les vingt-quatre heures qui suivent, les deux enquêtes progressent à pas de géant. La PJ de Versailles accroche le trio sur le quadruple meurtre. Bouhassoune est même passé aux aveux en mettant en cause ses deux comparses. De son côté, forte de nos tuyaux, la BRB a arrêté Zaheir Rahmani, l'ami de Bessafi, et creuse la piste Bonnal dans l'affaire du Plessis-Trévise, mais le scandale couve sur fond de polémique entre la police et la justice, poussant le ministre de l'Intérieur, Daniel Vaillant, à afficher sa « révolte » devant la libération anticipée du Chinois : « Cet homme a probablement participé à quatre meurtres, peut-être plus, l'enquête le dira, alors qu'il aurait dû, compte tenu de son passé et de la gravité des faits, être en prison. »

Le 24 octobre, en milieu d'après-midi, Fabrice Bouvet, l'un des meilleurs éléments de la brigade, débarque survolté dans mon bureau, ce qui est surprenant vu son calme habituel : « Patron, je viens de visionner la cassette vidéo de l'hôtel. Vous n'allez pas me croire, c'est une vraie bombe qui carbonise Bonnal et l'accroche pour sa participation à l'affaire du Plessis-Trévise et… » Fabrice ménage le suspens avant de poursuivre : « … ce n'est pas tout, tenez-vous bien, elle enchriste aussi Brahim Titi sur ce second coup ! »

J'écoute attentivement Fabrice, qui en profite pour reprendre son souffle : « Je n'avais pas pu regarder cette vidéo plus tôt, faute de temps, absorbé par des tâches plus urgentes. »

Contrairement à ce qui nous avait été dit, les images ne s'autodétruisaient pas au bout de quarante-huit heures. La cassette démarrait le lundi 15 octobre à minuit et couvrait donc la dramatique journée du 16, durant laquelle nos deux collègues ont été assassinés. Sur les images extraites par Fabrice, on voit Brahim Titi arriver sur le parking de l'hôtel le 16 à 4 h 47, au volant de sa Citroën AX blanche. On voit aussi Bonnal quitter sa chambre à 4 h 54, puis sortir du parking de l'hôtel six minutes plus tard à bord de l'AX conduite par Titi. Le même jour, Bonnal revient à l'hôtel à 9 h 15, vêtu d'un pantalon sombre et d'un polo gris, puis en ressort à 10 h 30, habillé cette fois d'un jean bleu et d'un trois-quarts en cuir noir. Cette cassette, que nous avions ramenée à titre de documentation, s'avère être une pièce à charge exceptionnelle. Non seulement elle établit de manière irréfutable l'emploi du temps du Chinois et l'accroche « à mort » par rapport à l'heure de la séquestration, comme de la fuite des auteurs, mais elle met aussi en cause Brahim Titi, dont rien jusqu'alors n'indiquait qu'il était l'un des cinq auteurs.

Je rends compte aussitôt à Pierre Cavin, avant d'annoncer l'excellente nouvelle au chef de la BRB, Yves Castano, et de l'avertir que je lui fais porter la cassette, non sans lui préciser les circonstances dans lesquelles Georges et moi l'avons récupérée. Mon collègue, contrairement à toute attente, fait montre de plus de réserve que d'enthousiasme, alors que la colère enfle encore dans les rangs et que des milliers de policiers s'apprêtent à défiler dans toute la France en criant : « On n'est pas des lapins ! »[199]. L'implication du Chinois dans la fusillade du Plessis-Trévise serait confirmée par des éléments matériels incontournables, dit la rumeur. Outre l'exploitation de son portable et les surveillances de la BRI, un rapport d'expertise établirait que des traces de son ADN et des résidus de tir ont été retrouvés sur un gant abandonné près de la piscine du pavillon. Pour les policiers, le vrai coupable est la « loi Guigou », votée au printemps 2000.

Je comprends la réserve de mon *alter ego* de la BRB le lendemain, lorsqu'il me fait venir dans son bureau de la rue de Lutèce pour m'« auditionner » au sujet de la cassette vidéo. Je sens Castano fébrile, dépassé, angoissé, tel Manolete, le célèbre torero espagnol à la mine tragique. En lieu et place de remerciements pour les précieux renseignements, j'entends mon valeureux collègue bafouiller et répéter en boucle que ce support risque de faire annuler la procédure pour vice de forme, et qu'il aurait préféré ne pas l'avoir reçu, car je ne l'ai pas « saisi » dans les règles.

Les choses ne commencent pas du bon pied avec ce collègue vétilleux, que je connais bien pour lui avoir succédé à la tête de la 3e DPJ, où les inspecteurs, pourtant excellents, trouvaient qu'il

199. Huit policiers avaient été tués depuis le début de l'année.

« coupait les cheveux en quatre ». Je sais qu'il n'a jamais eu d'informateur et qu'il a interpellé en 1998 « Madame Simone », une ex-prostituée de soixante-dix ans accusée d'exploiter un petit studio rue Saint-Denis ; une arrestation très mal vécue par les enquêteurs de la brigade criminelle, car c'est grâce à Simone qu'ils avaient réussi à identifier les deux auteurs de l'assassinat de Catherine Choukroun, la gardienne de la paix de vingt-sept ans abattue d'une balle dans la tête sur le boulevard périphérique, en février 1991. Depuis cet « exploit », il avait été conseillé à Castano d'éviter les couloirs de la Crim, où il était *persona non grata*, « tricard » en langage policier...

Pendant une heure, Castano m'interroge en évitant mon regard, tandis que son adjoint tape le procès-verbal à la machine. J'explique calmement les conditions dans lesquelles la cassette a été « appréhendée » par nos soins, et non « saisie » puisque la commission rogatoire délivrée par la juge d'Évry à la PJ de Versailles limitait le rôle de la BRI aux surveillances et aux arrestations, ne nous permettant pas de rédiger un procès-verbal de perquisition ou de saisie. J'insiste sur le fait que Georges Salinas et moi avions auparavant proposé à nos collègues de Versailles et à ceux de la BRB de vérifier si une vidéo était disponible.

En quittant les lieux, je réalise que mes différentes auditions à l'IGS, depuis le début de ma carrière, s'étaient déroulées dans un climat plus franc, n'empêchant pas la plus grande rigueur. J'en conclus que le chef de la BRB, en bon virtuose du parapluie, semble atteint par le virus de l'angoisse qui va très probablement contaminer une direction fébrile. Ça ne tarde pas. Trois heures plus tard, Pierre Cavin, frappé d'une gastro galopante, me fait venir dans son bureau. L'entretien se déroule dans une ambiance polaire. En se référant visiblement à un canevas de questions, il me demande pour quelles raisons j'ai mis la BRI derrière Bonnal, précisant que cela n'était pas « politique » !... Le mot est prononcé. Celui qui, dans son bureau, ne rate aucun épisode des *Feux de l'amour* aurait voulu me faire comprendre qu'il avait été maladroit, voire déloyal, de prendre comme objectif un malfaiteur multirécidiviste laissé libre par la justice, qu'il ne s'y serait pas pris autrement. Je suis devenu un obstacle. Un obstacle « politique ».

Je découvre aussi avec effarement que Cavin a oublié avoir signé plusieurs demandes d'interceptions de sécurité (IS) concernant Bonnal et Bessafi, qu'il n'a lu qu'en diagonale mes trois rapports et qu'il mélange allègrement les noms et les rôles des Nord-Africains dans les deux affaires. À l'évidence, le successeur de Jean Tchividjian n'est pas à la hauteur du poste qu'il occupe. Les choses empirent quand il me demande des explications au sujet de la vidéosurveillance. J'argumente : la juge d'instruction, pour en avoir le cœur net, pourra saisir la chambre de l'instruction, qui décidera d'exclure cette pièce du dossier ou, au contraire, validera sa présence. « C'est une grave erreur d'avoir récupéré cette cassette et la chambre d'instruction sanctionnera forcément cette saisie irrégulière », réplique en juriste distingué le brillant sous-directeur. Certitudes contredites deux mois et demi plus tard par la chambre d'accusation, qui pulvérisera la défense de Bonnal en validant cette pièce essentielle, « compte tenu des circonstances particulières dans lesquelles elle a été remise spontanément au chef de la BRI, lequel a rédigé un PV de remise de la cassette à la BRB, qui en a fait un identique à la juge d'instruction ».

En attendant cette clarification, mes collaborateurs sont effondrés devant la tournure prise par les événements. L'épisode suivant est annoncé. Le 26 octobre, Josy, la secrétaire du service, m'appelle à l'heure du déjeuner pour me dire que je suis convoqué dans le bureau du directeur à 15 h. Je pense que c'est pour lui confirmer les modalités de récupération de la cassette. Je me trompe. Gérard Girel me reçoit avec Cavin, qui fixe alternativement ses chaussures et le plafond. Avare de félicitations pour l'antigang depuis son arrivée, le directeur attaque par des compliments, avant l'estocade : « Je m'inscris en faux contre ceux qui reprochent à la BRI de ne pas avoir été derrière Bonnal lors des derniers crimes. Je sais que les six victimes ne faisaient pas partie des cibles qu'on vous avait désignées et de plus, quatre ont été tuées sur le ressort géographique de la PJ de Versailles. Ensuite, tu es le seul à avoir eu le bon réflexe en demandant à l'hôtel s'il y avait une cassette vidéo, mais les conditions dans lesquelles tu l'as rapportée mettent en péril la procédure. Si tu restes à la BRI, le procureur général Jean-Louis Nadal[200] envisage de te retirer ton habilitation d'officier de police judiciaire, ce qui veut dire que tu ne pourras plus exercer en police judiciaire… Le préfet de police nous attend. »

En dix minutes, la messe a été dite. Alors que nous empruntons dans le plus grand silence le trottoir qui mène du Quai des Orfèvres à l'hôtel préfectoral, je réalise qu'on m'a monté un beau chantier. La cassette brûlait les doigts de ma hiérarchie, ils ont trouvé un bouc émissaire. Me voilà assis dans le vaste bureau du préfet Jean-Paul Proust, flanqué de Michel Delpuech, son directeur de cabinet, Girel et Cavin. Le préfet de police, en place depuis à peine six mois, se déplace en boitant en raison d'un problème de hanche. Aussi large que haut, le visage rond barré de lunettes en métal, il a un air de maquignon malicieux. Très correct et plutôt gêné, il m'explique que l'affaire Bonnal est suivie au plus haut niveau, à Matignon, et que ses conséquences politiques, la mobilisation sans précédent des syndicats, tout comme l'épisode de la cassette, sont très ennuyeux… Je réalise qu'il ne connaît que les grandes lignes de l'affaire du Plessis-Trévise et de son lien avec celle d'Athis-Mons et qu'il est incapable de se prononcer sur le bien-fondé de ma « récupération » de la vidéo. Cela ne me surprend pas de la part d'un grand commis de l'État qui ignore

200. Jean-Louis Nadal s'est engagé publiquement à plusieurs reprises, à partir de 2011, après sa retraite de magistrat, en faveur du Parti socialiste.

les subtilités de la « cuisine procédurale ». Il s'est fondé sur des éléments de langage fournis par Girel, qui les tenait de Cavin, qui les tenait de Castano. Une telle scène n'aurait jamais pu se produire du temps de Philippe Massoni, qui m'estimait et qui, grâce à sa formation de commissaire et à son parcours, ne se serait jamais permis d'agir d'une façon aussi basse.

Le préfet patelin professe qu'au bout de six ans à la tête de la BRI, il est normal que je change d'affectation. Il m'annonce que je vais rejoindre dans les trois jours le cabinet de Patrice Bergougnoux, directeur général de la police nationale. Mon sort est scellé. La décision de me faire quitter la BRI est politique, le préfet venant clairement de me faire comprendre que la colère des policiers contre le laxisme du gouvernement ne pouvait que fragiliser le titulaire de Matignon, Lionel Jospin, à quelques mois de l'élection présidentielle. Il n'avait pas tort[201]...

Non seulement je suis évincé de façon peu élégante, mais les remerciements ont été brefs, alors que les résultats sont là : sans les informations de l'antigang, Bonnal et ses complices n'auraient jamais été arrêtés. Politiquement, cela eût-il mieux valu ? Pour le citoyen, j'en doute...

Quelques jours plus tard, Roger Le Taillanter pointe en vieux sage une autre vérité : la ferme volonté de la direction du 36 de transformer la BRI en simple service d'assistance au bénéfice des autres brigades, en lui faisant abandonner toute enquête d'initiative. *Yves, tu dérangeais ceux qui voulaient changer le rôle de la BRI, car tu étais à la tête d'un village gaulois qui résistait*, m'écrit le commissaire à la retraite. *Ils ont utilisé le prétexte de la cassette de l'affaire Bonnal pour se séparer de quelqu'un qui ne se fondait pas dans le nouveau moule.*

---

201. Dans son livre *L'Intérieur* (Paris, Fayard, 2012), l'ancien DGPN Patrice Bergougnoux confirme que l'affaire du Chinois a emballé le discours sur la faillite de la gauche en matière de sécurité, à six mois de la présidentielle de 2002.

Le 14 novembre 2001, entendu par la juge de Créteil, Bonnal, bien que confondu par des expertises génétiques, nie toujours sa participation au double meurtre de policiers. Il se prétend victime de machinations, le gant retrouvé sur les lieux du crime avec son ADN ayant été, selon lui, apporté par un tiers… dont il ne précise pas s'il s'agit d'un concurrent, de la police ou de Chronopost. Manque de chance, la cassette vidéo démonte irréfutablement la thèse d'un ADN « transporté ». Une semaine plus tard, les commissaires, officiers et gardiens redescendent dans la rue à l'occasion d'une marche unitaire qui rassemble plus de dix mille policiers. L'affaire Bonnal est clairement devenue le symbole de l'échec de la gauche en matière de sécurité.

Le procès s'ouvre en 2005 devant la cour d'assises du Val-de-Marne, qui juge en même temps les deux dossiers d'homicides. Alors que je suis appelé à témoigner, Georges Brenier, jeune journaliste de RTL[202], qui suit le procès, m'a prévenu que Bonnal m'avait désigné comme « une partie essentielle du complot judicio-médiatico-politico-policier [*sic*] » dont il s'estime victime. Le journaliste me rapporte en passant ce propos tenu à la barre par Bénédicte Panay, l'épouse de Titi : « En 2001, avant les faits, Bonnal passait son temps à raconter qu'il allait faire un dernier coup et qu'il allait "faire un pied de nez à Jobic"… »

Devant les jurés, je relate pendant deux heures le travail de la BRI, les vingt-huit jours de surveillances, les identifications, les éléments de téléphonie recueillis, la récupération et l'exploitation de la cassette vidéo, dont la présidente, Janine Drai, a fait projeter les extraits qui contredisent la version de Bonnal et anéantissent sa défense. J'explique que nous avons affaire à des pieds nickelés, spécialistes de coups foireux. J'ajoute que Bonnal, condensé de criminel instable et imprévisible, était parti dans une spirale infernale, n'ayant plus rien à perdre et ne voulant

202. Actuel spécialiste police-justice de TF1.

pas laisser de témoins oculaires, et que s'il existait une échelle de Richter de la dangerosité, Bonnal et ses complices seraient au sommet.

Comme cela sera de nouveau le cas lors du procès en appel à Paris, en 2007, le président, le parquet général et les avocats des parties civiles soulignent le travail « déterminant » de la BRI. À défaut des félicitations de ma hiérarchie ou d'une médaille du ministre de l'Intérieur Daniel Vaillant, j'accepte ce cadeau pour mes hommes, en récompense de leur abnégation. À l'issue du procès en appel, Bonnal, reconnu seul coupable des six homicides, est condamné à la réclusion criminelle à perpétuité assortie d'une période de sûreté de vingt-deux ans. Reconnu complice des quatre homicides d'Athis-Mons, Bouhassoune écope de trente ans, Titi de vingt-cinq ans, Bessafi et Rahmani de treize ans et Asslouni, le cinquième complice identifié par la BRB, de huit ans.

Pour le milieu, le Chinois restera celui qui a plombé involontairement la loi Guigou sur la présomption d'innocence ; aux yeux de la classe politique et des médias, il est celui qui a fait perdre à la gauche l'élection présidentielle de 2002, dont le thème majeur, ce n'est pas un hasard, a été l'insécurité.

17.

Comment on a cassé le Quai des Orfèvres

Quelques jours après ma relaxe, je déjeune avec Jean-Marc Varaut. Mon principal avocat, avec qui j'ai noué des liens amicaux, avoue avoir été très inquiet à plusieurs reprises. « Le juge n'a instruit qu'à charge », me confie-t-il, « et les gendarmes n'ont rien fait pour le remettre sur les bons rails, bien au contraire. L'aveuglement du magistrat ne fait pas honneur à la Justice. Nous sommes passés à deux doigts d'une énorme erreur judiciaire. » Comble selon lui, le juge a versé au dossier, accessible à tous, un document très sensible pour la sécurité de nos sources, que je lui avais remis à titre confidentiel.

« Ce système du juge d'instruction tout puissant, qui décide de façon solitaire des actes les plus importants, comme le placement en détention, est à mon avis condamné[203] *», tranche l'avocat. « Vous avez aussi été la victime d'idéologues dangereux du Syndicat de la magistrature, organisation professionnelle qui a pesé de tout son poids pour soutenir son adhérent, époux de sa présidente Adeline Hazan. »*

Modeste sur son rôle capital dans l'animation de ma défense, Jean-Marc Varaut me flatte aimablement : « Vous devez votre

203. En janvier 2001, la décision de placer en détention passera entre les mains d'un autre juge : le juge des libertés et de la détention (JLD).

salut à votre intégrité, au soutien de tous vos pairs, à tous les autres magistrats qui ont eu à connaître de votre dossier et aussi... à votre courage ! »

Malicieux, celui qui a été l'associé de Roland Dumas ajoute : « Je vais vous faire sourire. Lorsque les deux experts ont rendu leur rapport à propos de votre patrimoine, le juge m'a dit à votre sujet : "Je n'arrive pas à savoir ce qu'il fait avec l'argent qu'il retire en espèces à sa banque !" »

L'avocat, de sensibilité royaliste, membre de l'Académie des sciences morales et politiques, m'encourage à saisir la commission spécialisée de la Cour de cassation pour obtenir un dédommagement du préjudice subi lors de ma détention : « Yves, vous pouvez faire confiance en la justice. Le parquet de Nanterre, la chambre d'accusation de Versailles, la chambre criminelle de la Cour de cassation et le tribunal de Nanterre ont désavoué le magistrat. Le juge Diemer, qui préside la commission spécialisée, est un magistrat remarquable. Je suis persuadé que vous obtiendrez gain de cause. »

En novembre 1989, la Gazette du Palais publie l'intégralité du jugement qui m'a relaxé, accompagné d'un commentaire sans détour : Le jugement rapporté retiendra l'attention du point de vue de la politique policière. En le lisant, on croirait avoir sous les yeux la suite des Mémoires de Vidocq. Mais, quand la délinquance s'institutionnalise, tandis que la justice criminelle se lézarde, n'est-il pas dans la nature des choses que la police judiciaire soit contrainte d'user de procédés périlleux pour s'efforcer de colmater les brèches ?

*

Dans les mois qui suivent, plusieurs acteurs du dossier connaissent de sérieux déboires. Bany est défigurée à la sortie du Béjaïa, *un bar kabyle du boulevard de la Chapelle, par un jeune voyou qui lui ouvre entièrement une joue au cutter. D'aucuns prétendent qu'il aurait été missionné. Je l'ignore... Son compagnon, « Mireille Mathieu », se fait arrêter au Maroc pour cambriolage. Il en profite pour faire connaissance avec le confort et la douceur des prisons du royaume chérifien. Difficile d'inventer une fable sur les policiers marocains pour se sortir de son cul de basse-fosse ! Rattrapé peu après par la Grande Faucheuse, le souteneur tire sa révérence.*

Térésa est victime en Italie d'un grave accident de la circulation qui la laisse paralysée. Le fils de Suzette Disy, la proxénète antillaise, succombe à une overdose. Michel, le restaurateur algérien qui soutenait m'avoir vu au volant d'une Porsche, avec en guise de passagers le Vieux et une très belle femme ressemblant à Fatna Beliali, est arrêté et écroué pour un trafic d'héroïne organisé dans son bar du 18e arrondissement. À sa sortie de prison, son bar fermé, Michel tombe malade et meurt dans la misère.

Pour finir, l'épouse d'un des principaux enquêteurs de la SR de Versailles a le visage défiguré par un coup de sabot de son cheval. Justice immanente ? À Paris, dans le milieu, on évoque une malédiction visant les acteurs du complot...

À la fin de juin 1989, Pedro Villalonga comparaît devant la cour d'appel de Paris pour proxénétisme. Quelques jours avant l'audience, il a adressé au président de la cour un courrier de six pages, dans lequel il sollicite le pardon de la société et opère une spectaculaire marche arrière : J'ai beaucoup réfléchi au piège dans lequel je suis tombé. J'ai été arrêté par la 1re DPJ pour une grosse affaire de proxénétisme, un dossier bien ficelé par les policiers. Mon dossier pénal est clair comme de l'eau de roche. Au lieu de me laisser tranquille, « ON » est venu me contacter pour me faire entrer dans la galère de ce dossier Vénère-Caugant-Jobic et enfoncer ces policiers. On m'a fait reluire monts et merveilles ! Dont une liberté provisoire que j'ai sollicitée maintes fois ! Je fus extrait en gendarmerie à plusieurs reprises et le « PIÈGE » s'est refermé sur moi et Jobic. Entre Versailles et Nanterre, on m'a bien « baladé »... J'ai ouvert les yeux et je suppose que j'ai tout compris. On a voulu ABATTRE JOBIC and Co.[204].

Certains voyous dont il est proche ont fait savoir qu'il avait pris soin de laisser chez un homme de loi un écrit et une cassette vidéo dans lesquels il expliquait, par le menu, qui l'avait fait participer à ce « montage » destiné à m'abattre...

*

Le 16 novembre 1990, après avoir étudié le mémoire déposé par maître Capron, mon avocat auprès de la Cour de cassation, et m'avoir interrogé avec beaucoup de tact, la commission nationale chargée d'indemniser les justiciables détenus à tort m'alloue une indemnité de cent cinquante mille francs[205] *pour mes dix-sept jours de détention provisoire. Un nouveau camouflet pour le juge, le plus cinglant de tous, venant cette fois de la juridiction la plus élevée.*

La commission, présidée par Jean-Georges Diemer, ancien juge d'instruction à la compétence unanimement reconnue, a considéré que le juge n'aurait jamais dû m'incarcérer et que j'ai subi « un préjudice anormal et d'une particulière gravité ». La plus importante des indemnisations jamais attribuée à l'époque, rapportée au nombre de jours passés derrière les barreaux, ne pourra cependant réparer l'injustice subie.

---

204. Courrier daté du 23 juin 1989. Les mots en lettres majuscules sont de la main de Pierre Villalonga.

205. L'équivalent de 35 000 euros.

D'autres formes de réparation vont suivre, comme ce long message adressé en 1990 par le commissaire Roger Le Taillanter, qui achevait un livre sur mon cas[206] *:* De toute ma carrière, je n'ai jamais connu une affaire aussi hallucinante. Tu as été victime d'une instruction caricaturale, indigne d'une démocratie. Le juge et les gendarmes ont cru sortir l'affaire du siècle. Ils ont voulu te faire passer pour un proxénète, voleur, trafiquant de drogue et barbouze pour le compte non seulement des services spéciaux algériens mais aussi du RPR, en s'appuyant exclusivement sur des accusations mensongères émanant d'un milieu qui voulait ta peau. L'enquête a coûté une fortune au contribuable. Elle t'a fait perdre un an et demi de ta vie ainsi qu'à tes proches et a provoqué des dégâts considérables sur la motivation de tous les policiers. Le Syndicat de la magistrature en a profité pour s'engouffrer dans l'instruction pour tenter de saper la citadelle du 36 et dénoncer son recours assumé à des sources pour combattre la délinquance. Tu as réussi à surmonter ce cauchemar inhumain, avec tes cent douze heures d'auditions, ton incarcération et ta mise au pilori par certains médias. D'autres à ta place se seraient mis une balle dans la tête !

Je n'en ai cependant pas tout à fait terminé. Le 8 janvier 2000, Marc Monge, figure du grand banditisme du Sud de la France, surnommé « le Parrain du Vaucluse », est abattu de deux balles dans la tête alors qu'il circule en voiture sur la commune de Saint-Ouen, victime d'un règlement de comptes perpétré par des « concurrents »[207]*. Trois mois plus tard, arrêté par l'Office des stups, l'un de ses complices laisse vaguement entendre que Monge était en contact avec plusieurs services, Douane, gendarmerie, police, notamment avec « un commissaire parisien des RG nommé Jovic ou Jobic ». L'OCTRIS se garde bien de prévenir le 36, mais rend compte au TGI de Carpentras, qui saisit illico l'IGPN.*

206. *Commissaire Jobic*, paru aux Éditions de Fallois (1990).
207. Saïd Tir est vraisemblablement derrière cet assassinat.

Les deux collègues de l'inspection, bien ennuyés, m'avouent avant de m'auditionner : « Yves, nous t'avons placé sur écoute pendant plusieurs mois. Nous avons constaté qu'à l'évidence, tu ne connais ni Monge, ni personne de son entourage. » Je confirme, non sans apporter mon éclairage au sujet de ces accusations : Bernard Le Mouton, décrit comme le parrain de la rue de Budapest, avec lequel j'étais soi-disant très lié, était un intime de Marc Monge. De là à ce que certains magistrats aient été tentés de réécrire l'histoire malgré ma relaxe, il n'y a qu'un pas... Au passage, me voilà conforté dans mon choix d'utiliser systématiquement des cabines téléphoniques publiques pour échanger avec mes contacts[208].

Quelques années plus tard, en 2004, un autre acteur clé du dossier rompt le silence. L'ex-gendarme Robert Montoya, à l'époque des faits employé de la société chargée de poser des écoutes par le juge de Nanterre, apporte dans un livre son point de vue d'expert. Reconverti dans la sécurité et les ventes d'armes en Afrique, il établit un lien entre l'arrestation de Jean-Claude Laignel et « mon » affaire : Il apparaîtra finalement que le commissaire Yves Jobic a été victime d'un « chantier »... Jobic avait arrêté Jean-Claude Laignel, un gros trafiquant d'héroïne qui avait la particularité d'être également le demi-frère du député et trésorier du PS, André Laignel. Laignel-trafiquant a pris treize ans fermes. Coïncidence ou non, au moment où la campagne de dénigrement contre Jobic bat son plein, Jean-Claude Laignel s'apprête à repasser en jugement. Dans le but de discréditer le témoignage à charge de l'inspecteur [*sic*], celui-ci est inculpé de « proxénétisme aggravé » suite aux accusations d'un souteneur et de prostituées... des filles arrêtées par le même Jobic quelque temps auparavant[209].

208. En juillet 1999, un de mes contacts au ministère de l'Intérieur me prévient que je viens d'être mis de nouveau sous écoute par un service de gendarmerie.

209. *Scandales à l'Élysée*, paru chez J. M. Laffont (2004).

Les « Bretons têtus »

Entre les flics et les juges, on a bel et bien glissé en vingt ans de l'alliance au divorce, mais les coups portés à la police judiciaire parisienne sont souvent venus de la sphère politique.

La première secousse remonte au mois de mars 1982. Alors que ma formation suit normalement son cours, l'actualité de la « maison Police » est agitée par un violent bras de fer opposant le ministre de l'Intérieur, Gaston Defferre, à François Le Mouël, nommé à la tête du 36 quai des Orfèvres dans la foulée de l'élection présidentielle du 10 mai 1981. Ce dernier désire choisir comme adjoint Marcel Leclerc, le chef de la brigade criminelle, mais des syndicats policiers marqués à gauche, ayant l'oreille du ministre et de ses conseillers, s'y opposent au motif que ce policier serait « de droite ».

Le ministre préfère écouter les syndicats plutôt que le directeur, dont les opinions socialisantes sont pourtant bien connues. Marcel Leclerc se voit proposer la tête du SRPJ de Marseille, la ville de Defferre. Il refuse en se retranchant derrière son statut de commissaire de police de la ville de Paris ; Le Mouël, par solidarité, met sa démission dans la balance.

En pleine crise, face à une situation totalement absurde, je ne reste pas les bras croisés. Par un début d'après-midi pluvieux, je sèche un cours et quitte à pied l'ENSP pour la Poste, qui se trouve au centre du petit village. Au guichet, je réclame l'imprimé pour envoyer un télégramme et rédige un message de soutien à l'attention de François Le Mouël : *De tout cœur avec vous dans les difficultés que vous rencontrez en ce moment.*

J'ignore que mon télégramme ne lui sera pas remis directement, mais qu'il va transiter par le canal de l'état-major du Quai des Orfèvres, où une dizaine de policiers ne manquent pas d'en prendre connaissance. Un tel message, envoyé par un jeune élève commissaire à leur directeur en pleine guerre ouverte avec le ministre, la démarche peu banale est perçue comme un acte courageux et… très risqué. Mon renvoi de l'école n'est pas à exclure si ma missive se retrouve dans *Le Canard enchaîné*, comme me l'apprendra François Le Mouël quelques semaines plus tard… avec le sourire.

Comme le ministre ne cède pas, Le Mouël met sa menace à exécution, une première dans l'histoire du 36. Pour couronner le tout, Olivier Foll, numéro deux de la Crim, refuse de s'installer dans le fauteuil de son patron qui est débarqué sur le champ et évacué à l'IGPN. Sous pression, le préfet de police se lâche devant la presse : « Le Mouël, Leclerc, Foll, les Bretons têtus, ras le bol ! »

L'épisode suivant se noue bien plus tard, peu après le retour en force d'Olivier Foll au 36, dont il devient le patron le 21 décembre 1995. Son homologue à la tête de la Sécurité publique, Pierre Ottavi, lui fait rapidement connaître son projet, consistant à importer dans la capitale l'organisation de la police de Marseille, où il était précédemment en poste. Concrètement, plaide-t-il bientôt lors d'une réunion de direction dans le bureau du préfet de police, Philippe Massoni, les commissariats de quartier, rattachés à la PJ, seraient mieux employés dans le giron de la police en tenue. Le patron du 36 fait savoir qu'il s'y opposera et en profite pour dire qu'il a lui-même réfléchi à un projet : le rattachement des îlotiers des vingt commissariats d'arrondissement de la sécurité publique à la police judiciaire. Un maillon supplémentaire en quelque sorte, organisation que j'aurai l'opportunité d'éprouver à partir de septembre 1991, lorsqu'au terme d'un an de « mise au vert » au sein de son cabinet, le directeur me nommera chef-adjoint de la 6e DPJ.

Logée dans un immeuble de six étages avenue du Maine, sous le même toit que le commissariat de sécurité publique du 14e arrondissement, la « 6 » traite alors l'activité judiciaire sur les 7e, 14e et 15e arrondissements, soit le quart sud-ouest de la capitale. Elle comprend plus de deux cents policiers, dont douze commissaires, répartis entre les neuf commissariats de quartier chargés du « petit judiciaire » et de la police administrative, et son siège, qui abrite le groupe des enquêtes générales, le groupe criminel, trois unités de recherches et le groupe de nuit.

Il n'est pas inutile d'entrer dans le détail pour comprendre les rouages de cette redoutable machine que d'aucun voudraient éborgner. Le groupe des enquêtes générales, fort d'une trentaine d'inspecteurs, reçoit et traite les plaintes concernant les viols, les cambriolages dont le préjudice est supérieur à cinq cent mille francs[210], les extorsions, les vols à la fausse qualité et les agressions les plus graves. Il est aussi chargé des « affaires réservées », ces enquêtes suivies en temps réel par la direction et le parquet comme le lait sur le feu, qui mobilisent près de la moitié du temps des policiers. Surtout dans un arrondissement comme le 7e, où sont implantés l'Assemblée nationale, l'hôtel Matignon, l'essentiel des ministères et les sièges des principaux partis politiques. Le moindre incident dans ces lieux de pouvoir peut avoir des répercussions nationales.

Les personnes interpellées par la sécurité publique, de jour comme de nuit, sont systématiquement mises à la disposition de la PJ et orientées, selon l'infraction, vers le siège ou un commissariat de quartier. Le groupe des enquêtes générales traite ainsi tous les cambrioleurs arrêtés en flagrant délit, avec une perquisition à leur domicile qui permet souvent d'« accrocher » l'individu sur plusieurs casses et non pour le seul qui a justifié son arrestation. À l'arrivée, la note est beaucoup plus salée et le

210. L'équivalent de 115 000 euros.

délinquant est mis sur la touche pour un bon moment, une pratique qui s'est malheureusement perdue à la demande du parquet.

Entre 20 h et 8 h du matin, le groupe de nuit reçoit les « clients » ramenés par la sécurité publique, que ce soit pour une conduite en état d'ivresse, une fiche de recherche, un vol ou un homicide. Le matin, le chef inspecteur divisionnaire (CID), numéro quatre du service, répartit les dossiers et les mis en cause entre le siège et les commissariats, non sans avoir vérifié si l'un des interpellés ne correspondrait pas, par un heureux hasard, à un auteur recherché dans le cadre d'une synthèse criminelle plus importante. Les homicides échouent entre les mains du groupe criminel, du moins ceux qui ne sont pas dirigés vers la Crim. Quant aux unités de recherches, elles sont en permanence sur le terrain. Un système identique aux six DPJ et tellement bien huilé que les loupés sont rares, d'autant que l'information circule parfaitement entre les commissariats et le siège, une symbiose totale qui est la clef de la réussite.

Devant les velléités conquérantes de la Sécurité publique, qui cherche à récupérer des parts de marché au détriment de la PJ, Philippe Massoni temporise, puis range sagement dans un tiroir les deux projets antagonistes, celui d'Ottavi comme celui de Foll.

La direction du 36 n'entend plus parler de rien… jusqu'au départ d'Olivier Foll, chef charismatique, contraint le 18 juin 1997, un an avant sa retraite, de rejoindre l'IGPN. Le parquet général vient en effet de lui retirer pour six mois son habilitation d'OPJ pour avoir refusé l'assistance de policiers au juge Halphen lors de sa perquisition au domicile des époux Tibéri[211], monsieur étant le maire de Paris en exercice. Son successeur, Patrick Riou, jusqu'alors chargé de la lutte contre le terrorisme basque à la DCPJ, est intronisé deux jours plus tard avec ce

211. Olivier Foll a justifié ce refus en raison de l'absence de délivrance à la PJ, par le juge, d'une commission rogatoire de demande d'assistance à la perquisition.

commentaire de la journaliste Patricia Tourancheau, dans *Libération* : *Le nouveau directeur retrouve aussi le commissaire Yves Jobic, marqué à droite, à la tête de l'antigang... Deux missions de taille attendent maintenant cet homme au look de* gentleman *britannique, parfois cassant : restaurer les relations avec les magistrats, distendues à cause de l'affaire Foll, et veiller à l'« impartialité » de la PJ dans les enquêtes politico-financières.* Ce qui laisse entendre qu'auparavant, ces enquêtes étaient menées de façon partiale...

Si Patrick Riou connaît très bien le Quai des Orfèvres, il n'a jamais exercé dans l'un des cinquante-quatre commissariats de quartier ou centres de police de la PJ parisienne. Contrairement à son prédécesseur, il ne connaît pas, de l'intérieur, le « rez-de-chaussée » de la structure. Il a servi un an à la 9e BT de Créteil, puis a enchaîné plusieurs brigades centrales, à l'exception de la BRI et de la BRB, avant de diriger la sous-direction des affaires économiques et financières. Dans les jours qui suivent sa prise de fonction, contrairement aux us et coutumes, il ne juge pas utile de s'entretenir avec moi au sujet de la BRI, de ses missions, de ses besoins, de ses effectifs, de ses résultats. Trois mois plus tard, le directeur finit tout de même par me convoquer dans son bureau, comme je l'apprends sur le chemin du retour du cocktail que les époux Boucheron ont tenu à organiser pour nous remercier d'avoir mis en échec le projet criminel qui visait les parents du joaillier[212], une réception à laquelle a été conviée la brigade entière, dans le salon de leur luxueux hôtel particulier.

Patrick Riou me reçoit en tête à tête pour m'exposer le projet qu'il nourrit pour la BRI : « Yves, le flagrant délit en matière de banditisme est de plus en plus dangereux, d'autant plus que le parquet n'est pas informé en amont de vos surveillances. Et puis la police scientifique a fait d'énormes progrès qui nous

212. Voir *supra*, p. 260.

permettent d'accrocher les délinquants après la commission d'infractions, à partir de l'ADN. »

Il poursuit, guettant mes réactions : « J'aimerais transformer la BRI, qui travaille actuellement d'initiative sur ses propres dossiers, en un prestataire de service pour le compte de la Crim, des Stups, de la BRB, des DPJ, SDPJ et des AEF. Ce serait un mini-RAID qui ferait les surveillances et les filatures pour le compte d'autres services, qui disposent de cadres juridiques bien bordés. »

Hanté par l'idée qu'une bavure ne se produise à l'occasion d'un flagrant délit, le nouveau directeur souhaite clairement réorienter la mission de la brigade vers un travail moins périlleux de pure assistance. Adieu l'initiative, qui constitue pourtant l'essence du service. Avec à la clé beaucoup moins de risques pour sa carrière. Lisant le dépit sur mon visage, Patrick Riou tente le pas de côté : « Yves, comme tu es breton et têtu, je sais que j'aurai du mal à te faire accepter cette évolution. »

Il aurait pu dire « révolution », mais je prends cette perche pour ce qu'elle est : une allusion à peine déguisée à mon avenir professionnel. Mon silence atterré ne semble pas le satisfaire, lui qui imaginait vraisemblablement que j'adhérerais sans la moindre réserve à ses vues lumineuses. Je suis pourtant bien décidé à ne pas modifier le cap de la BRI.

Lorsque je rapporte la teneur de cet entretien à mes collaborateurs, ils croient d'abord à une plaisanterie, avant de se raviser. Je sais qu'à compter de ce jour, je dérange et qu'en raison de ce profond désaccord, je ne pourrai pas compter sur le soutien du directeur en cas de pépin. Un après-midi gravé dans ma mémoire : après avoir fêté avec M. et Mme Boucheron le savoir-faire de la BRI, cette véritable « douche froide » n'annonçait rien de bon pour le service, ni pour moi-même.

Le 10 octobre 1997, quatre mois après sa nomination, le cheveu impeccablement peigné, Patrick Riou monte avec élégance les deux étages qui nous séparent de son bureau. Le message qu'il délivre aux chefs de groupe de la brigade est on ne peut plus clair : « Quand je suis arrivé au 36, le climat était très mauvais, en particulier par rapport aux magistrats. J'ai réglé cela. Dorénavant, nous leur rendons compte en permanence. Par ailleurs, le banditisme a évolué, il y a beaucoup moins de grand banditisme qu'auparavant et davantage d'affaires financières. Je ne vous demande pas de "faire de la bâtonite", ni de courir après les affaires, mais d'être à niveau pour le volet BAC [brigade anti-commando], au cas où ! »

Devant mes proches collaborateurs, qui me regardent incrédules, il conclut d'une curieuse formule : « L'imagination est au pouvoir ! » Puis s'en retourne sans ébaucher le moindre échange : il n'est visiblement pas venu pour cela.

« Patron », me lâche un chef de groupe, « il vient de nous dire qu'entre deux entraînements BAC, on peut aller jouer au tennis, si on le souhaite. » « Avec un tel discours », renchérit un autre, « on va avoir du mal à motiver nos gars pour qu'ils attaquent les planques à 6 h du matin ! »

Pas besoin d'être grand clerc pour comprendre que la BRI n'est pas la tasse de thé du *gentleman*. « *Wait and see!* », voilà la nouvelle philosophie. La visite crée un sérieux malaise, d'autant que rien n'a été dit du renforcement des effectifs, ni des moyens, alors que le grand banditisme ne montre pas de signes de faiblesse… Nous allons continuer à aller de l'avant, à privilégier les planques et les filatures, en éloignant, pour quelque temps au moins, les parties de tennis, mais rien ne sera plus comme avant…

La suppression des « frais de police »

C'est presque par hasard, en regardant leur fiche de paie, que les inspecteurs de police parisiens, rebaptisés depuis peu « officiers », apprennent en janvier 1998 la modification du système des « frais de police », en vigueur depuis près de vingt-cinq ans.

Jusqu'alors, au 36 comme dans tous les services de police judiciaire du pays, les inspecteurs touchaient tous les mois une prime en liquide, d'un montant variable en fonction du grade et de l'activité du service d'affectation. Il s'agissait de compenser leur disponibilité vingt-quatre heures sur vingt-quatre, les heures supplémentaires n'étant pas prises en compte, et de couvrir leurs divers frais, comme le taxi dans lequel il faut sauter lors d'une filature inopinée. Les « enveloppes », distribuées par le chef de service aux chefs de groupe, étaient ensuite, presque toujours, équitablement réparties entre les policiers, quel que soit leur grade, constituant à l'arrivée un revenu supplémentaire moyen de mille trois cents francs[213] par mois, net d'impôt.

Dans une volonté de « transparence » et de nivellement, l'administration remplace ces « frais » par une « prime de commandement » versée à tous les officiers, qu'ils exercent en police judiciaire ou à la sécurité publique. D'un montant de cinq cents à trois mille francs[214], selon le grade, elle figure dorénavant sur la fiche de paie et se trouve donc assujettie à l'impôt.

Sur le principe, les officiers parisiens jugent injuste que tout le monde soit logé à la même enseigne et qu'un officier en poste aux « archives » du commissariat de Millau perçoive une prime mensuelle identique à celle d'un officier des stups ou de l'antigang qui planque toute la journée, loin des quarante heures et

213. L'équivalent de 260 euros.
214. L'équivalent de 100 à 600 euros.

demie de services théoriques, sans compter le risque bien réel de prendre une balle. Ce nouveau système est une victoire pour leurs collègues de province, qui ne touchaient quasiment rien, mais les « Parisiens » s'estiment perdants en raison de contraintes beaucoup plus marquées et de la spécificité du travail d'initiative propre aux services du 36. Non seulement ils perdent en moyenne cinq cents francs par mois, mais beaucoup vont changer de tranche d'imposition, voir l'APL baisser, les allocations familiales sauter et le prix du loyer, de la crèche et de la cantine augmenter.

Le 6 mars 1998, plus de trois cents enquêteurs venus du Val-de-Marne, des Hauts-de-Seine, de Seine-Saint-Denis et de tous les services parisiens, au volant de voitures de service, manifestent leur mécontentement sous les fenêtres du directeur du 36, gyrophares sur le toit et sirènes deux-tons bloquées. Du jamais vu. Patrick Riou, qui n'a pas anticipé, refuse de rencontrer la délégation ; droit dans ses bottes, il préfère laisser passer l'orage. Mauvais calcul : plus de la moitié des effectifs des services concernés, soit mille cinq cents officiers, le droit de grève leur étant interdit, entament une grève du zèle contre ces « technocrates qui ne connaissent rien à la police ». Ils n'exigent pas le maintien des primes en liquide, juste que le manque à gagner soit compensé. Seules les plaintes et les demandes des magistrats sont traitées. Arrivant ponctuellement au bureau à 9 h, les enquêteurs déjeunent à midi et rentrent chez eux à 19 h : finis les dépassements. Ils observent par ailleurs à la lettre le code de la route, s'abstiennent de griller les feux rouges comme d'emprunter les voies de bus et... perdent les filatures après quelques minutes.

Le résultat ne se fait pas attendre. En mars, la délinquance augmente de 12 % à Paris. Les officiers, eux, prennent conscience que la passion du métier les a rendus capables de travailler jusqu'à soixante heures par semaine sans jamais rechigner. De lointains et anonymes bureaucrates ont décidé, sans consultation ni préavis, de ranger ces chasseurs dans la même catégorie que tous les autres fonctionnaires, par méconnaissance de leur activité. Ce qu'ils perçoivent comme un manque d'estime et de considération atteint de plein fouet leur motivation et leur disponibilité.

Cette grève du zèle dure jusqu'au 15 juin 1998, soit plus de trois mois durant. Elle s'interrompt avec l'engagement du ministre d'accorder une rallonge financière aux enquêteurs parisiens, mais pour les plus anciens, cette réforme constitue le deuxième coup de rabot : jusqu'en 1975, les policiers des brigades centrales et territoriales percevaient des « frais de justice » pour chaque affaire réalisée. Ces sommes payées en liquide par le ministère de la Justice représentaient un complément substantiel au salaire, entre 30 et 40 %, non imposable. À la Mondaine, l'arrestation d'un proxénète rapportait en moyenne quatre cents francs[215] à répartir entre le chef de la brigade, le chef de groupe, les policiers qui avaient fait l'affaire et la secrétaire. À la brigade de voie publique, l'ex-BRB, chaque braquage solutionné faisait l'objet d'une rémunération. Cet argent de poche, dont les épouses n'avaient pas toujours connaissance, servait à fluidifier la vie, les sorties, les contacts. La suppression de ces frais s'était déjà ressentie sur le pouvoir d'achat ; la nouvelle réforme ne va pas arranger les choses.

Le démantèlement du 36, quai des Orfèvres

8 avril 1998. À la demande du ministre de l'Intérieur, le préfet Philippe Massoni réunit les commissaires placés sous son autorité et annonce une profonde réforme des structures de la préfecture de police. Jean-Pierre Chevènement entend roder dans la capitale son concept de « police de proximité », plus proche des préoccupations des citoyens. Objectif : mieux prendre en compte la petite délinquance et les incivilités qui empoisonnent la vie des Parisiens.

215. L'équivalent de 450 euros.

Un séisme se prépare. Concrètement, un millier de membres de la police judiciaire exerçant dans les cinquante-quatre commissariats de quartier et le commissariat spécial des réseaux ferrés parisiens travailleront désormais au sein des effectifs de la police en tenue, l'ancienne sécurité publique, rebaptisée « police urbaine de proximité » (PUP). La PJ devra réduire le nombre de ses divisions de police judiciaire, qui passeront de six à trois dans la capitale.

Patrick Riou, notre directeur, ne bronche pas. Il désigne deux personnes pour participer aux groupes de travail mis en place, avec ordre… de ne pas s'opposer au démantèlement du 36. Les commissaires issus de la direction de la sécurité publique, majoritaires au sein de ces groupes, n'ont plus qu'à valider des organigrammes et des notes de service… dont une bonne partie dormait depuis des années dans les cartons de leurs hauts responsables.

Un an après ces annonces, le 18 avril 1999, les autorités donnent leur feu vert à la réforme. Les policiers des commissariats de quartier, pleins d'amertume, quittent la direction qui les a lâchés. Au total, ce sont douze mille fonctionnaires qui endossent du jour au lendemain le nouvel uniforme de la PUP.

Le numéro deux du 36, Jean Tchividjian, qui n'a pas cautionné cette stratégie, ou plutôt ce diktat, est furieux. À la fin d'avril, il nous fait venir auprès de lui, Frédéric Péchenard et moi-même, pour nous raconter qu'il a « mis les pieds dans le plat » devant le directeur et manifesté publiquement son opposition. Circonstance aggravante, selon lui, Riou, servile dans sa volonté effrénée de se rapprocher des magistrats, a organisé une réunion dans son bureau le 28 avril avec des magistrats instructeurs, dont la vice-présidente du tribunal chargée de l'instruction. Son but : « fluidifier les relations entre les services du 36 et les magistrats ». Au cours de cette rencontre, la première du genre, le directeur a souligné que la brigade criminelle avait « commis plusieurs erreurs de taille dans l'affaire du tueur et violeur en série Guy Georges[216], rendant ainsi possible la réalisation de ses deux derniers crimes ». L'une des juges d'instruction, n'hésitant pas à s'immiscer dans les prérogatives du parquet, a saisi l'occasion de « déplorer des enquêtes de police proactive, du type de celles menées par la BRI », jugeant qu'il y avait là une phase de flou anormale.

Tchividjian, autorité hiérarchique de la brigade criminelle, n'accepte pas ce qu'il considère comme un coup de poignard dans le dos. Très déçu, il n'exclut pas de terminer sa carrière à l'IGPN. « Yves, pour la BRI les choses vont changer et ne seront plus comme avant », prédit-il, ce qui ne m'avait pas échappé en écoutant Riou. En quelques mois, le directeur venait de lâcher les structures traditionnelles, de trahir ses prédécesseurs et de bafouer une politique qui avait permis d'assurer un juste équilibre et cette indépendance raisonnable de la « grande maison » vis-à-vis de la magistrature.

En septembre 1999, mission accomplie, Patrick Riou quitte à cinquante-deux ans, comme il l'espérait, son bureau du 36, pour rejoindre celui du DCPJ. L'ascenseur a été renvoyé pour service rendu.

Les policiers de la DCPJ s'inquiètent de la réussite avec laquelle Patrick Riou a mené à bien sa réforme de la police judiciaire à Paris, dont certains membres estiment qu'elle lui a fait perdre du lustre, lit-on dans une dépêche de l'AFP.

Patrick Riou, qui tient davantage de l'intello que du baroudeur, se voit aujourd'hui récompensé pour avoir fait passer en souplesse auprès de ses troupes la réforme de la préfecture de police, pourtant vivement contestée par divers caciques de la

216. Interpellé par un inspecteur de la 2e DPJ, près de la place Blanche, dans le 18e arrondissement, le 26 mars 1998.

maison, commente *Le Point* le 24 septembre 1999. Une version inexacte : en réalité, rien ne s'est passé en souplesse, et la concertation avec les fonctionnaires de la PJPP n'a été qu'une mascarade. Cinq mois après la mise en œuvre de la réforme, les troupes sont furieuses, en particulier le millier d'inspecteurs chevronnés des commissariats de quartier qui traitaient le « petit judiciaire ». Ayant le sentiment d'avoir été abandonnés, ils ont rejoint, à reculons, une nouvelle direction au mode de fonctionnement quasi militaire, aux antipodes de la « culture PJ », avec port obligatoire de l'uniforme. Un management beaucoup plus raide, basé sur d'épaisses notes de service.

Le sentiment général au sein de la PJPP est que leur directeur, éloigné du terrain et de ses hommes, a bradé la direction. Considéré par beaucoup comme le « fossoyeur » du 36, il se voit attribuer en 1998 le prix Titanic, « récompensant l'auteur du plus grand naufrage de l'année à la préfecture de police. »

Outre cette « casse » humaine, la réforme a démembré la police judiciaire en lui faisant perdre ses fondations et son maillage exceptionnel. Dépecée de ses commissariats et du tiers de ses effectifs, c'en est terminé des informations qui remontaient par capillarité depuis les commissariats vers l'état-major du 36, lequel les répercutait vers le, ou les services concernés, alimentant ainsi des enquêtes en cours ou donnant des « biscuits » pour en faire éclore d'autres.

Le nombre des DPJ est passé de six à trois, officiellement pour les muscler. Mais c'est exactement le contraire qui se produit, en raison d'une moins bonne connaissance du secteur couvert et de l'élargissement des mailles des filets[217]. Bonjour le flair !

217. Les anciennes DPJ couvraient un territoire de trois à quatre arrondissements. Les trois nouvelles, deux au nord et une au sud de Paris, couvrent chacune entre six et sept arrondissements.

En janvier 2001, dans son livre *36, quai des Orfèvres. Le dossier*, Roger Le Taillanter écrit : *Pour faire crever un arbre, quand le poison homéopathique est inefficace, la meilleure méthode est d'en couper les racines... Les commissariats et leurs personnels ne relèvent plus du « 36 » et le nombre des divisions de police judiciaire a été ramené à trois. Privée de ses pattes, une puce ne saute plus, elle ne dérange plus*[218].

« J'ai reproché à Riou d'avoir laissé faire cette réforme qui a cassé le système, mais il n'a pensé qu'à sa carrière[219] », me soufflera pour sa part en 2016 Pierre Touraine, l'un des grands patrons du 36.

Conséquence de ce big-bang, en se calquant sur l'organisation de la police en province, la mission d'investigation, « métier » à part entière jusque-là entre les mains de la PJ, s'est scindée. D'un côté, les services relevant du 36, qui gardent la main sur la moyenne et la grande délinquance, de l'autre, les nouveaux services d'investigations judiciaires (SARIJ), créés au sein des commissariats de la PUP, qui prennent en compte le « petit judiciaire ». Avec à la clé une source mécanique de conflits de compétence, une déperdition de l'information et une moindre efficacité. Pour ne rien arranger, les officiers et les commissaires de police judiciaire qui faisaient auparavant leurs « classes » en commissariat sont nommés directement en brigades centrales.

Voici l'acte fondateur d'une lente et inexorable perte d'influence du 36, jusqu'alors l'un des fleurons de l'institution.

Le 6 octobre 1999, Gérard Girel, qui dirigeait depuis 1995 la sous-direction des affaires économiques et financières (AEF) de la PJ parisienne, succède à Patrick Riou avec sa bénédiction et entérine sans broncher cette réforme au désavantage du 36,

218. *36, quai des Orfèvres. Le dossier*, paru chez Grancher (2001).
219. Entretiens de l'auteur avec Pierre Touraine.

ce que n'aurait pas forcément fait Jean Tchividjian. *Rue du Château-des-Rentiers, M. Girel laisse le souvenir d'un patron exigeant avec ses chefs de cabinet, mais goûtant peu le contact des enquêteurs de base et laissant en permanence la porte de son bureau fermée*, peut-on lire dans *Le Monde* au sujet d'un commissaire qui a fait une partie de sa carrière en province. Gérard Girel conserve ces habitudes en arrivant à la tête du 36. Peu chaleureux, il ne sort qu'exceptionnellement de son bureau.

Le numéro deux du 36 manque à sa parole

Le dimanche 27 mai 2001, à 14 h 45, trois hommes braquent une femme pilote attachée à la société Hélifrance, qui se trouve avec cinq clients dans un hélicoptère Écureuil posé près d'un restaurant de luxe à Cernay-la-Ville, dans les Yvelines. Ils sont cagoulés et gantés, les yeux dissimulés derrière des lunettes de soleil et armés d'une kalachnikov, d'un FAMAS et d'un pistolet automatique.

Les trois inconnus font descendre les passagers et intiment l'ordre à la pilote, sous la menace de leurs armes, de décoller vers la prison de Fresnes, dans le Val-de-Marne. Quelques minutes suffisent à l'appareil pour survoler la base aérienne de Villacoublay et parvenir au niveau de la maison d'arrêt. Leur projet : faire évader Christophe Khider, trente ans, et Mounir Benbouabdellah, vingt-cinq ans.

Le premier, un Parisien originaire de la cité Saint-Blaise, dans le 20e arrondissement, a de lourds antécédents. Il purge une peine de trente ans à la suite d'un braquage sanglant. En mars 1995, il avait attaqué avec des complices une agence du Crédit Lyonnais sur le boulevard Davout. Au moment où les braqueurs allaient quitter la banque avec leur butin, un fourgon de la Brink's était arrivé pour approvisionner l'établissement. Surpris par cette apparition inopinée, les malfaiteurs avaient réussi à s'emparer du fourgon et à s'enfuir avec les trois convoyeurs en otage. Lors de la folle course-poursuite qui avait suivi, le chauffeur du fourgon avait été blessé, puis Khider avait abattu d'une balle dans la tête un automobiliste qui refusait de céder son véhicule Mercedes sur le boulevard périphérique.

Benbouabdellah, lui, purge une peine de quinze ans pour le meurtre d'un mineur avec un fusil à pompe, sur fond de trafics dans sa cité des Amandiers, dans le 20e arrondissement.

Dans un vacarme assourdissant, l'hélicoptère se positionne en vol stationnaire à trente mètres du sol au-dessus d'une cour de promenade où se trouvent les deux hommes ; la présence de filins de protection « anti-hélivasion » lui interdit de descendre plus bas. L'un des passagers de l'appareil balance une corde d'alpiniste d'une vingtaine de mètres de long au bout de laquelle est attachée une échelle de corde de six mètres, lestée par un revolver.

Khider et son complice parviennent à se hisser sur le toit d'un bâtiment d'où ils attendent impatiemment de pouvoir s'accrocher à l'échelle de corde. Si tout fonctionne comme convenu, Christophe fêtera le lendemain son anniversaire et sa liberté retrouvée. Dans les cellules et les cours de promenade de la prison, l'ambiance est électrique. Les détenus suivent l'opération en direct, retiennent leur souffle et s'apprêtent à exploser de joie dès que leurs deux compagnons auront mis un pied sur la corde et se feront la belle, devenant ainsi des mythes dans la voyoucratie. Manque de chance, la corde s'est accrochée à un patin de l'hélicoptère et à un filin anti-évasion, ce qui la raccourcit de plusieurs mètres. Christophe et Mounir ont beau s'agiter en tous sens, rien n'y fait : il manque deux bons mètres entre leurs mains et la base de l'échelle.

Tandis que les deux candidats à l'évasion sautent comme des cabris, une fusillade éclate entre les occupants de l'hélicoptère et un surveillant retranché dans un mirador. Une dizaine de coups de feu sont tirés avec précision depuis l'appareil dans sa direction. Le surveillant, bien que grièvement blessé à la poitrine, parvient courageusement à blesser un des voyous à une jambe.

Malgré les cris, les armes pointées sur elle et l'échange de coups de feu, la pilote fait preuve d'un courage héroïque et d'un incroyable sang-froid qui lui permettent de maintenir son appareil en équilibre.

Conscient que l'hélitreuillage a échoué, le trio se résout à larguer aux deux détenus restés sur le toit un sac contenant un fusil d'assaut kalachnikov avec trois chargeurs, un pistolet automatique Colt 45 et deux gilets pare-balles.

L'hélicoptère, atteint par deux balles, s'éloigne et va se poser près d'un terrain de sport de L'Haÿ-les-Roses. Les malfaiteurs menottent la pilote à son appareil et prennent la fuite dans une décapotable noire de grosse cylindrée, à bord de laquelle un complice les attendait.

Avec les armes, Christophe et Mounir prennent trois gardiens en otage plusieurs heures durant et s'en servent comme de boucliers humains pour tenter de négocier leur sortie de la prison. Pendant leur séquestration, les gardiens apprennent de leurs ravisseurs que « l'organisation de l'opération aurait coûté à chacun un million de francs[220] et qu'en cas d'échec de l'évacuation par les airs, un plan B prévoyait de larguer un sac d'armes et d'explosifs pour leur permettre d'ouvrir une brèche dans le mur d'enceinte. »

Confidences sincères, ou écran de fumée destiné à brouiller l'enquête ? La suite démontrera que ces bavardages étaient du « pipeau » et que Christophe et Mounir n'avaient jamais versé deux millions à l'équipe chargée de les exfiltrer. En attendant, après plus de vingt heures de négociation avec le RAID, ils sont contraints de se rendre.

220. L'équivalent de 195 000 euros.

L'affaire met en émoi l'administration pénitentiaire et prend une tournure politique. Tous les surveillants de France, traumatisés par la tentative d'assassinat d'un de leur collègue et la prise en otage de trois autres, font grève et bloquent pendant plusieurs jours les transferts, les extractions et les parloirs, paralysant la machine judiciaire.

Chargée de l'enquête, la BRB est dans le brouillard. Elle ne dispose que du témoignage de la pilote de l'appareil et n'a aucune idée de l'identité des trois auteurs masqués et gantés ; ses indics sont dans le vent.

Quelques jours plus tard, le 6 juin, une de mes sources demande à me voir en urgence au sujet d'un « gros coup ». Nous nous rencontrons le soir même dans un grand hôtel parisien. Mon contact m'affirme connaître l'identité des trois auteurs recherchés, ainsi que les détails de l'opération. Pour en dire plus, il réclame une prime de trente mille francs[221]. Cependant, comme il a confiance en moi, il consent à tout m'expliquer en *off* ; de mon côté je lui garantis que je ne transmettrai les informations à ma hiérarchie qu'en cas d'accord sur le versement de la prime. Compte tenu de la gravité de l'affaire, j'ajoute que cela ne devrait pas présenter de difficultés, pensant en moi-même que la somme est ridicule par rapport aux enjeux.

Le lendemain, j'explique la situation à Pierre Cavin, mon sous-directeur. Il sait que la BRB n'a aucun biscuit et m'affirme que sous vingt-quatre heures il aura (ou pas) un accord de principe du cabinet du préfet de police pour la prime. Réponse le lendemain : « Yves, aucun problème, la prime sera versée à ton indic si ses renseignements permettent à la BRB d'arrêter les auteurs. » Et d'ajouter : « Tu peux rédiger ton rapport et me le donner, dès aujourd'hui de préférence, car il y a urgence à sortir cette affaire qui est suivie en plus haut lieu. »

221. L'équivalent de 5 800 euros.

Aussitôt dit, je rassure ma source. Dans le document officiel adressé au directeur du 36, que je remets à Cavin le 8 juin, j'identifie les trois auteurs :

ARENE Pascal, né le 18 mars 1970 à Nanterre (92), très défavorablement connu, en particulier pour des vols à main armée. C'est le cerveau et l'organisateur de cette tentative d'évasion, dont il a commencé les préparatifs à la fin de l'année 2000. C'est un intime de KHIDER Christophe. ARENE Pascal était absent de la région parisienne du 9 au 12 mai dernier, il se trouvait à Moscou pour des combats de boxe, discipline qu'il pratique régulièrement. C'est lui qui a tiré avec le fusil d'assaut kalachnikov sur le surveillant. Il se trouve actuellement en région parisienne.

KHIDER Cyril, né le 27 novembre 1973 à Paris (75013). C'est le jeune frère de Christophe. C'est lui qui a été blessé à la jambe dans l'hélicoptère. Il n'a pas été hospitalisé, la balle étant ressortie de la jambe. KHIDER Cyril a prévu de reconnaître les faits en cas d'arrestation, mais il ne désignera pas ses deux complices. Il serait absent de Paris.

BENBOUABDELLAH Samir, né le 19 juin 1982 à Paris (75011). C'est le jeune frère de Mounir. Il est parti en province.

Je précise :

Dans l'hélicoptère, le fusil d'assaut FAMAS a connu un problème et n'a pu être utilisé. Si l'évasion avait réussi, les deux fuyards devaient se cacher dans un logement du Val-de-Marne pendant quelque temps avant de passer en Espagne.

Cavin appelle immédiatement devant moi Yves Castano, le chef de la BRB, lui explique que l'affaire paraît solutionnée et lui demande de venir sans attendre chercher mon rapport.

La BRB localise rapidement Cyril Khider et Pascal Arene et les arrête le 22 août. Cyril, qui est cueilli dans la région de Toulouse, présente une plaie récente à la cuisse droite. Comme il sait que l'expertise génétique confirmera que le sang laissé sur le siège de l'hélicoptère est bien le sien, il s'allonge et assume même le tir avec le fusil d'assaut vers le mirador. Pascal Arene nie de son côté toute participation mais est écroué lui aussi, sur la base de mon tuyau. Aucune nouvelle par contre de Samir qui, à dix-neuf ans, s'est mis en cavale à l'étranger.

En septembre, à mon retour de congés, Cavin me confirme que les renseignements de ma source étaient excellents, ce que je savais, et qu'ils ont permis à la BRB de coffrer deux des trois membres de l'équipe. Je l'interroge donc sur le versement de la prime. Il devient très évasif et me dit : « Je m'en occupe... » À l'issue de plusieurs entretiens avec lui, je réalise que rien ne viendra et que ma source ne verra jamais l'argent qui lui avait été promis. J'en viens d'ailleurs à douter qu'il ait réellement sollicité le cabinet du préfet...

Je prends alors la décision de payer de ma poche mon indic pour tenir la parole que je lui ai donnée.

C'est la première fois en vingt ans de police que je vois un chef mentir et ne pas tenir ses engagements. Je réalise que le numéro deux du 36 a moins de parole que certains voyous, c'est le monde à l'envers ! Le choc est rude.

Le traitement de cette affaire signifie surtout que l'actuelle direction du 36 ne fait rien pour encourager ses hommes à pratiquer une politique offensive de recherche du renseignement criminel, privilégiant la gestion des affaires en cours, en faisant le moins de vagues possibles. D'ailleurs, le patron du 36 ne juge pas opportun de me féliciter pour mon tuyau en or, apporté sur un plateau. Décidément, la PJPP n'est plus ce qu'elle était !

En mars 2002, Samir Benbouabdellah, réfugié en Espagne, est victime d'une tentative d'assassinat alors qu'il conduit une Mercedes à Malaga.

Le 17 décembre 2002, un an et demi après la « belle » ratée, Mme Hertzog, juge d'instruction chargée de l'enquête, me convoque pour m'interroger. « Monsieur le commissaire », me dit-elle, « j'ai la conviction que votre renseignement sur les trois auteurs est bon, mais comme ils étaient cagoulés, j'ai besoin que vous m'indiquiez si votre source fait partie du cercle familial des frères Khider, seul moyen pour moi de pouvoir maintenir en détention Pascal Arene. »

Outre que je ne saisis pas la logique de son raisonnement, je lui rappelle ce qui a toujours été ma règle de conduite : « Il m'est impossible de révéler l'identité d'une source, cela reviendrait à la faire condamner à mort, et je préfère qu'un voyou sorte de prison plutôt que de faire tuer un informateur. »

Ne désespérant pas, la magistrate m'invite à la suivre dans un bureau attenant. Là, en tête à tête, elle insiste pour que je lui révèle le nom de ma source. En souriant, je lui réponds : « C'est le vent qui me l'a dit ! » Voyant que ma répartie lui échappe, je lui confirme la réponse faite dans son bureau, ce qui entraîne peu après la remise en liberté d'Arene et un non-lieu en sa faveur.

En mai 2006, Christophe Khider remet le couvert et tente de s'évader de la centrale de Lannemezan en se glissant entre des gaines électriques. Mais il est considéré comme un détenu très dangereux et à surveiller comme le lait sur le feu : sa tentative est détectée, et avorte en cours de réalisation.

En mars 2007, lors du procès de la « belle » ratée à Fresnes, Cyril, le seul membre du commando accroché à cause du sang retrouvé dans l'hélicoptère, est condamné à dix ans de prison, son frère Christophe à quinze ans, et Mounir à treize.

Deux ans plus tard, le 15 février 2009, Christophe, qui a de la suite dans les idées, parvient enfin à s'évader avec un autre détenu de la centrale de Moulins-Yzeure, dans l'Allier, après avoir ouvert deux portes à l'aide d'explosifs. Sa cavale est de courte durée, puisqu'il est arrêté deux jours plus tard sous le tunnel de l'A86. Au cours de l'action, il est atteint d'une balle dans le thorax et les policiers saisissent sur lui un pistolet Glock approvisionné de quatorze cartouches. Dans sa voiture, on met la main sur un pain de cinq cents grammes d'explosif et un détonateur. En 2013, il sera condamné à quinze ans de réclusion pour cette évasion.

Au début de février 2009, j'ai à nouveau droit à la curiosité de deux magistrats parisiens au sujet de mes sources. Une convocation me demande de me présenter devant les juges Blanc et Goetzmann, rue des Italiens, pour être entendu dans le cadre de l'instruction sur l'assassinat de Thierry Saman, un voyou supposé être un de mes indics, retrouvé carbonisé dans une voiture au fin fond d'une carrière de l'Oise.

Le fait que le juge d'instruction soit assisté par la vice-présidente du TGI a un sens : soit l'affaire est sensible, soit mon audition l'est, ou bien les deux à la fois... Ils me demandent si Saman était un de mes indics, et si c'est lui qui m'avait donné le tuyau sur le trio présent dans l'hélicoptère de Fresnes. Je refuse de répondre, leur expliquant qu'il s'agit pour moi d'une question de principe. Mon audition tourne court et je repars au bout de quelques minutes, laissant les juges sur leur faim.

L'insistance de ces trois juges me confirme que certains magistrats vivent dans un monde différent de celui des policiers, loin du terrain et dans l'incapacité de comprendre les mécanismes du banditisme. En raison du recul de la hiérarchie policière, combiné à la volonté de la magistrature d'imposer ses vues, la situation du policier est de plus en plus fragile à l'heure de garantir la protection de ses sources. Cela ne va pas favoriser les vocations, ni d'un côté, ni de l'autre.

« Je largue les amarres »

Printemps 2022

Après quarante et un ans de bons et loyaux services, je pense, songeur, aux propos désabusés de Frédéric Veaux, nommé directeur général de la police nationale en 2020, qui avait déclaré le 19 août 2015 à *Libération* : « Recruter un informateur signe souvent le début des ennuis. »

Ce constat sans appel est repris peu avant mon départ à la retraite par un de mes anciens « contacts », braqueur de haut vol reconverti dans des escroqueries à la taxe carbone : « Yves, nous vivons une époque bénie des dieux, nous, les affranchis. La police judiciaire n'a plus de renseignements. Elle est devenue sourde, aveugle et muette. Cela me rappelle les trois singes et les trois vertus que les voyous aiment tant mettre en valeur. Nos lignes sont maintenant parallèles, elles ne risquent plus de se rencontrer. Mathématique ! Vous êtes empêtrés dans une procédure judiciaire, une toile d'araignée qui vous paralyse de plus en plus, vous empêche d'obtenir des aveux et vous scotche au bureau. En face, nous connaissons parfaitement les techniques policières d'écoute et de surveillance et nous arrivons facilement à les contourner. Il faut vraiment être con, aujourd'hui, pour aller au trou ! »

Le vieux cheval de retour, une quinzaine d'années de prison au compteur, extrapole : « Si j'étais le patron de la police, j'en reviendrais à la méthode à Mimile : le renseignement humain. Je saurais ce qui se trame dans le milieu et j'aurais toujours un coup d'avance sur l'adversaire. Peu importe ensuite qu'il se retranche dans le silence. Les armes, la drogue, le recel d'objets volés et tous les éléments retrouvés en perquisition parleraient à sa place. Je remettrais la police judiciaire sur le terrain, pour l'occuper, la nature a horreur du vide. Puis j'essaierais de mettre de l'huile dans les rouages pour améliorer les relations avec la justice, à défaut je taperais du poing sur la table. Il n'y a pas besoin d'avoir le certificat d'étude pour savoir que ce sont les bandits qui tirent les marrons du feu de la division, voire de la suspicion qui règne dans le couple police-justice. »

Il conclut en souriant : « Heureusement que je ne suis pas aux manettes, je finirais par me mettre les menottes ! »

Le 1er mars 2022, je finis de remplir la fiche de reversement du matériel mis à ma disposition par l'administration. J'inscris les numéros de mon pistolet Sig Sauer, de mon gilet pare-balles, de ma carte de police, dite « carte de réquisition », de ma médaille de police, de mes menottes, du brassard fluorescent marqué « Police » et de mon badge d'accès aux bâtiments du ministère de l'Intérieur.

Je largue les amarres en restituant mes équipements, mais il y a une carte qui me tient particulièrement à cœur et que je garde par-devers moi. C'est la carte d'identité intérieure qui m'a été délivrée par l'administration pénitentiaire le 22 juin 1988, à Bois-d'Arcy. Elle est à mon nom : *JOBIC Yves, occupant de la cellule C 415, numéro d'écrou : 31 478.*

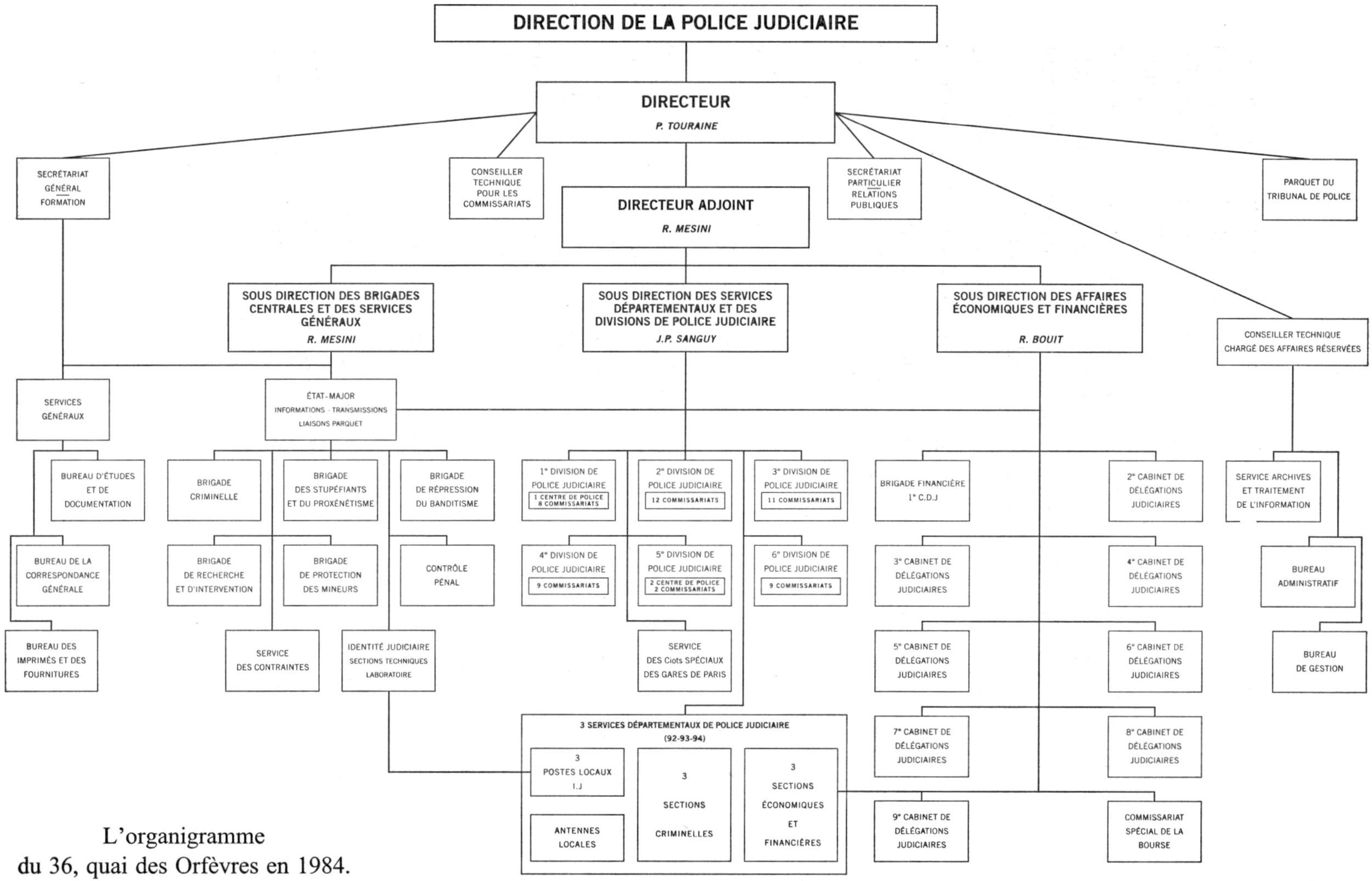

L'organigramme
du 36, quai des Orfèvres en 1984.

Table

DEUXIÈME PARTIE
VRAIS TUYAUX ET FAUSSES PÉPITES

TROISIÈME PARTIE
LES SECRETS DE L'ANTIGANG

QUATRIÈME PARTIE
DÉNOUEMENT

Pour en savoir plus
sur les Éditions Plon
(catalogue, auteurs, vidéos, actualités...),
vous pouvez consulter
www.plon.fr
www.lisez.com

lisez!

et nous suivre sur les réseaux sociaux

Editions Plon

@EditionsPlon

@editionsplon

MIXTE
Papier issu de sources responsables
FSC® C003309

L'éditeur de cet ouvrage s'engage dans une démarche de certification FSC® qui contribue à la préservation des forêts pour les générations futures.

Pour en savoir plus :
www.editis.com/engagement-rse/

CET OUVRAGE A ÉTÉ ACHEVÉ D'IMPRIMER SUR ROTO-PAGE
PAR L'IMPRIMERIE FLOCH À MAYENNE EN DÉCEMBRE 2022

N° d'impression : 101573
Imprimé en France